U0925993

百科书 百科事 百科人

中国大百科全书出版社四十周年纪念集

中国大百科全书出版社 编

中国大百科全书出版社

图书在版编目（CIP）数据

百科书　百科事　百科人：中国大百科全书出版社四十周年纪念集 / 中国大百科全书出版社编. --北京：中国大百科全书出版社，2018.11

ISBN 978-7-5202-0364-7

Ⅰ.①百… Ⅱ.①中… Ⅲ.①出版社—北京—纪念文集 Ⅳ.①G239.22-53

中国版本图书馆CIP数据核字（2018）第249556号

策 划 人　刘晓东
责任编辑　赵　焱
装帧设计　谭德毅
责任校对　王　丽
责任印制　李　鹏

出版发行　中国大百科全书出版社
地　　址　北京市阜成门北大街 17 号
邮政编码　100037
电　　话　010-88390617
网　　址　http://www.ecph.com.cn
印　　刷　北京中科印刷有限公司
开　　本　710 毫米 ×1000 毫米　1/16
印　　张　29
字　　数　470 千字
印　　次　2018 年 11 月第 1 版　2018 年 11 月第 1 次印刷
书　　号　ISBN 978-7-5202-0364-7
定　　价　78.00 元

四十不惑　两翼齐飞

刘国辉

2018年11月18日，这是一个令全体百科人骄傲自豪和欢欣鼓舞的日子，中国大百科全书出版社，这个在中国出版史上独一无二、为出版一部书而成立的出版社，迎来了她的四十华诞。

她诞生于1978年，是中国出版业改革开放的宁馨儿；她始终沐浴着党和国家最高领导人的直接关怀，从邓小平同志题写社名到习近平同志亲笔批示；她结束了中国没有百科全书的历史，构建了中国百科全书的知识体系，无数知识青年通过阅读百科全书获得专业素养；她拥有中国出版业最庞大、高端、全面的作者队伍，院士云集，硕儒满堂；她享受着国家特殊的政策待遇，是举国支持的重点出版工程，被称为当代中国的四库全书；她拥有以姜椿芳同志为代表的优秀的编辑队伍，志向高远，精益求精，不计荣辱；她率先引进《不列颠百科全书》，开启了中美文化外交的破冰之旅，并逐渐走上将中国百科全书推向世界的征途；她不负众望，为国家贡献了各类图书奖，获得无数荣誉；她为中国出版业培养了大批人才，从阜成门北大街17号“黄埔军校”走出的精英，为中国出版业的发展担当重任……中国大百科全书出版社四十年发展，硕果累累，有诸多可圈可点的人物、事件，有无数要说想说的话语！

回顾四十年的发展历程，中国大百科全书出版社从筚路蓝缕到如今金玉满堂，可以归纳为以下几个阶段：第一个阶段，可谓“一心一意编百科——辉煌”。从出版社创立之初到推出《中国大百科全书》第一版，那是辉煌的岁月，全体百科人心无旁骛，本着皓首穷经的精神，经过15年的努力，从无到有，奉献出皇皇七十四卷百科全书，震惊海内外出版业，获得无限荣光。第二个阶段，可称“九龙过江闯市场——勇敢”。从完成《中国大百科全书》第一版的编撰到推出第二版，在中国出版业文化体制改革的剧变中，百科人没有停止探索的脚步，率先投入到对市场的探索，九龙过江，一往无前，以无畏的精神和勇气，走出“分社自立”之路，八方雷鸣，搅动出版业的四海风云。《中国大百科全书》第二版出版以后，中国出版业进入集团化的新阶段，规模和效益成为关键词，这时的中国大百科全书出版社与时俱进，克服困难，挖掘潜力，追求效益，扩大规模，可说是“千方百计上规模——难得”，这是第三个阶段。

如今进入中国特色社会主义新时代，百科社年届四十，我们确定了新的目标，那就是：“两翼齐飞求奋进——不惑”。要想达到这个目标，首先需认清自我，其次要做实做强，自古四十不惑难，看似寻常却艰辛。我们必须坚定不移、保质保量完成百科三版、社科词条库等国家重大出版工程，而且要实现网络版、纸质版的互动，这是新的巨大的挑战，任重道远，但这是责任，更是义务，我们要以追求事业的精神，上下求索，九死不改初心。每做一版百科全书，没有十年以上无怨无悔的奉献和追求，没有高贵持久的责任心，就不可能创造出真正的百科全书。百科全书是我们的立身之本，是中国大百科全书出版社历史的缩写，更是未来的希望所在。

与此同时，我们也必须面对现实，身为中国出版集团股份有限公司上市公司的一员，在新一轮出版业市场的竞争中，还要面对市场大潮，扩大规模，提高效益，必须明白：没有市场就没有影响力，没有规模就没有话语权，没有发展就没有生存空间，没有效益就没有优秀的团队。所以，不惑自信，才能坚定不移；两翼齐飞，才能翱翔天空。只要我们认清自我，看清方向，不困惑、不犹豫、不徘徊，肯于努力付出，利用好我们的优势，深化改革，创新机制，具有企业定位、市场思维、服务意识、效益目标，那么，再度辉煌、实现腾飞的愿景，就在我们追求和奋斗的路上。“潮平两岸阔，风正一帆悬”，百科三版总编委会主任陈奎元同志为我们百科社四十周年题词“新时代、新百科、新征程”，是对我们的期望，也是我们的努力方向。

在中国大百科全书出版社成立四十周年之际，我们无比感念为百科社发展献智献力的领导和专家学者，特别是百科社的广大员工，无论是编辑、校对、出版、发行，还是党务、行政工作者，他们的默默奉献，一砖一瓦，支撑并且辉耀着阜成门北大街17号这座百科大楼、文化地标。

纪念百科发展四十年的重要节点和人物，传承百科的精神和文化，这是我们出版这个纪念集的初衷，是为序！

2018年10月22日清晨于贝尔格莱德

目　录

纪事篇

怀人篇

展 望 篇

纪事篇

《中国大百科全书》及其出版社在草创阶段的一些情况

姜椿芳

1975 年 4 月 19 日，我出狱的那天，中央编译局的负责人王惠德、叶直新、张仲实同志来看我。我谈起在狱中的设想：编译局已经译出了《马恩全集》《列宁全集》《斯大林全集》，是否可以用现有的编译力量，配备一些有专业知识的编辑，编辑中国还缺少的大型工具书——百科全书。他们说，编译局还有编译三大全集第二版的任务，无力搞百科全书。于是我就按照编译局当前任务的安排，参加《列宁全集》的校订工作。同时，我还是心心念念想推动编辑百科全书的工作，一面搜集和阅读有关外国百科全书的资料，一面向一些熟识的、可能对百科全书有兴趣的同志宣传我的设想。我给乔木同志打过电话，分别向倪海曙、唐守愚、梅益、于光远、王子野、许立群、胡愈之、王益、陈翰伯、黎澍同志等谈过这个问题。大家都很赞同这个思想，有的同志还半开玩笑地说：我们都是中国百科全书派，积极支持这个事业。

许立群同志说，他可以开张名单，召集一些同志座谈一下这个问题，或者把关于编辑百科全书的设想，写成文字，分送给有关同志征求意见。

王益同志当时是人民出版社的社长。百科全书的排印量，大概几千万字，人民出版社现在一年的排印量就有三千万字，用两三年时间就可以出版百科全书。他的意思是说，当前中国的排印力量没有问题。至于发行问题，当时没有考虑，因为心目中不存在疑问，只要书出来，自然可以交由新华书店发行。排印、发行没有问题，主要的问题在于编辑。出多少卷？包括哪些学科？怎样组织编辑力量？这些问题必须有一个比较具体的设想和计划。

在 1976 ～ 1977 年两年中，我主要是调查研究国内外有关百科全书的资料。倪海曙同志转给我一份周有光同志送给他的介绍美国编辑出版《不列颠百科全书》第 15 版情况的资料（实际上是出书的宣传品），里面有不少可供参考的材料。《苏联大百科全书》第一、二版和《苏联小百科全书》，以及《苏联百科词典》也是主要的参考书。我请编译局懂英文、法文、德文、日文、西班牙文的同志找这些国家的百科全书的资料，或给我翻译一些，或给我口头讲述一些。美国图书馆协会出版的年鉴（指《工具书指南》——编者），其中介绍各国出版百科全书的情况，也很有参考价值。关于中国历代编辑类书的一些资料，清末民初中国出版过的几部百科全书类型的书，特别是 1936 年出版的带有百科全书性质的《辞海》，都提供了不少可供参考的信息。

我根据所掌握的不太完全的资料，写成文字，几次易稿，逐渐形成建议书这样的材料（即《关于编辑出版〈中国大百科全书〉的建议》一文——编者）。一次中宣部开会，讨论出版等问题。于光远同志鼓励我“大讲特讲”，但因时间紧促，没有来得及讲。我对朱穆之部长说，我送书面材料给他吧。他说，他一定转到有关方面去。

我给中宣部和出版局送去的书面建议，被于光远同志看到，他立刻打电话给我，说我们所谈的问题，你已进行了调查研究，这个材料将尽快发表在社会科学院刚出版的《情况和建议》上，第二期即刊出。

《情况和建议》刊出这个材料后，引起好多同志的注意。乔木同志让当时的出版局局长王匡同志来找我，我们在编译局的会议室里谈了几分钟，决定由我写出正式的倡议书，送出版局。我连夜改写，由倪海曙同志抄写，第二天一早，就由他亲自送到出版局。出版局请科学院和社会科学院会签，联名向中央提出。我本来想请科委也参加签署，童大林同志说，由科学院出面就可以了。这事是在 1978 年 4 月 20 号左右。倡议书一到中宣部，中宣部出版局局长边春光同志就在建议书上签批了拟请朱语今、曾彦修和我为筹备人员，尽速筹备此事。建议书送到中央常委，李先念同志等都画了圈，表示同意。在 6 月初，批准文就发给了出版局等主管单位，王匡、陈翰伯、王子野、许力以同志等通知我去开会，商议之下，很快就作出了决定：成立一个出版社，配备三四百人的编辑和工作人员，并成立以胡乔木同志为总编委主任的总编辑委员会，领导编辑《中国大百科全书》的工作。乔木同志本想请方毅同志出任主任，方毅同志固辞不任，还是请乔木同志担任。乔木同志召集筹备人员开会，提出了原则性的编辑方针，立即展开筹备工作。

向中央提出的总编委主任、副主任名单（最初还有齐燕铭同志的名字），编制300余人，出书60卷，10年完成任务（在1989年国庆40周年时出齐）的报告，经中央和国务院批准。文件传到中组部，当时组织部长胡耀邦同志批示要尽快为中国大百科全书出版社配齐干部。

《中国大百科全书》草创阶段，一路绿灯，是进行得很顺利、很迅速的。

出版社开始的时候没有干部，没有经费，没有办公的地方，陈翰伯同志告诉我们，要办一个出版社首先要有三个条件：搞人事、管经费、办行政的人。我借用编译局的阎明复同志，借了编译局的一辆汽车，一起坐着车子去找文化部刚退休的严玉华同志，又和她一起去找文化部退休的财会人员李庆文，把他们一起拉到出版局，借出版局的收发室做联络点，算是有了办公和财会人员。 向出版局借了40元钱，作临时花销之用。

王子野同志和版本图书馆商量，借用他们在北总布胡同作仓库的三间平房作临时办公室。出版社就这样因陋就简地开始创建起来。

最重要的问题是百科全书的编辑工作如何开始。

筹备人员除我外，还有朱语今同志和曾彦修同志。他们从西安和上海陆续赶到北京。还有一位朱庭光同志，他表示不愿参加。以后又陆续调到和聘请到刘尊棋、倪海曙、周有光、唐守愚等同志。这些同志连日开会讨论编辑方针、计划和一些具体工作。

编辑方针和计划，在倡议书里已经提出：综合性的百科全书，按学科大类分卷编辑出版，计划50～60卷，以10年时间编成，在1989年国庆40周年时出齐。这是原则性的、笼统的计划。怎样具体进行？有人主张把全书的全部计划包括各学科各卷的框架条目都详细商讨、确定后，逐步编辑出版；有人主张边搜集资料、边组稿、边编辑、边出版。因为既决定按学科分卷出书，就不必等候全书计划全部确定后再着手编辑出版。可以一个一个学科分别编，分别出。出多少卷，包括哪些学科，可以先有一个大体上的规模。几次讨论，先定为62卷。后来的两年中，又陆续增加到72卷。最后定为75卷。

从哪一卷开始编写？ 1978年秋，中国天文学会在上海开年会，编辑部的人到上海去参加这个会议，向天文学界的专家学者们提出编中国第一部百科全书，是否可请天文学界的同志发难，先编第一卷《天文学》。天文学界的专家热烈响应，愿意着手先编这一卷书。

这样就开始了边筹备、边搜集资料、边编辑（一个一个学科地）、边排印、边出版。同时把有条件可以上马的 12 个学科，组织专家，开会讨论，定出框架条目，着手组稿、写稿、讨论、改稿、定稿送印刷厂安排。

经原上海出版局副局长汤季宏同志联系，利用小三线的印刷厂（在安徽绩溪县）作为排印基地，并且在上海成立了分社。上海市委推荐陈虞孙同志为副总编辑，汤季宏同志为副社长，在上海负责编辑工作和出版工作。

所以这样做，是因为北京不能建立印刷厂，上海市内当时也不允许成立印刷厂。而小三线的这个海峰印刷厂是上海下放的，有一批技术水平较高的排印、装订技师和工人，适合做技术要求较高的百科全书的印装工作。

凡是有条件上马的各学科，开始展开工作后调进各种专业的工作人员，同时又有好几位原来在社内做领导工作的人员调出去，社内情况有些变化。有人主张，百科全书不必这样编，也不必出这么多卷，或提议少出几卷可提前全部出版，或提议可推迟出版。

在 1982 年，社内主要负责同志开会，决定“三不变”方针，即我们编的百科全书是综合性大类分卷，分卷出版，不变；全书 75 卷，不变；预定在 1989 年国庆时献礼，不变。这些是草创阶段的大致情况。

（1987 年）

中国学术界的一次检阅

——写在《中国大百科全书》出齐之时

梅　益

我国第一部大型现代综合百科全书《中国大百科全书》（以下简称《全书》）的编辑工作，已在今年初完成，8月可全部出齐，历时15年。全书计74卷，共收77 859个条目，1.26亿字。从事编撰的专家、学者和研究人员约2万余人。到今年年初已发行260万册，平均每卷3.6万册。

我国早有出版“类书”的传统，但现代综合性百科全书长期未能出版。1978年中国社会科学院的《情况和建议》发表了原中共中央编译局副局长姜椿芳同志关于编纂百科全书的倡议。不久中国社会科学院院长胡乔木同志向邓小平同志建议编辑出版《中国大百科全书》，得到小平同志的支持。同年，中共中央和国务院批准国家出版局、中国科学院、中国社会科学院党组联署的《关于编辑出版〈中国大百科全书〉的请示报告》和《补充报告》[①]，随后建立了以胡乔木同志为主任的《中国大百科全书》总编委会和具体负责编辑出版工作的中国大百科全书出版社和上海分社，中国大百科全书出版社由姜椿芳、梅益先后任总编辑。原计划《全书》共80卷，用10年左右时间出齐。1987年总编委会为保证《全书》质量，决定压缩卷数，减为74卷（包括总索引1卷），出齐时间延至1993年。现编辑出版工作已按计划完成。全国两万多位专家、学者的辛勤劳动和前国家出版局现新闻出版署的大力支持，使这部巨著得以问世。

---

① 编者注：《补充报告》由国家出版事业管理局党组呈报中共中央和中宣部，全称为《关于编辑出版〈中国大百科全书〉的补充报告》。

百科全书是知识的总汇，是扼要概述人类的知识和历史，并着重反映现代科学文化成就的辞书。“盛世修典”，《全书》是乘十一届三中全会的东风起步的。当时全国形势大好，但百科事业毫无基础，要编辑出版这样一部辞书，其困难是可想而知的。1978 年社编委会曾讨论过多种设想，1979 年终于确定按学科分卷编一卷出一卷，以及编 80 卷 10 年出齐的规划并展开工作。这个决定的优点是比较符合当时国内学术界的实际情况，可以早日出书，以满足读者的需要。出版社草拟的《全书》编辑方针，在总编委会修改后，经过多年实践的检验，证明是正确的，对《全书》的编辑工作具有指导意义。

《全书》是对中国学术界的一次检阅

1917 年蔡元培先生为《植物学大辞典》所作的序言中说：“一国之文化常与其辞书相比例。……社会学术之消长，视各种辞典之有无与多寡而知之。”他希望我国“不必乞灵于外籍”，能有自己编写的辞书。现在事隔 70 年，蔡老先生的愿望终于成为事实。我国近年已出现了一个出版辞书的高潮。第一部中国大百科全书的出版，可以说是我国科学文化事业繁荣发达的一个标志。

英国李约瑟博士是研究中国科技历史的权威。他在看了《天文学》卷后撰文说：“全书水平很高，印刷精美……应为此感到自豪。”日本的传媒说，《全书》的出版是中国“对世界的百科全书的挑战”。国内发表的许多评论，都给《全书》以好评。台湾出版界人士说：“大陆出版的《中国大百科全书》是具有国际标准的”，“是当代中国最大的知识工程”，“大陆规划出版此书的气魄不能不令人叹服”。海内外的诸多评论虽不无过誉，但《全书》确有鲜明的中国特色，它提供了我国丰富的研究成果、有创见的论述和首次发表的宝贵资料，这些是其他国家的百科全书所没有的。《全书》大多数学科卷是我国在各该学科中第一次问世的辞书，有些在国际上居于前列。所有这些都丰富了人类的知识宝库，使《全书》在世界百科全书之林中占有它应有的地位。

《全书》是对我国学术界的一次空前大检阅。领导这个重大知识工程的是由全国著名专家、学者和个别负责编辑工作的人员共 110 人组成的总编委会。不幸的是，成书之日，其中有 32 位包括总编委会主任胡乔木同志已先后去世。参加《全书》

编写工作的，据初步统计共2万余人，实际不止此数。党中央、国务院主要负责同志有的亲自审阅重要条目，有的亲自撰写条目，个别还担负过学科卷的主编。中国科学院第四届400位学部委员中，有336位（占84%）参加《全书》编撰工作；哲学、社会科学方面有代表性的专家学者，也大多参加编撰工作。各卷的编写人员，最多的是《军事》卷，约2300人；最少的是《世界地理》卷，仅93人。参加编撰的人数超过300人的有46卷，其中超过500人的有23卷。成书时间，除《天文学》卷因集中编写只26个半月外，一般都较长，多数卷约5～6年，《中国文学》为8年，《生物学》《现代医学》为10年，《中国历史》为12年。许多年迈学者为撰稿审稿、搜集查核资料，往往夜以继日，艰苦备尝，众多事迹，可歌可泣，感人至深。文学家周扬、经济学家许涤新、考古学家夏鼐、历史学家侯外庐、冶金学家孙德和、物理学家王竹溪、天文学家戴文赛、国际法学家陈体强等都是在住院期间仍继续领导有关卷的编撰工作。法学家钱端升等老专家都亲到北京图书馆查核资料。建筑学家童寯临终前仍在写《江南园林》条目，当他写到"扬州以莳花闻名远近，清初……"即溘然去世。许多年迈学者不顾辛劳，抱病为《全书》撰写条目，使《全书》得以"抢救"一批造诣精深的学术财富。众多专家学者参加编写工作，不仅保证了《全书》的质量，而且促进了各该学科的科学研究与交流，使不同学派的学者由隔阂疏远而趋向团结合作。

《全书》编辑工作的基本要求是尽力做到内容精、新和实用。它既关注基础，又偏重前沿；既顾及过去，又重视现代；既侧重中国，又涵盖世界。《全书》阐述的基本知识和提供的大量资料，其广度、深度和容量使它成为一个比较完整的知识系统。它的覆盖面包括哲学、社会科学、文学艺术、文化教育、自然科学和工程技术等66个学科或知识门类。按国际惯例，百科全书一般都侧重社会科学。《全书》根据我国实际需要，自然科学与工程技术学科所占的比例略高于社会科学。按卷数，前者为37卷，后者为36卷；按字数，前者约6800万字，占56%，后者约5900万字，占44%。《全书》汇集的知识是世界性的，重视国外科学成果的介绍，但在中外兼顾中适当侧重中国，为西方百科全书所忽视的有关第三世界的知识，也占有相当的比例。例如在《外国文学》卷中这一部分约占20%；有几个学科卷突破"西方中心论"的传统框框，给东方以应有的地位。

《全书》每个学科卷的涵盖比较齐全，都扼要地概述过去的知识和历史，又着重反映当代的最新知识和成就。《军事》卷全面介绍了古今中外的军事知识，尤其着重介绍二次世界大战后出现的新的军事技术装备。它还突破其他军事百科全书的老套，创造性地设立了《军事思想》的条目用以统率全书。《民族》卷对当代我国的 56 个民族，从有 11 亿人口的汉族到只有 1000 多人的赫哲族都设立专条，对其形成、发展、分布，历史上的重大事件和重要人物，社会形态，婚、丧、嫁、娶等风俗民情以及语言文字等都分别加以叙述。在我国历史舞台上已消失的 55 个古代民族，如北方的肃慎、匈奴和南方的三苗、九黎等也都设立专条。对分布在世界各国的 2000 多个民族中的 416 个都分别作了介绍。

在美术领域里，举凡建筑、雕塑、绘画、工艺美术、书法、篆刻和古今中外美术源流、社团、机构、重要事件、理论观点，以及美术家及其创作活动等有关知识，在《美术》卷都作了简明的介绍，其中关于亚、非、拉美的美术以及宗教美术等内容，在我国美术著作中是独一无二的。《力学》卷除传统的分支学科外，对近年崛起的新兴的电磁流体力学、等离子体动力学、爆炸力学、生物力学以及电子计算机出现后的计算力学等，都有扼要的介绍。《力学》卷设有《中国古代力学知识》条目，对《墨经》和《考工记》中有关力学的知识，湖北出土的曾侯乙编钟的振动频率，辽代建筑应县木塔的结构，以及欧洲经典力学同中国力学知识的融合等都作了阐述。《力学》卷作为综合性的工具书，不仅我国过去未有，在当今世界也不多见。《土木工程》卷据前建设部总工程师许溶烈说：“它比国际现有的同类书籍，在内容方面更广更深更全面，具有自己的特色和优点。”《地理学》卷据国家卫星遥感中心总工程师、学部委员陈述彭教授的评论：“其科学性、系统性与综合性，在世界上都是一流的，若干年内难有一本类似的书能超过它。”《环境科学》卷共收 672 个条目，721 幅插图，其内容比美苏同类辞书丰富，日本出版的同类书籍内容不及本书的一半。环境保护局局长曲格平同志说：“它的出版和发行是环境保护的重大成果，对我国环境科学研究和环境保护事业将产生积极的影响。”前能源部总工程师潘家铮说：“《水利》卷编撰质量是好的，有权威性的，数据准确，选条恰当，文字流畅，读起来是一种享受。”

《全书》要求使用的资料都必须精确，一切事实和数据必须经过严格的核对。《全书》在编辑过程中基本做到这一点，还改正了一些其他辞书和出版物出现的错误，如有关徐霞客的生年记载的改正就是一例。《全书》使用的资料有不少是第一次发表的。《军事》卷中关于红军长征，红一、四方面军会合，红军北上和三大主力会师等条目，都有许多准确的第一手资料；对当代高、精、尖的武器，如电磁炮等都作了简要的介绍。航天航空是20世纪人类征服自然进程中最活跃、最有影响的科技领域之一，《航空·航天》卷为我国读者提供了大量的资料和信息。《电子学与计算机》卷、《自动控制与系统工程》卷也是这样。《法学》卷关于沈阳、太原审判日本战犯的资料是国内第一次发表的。国际经济法也是我国首先设立的分支学科。《戏曲》卷采用的山西出土金、元两朝代的戏曲文物照片也是首次发表的。《全书》不少卷运用新发现的历史资料，如汉简、敦煌文书、吐鲁番文书以及房山石经题记，明清以来各地区、部门的档案材料等进一步丰富了《中国历史》等卷的内容。这是解放前中国史学界所未曾有过也不可能有的。

我国早有重视图的传统，《全书》非常重视插图，认为它是《全书》的重要组成部分。富有直观性的、形象化的插图能“济文字之穷”。《全书》强调插图要和条目的释文紧密结合。编辑条例规定每一页平均要有一幅图表。这一规定基本做到。《全书》图表数一般比外国百科全书多，共有插图49 765幅，其中彩图为15 103幅。《全书》有关我国的配图很有特色。如《中国历史》卷明代大运河上的戎克船，就采用当时日本来华名僧画家雪舟的绘画，而雪舟是以用写真方式描绘明代中国山水著名的。许多历史的配图尽量采用较早的图画，如孔子像用宋代马远所作，屈原像用明代朱约佶所作，给人以渊源有自的观感。《化学》卷的“焰色反应”是在实验室现场于秒间拍摄的。

《全书》的出版是近百个部委、院、校和科研机构同出版社编辑部长期协作的成果。国务院1978年曾批示各省、市、自治区，国务院各部委、各直属机构：“编辑出版《中国大百科全书》，是发展我国科学文化事业的一项基本建设，对于传播马克思列宁主义、毛泽东思想，全面地系统地介绍古今中外的文化科学知识，提高整个中华民族的科学文化水平，实现我国的四个现代化，具有重要意义，请你们给予积极支持和协助。”批示下达后，各部委、院积极响应，大多向所属单位发出通知，并由一位领导挂帅，把编写《全书》的有关学科卷列入工作日程，给予有力的支持。军事科学院为编写《军事》卷，其动员之广、要求之严、投入之多是出版社本身望尘莫及的。《全书》许多学科卷已成为国内各该学科的规范化出版物和有关人员必备的参考书。《全书》推动了学术名词的统一，它使用的大量术语成为我国的标准术语。许多读者来信说，《全书》为他们释疑解惑，并成为他们自学的阶梯。上海静安区的调查证明了《全书》成了中学教师教学和辅导的不可少的读物。对出版社本身来说，《全书》的编辑出版不仅出资料，而且出人才。多年来的工作已培养了一批熟悉百科编纂业务的专家（其中不少在社外工作）和印刷、校对、发行的专门人才，成为今后编写《全书》第二版和专业百科全书、地区百科全书的骨干。

五项基本要求

《全书》是我国第一部大型百科全书，是在毫无经验的情况下开始编纂的。我们曾在编辑工作规程方面参考了美、苏百科全书的经验，但在编辑工作的主体方面，完全根据我国的方针政策、实际情况和客观需要来确定。经过多年的摸索，《全书》的编辑工作除上述要求做到精、新和实用外，还对内容、文风与专家学者的关系以及检索手段等方面提出如下五项基本要求，使《全书》有它自己的特色。

一、为社会主义现代化服务。这是《全书》的历史职责。世界上任何重要的百科全书都有它自己的历史任务。《中国大百科全书》是为中国的改革开放和社会主义现代化建设服务的，它是建设有中国特色社会主义的理论的产物。

《全书》的主要任务是在马克思主义指导下，为参加或准备参加现代化建设的人们比较全面系统地提供各种基本知识，包括同实现现代化没有直接联系的基础理论知识，并推动他们尊重知识、学习知识、掌握知识，以提高他们的科学、文化、政治、道德素质，从而为社会主义现代化提供智力支持。在自然科学和工程技术的各个学科卷中，考虑到当代的科学技术正以空前的规模和速度应用于生产，《全书》着重对有关高分子合成、原子能、电子计算机、半导体、宇航、激光等基本知识作了比较系统的介绍，以提高工程技术人员和劳动者的科技水平，并由此而提高劳动生产率。同样在社会科学方面，通过各种基本知识的传播，坚持解放思想、实事求是，帮助读者消除“左”的和右的，以及落后的传统观念和主观偏见的影响。

《全书》开始编纂时，小平同志在具有重要历史意义的理论工作务虚会上强调说：实现四个现代化必须坚持四项基本原则。他要求思想理论工作者根据新的丰富的事实对此作出新的有充分说服力的论证。《全书》在阐述各种知识的过程中力求做到这一点。小平同志在上述讲话中提到法学、社会学和政治学要“补课”，这是一项艰巨的任务。《全书》编辑部和法学、社会学和政治学的学者密切合作，首次出版了这三个学科卷，基本上完成了这个任务。其中《法学》卷发行50多万册，适应了普及社会主义法制教育的需要。《全书》把辩证唯物主义和历史唯物主义尽可能贯通于广大的知识领域，并阐述有关知识如何指导人们的实践，指导生产和科学的发展，指导社会的进步。《全书》的《哲学》卷把马克思主义、列宁主义、毛泽东思想作为重要的知识主题，作了系统的全面的阐述。其他如《军事》《经济学》《政治学》《中国历史》和《外国历史》各卷也分别从各个侧面加以阐述。《全书》在编写工作中，力求摆脱僵化的思想模式和教条主义的理论模式的影响，并且力求不出政治性的错误。

二、实事求是。实事求是是百科全书的精髓。胡乔木同志对《全书》的条目释文提过这样的要求：“有关中国方面的内容应当力求准确、公允、可信；外国方面的内容要力求不出错误。”据此在编辑工作中坚持实事求是，力争符合上述的要求。《全书》的编写基本未受主观偏见和各种条条框框的限制，不戴“革命”的帽子，力求做到尊重客观的历史事实，合乎实际，恰如其分。《全书》条目的释文和语气比较客观，不使用宣传性、颂扬性的词句和“伟大的”“英明的”“卓越的”等形容词。条目的释文既不同于文件，也不同于报刊文章，更不是一般的宣传品，尽力避免论断色彩和宣传腔调，并保持它的客观性和稳定性。我们对历史人物的态度，如《军事》卷对林彪、《哲学》卷对陈独秀、《中国文学》卷对胡适等都是客观和公允的。总编委会突破旧框框，主张让活人上书，我们对上书的在世人物也同样采取客观公正的态度。

三、侧重中国。世界许多著名的百科全书虽也提供有关中国的知识，但数量有限，有的还夹带偏见。介绍有关中国悠久的历史、丰富的文化遗产、解放后举世瞩目的巨大成就以及其他各个方面的基本知识，只有中国自己是权威的。《全书》不仅要满足本国读者的要求，而且作为一部有代表性的百科全书，它有义务向世界介绍中国，让世界了解中国，以有利于中外的交流。

《全书》有8卷分别介绍中国的历史、地理、文学、戏曲和传统医学，与此相对应，还有 5 卷专门介绍外国的文学、历史和地理。其他各卷，中外比例不尽相同，但有关我国的内容都占较大比重，如《经济学》卷对中国的原始社会、奴隶社会、封建社会、半殖民地半封建经济，从资本主义到社会主义的过渡，以及中国经济思想史包括 32 种重要的经典著作和一二百位著名经济学家都作了相当充分的介绍。《全书》对我国古代科学技术的辉煌成就都着重叙述，如《航空 · 航天》卷有关古代火箭、飞行技艺、鲁班制作木鸟等条目，《化学》卷关于阴阳五行学说、炼丹术、《周易参同契》以及火药等条目，《物理学》卷关于指南针、《考工记》《墨经》《淮南子》以及古代、近代物理知识等条目，都是进行爱国主义教育的教材。《全书》对台湾、港澳和华侨、华人的重要人物和事迹也很重视。王赣骏 1985 年 4 月乘“挑战者”号航天飞机进入太空，同年 9 月出版的《航空 · 航天》卷就介绍了他的事迹。有关杨振宁、李政道、丁肇中、李远哲的条目，为慎重起见，都请他们亲自校阅、增补。《海洋科学》卷有一个条目是介绍台湾海洋科学家马廷英教授的。马教授的生卒年，据台湾《环华百科全书》资料分别是1902年和1980年，但《中国建设》则说卒于 1979 年。我们为求准确，先后 10 次分别询问马教授的几位同事、海洋局和他家乡的政协，都没有结果，最后是通过马教授的学生，在比利时的钱宪和博士亲自到台湾询问了马教授的大公子和亲属后，才确定马教授的生年是 1899 年，卒年是 1979 年。

四、集体把关。各国的百科全书大都约请专家、学者撰稿，《全书》和它们不同之处是以编委会的形式把专家们组织起来。《全书》的指导思想、编辑方针、规模、进度等是由总编委会确定的。《全书》各学科卷的编辑工作是由 66 个学科编委会在出版社编辑部协助下进行的。各卷从筹备酝酿、制订框架到终审定稿的全过程，都在学科编委会主持下完成，每个重要环节都经过反复商讨，有时甚至是激烈争论才作出决定。几乎没有一个条目是未经修改一次定稿的。《法学》卷主编张友渔同志说：“全卷编撰队伍是一支整体的力量。编委会对全卷书稿要求集体审改、集体负责把关……审稿会实际上是学术讨论会，只有在社会主义中国才能具备这样优越的编撰百科全书的条件。”《中国文学》卷编委会副主任王瑶教授说：“这一文化工程确实是集体智慧的产物。”在编写过程中还发生跨学科交叉矛盾的问题，钱学森同志在为《军事》卷撰写《导弹》条目过程中，就不止一次和《航空 · 航天》卷的有关专家开会商量，以免重复。

五、制定完整的检索系统。百科全书是一座知识库，《全书》设计了一套科学的检索方法，为读者提供进库的钥匙。检索方法是否完善是判断一部百科全书的质量标准之一。《全书》为便于读者检索，除条目按汉语拼音字母顺序排列外，还设计有条目分类目录、彩图目录、条目汉字笔画索引、条目外文索引、内容索引（包括隐含主题）、外国人名译名对照表、大事年表，条目内还设参见和参考书目。“参见”的充分利用是《全书》的一个特色，扩大了条目之间的横向联系。各检索手段相互密切配合，为读者提供索取本书知识资料的条件。以“殷墟”“北京人”的知识主题为例：《考古学》卷卷首的概观性论文，从考古学发展历史中点到这两个主题；其次，有关条目对其发现、发掘经过又作了综述，对与此有关的考古学家作专条介绍；条目释文中还设有参见，在大事年表中记载历次发掘的、有关论文著作发表的以及中外学者先后交流的时间，分别叙述，有条不紊。如果读者想进一步了解，还可以根据条目所附的参考书目进一步研究。《全书》的检索系统不仅便于读者迅速检索查阅，还为后出的辞书提供了可参照的范例。

质量是《全书》立命之本

事物总是一分为二的，我们充分肯定《全书》取得的成就，这是主要方面，同时还要指出编辑工作中存在的缺陷。总结经验，是为了在如何保证质量问题上取得共识，以便编好第二版。

质量是《全书》立命之本。总编委会在给中央的报告中说：“大百科全书事关国家科学文化水平和政治荣誉。”因此保证《全书》质量，使它不愧为代表国家水平的辞书，是编辑部头等重要的事。编辑工作的关键是抓质量、促质量、保质量，至于规模、进度以及别的什么得失都是第二位的。

决定《全书》质量的，主要是如下三个方面：一是在学科分类基础上制定的总体设计；二是在科学方法的指导下，以条目的形式，对已有和正在发展的各种科学文化知识进行归纳和系统化，并加以阐释；三是在严格的编审制度下，做到观点正确、文字简明、图文并茂、资料精确、检索方便。第一项要取得专家帮助，而总其成的是总编委会和编辑部。第二项主要靠社外专家，但专家不承当职业编辑的工作，他的稿件都要经过编辑的加工，包括条目释文的规范化和资料的核查统一。第三项实际就是贯彻执行出版社本身拟定的编辑体例。因此，这三项工作都和编辑部本身密切相关。《全书》的质量既要靠专家、学者提供的稿件，又要靠编辑部自身的加工工作来保证。

《全书》第一版总的说来是好的，大多数学科卷的质量都比较高，其中有些堪称优等，属世界一流水平。编辑部的同志都很辛苦，都有不同程度的贡献。但从编辑工作整体来说，依照上述三项标准来检查，还存在两个主要缺陷。一个缺陷是缺乏一个完整的以学科分类为核心的总体设计。不论是按字母顺序混编成书的，还是分科分卷出版的，学科分类对总体设计都有重要的直接的意义。

在出版社成立初期，总编委会还没有组成，《全书》编辑部曾讨论过总体设计的问题，但没有形成统一的意见。由于缺乏经验，对总体设计的重要性认识不足，也由于时代的紧迫感和早日出书的愿望，编辑部把主要力量放在具体的工作上，以致总体设计一直悬而未决。缺乏以学科分类为基础的总体设计，如多年来的实践所证明，一是导致了《全书》立卷参差不齐，如《生物学》卷（包括动物学、植物学、微生物学、古生物学等）、《哲学》卷（包括逻辑学、美学、伦理学等）与《纺织》卷、《文物 · 博物馆》卷并列，大小和层次迥异。二是综合百科和专业百科混淆，有一些卷偏专偏深，而且设卷偏滥。三是内容交叉重复过多。本来分学科分卷出版已难免重复，加之缺乏总体设计就变得更难控制。四是导致设卷的随意性，从而引起编辑过程的不稳定性。从 1978 年到 1985 年整改之前，《全书》的卷数前后有过 7 种不同规定，就在《天文学》卷《前言》发表之后，又打算从 80 卷减为 70 或 75 卷。这表明了因缺乏总体设计而引起的失控。

另一个缺陷是相当一部分卷未能贯彻执行编辑体例，编辑部把关不严，而且缺乏统一标准。编辑体例对一部大型的辞书正如技术操作规程对一座大厦的施工一样是必须贯彻执行的。《全书》有些卷执行得很好，有些则执行不力。比如，有的卷没有概观性文章，有的卷没有参考书目，有更多的卷没有大事年表。更重要的是条目有重要缺漏或重复，该设条的未设，已设条的又交叉重叠。有的条目释文不规范，有的插图没有作必要的说明或张冠李戴，还有个别卷上书的人物过多过滥，甚至还有溢美之词，这也不符合原定标准。至于各卷列举的事实、人名、地名有些互相矛盾，参见、索引出现差错等技术性的错误也不少见。未能严格执行体例，就影响了《全书》应有的统一性和规范化。这和多卷齐头并进，未能统一编审有关。体例规定每卷的字数为 120 万～ 150 万字，但执行结果，120 万字的只有 2 卷，150 万字的只有 8 卷，其余 63 卷都超过了规定，这也表明了编辑工作的失控。

编辑体例没有被严格贯彻执行，固然和有关同志的业务水平、编辑经验和工作态度有关，但应探索深层次的客观原因。1982 年全社编辑干部约 200 人，有 52 个学科卷同时开展工作，按规定都应在 1989 年出齐，当时社内还担负《简明不列颠百科全书》《百科年鉴》《苏联百科词典》《百科知识》月刊和知识社的编译任务，赶进度成为编辑部的普遍现象。当时社领导阎明复同志就曾对这种赶进度，“村村冒烟”“各自为战”的现象提出批评。编纂大型辞书不是短期行为，有些重要条目需要精雕细刻，质量与进度有时是互相矛盾的。《全书》靠社外专家撰稿，还要受其他各种因素的制约，主动性比较少，困难也较大，因而对进度的要求应符合客观的实际。总之，对编辑《全书》的艰巨性、复杂性和长期性要有足够的估计，否则就是编辑人员疲于奔命，质量和进度还是难以保证。

1986 年秋，新成立的社委会根据总编委会的要求，第一次提出为保证《全书》质量，必须改变原定在建社 10 周年，即 1989 年左右出齐 80 卷的计划。但长期形成的局面一时难于扭转。1987 年 2 月，胡乔木同志在给中央的报告中说：“我不得不坚决否定了 1989 年全部出齐，即每年必须安排十几卷的计划，要求放慢速度，进一步压缩卷数，全力保证质量，以免影响国家声誉。”中央同意他的意见。事实上，到 1987 年 2 月《全书》只出版了 20 卷，其余 60 卷按原定计划要在 3 年内出齐，一年的工作量等于过去 9 年的总和，不管是编辑部还是印刷厂都不可能办到。社委会坚决执行总编委会的决定，集中力量进行改革。首先是压缩卷数，从 80 卷减为 70 卷，出齐时间则推迟 4 年，延到 1993 年。但是要扭转多年来形成的局面，在社内外都遇到很大的阻力，许多政府部门和科研机构早已接受委托动手编写，有的已写了几年，有的已将近完成，基本上木已成舟，以致卷数后来不得不个别再作调整。这次改革终于把保证质量提上日程，对《全书》的后期工作以及第二版的筹备工作有重大的意义。

经过 15 年的辛勤劳动，现在《全书》终于出齐了。我们的祖国第一次有了她自己的百科全书，这实在是来之不易的，是值得庆贺的。我国语言学专家吕叔湘同志曾提到辞书工作的辛苦和愉悦，称它为“不朽的事业”。钱学森同志说编写《全书》是“伟大的事业”。不朽与伟大是我们奋斗的目标，但《全书》的出版肯定是中国学术界的一项重大成果。当然这首先应归功于上级的关怀和全国两万多位专家学者的辛勤劳动，这是《全书》能编成的决定性因素。《全书》是中国学者和编辑部同志献给我们伟大祖国的一份宝贵的厚礼，它已经并将继续为我国实现社会主义现代化建设作出贡献。

（原载《百科知识》1993 年第 9 期，
选入《中国百科事业 25 年纪念集》时作者略有修改）

关于撰写《中国大百科全书》的释文

钱学森

编纂《中国大百科全书》是一件大事，要求很高。中华人民共和国的大百科全书要体现社会主义中国的特点，要用马克思列宁主义、毛泽东思想为指导。而且《全书》又是20世纪80年代编的，应当反映我们时代的新发展。我们有没有经验？我看我们没有经验。我们中国也没有出过大百科全书。当然，从前搞过什么《四库全书》，但那是另外一回事。没有经验，党和国家要求又很高，就看我们大家的努力。我们每个人要认真想一想，我怎样来完成这编写工作的任务？对这个问题我在这里提点意见，供大家研究。

一

我们大百科全书的读者对象是高中毕业以上文化程度的人。据说大百科的同志拿了已经出版的“天文卷”到山东找了一些高中教师征求意见，高中教师说看不懂。编辑部的同志找我商量，是不是我们编得太深了？我说这要一分为二：一个可能我们编写上有点问题；再一个高中教师水平也可能相当低。你要他看得挺合适，恐怕大百科全书的水平就很低了，不成其为中华人民共和国编的大百科全书了。什么叫高中以上水平？拿我们这“天文卷”请哪位高中教师看，看满意不满意？他不满意的话我们要听，但不能完全迁就他，还要独立思考。怎样回答这个问题？我想首先不是专家水平，专家水平是专业辞书，我们这个不是，是综合性百科全书。既然不是专家的水平，当然是有点科普性质的。但又不是初级的科普，也肯定不是什么科学幻想小说。我看是高级的科普。这就比较具体点了。什么叫高级科普？立什么样的标准？在世界上有个很出名的刊物《科学美国人》，有法文、德文、西班牙文、日文各种版本，是世界上公认的高级科普。我们中国也翻译出版了，叫《科学》。它的文章，光是说道理，数学公式简单的有，复杂的没有，道理讲得透彻，不回避很高的理论，但不是用数学来讲解，就是我们通常叫深入浅出。因此，我觉得要说具体的撰写标准，就是高级科普的水平，深入浅出。

一下笔就是“行话”满篇，这就不太“浅出”了。我们写技术报告、技术文件，都是熟门熟路的，可以写得很好，但要写一篇高级科普，要求深入浅出，恐怕就费点劲，不大好写。不要把我们熟悉的那一套拿出来，那会吓唬人，那不行，那就做不到高中毕业以上水平的读者能看懂，变成了专家的水平了。我们可以想象一下，大百科全书出版后，各行各业的人，他对哪一个问题要查一查。看完了，他得大概知道是怎么回事，不能看完了莫名其妙，不懂，一点都不懂，那大百科全书就没有起到作用。

二

《中国大百科全书》的第一个特点是按学科或工作的方面来分卷的。大致进程现在计划 70 卷，排到 1988 年，整个 80 年代完成这任务。现在这编法，是第一版。以后第二版就不一样了，就不分学科，而是按条目的汉语拼音字母次序来排列，便于查阅。现在我们编写条目释文要注意相邻各卷的关系。相邻关系很多，有的有争论，而且争论很激烈，是放在我这一卷，还是放在你那一卷？这类问题到第二版就没有意义了。现在学科有个范围，出现这样的争论是自然的。首先，编辑的同志要协商，各卷编辑要互相商量，大部分问题协商协商就能解决。不过，我听说各卷之间的矛盾，有的还蛮激烈，光商量还不行。我建议还得用组织纪律的办法，下面老争，争不下来，领导要有个裁决，下命令；总编委会是最高权威，胡乔木同志是主任，裁决了，大家不要再吵了。

我们国防科委写的条目就有友邻关系的问题。譬如说“火箭发动机”这条目里的固体火箭发动机、液体火箭发动机等收多少条？这些条随《航空 · 航天》卷如何协调法？冲压发动机，这也是个很重要的问题，我估计《航空 · 航天》卷有，我们这里也出现冲压发动机，这要商量怎么办。我有个意见，真正冲压发动机还是导弹上用的。到底谁写它，可以研究一下。我们这儿有涡轮喷气发动机，还有风扇发动机，还有风扇涡轮喷气发动机，这些我看在《航空 · 航天》卷都会有，这样的一些发动机，经过协商以后，如果说放到《航空 · 航天》卷更合适，我想可以放在那儿。我们这儿出现这个问题，就写参见那一卷，不要再重复。我必须说，原来这些条目，也给我看过，我也同意；现在又提意见，这说明没有经验，那时没有看出来。这不是说同志们工作做得不好，那是我没有认识到，现在才想到这问题。

我翻了翻《军事》卷条目总表，对潜艇很多特殊动力装置好像没有，我估计其他卷也不会有。过去搞过自带氧气可在水下工作的柴油发动机。以后法西斯德国还有一种使用火箭燃料，并用过氧化氢作氧化剂的水下发动机。现在美国人在陆续研究水下使用的化学燃料，化学推进剂性质的水下推进装置。我认为应该加这种条目。这种条目在船舶里不会讲，它不用这种东西。这也联系到鱼雷的动力装置。这些都是说在其他卷里不会有，而与我们是密切相关的，我们不要漏掉，应在《军事》卷中加上。

三

再一个，就是我们自己内部的问题。我有责任先解释解释我的那条“导弹”是如何写出来的。我写的这条大家觉得有点不正规，与一般写法不太一样。原来框架条目给我看过，我也同意了，也是没有深思吧。后来要写了，逼上梁山。我考虑来考虑去，也看了一下其他百科全书“导弹”条的写法。我感到 80 年代来写这一条，就不能够按 50 年代、60 年代的写法来写。我要那么写，5 000 字还不够，得写个小册子。而且还有其他条目，也不应该这么写。我的想法是，在“导弹”这条里把导弹的共性的东西讲一下。导弹是个武器，不管是哪一种，都有共性的几个方面的问题。所以这一条的第一部分是起源、历史，导弹原来是从第二次世界大战法西斯德国开始搞的。然后在第二部分讲了一下分类：弹道式、巡航式、地对地、地对空、空对地，等等。原来想用表，导弹分类的表，把各种常用的代名列上。第三部分，讲导弹武器的系统，几个组成的方面。不管是弹道式导弹，还是飞航式导弹，是战略导弹，还是战术导弹，还是地对地的，空对空的，都有这几个方面。第四部分是讲导弹武器的研制过程，一直到定型。第五部分是讲战略、战术问题，特别强调军事系统工程。这五个方面是整个导弹带共性的。我在这里提纲挈领地讲一下，对哪一种导弹，都没有仔细讲，将来查阅的人查到这一条，作为一个入门，导弹入门。导弹是怎么回事，还要仔细一点，请查其他条目。另一方面，我又概括得多了一些，不光讲结构、技术，把研制过程，使用的研究都加进去了。这个写法过去的百科全书条目中没有的。大家要批准的话，那是我们共同的心得，与众不同，也表示我们中华人民共和国是干过这行业的，知道其中是怎么回事。我们也有权威性。至于文字，那都要修改，字句不精练，这些问题好办，以后去解决。

历史当然还是重要的，法西斯德国穷凶极恶，可恶至极，但在导弹技术，是带了头的，这个还得承认，维持历史本来面目，后来的导弹都是向它学的。

如果导弹总条可以这样写法的话，那么，原来的框架就得修改修改。总条对于重要的地对地导弹，弹道式导弹，讲得太不够了。现在看《军事》卷总表里有关弹道式导弹的那些条，战略导弹、弹道导弹，原来这两个都是短条，洲际导弹中长条，远程、中程、近程导弹都是短条，地地导弹是短条，潜地导弹是中条，等等，大概有这么些，当然还有固体导弹、液体导弹、固液导弹，这些都是短条，这么多条就看我们怎么办。是不是在这么多有关弹道式导弹里头，公举一位“老大哥”写一个长条，把这一方面的技术问题全面介绍一下？

对付空中活动目标的导弹也考虑一下，有一个重点条谈得多一点，其他的少谈。

还有一个问题，试写条目中有一条精确制导武器，我觉得这很重要。但这一条目可以写一个短条，因为精确制导武器，你能讲多少？讲不了多少。可以有这么一个词，简单地讲几句。然后，把精确制导武器、精确制导，吸收到有关导弹条和导弹的制导和控制系统的条文中去，讲一下这精确是怎样达到的。因为，导弹制导和控制系统本来就是讲这东西。精确制导武器可以有这条目，但可以讲得比较简单。

类似的问题，大家研究一下，因我原来的认识与现在的认识相比，经过实践觉得不行了。当今 80 年代，导弹已经花样很多，而且各有各的特点，你要完全摆在一条来写，是顾此失彼，所以要调整。

还有一个问题，“鱼雷”，本是海军条目，我借来一看，这鱼雷就是导弹，水中导弹。鱼雷出现虽然比导弹历史早，但现在的鱼雷，我看就是水中导弹。如果不信，我还有依据。英国期刊《新科学家》，1981 年 9 月 17 日这一期，706 页上讲，英国现在要搞一个攻击敌人核潜艇的鱼雷，特别是攻击敌人攻击核潜艇的鱼雷。他讲了苏联的两种核潜艇，一种是攻击核潜艇，一种是导弹核潜艇。苏联的攻击核潜艇是打导弹核潜艇的，它的水下速度很高，一般鱼雷追不上。这一段消息说本来可以买美国的鱼雷，但美国的解决不了打苏联攻击核潜艇的问题，所以英国人准备自己研制。由英国马考尼公司制造，个头比较大，叫 7525 型鱼雷。这鱼雷射程很远，制导也很复杂，为了不让敌人听到鱼雷来了，所以鱼雷开始运动的速度并不高，故意降低速度，发射出去是65公里／时[①]巡航速度，自己并不制导，制导信息来自发射的潜艇，用两条细电线传到鱼雷。到中程，快接近目标，鱼雷的制导系统才开始工作，是被动式水声系统，接收敌人潜艇噪声。到真正接近的时候，才是主动式声呐系统，两条线也不要了，这时鱼雷速度加大到 130 公里／时。这样复杂的鱼雷不就是导弹吗？我觉得我们是否向海军作个建议，把“鱼雷”条现代化一点，用现代的观点来写。这就是说撰写条目时要注意 80 年代，要注意现代化。

四

关于我们内部的问题会很多，有些问题可能解决，有些问题还会不断地出现，这也是我们编辑组的工作。编辑组的同志要与撰写人经常保持联系，发现问题，向组长报告，看如何解决，要和有关同志商量。科学技术方面的问题很多，一定要及时商量怎样协调，这很重要。我们尽量不要到最后条目都收集起来了，一看，还有很多问题，要请原来撰写人大返工，一个人家不大高兴，再一个也耽误时间。我们编辑组要及时地调整，经常了解情况，多跟大家商量，大部分问题，商量商量就能解决。如果我们解决不了，就提到总编委会。费这个劲是值得的，否则将来麻烦，协调不及时将来会麻烦的。编辑工作中的协调、商量的重要性要充分认识。撰写人很重要，编辑也很重要。

总之，撰写、编辑和出版《中国大百科全书》，一部一亿多字的大辞书，的确是出版界的一件大事，整个工作队伍大概有几万人。在上面讲的，只是我个人接触到的、国防科委编写工作这样一个小局部，所想到的问题，很可能是挂一漏万。但

① 编者注：今作千米／时，下同。

我也深切感到：这么大的全书，这么大的工作队伍，用过去习惯的一套出版工作方法可能不能胜任，要采用新技术。什么新技术？是现代的组织管理技术，也就是系统工程。系统工程的分层分级组织方法，系统工程的计划协调技术，系统工程的信息流通组织，以及系统工程电子计算机调度等等都得用上。只有这样才能提高工作效率，预见并避免大的曲折。所以我建议中国大百科全书出版社的负责同志考虑这个问题。如果需要的话，我们搞导弹原子弹的同志可以介绍这套系统工程方法，系统工程是他们天天在实践的。

（原载《辞书研究》1984 年第 1 期）

谈《中国大百科全书》的编辑出版

于光远

《中国大百科全书·天文学》在1980年12月出版了。这是我国第一部大型综合性百科全书70卷中最先出版的一卷。这一卷有150多万字。其余各卷正在组织选条、撰稿或者已经定稿正在送厂付印中。全书将在10年左右编好出齐。

出版这样一部具有社会主义中国特色的大型百科全书是我国学术界的一个夙愿。早在中华人民共和国成立初期，当时的出版总署曾考虑出版中国百科全书。1956年制定的1956～1967科学发展规划中，将编辑出版《中华人民共和国百科全书》作为必须完成的一个重要任务列入规划。但是真正把这个工作组织起来，是在1978年6月开始筹建中国大百科全书出版社之后。在这两年半中，工作成果之一，就是现在我们可以从天文学这一卷看到《中国大百科全书》是一部什么样的巨著。我想趁此讲一点自己对编辑出版《中国大百科全书》的看法。

综合性的大百科全书是以辞书形式编排的大型参考书，但是它有一个基本特点，那就是它搜集各科专门术语、重要人名、地名、物名和历史事件、组织机构、思想体系、科学与艺术的作品等等名称，分列条目，加以详细的、系统的、全面的、准确的叙述和说明。大百科全书就是这个时期人类已经获得的科学、文化、历史知识的汇编。当然，人类知识浩如烟海，尽管百科全书卷帙浩繁，仍旧无法把全部知识都汇编在一起，因此在内容上就只能选择各个学科、各个领域的基本知识，而在撰稿上力求文字简洁精练。有了这样一部百科全书，当我们需要了解哪一方面的知识时，就便于查阅了。很明显，随着人类知识的迅速增长和不断丰富，即使读书破万卷的人的知识也是很不够用的。因此百科全书为什么成为必要的一种工具书，是很容易理解的。

但是，所以要编辑出版这部《中国大百科全书》，我认为还有更重要的理由。

第一，我们需要一部以马克思主义为指导的大百科全书。从1751年到1780年，用29年时间出齐的，由狄德罗担任主编、达兰贝尔担任副主编的，有伏尔泰、孟德斯鸠、爱尔维修、霍尔巴赫、卢梭、魁奈、毕丰等人写稿的，在法国出版的那部《百科全书，或科学、艺术或工艺详解辞典》，是资产阶级启蒙思想家“百科全书派”用来宣传唯物主义，反对天主教会和经院哲学以及封建等级制度的工具。恩格斯写道：“法国的唯物主义者没有把他们的批评局限于宗教信仰问题，他们把批评扩大到他们所遇到的每一个科学传统或政治设施；而为了证明他们的学说可以普遍应用，他们选择了最简便的道路：在他们因以得名的巨著《百科全书》中，他们大胆地把这一学说应用于所有的知识对象。”马克思主义者也应该有这个把马克思主义“应用于所有的知识对象”，把批评扩大到“每一个科学传统或政治设施”的问题。这里所说的“应用”和“批评”，当然绝不是把马克思主义的标签贴到所有的知识对象上，或者对一切科学传统和政治设施采取排斥的态度。这样的态度本身就是非马克思主义的。我们要做的是按照马克思主义的科学态度来研究一切知识、科学传统和政治设施。这样的工作很重要。自从马克思主义诞生以来，在理论和实践上都已经做了大量的工作，我们应该将它们汇编起来，而最简便的一个方法就是编辑大百科全书。当然，在这样做时，总有一些科学问题是马克思主义者还没有去研究、分析和批评过的，这就需要我们去努力。我们相信，如果能把这样一件事做好，对马克思主义的研究和发展会起推动作用，而对我国知识界会产生很大的影响。

第二，我们需要一部包括内容更多、叙述准确的有关中国各方面知识的大百科全书。中国是世界上历史最悠久、文化遗产最丰富的国家之一，在人类知识总和中，中国的文化占有重要的地位。各国出版的百科全书中，有关中国的条目篇幅是很大的。但是，在我国出版的大百科全书中，有关中国的知识当然要占据特殊的地位。因为外国学者对中国的研究无论怎样精湛，毕竟不能同中国学者相比，因此一方面为了本国读者的需要，另一方面也是为了帮助外国读者增进对中国的认识，我们理应对我国的地理、历史、经济、政治、文化等各个方面的基本事实，中国人在各个知识领域所取得的成就，对中国民主革命和社会主义革命和建设，在大百科全书中作更完全、更详细、更系统的介绍。我国百科全书的这一特点，将使它在全世界已经出版的各种大百科全书中占有独特的地位。

第三，我们需要一部更适合我国读者阅读，能够为我国社会主义现代化建设服务的大百科全书。因为有这样明确的目标，在选条和撰稿上，就自然会有与其他国家的同类百科全书不同的地方。

这样三个要求，我想，也就是《中国大百科全书》在编辑中应该注意的原则。当然所有的大百科全书，以及所有用严肃的科学态度编写的辞书，都有一个共同的要求。它的释文必须完全忠实于事实，不允许有任何臆造或歪曲；对学术上不同的流派和不同的观点应作客观的介绍。概念必须明确，文字必须简练。在这些方面，《中国大百科全书》也不例外。百科全书的释文，特别是定义，带有规范化的性质。一部享有威信的百科全书，每一个条目中所叙述的知识和数据都应该是可靠的。尽管撰稿者难以避免按照他自己的观点来写作释文，但是我们要求他必须用最严肃的客观的态度来进行写作。在百科全书中，对学术观点十分分歧的问题，请观点截然对立的不同学者各写一篇释文，这种办法在必要时作为特殊情况也不是不能采取的。

应该说，编写《中国大百科全书》的工作是很不容易的，不仅因为这是一件需要投入大量劳动的工作，这一点读者可以从已经出版的《天文学》一卷中看出来。更困难的，是要保证这部大百科全书有较高的思想性和科学水平，要做到这一点，就要下极大的功夫。而且，由于客观的和主观的限制，有一些问题，一时是很难说清楚的，这也难以避免。尤其是我国进行这项工作，既缺乏基础，又没有经验，不能要求一开始就尽善尽美。

编辑出版《中国大百科全书》是我国学术界的一件大事，一定会受到广大知识界的重视。现在还只是出了它最早的一卷，出齐 70 卷，困难还会很多，需要各界人士的广泛的支持。有了这个条件，这件大事是能够办成的，也能够做好的。

（原载《人民日报》1981 年 1 月 2 日）

百科精神 ①

阎明复

“百科精神”，是追求民主、科学的“五四”精神在“文革”特殊时期结束后的继承和发扬光大。归纳起来，有四个方面：一是善于学习，勇于创新；二是尊重科学，重视人才；三是发扬民主，广开言路；四是艰苦奋斗，发奋图强。

一、善于学习，勇于创新

说到世界的百科全书，人们自然会想起法国的狄德罗；说到中国的百科全书，首先要讲的第一人就是姜椿芳。姜老在“文革”期间被扣上“苏修特嫌”的帽子，在秦城监狱度过了漫长的囚禁岁月。在狱中，姜老一直在思考，为什么在中华大地上竟能发生这种灭绝中华文化的所谓“文化大革命”，给中国的政治、经济、文化、科学各方面都带来了极大的摧残。姜老联想到 18 世纪法国大革命前夕的狄德罗等“百科全书派”，通过编写和发行百科全书为法国大革命发挥了启蒙作用。于是他下定决心，如果能够活着出去，将倡议编纂一部集古今中外知识大成的现代中国的百科全书，建起一所没有围墙的大学，向广大人民群众普及科学知识，从根本上杜绝“文革”悲剧的重演。这一理想伴随着姜老度过了漫长而孤独的牢狱生涯。

出狱后，姜老立即以极大的热情着手实现他的理想：一是号召过去和他在上海从事地下党工作的战友献身百科事业，这里包括倪海曙、周有光、唐守愚、楼适夷、

① 编者注：本文为作者值中国大百科全书出版社成立 30 周年之际，应出版社邀请而作，收入本书时略作修改。

王纪华、严玉华等；同时也找了一批中年朋友，协助他来实现这个文化创新，我算其中一个。

姜老本身是一位德高望重的学者，一位著名的翻译家、文学家和诗人。他曾对我说，在秦城的日子里，他对近现代的百科全书也是知之不多，虽然读过《四部丛刊》，中国的类书等，但是，现代百科全书，应该怎样组织编撰，还得现学。姜老也开始了对现代百科全书孜孜不倦的调研学习。姜老当时已经年逾花甲，整天戴着一副老花镜，有时还加上放大镜，伏案钻研外国的百科全书，逐渐从知之不多，到成为百科专家。在自己坚持认真学习的同时，还调来一批人才，其中主要成员有周志成、金常政、林盛然、黄鸿森等同志，组织队伍对外国的各类百科全书的编纂历史和编纂方法进行了广泛深入的调研，编写了《几种外国百科全书的初步调查》《关于百科全书的分类编排问题》等文，为我国百科全书的编纂和分类分卷编排的特殊方式提供了参考依据。在借鉴外国经验的基础上，草拟了初步的编写体例，充分发动全社人员讨论，广泛听取意见。当时还成立了以金常政、黄鸿森、全如瑊等几位学识渊博的同志为核心的学术委员会，定期召开全社的学术讨论会，并出版社刊《探讨》，对编写体例、程序、框架设计、条目设置、参见、索引等进行讨论、研究，不断加以充实完善。当时出版社学术民主气氛蔚然成风，给我留下深刻的印象。与此同时，几乎动员当时全社的力量，着手编辑第一个学科卷《天文学》作为实验卷。仅用两年时间，《天文学》卷就高质量地出版了。它为全书编辑工作开拓了道路，提供了丰富的第一手经验，同时检验了全书总体设计和体例，对各类型条目、插图、参见、索引都做了更明确的规定。《天文学》卷的经验成了推动其他各学科卷的契机，从此一卷一卷的工作陆续展开，最高峰时竟有 50 多卷同时开展工作。《天文学》卷出版后，1983 年我和常政还借到莫斯科参加国际书展的机会，拜访了苏联大百科全书出版社，多次座谈，回国后向编辑部全体同志详细地介绍了他们的经验。

回想初创时期这一段历史，学习和交流经验几乎成为最重要的活动，学习成为一种“社风”。所以，我感到要发扬“百科精神”，首先还是要发扬姜老创导的“坚持学习、借鉴、创新”的好作风。

二、尊重科学，重视人才

“文革”刚刚结束，各行各业百废待兴，都缺乏人才。编撰百科全书的人才更是奇缺。百科全书出版社开创伊始，急需有一批精通业务、献身百科全书事业的编辑人才。我记得当时姜老曾向乔木同志请示百科的人才从哪里来，乔木同志毫不犹豫地说，要广泛吸收落实政策的人才。于是，我们就从落实政策和将要落实还未落实政策的所谓“右派”“反革命”、服刑人员、下放改造分子中物色，千方百计调集人才，以供不时之需。当时社里的领导姜椿芳、刘尊棋、曾彦修、常萍、王顾明、唐守愚、刘雪苇、张友渔、朱语今、高步青、翟富中、金常政、周志成、吕东明、林盛然、石磊、肖德荣等都是在历次运动中遭受过不公平待遇的。姜老和我是秦城监狱的难友，刘尊棋又是“叛徒”又是“右派”（“文革”期间被关押在湖南境内的一座死囚岛上），曾彦修、周志成被打为“右派”，刘雪苇被戴上“胡风分子”的帽子，其他人等也无一幸免。第一代编辑黄鸿森、杜友良、王伯恭、全如瑊、王福时、徐慰曾、彭庆昭、张遵修、符家钦、张曼真、张云鹗、张人骏、张均康、张慈中、戴中器、杨公谨、顾家熙、吴书年、梁从诫、郑伯承、孔干、赵建山等也都是在“肃反”“反右”“反右倾机会主义”“文革”中屡经磨难。因此，社内的同人就开玩笑说我们是“举逸民”“难友编书”；但正是这批学有专长的行家里手，才撑起了初期的百科大厦。

姜老求贤似渴，广揽人才。在挖掘人才时并不以他们的名望地位为标准，而是看他们的学识、才能和事业心。例如，金常政同志当时被发配在北京一家工厂工作，但姜老发现他对中西文化都有较深的修养，特别是他虽经坎坷而决心为国家作一番事业的意志不衰的精神受到姜老的赏识。事实证明，他果然不负重托，在百科全书的总体设计、体例制定和编纂方法等方面做出了很大的贡献，如今已是我国一位著名的百科全书专家。

姜老亲自去看望刚刚从流放地新疆回到北京的周志成，在社里传为佳话。周志成曾是一家出版社的副总编辑，于1957年被错划成右派，他既不“鸣”，又不“放”，无任何言论，只不过听说恩师束星北教授被打成右派感到难受，对一些“右派”思想心有共鸣，因而主动交代，成了“送上门的右派”，被放逐新疆18年。1979年初他得知“改正”信息，就以“新疆农民”的身份，迢迢数千里，从南疆来到北京，要求安排工作。原单位以编制为由，推将出去，他不得不打点行装准备回疆。这时他得知，中国要编百科全书，欣喜不止。周志成试着打电话毛遂自荐，大百科接电话的正好是我，正负责罗致人才，当即报告给姜老，他老人家坚持要亲自去看望周志成。我询明周志成的住处后，和姜老赶到他在北京暂住的住所。

原来，出版社已经心中有数，《中国大百科全书》总编委会副主任于光远先生已向姜老推荐过专攻物理又有编辑经验的周志成。大百科正在多方打听周的下落，竟然天降斯人。当天，求贤若渴的姜老和我就联袂前往，同顾茅庐。姜老年近古稀，身躯丰硕，一步步登上五层楼，不巧走错单元。下来后，我请姜老留在楼下，自己上楼探明属实后，再搀扶他登楼，走进周志成寄居友人家局促的陋室，已经满头大汗。一方是竭诚相邀加盟，一方是立意效力百科，自然是言谈投契，融洽无间。当即达成协议，由大百科派人事处长去他的原单位商调，而出版社需才孔亟，周志成第二天就来大百科上班了。（参见黄鸿森著《百科元老　霁月光风——悼念周志成先生》，《出版史料》2007 年第 3 期）……姜老根据老周的学识经验，大胆任命他和吕东明一起担任科技部的领导工作，他们为全书科学技术各卷的编纂作出了贡献。周志成后被任命为副总编辑，他把此后 20 多年岁月完全献给了中国的百科事业。彭老因当时年事已高，没有参加学科卷的编纂工作，但姜老和社领导对他十分尊重，有关全书整体框架、学科卷的设置、重要的条目都征求他的意见，他也十分尽心，为中国百科全书的出版作出了自己的贡献。

我们社后期任命的另一位副总编辑林盛然的遭遇也是姜老重视人才的一个写照。我们开始编写《天文学》卷的消息在媒体上报道后，林盛然从河北赶到出版社来，说他是学天文学专业的，要求参加天文学的编辑工作。姜老十分高兴，当即把他留下，并请陆平去他的原单位——河北的一家地方小厂商调。但了解到他的档案在公安部。原来林盛然在 50 年代已是天文学界优秀的青年学者，后被派到德国柏林大学深造。一次假日，他到城里游览，去了西柏林。当年东西柏林并没有明确的分界标志。当日林盛然返校后觉得他是党员，应该把去西柏林的事向组织上交代。其结果导致他被遣送回国，交给公安部处理，公安部就把他送到劳改农场安置。没有任何“罪名”，一安置就是 20 多年，一个年轻有为的天文学者的大好年华就这样虚度了。我们征得公安部的同意，把盛然调到出版社，终于使他如愿以偿。在担任《天文学》卷的责任编辑后，他又在科学技术各卷的工作中发挥了作用。

与此同时，姜老又从各大学的毕业生、各行各业自学成才并有志于百科事业的中青年中吸收了一批业务骨干。类似的事情不胜枚举，“尊重知识，尊重人才”在大百科全书出版社是一个行动指南，在这一方针的指引下，百科编辑队伍从无到有，从小到大，使出版社的行政和业务工作迅速而又顺利地开展起来。

三、发扬民主，广开言路

百科事业的方针就是民主办事。有关方针、政策都由大家讨论。上有乔木同志挂帅的总编委会，每学科卷也都有自己的编委会，重大问题都由编委会来审定。很多情况下，一个问题要经过长时间的讨论，有时还会争得面红耳赤。大的问题总是要听取多数人意见，在广开言路、充分发扬民主的基础上再由编委会裁定，就是先民主后集中。

最初国家出版局任命的社筹备组领导有姜老、曾彦修和朱语今。此外，刘尊棋、王纪华、唐守愚、张友渔、刘雪苇、王顾明等老同志也先后参加了领导班子。还有倪海曙、周有光几位学者也经常参加社里重大方针的讨论。1978 年八九月间社领导班子开始讨论全书的总体设计和编辑出版规划。大家谁也没有编过百科全书，甚至多未见过百科全书。关于百科全书如何编法，怎样上马，有过一番激烈的争论。国外百科全书一般是按拉丁字母顺序来编排的，这样便于检索，但前提是必须先动员各方专门人员，从第一个字母到最后一个字母把所有学科的条目都定下来，再着手编写。筹备组讨论时，一种意见是先学习，从容准备几年，把总体设计搞完善再动手；另一种意见是在有个基本框架方案的基础上立即上马学步，通过实践完善总体设计。总体规划和总体设计工作，伴随着争论和说服，在北总布胡同那几间小房子里持续了一个多月时间。姜老从实际出发，提出按学科进行编撰的建议，社里的其他大部分领导成员反对，认为不符合惯例。作为主要领导，姜老并没有独断专行，而是耐心地作解释工作，说只有按学科分类分卷才能组织起编撰队伍、着手编写，各学科卷的条目可以按汉语字母顺序编排。这样，经过广泛的讨论，发扬民主，汲取了各方意见。姜老以其坚毅的使命感和说服力感召了大家，他的方案终于被大家接受了。在各个学科卷的编撰过程中，也都成立了学科编委会，条目由挑选的最合适的专家来撰写，最后由编委会集体审定，每个过程都体现了民主。

四、艰苦奋斗，发奋图强

我国的百科事业，开始一无所有，通过艰苦奋斗，建起百科大厦，培养了大批人才。初建时期除人才缺乏外另一个困难是物质条件匮乏。出版社成立伊始，没有固定的办公地点，我们在中央编译局的会议室开过会，在国家出版局的传达室里议过事。据常政同志回忆："1978 年 7 月 10 日可以认为是我社一个有意义的日子，姜老在这一天召来了几位业余'志愿人员'，召开了我社第一次研究大百科筹备工作的会议，地点就在中央编译局后楼三楼会议室。姜老、王纪华、阎明复、金常政、邢院生、雷行（分管行政）、严玉华（秘书）、李庆文（会计）和编译局图书馆的崔士敏，围坐在一张乒乓球台周围，商量大百科全书编辑设想和马上需要着手的几件事情，如房子、经费、调人等。"接着，姜老出面向编译局借了 40 元钱，我和同志们一起骑着自行车去购买办公用品、调干（为了借调常政同志，我曾骑车到酒仙桥无线电二厂去办手续）、刻印章（我们到公安部门指定的印章厂订购社的公章，等了一个星期，取出的印章上竟然刻成了"中国大百货出版社"，成为创社初期的笑谈）、借房子、跑基建，等等。8 月，在国家出版局的帮助下总算在北总布胡同的版本图书馆后院借到几间库房，出版社的建制、如何开展工作、全书编辑方针等都是在这里研究决定的。这几间平房，白天是办公室，晚上成为临时宿舍，曾任副社长兼副总编的刘尊棋同志刚来社里时就在这里的办公桌上睡过觉。不久，北京市规划院的刘永芳同志自愿腾出自家在史家胡同的一处私房支援百科事业。我们的出版社全部搬了进去，当时我们为了寻得更合适的办公用房四处打听，哪里还有退还的私房的，一有消息，马上去找房主，向他们借用或租用。直到东城区区委和政府支援我们，用蒋宅口附近的区党校和我们交换（经谷牧同志批准给东城区下拨了新建党校的指标），出版社才终于有了一个能集中办公的栖息之地，初步安定下来。

在国家和北京市计委、建委的大力支持下，北京市副市长赵鹏飞在阜成门立交桥西北黄金地段为出版社办公大楼定下地址，市规划局、设计院、第二建筑公司共同努力，只用了很短的时间，建起了当时全国面积最大的出版社办公大楼。邓小平同志亲自题写了"中国大百科全书出版社"社名。

1993 年当第一版《中国大百科全书》出齐时，《人民日报》发表《铸就中华文化的丰碑》专文，特在文前加一按语评论说："'大百科精神'，是一种执着的爱国主义精神，是一种高尚的集体主义精神，是一种主动开拓的创业精神，是一种实事求是的科学精神，是一种无私的奉献精神。"大百科人并不是别的什么人，就是把自觉地传播科学文化知识、提高中华民族科学文化水平、实现我国四个现代化视为己任的有心人。几百位百科全书的编辑，几千位大百科总编委会和学科编委会委员，两万多位大百科撰稿人，都是由大百科精神凝聚起来的大百科人。（摘自金常政著《中国大百科全书的创建》，《出版史料》2003 年第 3 期）

今天，值中国大百科全书出版社成立 30 周年之际，希望我们百科人继续发扬姜老倡导的"百科精神"，再接再厉，为中国特色社会主义建设事业和人类的和平进步作出新的更大的贡献。

（2008 年 11 月）

铸就中华文化的丰碑

——记《中国大百科全书》的编撰出版

卢新宁

伟大的中华人民共和国44周年国庆快到了，本报今天首发专稿，介绍当代中国知识界向祖国献出科学巨著——《中国大百科全书》成书的历程，和全国人民一道喜迎这个光辉的节日。

经过学术界、出版界15年坚韧不拔的努力，74卷本、1.2亿字的巨型知识总汇——《中国大百科全书》面世，为中华民族文化发展史树起一座新的丰碑，也展现了当代中国知识分子的崇高的精神风貌，被人们誉为“大百科精神”。

“大百科精神”，是一种执着的爱国主义精神，是一种高尚的集体主义精神，是一种主动开拓的创业精神，是一种实事求是的科学精神，是一种无私的奉献精神。

《中国大百科全书》是社会主义精神文明建设工程的一项巨大成就。全书编撰者们在创造知识财富的同时也创造出宝贵的精神财富，祝愿它与百科全书事业一起永存。

——编者

引子

18世纪中叶，一位叫狄德罗的法国哲人在监狱里进行着重获自由后的构想：

以科学和历史为基础，编撰一部汇集各类知识的百科全书，用以启迪民众。数年之后，这部被后人称为“第一部现代百科全书”的著作出现在1772年的法国。它像一道闪电，划破黑暗，带来了欧洲现代文明的曙光。

200多年后，中国大地正经历着一场空前的文化浩劫。在北京一所监狱里，一位叫姜椿芳的中国共产党人面对着连小学课本都缺乏的祖国，也在构想：如果我自由了，我所做的第一件事是编一部集古纳新、广瀚博大的知识总汇——中国大百科全书。

在那个年代，在中国大地的许多角落，在牛棚、干校，甚至监狱中，多少像姜椿芳那样的知识分子，面对一片文化的灾荒和凄凉，不约而同地从不同的角度对中国文化的重建进行着自己的设想。他们期待着有朝一日，能让自己的祖国因为这些设想而变得文明富强。

终于，1978年，在经受过深重的苦难、科学文化一片残破的中国，这些劫后余生的知识分子，为构筑中国现代最大的文化工程——编撰《中国大百科全书》走到了一起。他们来不及抚平动乱岁月留下的创伤，甚至还没有得到平反昭雪，便聚集到“大百科”的旗下。他们当中有著名系统工程学家钱学森，物理化学家卢嘉锡，生物学家贝时璋，数学家华罗庚、苏步青，物理学家严济慈，力学家钱伟长，桥梁学家茅以升，法学家张友渔，军事学家宋时轮，医学家吴阶平，文学家周扬，外国语言文学专家季羡林、冯至，历史学家陈翰笙，社会学家费孝通，经济学家许涤新、陈岱孙，哲学家胡绳，美学家朱光潜，音乐家贺绿汀，戏剧家曹禺……

15年之后，一部74卷、7.7万个条目、1.2亿字的《中国大百科全书》问世了。它囊括了哲学、社会科学、文学艺术、文化教育、自然科学、工程技术等66个学科，汇集了当今世界最新科学文化成果，体现了中国知识界几十年的学术研究水准。

这是第一部中国人自己的大百科全书，它跨越了“十年浩劫”的文化沼泽，架起了通往21世纪的文化桥梁，铸就了一座中华文化的丰碑。

盛世方修典

1917年，中国著名教育家、思想家蔡元培先生在为《植物学大辞典》所作序言中这样写道：“一国之文化常与其辞书相比例……社会学术之消长，视各种辞典之有无与多寡而知之。”他希望我国“不必乞灵于外籍”，应有自己编写的辞书。

此后的若干年时间里，随着社会的发展和进步，一批又一批辞书相继在中华大地出现，然而代表着辞书出版最高水平、被称为“工具书之王”的百科全书却仍得“乞灵于外籍”。中国人一直没有自己的百科全书。

而自 18 世纪中叶，那个伟大的法国哲人开创编撰现代大百科全书历史之后，世界各主要国家都陆续开始了自己的百科全书事业。作为包容一切学科、知识领域的大型工具书，规模宏大的综合性百科全书被称为“没有围墙的大学”“人类知识的宝库”，它反映一个国家的文化面貌，代表一个民族的科学文化水平，因而成为许多国家极端重视的重要文化工程。近 200 年内，出版大百科全书的国家已有好几十个，从英、美、法、德、日、苏联，到印度、斯里兰卡、土耳其，甚至像人口不到 40 万的苏里南也都编有自己的百科全书。有人作过这样的估算，世界各国历代编出的著名百科全书，已经能摆满 3 ～ 4 公里长的书架。而在联合国图书馆长长的百科全书书架上，却没有一部属于有着五千年文明史的中国。

早在清末民初，西风东渐，一批立志于中国进步与富强的知识分子，深悟科学与知识对民族存亡的重要性，萌发了编写中国大百科全书的意愿。但在科技文化落后的近代中国，他们无力构筑百科全书必需的知识体系和学术规范，再加上战乱频仍、财力匮乏，使这些有识之士壮志难酬。中华人民共和国建立之初，又有一批知识分子建议编写大百科全书，当时的出版总署也曾有此考虑，稍后拟定的科学文化发展 12 年规划也曾将此列入，1958 年又提出开展这项工作的计划，但因众所周知的原因，均未得实现。

1978 年，重获自由的姜椿芳在社科院规划办编印的《情况和建议》上，发表了洋洋近万言的《关于编辑出版〈中国大百科全书〉的建议》，引起了学术界强烈的反响。不久，在党的十一届三中全会前夕，胡乔木同志也向党中央建议编辑出版《中国大百科全书》。在一代又一代知识分子看来，编写一部中国大百科全书，不仅是国盛民强的标志，也是推动时代科学文化进步的工具。“盛世修典”，在那个拨乱反正、百废待兴的岁月里，出版大百科全书的建议使得中国知识界群情沸腾。

同年，中国科学院、中国社会科学院、原国家出版局联名向党中央提出了编撰《中国大百科全书》的建议。

建议首先得到了邓小平同志的支持，在此后他又将美国友人赠送的《不列颠百科全书》转赠中国大百科全书的编撰者们，并亲自为中国大百科出版社题写了社名。这位无产阶级革命家在这项近世中国最大的文化工程上再次显示了自己超卓的决断。在这位中国改革开放的总设计师的蓝图上，添上了《中国大百科全书》这精彩一笔。

1978 年 5 月 28 日，中共中央批准了这一建议，决定成立以胡乔木为主任的总编辑委员会，并专门成立了中国大百科全书出版社。不久国务院批示各省市、各部委称，这项工程“对全面系统地介绍古今中外的文化科学知识，提高整个中华民族的科学文化水平，实现四个现代化具有重要意义，请给予积极支持和协助”。批示下达后，各部、委、院积极响应，并各由一位领导同志挂帅，把编写此书有关学科卷列入各自的工作日程。

由国家最高当局出面，动员全国学术界，这在世界百科全书编辑史上绝无仅有。而在当时的中国，决意上马这项规模巨大的文化工程，更需要一种超越历史的眼光和魄力。在此后的 15 年里，中国政府又从紧张的财政收入中共计拨出 8 000 万元用于这项文化工程，充分显示了社会主义中国对知识、文化的极端重视。

中国人就这样开始了自己的百科全书编撰事业。百年圆一梦，虽然这个梦做了近一个世纪，虽然与其他国家相比已经晚了许多年，但这毕竟是中国人迈出的第一步，它开始于一个伟大的时代，不仅代表了中国新时代科学文化的进步，同时也标志着这个时代的进步。我们终能告慰蔡老先生等前辈学人的英灵。

十年磨一剑

1983 年秋，北京大学勺园招待所，一间不大的房间里，《中国大百科全书》的《哲学卷》中国哲学史编写组审稿会正在进行。为节约经费，编写组没租会议室。74 岁高龄的著名哲学家张岱年坐在一张借来的破藤椅上，其他学者则挤在两张床上，审稿会就这样开了 15 天……

还是在燕园。为撰写《中国文学》卷首条，宗白华、季羡林、王瑶、吴组缃等一批造诣深厚的著名学者汇聚一堂，他们从各自研究领域入手，对负责撰写卷首条的周扬等人无私地提供自己多年的研究成果，从中国文学的语言特点，到中国文学的独特审美趣味，从中国文学与人民的关系，到世界文学范围内中国文学的特点……

15 年来，类似上面的故事在《中国大百科全书》的每一个学科编写组里多次发生过。为编好中国人自己的百科全书，这些知识分子同心协力，坦诚相助。

翻开百科全书的历史就会知道，历代主持编撰百科全书的人，如果不是那个时代最出众的大思想家，也一定是博览群书、涉猎广泛的大学者。而《中国大百科全书》则几乎汇聚了现代中国文化知识界所有的名人。在那称为“科学的春天”的年月里，多少学者放下自己手中正在写作的论文、专著，怀着强烈的使命感加入到大百科全书的编撰队伍中。自蔡元培办北大以来，还没有一项文化事业能够吸引如此众多的学界名流。15 年间，参加大百科撰稿的作者达 2 万余人，中国科学院绝大部分学部委员、社会科学领域众多的学科带头人、各领域卓有成就的专家学者都参加了该书的编撰工作，作者阵容之强大，堪称世界第一。无怪乎后来台湾学者发出这样的慨叹：世界上没有第二个国家的政府有可能组织这样大规模的知识工程。

美国百科全书理论家科里森这样说过：“为百科全书撰写条目，本身就是一种艺术，在有限的篇幅里要挤那么多内容，而且要做到丰而不舍一言，约而不失一词，确实很难。大多数专家认为写一本书比写百科全书一个条目来得容易。”作为人类最基本知识的总汇，编写百科全书之难，不在于提供高深莫测的尖端学问，言人之所未言，而在于提供一般的标准知识，对于这种标准知识的阐述必须精确凝练。在没有编写现代百科全书经验的中国，知识界各领域的泰斗巨匠们能够按照百科全书的要求编好它吗?

出生于 19 世纪末、20 世纪初的这一代中国知识分子，大都在战乱时期受到过完整的现代文化教育，同时于国家民族有一份超出寻常的责任感和事业心。动乱岁月耗费了他们一生最好的时光，他们最大的心愿就是在有生之年为祖国的科学文化事业作点贡献。为编好中国人自己的百科全书，这些一代宗师没有名人的架子、不顾权威的面子，边干边学，精益求精。学科编委会确立每学科卷的框架都要修订七八次；每一学科卷开始编撰时都要先试写三四稿。每一次审稿会实际上是一次学术讨论会。这只有在今日中国才能做到。

在总编委会主任胡乔木给中央的报告中有这样的话：“大百科全书事关国家科学文化和政治荣誉。”《军事》卷中“毛泽东”一条，是由中央文献研究室撰写的，后来由胡乔木加以修改，最后经邓小平亲自审定。为搞清平型关战役的一个细节，编撰者甚至不辞千辛万苦找到了当时一名炊事员。总编委会副主任钱学森为撰写《军事》卷“导弹”这一条目，一再与其他学者会商，数易其稿。在国际上被誉为“杂交水稻之父”的袁隆平教授撰写《农业》卷“杂交稻”一条时仍然斟酌再三。不少撰者为写好一个不足500字的条目，得查阅上百本书籍。2万多位条目作者，既要表达学科知识的真谛，考虑读者的理解能力，又要遵循百科全书的撰写体例和规范，所付出的心血和辛劳难以言述。74卷《中国大百科全书》除《天文学》卷采取集中编写，只用了26个半月外，多数卷的编撰时间为5～6年，其中《中国文学》用了8年，《生物学》《现代医学》10年，《中国历史》甚至长达12年。

十年磨一剑，用破万人心。许多年迈学者为撰稿审稿、搜集查核资料，往往夜以继日，备尝艰辛，众多事迹，催人泪下。

考古学家夏鼐，下午发病住进医院，上午还在伏案修改《考古学》卷概观性文章。他辞世后人们发现，在他的案头床边堆满了大百科的资料。国际法学家陈体强是在病卧床榻时，逐字逐句修改完几十万字的国际法条目后谢世的。文学家周扬、经济学家许涤新、历史学家侯外庐、冶金学家孙德和、物理学家王竹溪、天文学家戴文赛都是在住院期间领导有关卷目的编撰工作的。建筑学家童寯临终前还在写“江南园林”条目，当他写到“扬州以莳花闻名远近，清初……”即溘然长逝。不少老专家学者，没等到《中国大百科全书》全部出版，甚至没见到自己主编或撰稿的卷册付梓，就谢世而去。胡乔木、华罗庚、宋时轮、张友渔、姜椿芳、茅以升、周扬、许涤新、侯外庐……在15年的编撰过程中，总编委会110位委员里，已有32位先后辞世。几乎每一学科卷出版时卷前的总编委名单里都要添加几个黑色方框，让人黯然伤怀。

我们完全可以这样说，《中国大百科全书》的编撰是一个历经浩劫的国家在文化断层的边缘，及时抢救了一批稍纵即逝的学术财富；是一批可歌可泣的知识分子在生命的黄昏所作的一次呕心沥血的绝唱。古代传说，为铸就干将、镆铘，铸剑者将自身投入熊熊熔炉。这种崇高的、为事业献身的民族精神，又一次显现在从事“大百科”事业的当代优秀知识分子身上。他们不愧是永远值得人们怀念的中华民族的精英。

当大批知名专家学者为编撰全书殚精竭虑之时，参加《全书》编辑工作的编辑、出版人员也在作默默无闻的奉献。1978 年，在版本图书馆的三间堆着图书的平房里，中国大百科出版社踏上了自己漫长的创业之路。不久，随着队伍的扩大，出版社不得不在京城 8 个地方借房办公，他们自己戏称为“八大处”。今天的人们绝难想象，如此辉煌的文化工程竟是在如此俭朴甚至可以说是简陋的条件下进行的。而在当时的百科全书出版社人的心中，都明白他们从事的是自己一生最大的事业。《中国大百科全书》的最早编辑者之一金常政至今提起当初的情景仍很激动。他讲到那时提出的“大百科精神”，即“共赴时代召唤，艰苦创业，解放思想，尊重科学，团结奋进，崇尚效率”。讲到他们如何夜以继日、团结一心地拼搏，讲到他们曾经骄傲地自称“百科全书人”。

1980 年 12 月 10 日，仅仅两年多时间，《中国大百科全书》第一卷《天文学》就在现代文化名人胡适的故乡皖南绩溪的海丰印刷厂付梓。这是中国文化出版史上值得大书特书的日子。为了这一天，王绶琯等编撰人员度过了多少不眠之夜；为了这一天，编辑班子在绩溪死守了 4 个月。因此 1981 年的春节对于《天文学》编辑组成为一次真正的庆典。

《天文学》卷问世后受到了世界学术界的重视和赞誉。1981 年 7 月，英国著名科学史学家李约瑟获得此书后，连续阅读几个小时爱不释手。他在著名的科学杂志《自然》周刊上这样评价：“中国这个伟大的文明古国终于有了自己的大型百科全书……全书水平很高，印刷精美……应为此感到自豪。”美国天文学家道格拉斯 · 林也认为“本卷书的作者们概要地提供了中国人多年辛勤研究这些古天文记载的成果，达到了很高的学术水平”。他还认为“这一卷书若是用英文写成，当可推荐给一切学习天文或物理的大学学生使用”。

世界知名学者对《天文学》卷的肯定，使编撰者更加精益求精。他们认定，编写《中国大百科全书》是对我国学术界的一次空前大检阅，关系着国家声誉。在大百科全书出版社工作的同志相当一部分是有研究生以上学历的知识分子，15 年栉风沐雨，岁月洗净了这些年轻人的稚气，染白了中年人的双鬓，却未能改变大百科人的初衷。当外面的世界变幻着展现着繁荣和喧嚣时，当社会上“经商”“下海”热火朝天、人心跃动时，绝大多数大百科人仍在固守着一份执着的信念，淡泊宁静，安于寂寞。

1993 年 8 月 26 日，在北京阜成门大百科出版社一间不大的办公室里，出版社现任总编辑、八十高龄的梅益在讲到《中国大百科全书》编辑者时这样说："编撰'大百科'这种书，一年两年甚至十几年看不到名，得不到利。如果没有相当的奉献精神，没有为国分忧的精神根本无法做到！"

可以说，一部《中国大百科全书》不仅代表着中国现代科学文化水平，也凝结着当今中国知识分子的智慧和心血。它的出版，与其说是铸就了一座留传万世的文化丰碑，毋宁说是谱写了一曲当代中国知识分子的颂歌。

一飞则冲天

1993 年 8 月 12 日对于中国文化史来说是非同寻常的一天。就在这一天，《中国大百科全书》《财政 · 税收 · 金融 · 价格》卷问世。至此，历时 15 年的这项近代中国最伟大的知识工程终于画上圆满的句号。

如果说百科全书应当是一个国家民族文化知识及对外界了解水平的总结，那么《中国大百科全书》是否真的实现了编撰者们为自己确立的目标？它是否确能当之无愧地成为我国科学文化水平的标志？编撰者们诚惶诚恐地等待着学术界的"宣判"。

74 卷《中国大百科全书》，覆盖面包括哲学、社会科学、文学艺术、文化教育、自然科学、工程技术等 66 个学科，共收 77 859 个条目，12 568 万字，绝对是空前的鸿篇巨制。这部书不但达到了一般百科全书所应具有的权威性、客观性以及全、精、新的要求，还有着鲜明的中国特色。

世界上的百科全书一般都采用从 A ～ Z 的全字顺编排法，对于读者来说，必须购齐整套书的每一卷才能使用。《中国大百科全书》在编排中考虑到当前国人购买力和藏书空间有限，吸收我国古代编辑类书的传统，采取大类分卷与字顺相结合的方法，每个学科卷自成系统，以便读者视需要选购。

世界许多著名的百科全书虽也介绍有关中国的知识，但数量有限，有的还夹带偏见。《中国大百科全书》的另一特色，是在中外兼顾的同时又适当侧重中国，提供了我国丰富的研究成果、有创见的论述和首次发表的宝贵资料，这些都是其他国家的百科全书所没有的。如《航空 · 航天》卷详细地记述了中国古代火箭、飞行技术、鲁班制作木鸟等史实，展示了我国古代科学技术的辉煌成就。《民族》

卷在详细叙述中国 56 个民族的历史现状、婚丧嫁娶、风俗民情的同时，又在广阔恢宏的历史背景下重现了北匈奴、南三苗等已经在今日中国消失了的 55 个民族的生活方式。《力学》卷“中国古代力学知识”，从《墨经》《考工记》中有关力学的内容，到出土于湖北的曾侯乙编钟的振动频率；从应县的辽代木塔结构，到欧洲经典力学与中国力学的融合，都作了精彩的阐述，使人在历史与现实的变幻对照中感受到中华文明的博大精深。这一卷作为综合性工具书，不但开我国之先河，在当今世界亦不多见。

《地理学》卷问世后，国家卫星遥感中心总工程师、学部委员陈述彭这样说：“其科学性、系统性与综合性，在世界上都是一流的，若干年内难有一本类似的书能超过它。”而全国人大环保委主任曲格平认为《环境科学》卷所收内容比美国、苏联同类辞书更为丰富，“它的出版和发行，是我国环境科学的研究和环保事业的重大成果”。

《中国大百科全书》的大多数学科卷是我国第一次在该领域问世的辞书，因而第一次系统地总结了这些学科的基本知识和科学成果。运用于此书的许多资料还是第一次面世，例如《法学》卷中关于沈阳、太原审判日本战犯的资料，《戏曲》卷中山西出土的金、元两代戏曲文物的照片，《考古》卷中 1935 年北京人遗址发掘现场照片等。

雍容庄肃的孔子在明代画家马远的笔下凝神遐思，日本来华名僧雪舟的戎克船在明代大运河上悠然扬帆，伟大的爱国诗人屈原在明代画家朱约佶的灵魂对视中栩栩如生……翻开《中国大百科全书》，总能在阅读其流畅的文字的同时，欣赏到精美的插图。“图文并茂”构成了《中国大百科全书》的另一重要特点。这部百科全书共有 49 765 幅图表，平均每页一幅，较一般外国百科全书要多。直观、形象的插图“济文字之穷”，使这《中国大百科全书》更加生动明了，赏心悦目。

按国际惯例，百科全书一般都侧重于社会科学，科技部分的内容大都只占 30%。《苏联大百科全书》是世界百科全书中科技比例最大的，也只有 44%，在《不列颠百科全书》的最新版本中只占 40%。而《中国大百科全书》则按我国的实际需要，大大增加了科技内容的分量，自然科学与工程学科在全书所占比例高达 56%。在我们这个素有“重人文、轻自然，重社科、轻科技，重感悟、轻实证”传统的国度里，《中国大百科全书》的这种与众不同不仅反映了我们今天的时代对科学技术的尊重和重视，而且也体现了编书之始所确立的“为四个现代化服务”的方针。

《中国大百科全书》的出版引起了国内外学术界的注目。英、美、日等国有关专家均对此有较高评价。日本称，它是“对世界的百科全书的挑战”。台湾学者说大陆出版的《中国大百科全书》是“具有国际标准的”，“是当代中国最大的知识工程”，“大陆规划出版此书的气魄不能不令人叹服”。台湾锦绣出版社已在出版《中国大百科全书》繁体字版。国内许多著名学者也对此赞誉有加。

英国科学家 H. G. 韦尔斯在《世界智囊》一书中曾这样说：“世界大百科全书是一切才智之士的知识背景。”事实说明，世界上每一次较有权威的百科全书的出版，都会对本国甚至对一些别的国家产生巨大的影响。《中国大百科全书》的出版，其意义也绝不止于给人提供了一般知识的总汇，还在于它是中国人第一次全面系统地总结世界各领域的科学文化成果，并由此在中国建立了整套学术规范，提供了一种科学的思维方式。自汉代佛教文化传入中国以来，我国还从未如此大规模地对世界文化进行系统的吸收和融合，它对中国的影响，也许今天还看不清楚，但一定会在 21 世纪的中国显现出来。

记得在编撰《中国大百科全书》时，著名科学家钱学森称之为“伟大的事业”。我国辞书专家吕叔湘讲到辞书工作的辛苦和愉悦时，曾称之为“不朽的事业”。为我们民族创造伟大与不朽，正是历代中国知识分子的优秀传统。当今天的我们为这项中国近代最伟大的文化工程举杯庆贺时，当我们的后人吸取百科全书的营养健康成长时，让我们永远记住那些为了这一天而呕心沥血的编撰者们，永远记住那些未能看到这一天便溘然长逝的前辈学人们。让我们庄严地弯下腰去，向他们深深一躬，再深深一躬……

（原载《人民日报》1993 年 9 月 6 日）

一“版”一眼的百科文化

刘伯根

伴随着改革开放的步伐，中国当代百科全书的编纂事业已经持续40年了。40年来，百科出版社先后编纂出版了《中国大百科全书（第一版）》《简明不列颠百科全书（中文版）》《中国大百科全书（简明版）》《不列颠百科全书（国际中文版）》《中国百科大辞典》《中国大百科全书（第二版）》等一系列鸿篇巨制，还出版了许多地区的、专业的、儿童和青少年的百科全书，出版了各种电子版的、网络版的百科全书，同时也出版过许多畅销的、常销的普及读物和学术著作。每一种版本的百科全书，每一本百科版的图书，无不有“版”有眼，或字字珠玑，或让人开卷有益。

我很幸运，参加了大百科第一版和简明版的编纂工作。

第一版的成就，在我看来主要是“体系”和“体例”。“体系”，指的是大百科第一版首次构建了较为完整的国家知识体系，这在当时是一个巨大的创新。在改革开放刚刚起步、百废待兴的年代，以胡乔木、于光远、严济慈、张友渔、周扬、钱学森、姜椿芳、梅益等为代表的2万多名全国一流的专家学者及编辑人员组成的第一代百科人，以实事求是、敢破敢立、严谨认真、集思广益的作风，纵览古今、兼容中外，完善和建立了包括66个学科门类的、比较完备的、现代化的国家知识体系，推动了譬如政治学、法学、经济学、社会学、环境科学、财政金融税收、航空航天、轻工这些当时还不成熟的学科或专业门类的建立和迅速发展，同时打破了一些过去的学术禁区、政治雷区，恢复了一些重要人物和事件的历史本来面目。这是非常了不起的、巨大的文化成就。第一版的问世，在及时普及科学文化知识的同时，也极大地促进了各学科、各知识门类的自身建设和发展。“体例”，指的是大百科第一版确立了我国百科全书编纂的基本要求与方式方法，在我国第一次树立了百科全书编纂标准。在第一版编纂过程中和出版之后，“中国大百科全书编辑体例”就成了编纂各种百科全书、百科类工具书的基本遵循和参照；也正是有了这些“体例”作指导、作参照，各种各样的百科全书、百科类工具书才在全国范围内发展起来，汇集和普及知识的热潮也就渐次推展开来。

在第一版，我先是做《机械工程》卷的学科编辑，后来与吴益同志一起做《轻工》卷的责任编辑。在学做百科全书编辑工作的过程中，我遇到过许多顶尖的专家和编辑，他们的言传身教使我受益匪浅。刚到《机械工程》卷工作时，两位责任编辑之一的黄锡桥老先生（另一位是冯雪明同志）就让我到出版社的图书馆，找出英文版的《不列颠百科全书》，自己选择一个篇幅较长的、机械工程方面的条目，翻译成中文。几天后，我将译稿交给了黄先生。又过几天，黄先生和颜悦色、充满鼓励地将改得“遍体鳞伤”的译稿还给了我，所改之处，既有机械专业知识的问题，也有英文理解的问题，还有中文表达的问题。这件事对我震动很大，黄先生算是给了我一个“下马威”，让我知道了自己在大学学到的那点知识，到了实际应用时是多么的微不足道、不敷使用。

编百科全书，向专家组稿也好，讨论、修改稿件也好，总是要拿着一本“编辑体例”作为依据。这个体例，最早是由金常政、林盛然、石磊、周志成、黄鸿森等一帮编辑专家搞出来的，后来各卷也都有自己的体例，而总的“编辑体例”也在各卷体例的基础上不断完善起来。要编一套大书（百科全书），先编出一本小书（编辑体例）作为工作指导和引领，这是百科人的发明，也是百科编辑工作的特色。

百科出版社的第一任总编辑姜椿芳先生，被尊为“中国百科全书之父”。我当时年轻，与姜老并无直接交流，但姜老的精神风范对我们青年编辑影响颇大。记得有一次旁听《航空·航天》卷的编委会，众多专家学者滔滔不绝地讨论了半天，姜老始终一言不发，看上去像是闭目养神的样子。会议结束时，姜老作总结讲话，归纳众说、条分缕析，指陈要害、深中肯綮，我当下就被老人家渊博的学识和统揽全局的水平所折服。

第一版的总编辑委员会副主任兼《机械工程》卷编委会主任沈鸿先生，是延安时期的老干部、我国兵工与机械事业的开创者之一。为了编纂好《机械工程》卷，他自己找来《钱伯斯百科全书》《拉鲁斯大百科全书》《世界大百科事典》《不列颠百科全书》等十几种世界上主要的百科全书，分析各自的特点、体例、条目分布、篇幅大小等，列在一张大图表上，一一比对，一目了然。这种纲目清晰、条理端严的治学风范使我深受启发，这种通晓多种语言文字的本领更是让我深为叹服。

1991 ～ 1996 年，在第一版接近尾声、第二版尚未开编的时候，我们编辑出版了综合性、普及型的《中国大百科全书（简明版）》，这是百科全书编纂的又一次创新。简明版在梅益先生的主导下，组织数百位各方面的专家和百科编辑，在认真总结第一版编纂经验及对国外同类百科全书进行调研的基础上，对第一版进行大幅度的增补、改编和浓缩，除旧布新、披沙拣金、删繁就简，历时六载编纂而成。简明版凡 12 卷、3.1 万个条目、1.1 万幅插图和表格、2 100 万字，涉及 75 个学科门类。

简明版的创新成就，主要在于“综合”和“普及”。“综合”，指的是简明版首次按国际上百科全书的通例编纂，全部条目按条头（条目标题）的汉语拼音顺序编排，全部图片均随条目释文插附，采用文图一体彩色印刷。综合编排，解决了各学科门类的交叉、重复、冲突的问题，使知识单元（条目）更具完整性、系统性。较之按学科分卷、卷内再按汉语拼音顺序编排的专业性很强的第一版，简明版是第一部真正意义上的综合性百科全书。“普及”，指的是简明版删繁就简，条目大小比例适中，内容深浅难易适度，附录丰富，检索便利，极大地丰富了阅读体验，扩大了受众范围，也为今后百科全书的统编统排积累了经验。

在简明版，我做主任编辑，也是三位责任编辑之一。梅益老的博学多才和远见卓识，单基夫、王积业（初期）、吴希曾同志的领导艺术和组织能力，以及众多百科专家的学术水准和编辑能力，直接指导、帮助、启发了我，使我在组织编纂大型百科全书方面有了很大的提升。

简明版之后，我还在徐惟诚总编辑以及单基夫、田胜立、王德有、吴希曾、周小平等同志的领导下，编辑出版过不少图书，探索过电子音像出版、光盘生产等新的出版方向，也做了一些出版管理工作。记得惟诚同志在指导我调研电子词典和光盘生产线情况时，叮嘱我要调查在先、结论在后；在指导我做出版管理工作时，叮嘱我要服务在先、寓管理于服务之中，等等。这些金玉良言，都给我留下了难以磨灭的印象。

离开百科出版社之后，我做过许多方面的工作，但百科人严谨而又创新的思维方式和工作作风，已经融入我的血液、浸入我的肌髓。可以说，百科出版社的这段经历、一“版”一眼的百科文化，熔铸了我的品格，熔铸了如我这般的百科人。

编辑的过程是选择、优化、传播文化知识的过程。百科全书的编辑，要找到最合适的作者来撰写最合适的条目，“选择”的范围很大、要求很严；要把作者提供的原始稿件，加工打磨成既有权威性又具普及性，既有完备性又能简明扼要，既统一规范又便于查检的条目，这其中需要编辑与作者、与编委会反复沟通、打磨，审稿、加工的工作极其复杂，“优化”的过程很长、很难；百科全书部头较大，主要用于查检而不是阅读，因此它的发行传播过程，也自有其特殊性和复杂性。如果说，一部个人著作的成果主要是由作者贡献的，那么，一部百科全书的成果则是众多撰稿人、专家团队、编辑团队共同铸就的。从这个意义上说，百科全书的编辑需要更加广博的知识面，需要统揽全局的掌控力，需要精益求精、一“版”一眼耕耘文化的“工匠”精神。

40 年来，我国的百科全书事业走过了艰巨而又辉煌的历程。当前，百科人正在陈奎元、杨牧之先生的领导下，适应数字化时代的新形势、新需求，编纂百科全书第三版。作为“老百科”，我想对正在编纂和支持编纂第三版的同志说，通过编纂百科全书接受最严格的编辑训练、最深广的学术熏陶，全面提高自身文化素养和综合能力，是幸运的；通过一“版”一眼地耕耘文化，参与健全国家知识体系、传播科学文化知识、提高文化自信、建设文化强国，是幸运的。

（2018 年 9 月 2 日）

为《中国大百科全书》开路

——《天文学》卷编辑全过程回顾

金常政

一、关于一卷突破的争论

《中国大百科全书》这一号称我国“文化长城”的项目，于 1978 年 6 月经中央批准后，首先需要的是找个暂时的立足点。国家出版局副局长王子野同志，与北总布胡同 32 号大院的版本图书馆商量，于当年 8 月初借给大百科筹备组三间存放废书的库房。我和张曼真是第一批调入大百科的。此前我下放在北京无线电二厂，当年 4 月与姜椿芳结识，并受姜老委托对英、美、法、德、苏、日 6 国百科全书进行调研，完成一项比较研究，并起草了大百科条例和计划性质的两个文件。

有了立足点，姜椿芳就陆续约来或调来几位文化界的老同志，其中有王纪华、倪海曙、唐守愚、刘尊棋、张友渔，一度还有周有光。中央批准筹备组的另两位负责人朱语今和曾彦修是后来才从外地赶来报到的。在 1978 年 7 ～ 8 月，这些老同志加上阎明复和我组成一个编辑会议，开始讨论怎样完成这项伟大的文化工程。经过近一个月的讨论，对于全书按大类分卷编法和大约 50 个学科卷的规模，很快取得基本共识，但当讨论到怎样着手时，发生了争论。当时有两种意见：一种意见是先研究学习几年，搞好总体设计再动手；一种意见是有个初步的学科门类框架，先选一卷上马突破。主张前者的是多数派，因为大多还未见过或不甚了解百科全书。姜椿芳和我强烈主张后者。这样争论多日，姜老的耐心和说服力是令人钦佩的，他到底说服了大家，让大家接受了他的意见。初步框架拟定出来，方案是 50 个学科卷。选哪个学科卷上马突破呢？凑巧，传来中国天文学会将在“文革”后首先在上海召开年会的消息。通过天文学会年会鼓动天文学家投入大百科首卷的编纂，自然是个有利的机会。

为了参加天文学年会，先要决定这一卷的责任编辑。同年 8 月 11 日，姜老在编辑会议上提出，各位老同志都是学文的，只有常政是学雷达的，天文学属于科技，是否就请常政出马担任责任编辑？虽然大家看着我这个“黑头发”，资历似乎浅点，但也未表示异议。说实在的，无线电、雷达技术，仅仅与射电天文学有点关系，因此我赶紧找来两本天文学科普书恶补了一番。

1978 年 9 月 4 日，近一个月讨论的结果，终于形成了《〈中国大百科全书〉编辑出版的初步规划》。当年 10 月 7 日，中国大百科全书总编辑委员会第一次会议（实为主任与副主任会）在社会科学院会议室召开，参加的人有主任胡乔木、副主任于光远、周扬、陈翰笙、裴丽生、陈翰伯、张友渔、姜椿芳。出版社筹备组参加的有朱语今、王纪华、阎明复、金常政、林秉元等。会议肯定了筹备组的工作和姜椿芳报告的总体方案和规划，并提出不少重要的指导性意见（参阅金常政著《百科全书论》，上海辞书出版社，2011 年，73 ～ 75 页）。我印象最深的一个意见，是周扬同志提出的，他强调要给撰稿人壮胆，意思就是要让参加编写《天文学》卷的专家们解放思想。这个问题在后来的编辑工作中确实遇到过，后面将会谈到。

大百科筹备工作情况，理应向出版社上级机关有所汇报。1978 年 11 月 4 日，姜椿芳偕老同志王纪华和首卷责任编辑前往国家出版局，作了关于百科全书和筹备组工作的报告，并得到局领导支持。

二、《天文学》卷上马

《天文学》卷上马，第一步先要敲开天文学界的大门。为此，我们先得打听清楚天文学会年会召开的信息。责任编辑先就近走访北京天文台，拜访台长王绶琯（后为中国科学院院士），从而得知中国天文学会总部设在南京紫金山天文台，理事长是张钰哲。于是，姜椿芳亲自出马，率责任编辑于当年 8 月 15 日飞赴上海。姜老曾于“孤岛”时期在上海做地下工作，分工联系戏剧界人士。周信芳和梅兰芳都是姜老的老朋友，我们到沪的第二天，恰值周信芳骨灰安放仪式，姜老就拉上我先去参加周信芳骨灰安放仪式。接着，姜老就被上海的文化界老朋友们绊住，他还要拜访市委宣传部洪泽部长，商讨组建上海分社问题，并联络上海各界有关人士给予支持，忙个不休，再也脱不开身。他不得不命我独自去南京，与中国天文学会联系参加该会年会活动，在活动中宣讲筹编大百科全书的意义和组织大百科天文学学科编委会等项事宜。我曾表示，自感“黑头发”资历不够，恐难胜任。姜老则鼓励说：“既是责任编辑，黑头发也该独当一面嘛！”姜老使用干部，知人善任，放手信任，给了我极大鼓励。

为了表示郑重，我于8月20日先发一电报给南京紫金山天文台，21日早从虹桥机场乘飞机飞宁，紫金山天文台副台长赵先孜带车在机场迎接，一路直登紫金山，会见张钰哲台长兼中国天文学会理事长。我恳挚地说明来意和要求，结果一谈即妥，一拍即合，天文学界因能为《中国大百科全书》开拓带路也十分振奋。我为不负信任完成重任而兴高采烈，第二天不必再自抬身份，买张火车票回沪向总编辑报告结果。姜老赞许有加，8月23日还带我去泰安路看望一次贺绿汀，25日即随姜老飞返北京。

天文学界大门已经打开。9月6日，姜椿芳率我再飞上海，因为天文学年会就在9月6～15日召开。我们仍住衡山宾馆。巧的是，来沪参加天文学年会的天文学家们也被安排入住衡山宾馆，相互接触拜访甚为方便。天文学界对大百科非常重视，年会间专门安排半天请姜老演讲百科全书，也请本卷责任编辑讲讲打算。年会期间，百科编辑在衡山宾馆得以天天与天文学家交朋友，深入了解天文学界的力量分布、学科分支，为组建学科编委会（当时称为“分编委会”）摸清情况。年会还专门拨出时间，让大百科与天文学家协商拟定学科卷编委会成员名单。

《天文学》卷学科编委会分为12个学科分支编写组，分别为：综论，主编戴文赛；天文学史，主编席泽宗；天体测量学，主编叶叔华；天体力学，主编易照华；理论天体物理学，主编方励之；天文仪器，主编苏定强；射电天文学，主编王绶琯；空间天文学，主编张和祺；太阳，主编陈彪；太阳系，主编戴文赛；恒星和星际物质，主编沈良照；星系和宇宙学，主编李竞。编委会主任当然非张钰哲老先生莫属，副主任有南京大学天文系主任戴文赛、上海天文台台长李珩、中国天文学会副理事长程茂兰和北京天文台台长王绶琯。编委会成员共17人。

天文学学科编委会第一次会议，是1978年11月15～20日在北京西苑饭店召开的。编委会全体成员、大百科总社领导和上海分社领导，全都到会。恰巧在开会前三天，即 11 月 12 日，《光明日报》以半版篇幅发表了我第一篇谈百科全书的文章《工具书之“王”——百科全书》。这文章发表得恰是时候！开会一见面，就让天文学家得以摸清本卷责任编辑的底细。这张大“名片”确实挺有用的。会议由编委会主任张钰哲老先生主持，大百科总、分社领导也分别致辞。主要议程是各分支编写组主编与责任编辑讨论各分支设计框架和选条问题。会议过程中，责任编辑还得忙于派车接送与会人员，安排议程等，不在话下。1978 年 12 月，《天文爱好者》第 12 期发表《中国大百科全书天文学卷编委会召开》的消息，这是我发布的第一个关于《天文学》卷上马的信息。

5 天会议之后，《天文学》卷建筑结构的第一块砖——初步框架和条目大纲就算有了。责任编辑马上操心的是组织自己的编辑班子。大百科筹备组刚建，人马无多，领导仅分派给我一个女孩王晓青，作为我的助手，帮我打杂跑腿。几个月来，我交了一批中青年天文学家朋友。我充分发挥自己并不太擅长的公关本事，跑北京，飞上海，去南京，与南京大学天文系、紫金山天文台、上海天文台、北京天文台、北京天文馆相商，分别借调来 6 位特约学科编辑任江平、杨建、阎林山、马星垣、薄树人、李元。这些中年天文学家都是我这几个月所熟悉的，都有不俗的学术造诣，都熟悉天文学前沿发展情况。不过，他们并不熟悉百科全书的编纂学问。为了知识互补，我决定为编辑班子办个研讨班。阎明复同志帮助找到厂桥中联部招待所，我便于 1979 年 3 月在此召集特约编辑会议。会议期间，阎明复转给我一个人的简历，让我看看可用不可用，我见是学天文的，当即请通知此人，明早到厂桥招待所报到。第二天准时来报到的就是林盛然同志，他便成为《天文学》卷的社内学科编辑，我遂有了一位助手。

三、《天文学》卷开工上路

说“开工上路”，就是请天文学家开始动笔撰写条目。天文学家眼望星空，常写天上的文章，但现在则需要把他们的天上学问，导入百科全书的规范之内。这就是百科编辑必须进行的体例工作。办法就是向主编、向撰稿人认认真真地宣讲百科全书的性质和体例要求，百科条目该写什么，不该写什么，先写什么，后写什么，等等。锣鼓刚刚开场，那时还没有一个成文的编写体例，只能是由责任编辑现场宣讲、解释并答问。直到 1979 年 8 月，我们才得以编印出一个《中国大百科全书编写体例》(试行本)。

《天文学》卷向撰稿人宣讲百科体例的会议，是以座谈会的形式分地区召开的。第一个撰稿人会，是为北京地区主编和撰稿人召开的。1978 年 12 月 28 日，借国家出版局会议室召开了《天文学》卷北京地区撰稿人座谈会。为了表示郑重，大百科总编辑姜椿芳亲自到场坐镇，主讲当然是责任编辑的事。南京地区是重点，那里有南京大学天文系，有紫金山天文台，有天文仪器厂，学科分支主编和撰稿人也最多。1979 年 1 月 6 ～ 23 日，姜老率《天文学》卷责任编辑及其助手飞赴沪、宁。

1 月 12 日，借南京大学大课堂，召开《天文学》卷沪、宁地区撰稿人座谈会。大百科分社领导陈虞孙和汤季宏同志也率分社编辑出席了大会。会后，应紫金山天文台邀请（实际上是我的主意），京沪总、分社领导和与会人员，大队人马浩浩荡荡登上紫金山，参观了山上天文台的古代和现代天文仪器设备。我作为责任编辑，无暇在南京流连，当晚即与王晓青乘火车匆匆赶回上海，因为我约了北京、南京和上海的三位天文学专家李竞、易照华和万籁（都是《天文学》卷编委会成员）到上海衡山宾馆，与我共同梳理《天文学》卷框架条目表。根据这个条目表，各位学科主编将分别约聘全卷条目撰稿人。

从 1979 年 1 月到 5 月，《天文学》卷 200 多位撰稿人都已就位，坐下来用心撰写 1070 个条目。不少作者竟为此推迟了自己论文或专著的写作。在此期间，责任编辑和各位学科编辑分别奔走京、沪、宁三地区，了解各学科分支的撰写进度，解决撰写中的问题。

前面讲到京、沪、宁三地区的天文学科研单位，集中有绝大多数学科分支主编和撰稿人，此外，我国还有云南和陕西两个天文台。那里撰稿人虽少，但到访这两个天文台，也应在我的计划之内。

非常幸运的是，1979 年 2 月在昆明有宗教和外国文学两个学术会议，姜椿芳和社内老同志王顾明（后来是分管《外国文学》卷的副总编辑）决定飞昆明赴会，恰好我要往访云南天文台，遂得以与两位老前辈同路飞赴春城。姜老还有意叫我帮忙参加宗教学会议，但我着急的是去昆明远郊凤凰山上的云南天文台，我只能在宗教学会上应应卯，签个到。1979 年 2 月 9 日到昆明，第二天我就搭郊区公交车去东郊 30 多公里外的凤凰山，拜访云南天文台。林兆驹台长也是《天文学》卷撰稿人之一，当然得仔细谈谈。我了解了条目撰写情况，参观一番天文台设备。两天后，我又把姜老拉去参观凤凰山。那儿除了是天文台，也是一处值得一游的胜景啊！

2 月 15 日，我不得不舍弃会议组织的石林之游，飞往上海。《天文学》卷工作比游览重要得多啊。飞沪途中，在长沙遇飞机事故，吓出一身冷汗。好在有惊无险，责任压身，还得继续赶路。

总编委会周扬同志关于给撰稿人“壮胆”的建议，并非无的放矢。问题诚然存在。“文化大革命”造成的心理压力未消，余悸犹存，有些条目稿件，作者仍不免给条目穿靴戴帽，什么“在毛泽东思想指引下”，什么“在党中央正确领导下”等套话，不一而足。天文学界有一位泰斗级人物张云，曾获法国里昂大学天文学博士学位，1929 年他最早创建中山大学天文台。这是中国天文学史分支不可遗漏的人物条目，《天文学》卷框架条目表中就有此条目，可是没有人敢接受撰写此条的任务，因为他曾当过国民党立法委员。遵照大百科总编委会副主任周扬的建议，作为责任编辑就不能不壮起胆来给天文学史学科分支主编“壮胆”。条目写出来了，也交总编辑审阅过，还向上级有关领导（中联部部长罗青长）送审了，但仍没人愿意署名。经过责任编辑反复说服（壮胆），作者才勉为其难署上大名。

四、《天文学》卷第二次学科编委会

苏州东山，太湖之滨，有个雕花大楼。那是当地富商金锡之于 1922 年花费 3741 两黄金，合 17 万银圆，用了 3 年时间建成的大宅院。上海分社寻寻觅觅，找到这个设施并不现代，但风景优美、建筑精致的开会场所。1979 年 5 月 11 ～ 24 日《天文学》卷第二次学科编委会就是在这儿召开的。所选会址很有特点，但给责任编辑带来不少麻烦，迎接京、沪、宁与会的编委会老、中年成员，就要耗费不少精力。来人，先到苏州，然后乘汽车过木渎，再到太湖之滨的东山。

言归正传，第二次学科编委会可是《天文学》卷的一段重要历程。在这次会上，作者一方，就是《天文学》学科编委会，要把几个月经过撰写和科学内容审定的成果端出来，交由《天文学》编辑组接收。为了精益求精，各位分支主编还要对稿件最后修磨一番。尚达不到编辑加工基础的稿件，如科学内容尚欠精确、不合百科条目体例、篇幅超长、文字表达不顺，都要在编辑与主编们之间互相参酌，现场修磨雕琢完善。

还是从头说吧。一番忙乱之后，几十号人终于在1979年5月10日前到齐。参加会议的有三路人马：几十位天文学家是主力，自不必说；责任编辑率领的学科编辑（包括本社的和特约的）是一支精干的小队伍；分社领导统率的分社出版人员和会务人员，也是一彪颇有势力的人马。总编辑姜椿芳亲自到会。

会议开幕，自然要请学科编委会主任致开幕词。张钰哲老先生一听要他讲话就有点发慌，问我该讲点什么。我递给他一张纸说，都写在上面了，您看不合适的地方就改改。不过，会议实际上是由学科编委会副主任王绶琯先生主持的。首先要解决的是全卷篇幅和各学科分支平衡问题。原设计全卷150万字，后便被称为大百科的标准卷。但是，天文学家都有讲不完的学问，总篇幅不免就有膨胀。拙作《百科全书的故事》（北京图书馆出版社，2005年）有一篇“做‘贡献’”的短文讲道：“全卷近1 100个条目的稿件到齐，列队点名总字数超额30万～40万，须待‘整编减员’。于是会上‘砍杀’之声不绝于耳。天文学史分支是大户，首当其冲。‘吃大户’的压力不小，副主编薄树人先生无可推诿，勉为其难，反复表态，愿做‘贡献’。这‘贡献’竟意味着大刀阔斧。‘砍杀’稿件，也称‘贡献’，怎不令人啼笑皆非。”

另一个需要费点儿力气的是天文学仪器分支。主编太照顾自己的学生们，希望每人都有机会上大百科全书，组稿过于分散。我原来去南京天文仪器厂了解撰写情况时就已发觉，曾提醒苏定强主编，这样组稿，最后要吃苦的是你这位主编。果然，到了会上，经审阅，主编不得不自己动手大修大改，或者自己另行撰写，一片好心换来的是吃力不讨好。

苏州东山几乎每夜停电，蜡烛倒是有所准备。入夜遥看雕花大楼，一片烛光摇曳。主编们辛苦啊，天天秉烛夜战，责任编辑和特约编辑更是忙碌不堪。后来，大家就由此得出“大百科人”和“大百科精神”的赞语。《天文学》卷出版以后，我还曾写过一篇《大百科人与大百科精神》的文章欲发，经社里老同志刘尊棋审阅后说：《中国大百科全书》才出一卷就自吹自擂，有欠谦虚。文章于是作废。不过，这个口号还是流传下来了。

那时，雕花大楼既不是宾馆也不是招待所，各个房间都没有卫生间，厕所是公用的。半个月时间，大家总得洗洗澡啊。那真是最有趣的场景，会务组的人带领这批大学者、大教授和编辑人员等，大队人马浩浩荡荡开往东山镇。会务组已包下东山镇的公共澡堂子，老教授大专家们一齐脱了衣服，赤身相见，下到大池子里哗啦哗啦地洗。那条件，那景象，现在人们还能想象吗？

5 月 25 日，《天文学》卷 1 070 个条目、150 多万字，经过会上一番雕琢修磨，算是向编辑组交了卷。担子的重量遂转移到《天文学》卷编辑组的肩上。编辑组抱着这大捆稿件，还需要检查整理（包括通读清稿）一番。这项工作，是 1979 年 6 月 10 ～ 24 日在上海太原路招待所完成的。整理后的手稿便发往皖南扬溪海峰印刷厂，按学科分支印成 11 个分册。

五、《天文学》卷编辑加工

最初上海分社包揽了《天文学》卷，我长期被拴在上海，有许多不便之处。经我大力向总、分社领导争取，特别是得到姜老的支持，我终于把《天文学》卷的阵地移回北京。

《天文学》卷编辑加工，是以分册形式在北京市委党校进行的。这可是个大的“战役”，《天文学》卷编辑组也大大扩充了。好在总社人员已有增加。先是在山西下放的戴“右帽”的吕千飞，慕名写信给我，书信往复，后来他就寄来自己的简历并附有格律诗一首，实是一位有才之士。经我多方推荐，费一番周折，终于将他调来总社。大约在 1979 年 5 月，我在北京图书馆查阅资料，偶遇张曼真在北京编译社的同事黄鸿森先生。这是位文史和文字造诣匪浅的人物，正下放在北京郊区。我告诉姜老，即请阎明复调来我社。总社领导还派给《天文学》编辑组几位资深老编辑。

《天文学》卷编辑组遂按天文学学科分支编为 6 个小组，各占一室，既是卧室又是工作室。每个小组由一位学科编辑、一位文字编辑和一位名词事实统一人员组成，号称“三驾马车”，各负责两个分册（即两个学科分支）的稿件。各小组的学科编辑有：任江平（南京大学）、杨建（紫金山天文台）、薄树人（社科院）、阎林山（上海天文台）、马星垣（北京天文馆），一度还有宣焕灿（南京大学）。李元（北京天文馆）是图片编辑，是后来加入进来的。文字编辑有黄鸿森、吕千飞、王伯恭、李钦、黄锡桥、朱文浦。邓伟志作为上海分社派给我的助手，也参与了编辑组的部分工作。学科编辑林盛然（当时尚未担任责任编辑）作为我的助手，对科学内容把关。看看这个阵容，够可观的了。

编辑加工工作是在 1979 年 8 ～ 10 月集中在北京市委党校进行的。姜椿芳总编辑亲自到场动员，上海分社领导陈虞孙也专门为此来京，在动员会上讲话。具体工作程序和计划安排，当然是责任编辑的事。动手编辑加工之前，先组织了 15 天的学习，并试改 15 个不同分支不同类型的条目，对试加工结果进行讨论，统一认识，统一尺度。

正式编辑加工过的稿件汇总到责任编辑处，此时分管本卷的副总编辑周志成也参加进来，与责任编辑同处一室，交叉审读把关。6 个小组的稿件汇总到这里就进入一个“瓶颈”。记得在最紧张时，我和老周交替审阅稿件，每天工作到深夜 2 时。分册编辑加工阶段按计划从 8 月 1 日持续到 10 月。11 个分支（总论分支，即全卷概观性文章暂不在内），于 10 ～ 11 月分两批发往海峰印刷厂，改印长条。

排印的长条样，于 1980 年 1 月初返回编辑组。不幸的是，我于 1 月 4 日忽患气胸症，据说有生命危险，经阎明复与相识的 301 医院呼吸科主任何长清联系，即时送住院。社领导对我关怀备至，姜椿芳、王纪华、唐守愚、阎明复等多位领导，亲自到病房探望，特别是林盛然几乎每日前来病房。他来看我，我看他带来的稿子。我于 2 月 2 日出院，无暇病休，立即投入审读长条样稿。参加审读的还有林盛然和几位特约编辑。后来续聘的特约编辑翁士达，就是这时参加进来的。这一期间的工作是在新迁入的外馆东街甲 1 号完成的。社里专门拨出两个大房间给编辑组。特约图片编辑李元，也是这时在此展开工作的。

在此期间，《文献信息》报第 1 期、《探讨》第 1 期、《出版工作》第 4 期和《探讨》第 2 期，先后发表了我撰写的《百科全书的读者、作者和编者》《怎样写好百科全书的条目》《浅谈百科全书的编辑工作》和《百科全书的参见系统和索引》几篇文章，都不过是边实践边总结性质的小成果。

六、《天文学》卷概观性文章的难产

上面说的都是《天文学》卷那 1 070 个条目的编辑工作。条目虽然有分类，有系统，但大中小条目都是分散的知识“积木块”。《天文学》卷为全书结构设计考虑，在每学科卷前设有一篇高屋建瓴、总揽全学科的概观性文章。这篇文章不比条目，既要全面概括，又不能专深，难处正在于此。

先是紫金山天文台以张钰哲的名义提出一稿，文章很长，内容庞杂，系统性差。南京大学天文学系陈载璋先生作为综论分支副主编，觉得责无旁贷，也交来一稿，篇幅更长，看起来学究气太重，内容专深，不具“概观”的性质。两篇均不理想，不具备加工为成品的基础。怎么办？记得在《天文学》卷学科编委会第二次会议上，学科编委会副主任王绶琯先生在会上讲到天文学各分支学科的交叉关系，讲得十分清楚明白，而且还画出一个交叉关系图，呈金字塔形，大家戏称为“多维的王冠”。何不就请王绶琯先生撰写此稿？试约一下，道一番责任编辑的难处，王先生毅然答应了。

一个月后，一篇几万字的概观性文章就交到责任编辑手中。题目也简洁：“天文学”。在文章之末，果然附有那个“多维的王冠”。而且，王先生极谦虚，文章作者署上张钰哲、戴文赛、李珩、王绶琯四位之名。对文章浏览一遍，大体符合要求。这是《天文学》卷的开卷篇，不能不细心认真处理。怎么处理的呢？我先把文章打印几份，一份交林盛然看看科学内容，估计院士的文章科学内容不会有什么问题。另两份请黄鸿森和王伯恭两位文字功夫深厚的老编辑审读加工一道。我作为责任编辑，参考两位审改佳处各有取舍。

从 1980 年 1 月到 5 月底，修修磨磨，精雕细琢，全卷书稿就绪。下一步就是发稿。按原来计划和分工，也是按常规，我们应该向上海分社发稿。因为出版部在分社，印刷厂为分社所辖。《天文学》卷是开路卷，不能等闲视之，总社编辑组也心中无底，所以发稿时就连同编辑组一道发往印刷厂了，以便守着稿子，直到送它们上机才放心。

七、驻厂编辑工作

1980 年 6 月 18 日，责任编辑偕编辑组黄鸿森、王晓青，还另请一位“同盟军”戴中器（后来成为《数学》卷责任编辑），带着一大帆布箱稿件，乘飞机飞上海（后来听一位出版界同行说，携带书稿乘飞机是不合规矩的）。上海分社出版部并未露面，分社行政部门仅帮助找了一家招待所。原来按学科分支的稿件，需要按汉语拼音编排。这项工作就是在分社介绍的招待所完成的。三个人围着一张大桌子转，把 1 200 多个条目稿件（包括参见条目）从 A 到 Z 排队，摆了 25 堆（没有 V 字头），再把每堆条目也按汉语拼音字母顺序编排起来。

上海至皖南扬溪（属胡适故乡绩溪县）起码有好几百公里，那时还没有铁路，分社连辆车也派不出，据说是车坏了在修理。1980 年 6 月 24 日一早，我们三个人抬着一大帆布箱稿件，乘长途汽车开赴皖南山区的海峰印刷厂。中途，汽车又发生故障，直到黄昏才到达印厂，整整颠簸了一天。向印刷厂发了书稿，但是并不能马上拼版排印和打样。一是因为没有人完成版面设计（这项工作本应是出版部的任务），不得不赶紧打电话给总社，请图书装帧专家张慈中先生赶快前来；二是印刷厂接了印刷高考考卷的任务。后者可是一项既紧张又要求严格保密的工作，全厂封闭，人员不得外出。我们编辑组也不例外，亦在管制之内。在这样的情况下，《天文学》卷当然挤不进排印日程了。等待，只有等待。印考卷管制期是从 6 月 21 日开始的，直到 7 月 23 日才完全解除。我们一来，正好陷入全厂封闭期。编辑组好像来皖南山中闭门休假来了。但也不是，一方面等张慈中来，一方面仔细整理和进一步检查那些稿件。

我个人倒有个不算太小的工程，正好利用这个空档施工。手边带来一批有关资料，借此机会撰写《不列颠百科全书编辑史话》。后在 1981 年由《辞书研究》分 3 期连载发表。姜椿芳后来读了，认为很有参考价值。总社特别印为一期《百科全书参考资料》。

张慈中到位以后，《天文学》卷这架“机器”终于开动起来。路遥遥兮总是不顺，阻碍重重，上海分社主编的《中国百科年鉴》书稿连同分社一大批编辑又蜂拥而至。《天文学》卷又不得不停车待路。好在版面设计（画版样）可以先走一步。全书索引工作也趁此机会动作起来。要知道，那时还没有电脑，几种索引（条目汉字笔画索引、条目外文索引、内容分析索引）全靠手工制卡，在卡片上运作。比起今天用电脑编制，当时这项工作既费工又烦琐，最后在向索引拼版样填码和反查时，甚至不得不临时招请南京特约编辑任江平前来帮忙，这是后来的事。

《天文学》卷开始上机后，有一件令人兴奋的事不能不提。1980 年 7 月 2 日，中国大百科全书出版社总编辑姜椿芳在分社领导汤季宏陪同下，不顾路途遥远和一路颠簸，来到印刷厂慰问车间工人和《天文学》卷编辑组。随同来厂的还有林盛然。姜老和汤老就住在厂招待所我的房间内（室内有三张木床）。姜老在每天视察之余，晚上得闲，和我各搬把椅子，坐在二楼露天走廊上聊天絮话。姜老闲时喜欢谈诗论文，谈天说地。在忘年师友之间，我也有此爱好。山间入夜，星空明亮。我指给姜老看天上的银河和两边的牛郎织女，以及北斗七星，说起中外星名各异，如牛郎星叫天鹰座α，织女星叫天琴座α。我特别指出月边一颗最明亮的星，那是我的本命星。姜老颇为好奇地问:“它怎么成为你的本命星了？”我答:“那是金星啊！金星可不同凡星。中国古人竟把它当成两颗星呢：早晨见到的叫晨星，又称启明星；晚上见到的叫昏星，又称长庚星。原来都是我的本命星啊。”姜老惊讶地看着我:“你是学雷达的，什么时候学的天文学啊？”我笑了，这《天文学》卷书稿，我已反反复复不知读过几遍了，姜老恍然大悟。

周志成同志于1980年8月16日也赶来印刷厂加入战斗。说是“战斗”，其实在扬溪的4个月，好像是在半休假。因为拼版样到编辑手里，不是说来就来的，不少时候需要等待。不要忘记，那时书稿全是铅排。车间先排版，打样，印厂毛校，车间改版，再打样，送分社校对，再改版，打样，才到编辑的手里。编辑看拼版样是不能大修大改的，删几个字，就要加几个字。加几个字，就得删几个字。偶遇拼版缺行，编辑还得凑上一句半句，补上那一行。

翻开《天文学》卷最后一页，有一项“本卷主要编辑、出版人员”名单。草拟初稿，是我的任务。我有意在“责任编辑”处，加上“林盛然”的名字。这个稿子不能马上发排，必须带回北京，送总编辑审定。记得姜老曾特意问我，林够资格吗？我答:《天文学》卷理应有一位天文学家责任编辑。总编辑就此签名批准，稿子以挂号寄印刷厂，后来就这样出现在书末。

从1980年7月到当年10月末，再具体点说，到10月22日，在张慈中积极配合下，《天文学》卷编辑组终于结束了随稿件下厂审阅拼版样和完成索引填码的工作。1980年10月23日，劳累了两年多的《天文学》卷编辑组正式撤出阵地。老周、老黄、老林，得以就近去黄山一游。我于当天乘海峰印刷厂运书的大卡车冒雨奔赴上海。奉总编辑之命访问上海天文台台长李珩，请他组织人员写宣传《天文学》卷的稿子。25日中午，本责任编辑也卸下重负，飞返北京。

《中国大百科全书》首卷《天文学》卷经过26个半月的艰苦奋斗，于1980年

12 月正式出版问世。1980 年 10 月，《出版工作》第 10 期发表《学步——中国大百科全书天文学卷编后话》。1981 年 1 月 16 日，《光明日报》发表《试迈第一步——〈中国大百科全书〉天文学卷出版》。这些信息，当然是《天文学》卷责任编辑责无旁贷应该提供的。责任编辑最后要交代的是《〈中国大百科全书〉天文学卷编辑工作总结》，此文刊于我社内部刊物《探讨》1981 年第 4 期。

（2016 年 1 月 22 日）

《天文学》的内容和编撰功夫

萨尔特　李约瑟

出版商发出警告：

“你们写的东西越来越芜杂，

照此下去我们将全然不要。”

于是他们致力于百科全书，

这一忠言果真见了效。

目前出版的百科全书似乎充斥市场。去年出版新版的《不列颠百科全书》和16卷本的《科学家传记辞典》，今年又出版了格罗夫的新修订本。仅通俗天文学方面的小百科就有五六种之多。

但是，中国却不同。在这个伟大的文明古国中，近代没有出版过大型百科全书，现在出版的这本书是计划中出版的80卷中的第一卷。这80卷包括考古、法律和法学、历史、文学、哲学、宗教、经济学以及许多其他学科。刚出版的这一卷不仅包括当代天文学，而且涉及天文学史。天文学是少数几门可以写成独立的、有连续性的、从古代到当代的历史的学科之一。R.沃尔夫在1890年所著的《天文学手册，天文学史和文献》，就是这样做的。现在，张钰哲和他的20位同事正是完成了同样的业绩。

从装帧上看，这卷书质量精美。装订（至少相当于我们的硬皮精装）经受了远道运送的损毁性考验，而其他许多中国图书连这一关都过不了。纸张薄而结实。印文整洁醒目。文内众多的照片和图表，质量之好令人称赞。集成插页装订于书中的彩色图片，质量亦佳。几个小时的仔细阅读只发现两处印错的地方。虽然全卷150

万字中还会有其他误印之处，但我们得到的初步而难忘的印象是，为确保释文准确，外表美观，校对和出版人员已尽了最大的努力。

总的来讲，本书使用方便。条目英文索引有助于一些不甚熟悉中文技术名词含义的人查阅。以罗马和西里尔（这里指俄文——译注）字母刊出的外国人名译名对照表，有助于查找在释文中地位重要而用汉字转译的科学家。但是这一点也许还做得不够，有几个人名从对照表中漏掉了。如德布罗意（de Broglie）、洛伦兹（Lorentz）、纳里卡尔（Narlikar）和普朗克（Planck）。实际上，这个译名表只是提供中西两种书写形式的对照表，而人们必须事先清楚的是，在总索引中，字母的顺序是根据名词的中文而非西文原文排列的。我们满意地看到，本书恰当地肯定了天文学史上有代表性的大科学家如张衡、祖冲之、一行和郭守敬的功绩。不过我们对纯粹根据想象为他们画像的做法不敢苟同。这使人想起早期生物学和医学史家用来装饰自己书籍的、文艺复兴时期雕刻的亚里士多德和盖伦的半身塑像。书中还有大量展示中国古代天文仪器的插图和中国古书的插页，并附有很好的文字说明，但它们并不妨碍对最现代的理论和最新的知识进行阐释。最后，书中还附有中西命名的对照星图。

本书有一些不尽方便之处。其一是条目完全按照汉语拼音排列所带来的。另一是配图的问题。在按学科编排的书籍中，适当配上几幅精选的插图，会使整段的叙述更为完善。但在《天文学》中有些地方需要配图却看不到图。例如“相对论宇宙学”（见第 444 页）一文就缺乏一幅说明三种不同 K 值的宇宙模型的插图。而这样一幅本来合适的插图，却放在“宇宙年龄”（见第 519 页）一文中。可惜的是两者又没有互设参见。

本书的参见系统采用通常的简单做法，即在释文中使用不同的字体来作参见。但此法实际上并未被严格采用。例如“水星近日点进动问题”（见第 333 页）一文提到的勒威耶和纽康，就没有用不同的字体来表示他们二人已分别设有专条（见第 204、244 页）。

关于条目的情况还有两个重要的问题：一、在天文学百科全书中应该包含多少物理学或数学的内容？ 二、编者对读者的知识水平和理解力有怎样的要求？

这些问题每个作者都要碰到，但它们对百科全书的编者来说，更具有头等的重要性。

关于选条的范围，我们无法断定本书是否已恰当地收入这一内容丰富的学科中的所有新观点。不过，使人略感失望的是书中没有单独论述量子论、广义或狭义相对论或张量分析的条目。既然“闪烁计数器”（第 288 页）、“光生中微子过程”（第 96 页）和“度规”（第 64 页）都可以单独设条，前面几个题目为什么就不能单独详述呢？以后各卷无疑会补充这些遗漏的部分，但是现在要获得解答的欲望便无从满足了。

另外，根据这一卷的情况来回答第二个问题也是有困难的。条目总的来说写得不错。有些条目不论是表述或是内容，确实非常出色。但也有些写得不够理想，它们要么是没有将本学科与同类学科所涉及的普遍原理联系起来，要么是试图在一个条目中以一种陈述方式将一个学科的基本理论、历史和相互关系都概括进去。再者，条目在理解的难易程度上标准不一。例如在一条目中对 π 和 G 加了注解；而在另一条目中，则既没有前文说明也没有任何解释，就直接列出一个偏微分方程。这使人感到本书主要是为学者和研究人员编写的。若是这样，为什么大部分条目又没有参考文献呢？而且为什么列出的参考书目总是一些书籍，而不是研究论文呢？

但万事起头难，我们不应该不恰当地纠缠在这些相对来说比较小的错误上，以后各卷肯定会在《天文学》所确立的高标准的基础上取得更大的进展。这一卷所达到的水平是很高的，印制也很精良。撰稿人和编辑人员应当为他们在三年中所取得的成果感到自豪。我们热切期望其余各卷在今后取得更辉煌的成就。

（原载英国《自然》杂志 1981 年 7 月 16 日）

我国法学家的可喜贡献

——谈《中国大百科全书·法学》卷

张友渔

为适应加强社会主义法制的需要，《中国大百科全书·法学》卷现在出版了。这是我国法学家一个可喜的贡献。在编撰这一卷时，最初曾有同志对能否编出有一定水平的《法学》卷有所疑虑。经过法学界几年的努力，可以说《法学》卷在许多方面基本上达到了百科全书应当具备的水平。

《法学》卷客观地介绍了古今中外各种法学派别的观点，而全卷贯彻的是马克思主义的精神。例如，卷中除收有“法的分类”条，从不同的角度对法进行了不同的分类外，还另有“法的类型”条，说明人类社会在不同的历史发展阶段，存在着奴隶制法、封建制法、资本主义法、社会主义法等不同的类型，代表不同的统治阶级的利益，反映不同的统治阶级的意志。在“法”这个条目中，更加具体地阐述了法作为阶级统治工具的本质和作用。

当然，法是阶级统治的工具是从法的整体讲的，并不是所有的法律条文都是进行阶级压迫的规定。有些条文是可以适用于各个不同类型的社会和不同阶级的人的。因此，《法学》卷在强调法的阶级性的同时，也肯定了法的继承性。无产阶级应当、也必然会批判地继承人类文化遗产中的法律制度和法律思想。例如债的问题，在人类进入共产主义社会以前，法律就不可能不有所规定。尽管中国现在还没有制定出民法，但《法学》卷中设立了民法分支，包括民法的传统内容，有关债的条目约占该分支的五分之一，比较详尽地阐述了债权债务关系。

去年有一段时间，有同志提出对“无罪推定”等条应当重新审定。经编委会讨论，认为原稿可用，不必删改。马克思主义者应当运用历史唯物主义的观点看问题，对资产阶级革命时期提出的反对封建司法专横的“无罪推定”等口号，应当肯定它在历史上的进步作用。因此，卷中在“资本主义法”这个条目中，肯定了资产阶级革命时期资本主义法的进步作用，同时也指出了资产阶级统治后期资本主义法的反动本质。

由于百科全书是知识性的工具书，《法学》卷在强调马克思主义法学理论的同时，对资产阶级的各种反马克思主义的法学理论和一些压迫工人阶级的法律，甚至是最反动的东西，也有所介绍。例如对“塔夫脱–哈特莱法”“反社会党人法[①]”“南非种族隔离法”以至“法西斯主义法律思想”等，都收有专条，作了评述。

依据马列主义编撰百科全书不自中国始。《法学》卷还体现了中国百科全书自己的特色。

由于篇幅限制，中国法制史在《法学》卷中只占有不足十分之一的篇幅。怎样才能编好？编委会进行过专题讨论。大家认为在全书第一版中，首先要恰当地反映中国法制史的全貌。纠正过去认为中国法制史只是刑法史的看法，全面地组织行政法、刑法、民法、经济法、诉讼法各方面的条目，否则就无从说明中国过去诸法合体、刑民不分，而且行政法在中国历史上还是比较完备的。中国法制史分支中，有些条目阐述比较精确。例如究竟什么是“以礼入法”“出礼入刑”的“礼”？法学卷中“礼”这个条目，写得就比较深入浅出。卷中同时还收有“礼治”以及提倡礼治的“儒家”及其代表人物和反对礼治的“法家”及其代表人物等一组互有关联的条目，读后对“礼”的了解可以有一个基本轮廓。

中国的法学家对中国当代的法律更为熟悉。在编委、分支学科主编及作者中，有人参加了1982年宪法的修订工作，有人参加了刑法、刑事诉讼法、民事诉讼法（试行）的制定工作，有人具有长期司法实践经验。他们撰述的条目能结合实际，说明问题。

国际法分支也具有中国特色。如“和平共处五项原则”等专条，既指出我国对国际法的贡献，也反映了第三世界的利益、要求和主张。在战争法部分，国外读者比较熟悉1946年的东京审判、伯力审判、纽伦堡审判，而不甚了解1956年的沈阳和太原审判。《法学》卷选收了“沈阳和太原审判”条，是很有学术价值和政治意

---

① 编者注：在《法学》卷中的条目名称为“《社会党人法》”，下同。

义的。这个条目是根据原始档案撰写的，充分反映出对日本战犯区别对待、保证其合法诉讼权利、惩办与宽大相结合的精神，用事实说明这些战犯为什么终于成为加强中日友好、维护世界和平的积极分子。

参加《法学》卷工作的共有二百余人。但全卷编撰队伍是一支整体的力量。编委会对全卷书稿要求集体审改、集体负责把关。1982年夏，编委会执行这一决议，对全卷书稿进行了一次总的审查，为期将近两月，使一些分支得以定稿，一些分支得以提高，一些分支明确了修改补充的方向。同志们都深有感触地说，审稿会实际上是学术讨论会，只有在社会主义中国才能具备这样优越的编撰百科全书的条件。在依靠集体力量的同时，《法学》卷还贯彻了“双百”方针，对各家之言兼容并蓄。就经济法而论，有人认为它是随着经济的高度发展而必然产生、发展，并具有广阔前途的一个部门法；有人则认为它不过是分属于行政法和民法分支的涉及经济方面的法规。正因为它还没有定型，《法学》卷立足于介绍知识，设立了这一分支，并取得国务院经济法规研究中心的指导协助，使卷中经济法条目体系与中国经济立法体系接近，远远超过了传统商法的范畴。

《法学》卷的出版只是编撰中国百科全书法学条目的起点，也是中国法学界研究社会主义法学的一个新起点。它也存在一些缺点，例如，《法学》卷对古代和外国法学多所介绍，对我国当代法学介绍则相对不足，而这正是法学界应当着力研究的重点。这个情况反映了客观现实。法学研究应当适应当前立法工作的需要，中国法学界的确任重道远，大有可为。我希望、也相信我国社会主义法学研究将会取得更大的进展，因而我希望、也相信将来《中国大百科全书》第二版的法学条目将会编撰得更好。

（原载《人民日报》1984年12月28日）

主编《中国大百科全书·法学》

江　平 / 口述

百科全书的中国特色

20 世纪 80 年代初，大概是 1982 ～ 1984 年，我参加过一个很重大的学术活动，就是《中国大百科全书 · 法学》的编辑出版。

对任何一个国家来说，大百科全书都是标志着一个国家学术水平的集成，或者说是一个国家文化发展的里程碑。我记得在苏联留学的时候，在图书馆看到那些国外的大百科全书，装订很精美，内容也十分丰富。那时虽然没有时间去浏览它的内容，但还是对大百科规模的宏大、内容的繁多而感到惊奇。

就中国大百科全书的编辑出版而言，1949 年之后一直没有进行过相关工作。改革开放之初，邓小平讲了，中国也要搞百科全书，我们要有中国自己的百科全书。1978 年国务院正式决定编辑出版《中国大百科全书》，并组建了中国大百科全书出版社。于是，当时很快就组织了一个包括所有学科的《中国大百科全书》总编辑委员会，有超过两万名学者参与了《中国大百科全书》的编纂工作。

实际上，国外的大百科全书基本上都是不分学科的，无论是《不列颠百科全书》《法国百科全书》还是其他的，都没有按学科来划分，而是按字母顺序来编排。但 20 世纪 80 年代我们出《中国大百科全书》时，是按科目分卷的，其中将法学作为单独的一卷。

这种办法在当时来说有个好处，单独成为一卷的话，对于专业研究这个学科的人很方便，尤其 80 年代初，各个学科参考的资料非常有限。那时候，我们法学刚刚起步，《中国大百科全书 · 法学》里所包含的知识，都是本学科里最基础的。

《法学》卷进展比较快

《中国大百科全书 · 法学》当时由张友渔担任编委会主任，我是民法学科的分支主编。本来民法学科是佟柔教授来担任主编的，但佟教授本职工作比较忙，而当时别的学科进度很快，民法学科却还没怎么搞，所以编辑部的人就把我调整成民法学科的分支主编。

那时，每一位参与大百科全书编辑的学者，都把这当作非常重要的学术活动。基本上，每个学科都是邀请该学科最重要的精英人才来撰写相关条目，而且当时还有一个中国特色的东西，即每一条后面都有作者署名，通过这种方式表示作者对相关条目负责。

作为民法学科的分支主编，应该说编纂这部分内容还是很辛苦的。我们先征集民法学科应该包括的条目，然后邀请相关专家来写，还要再经过多次修改和内容核实。但总的来说，大家热情都很高，《中国大百科全书 · 法学》在当时是进展得比较顺利的。

从整体工作进度来说，《中国大百科全书 · 法学》进展是比较快的。1984 年 1 月，《中国大百科全书 · 法学》正式出版。在我印象中，《法学》卷可能是《中国大百科全书》系列中较早完成并出版的分卷之一。

《中国大百科全书 · 法学》出版之后，学校当时还用科研经费购买了一批，老师们几乎人手一册。这对于当时的学术研究起了很大的作用。虽然《法学》卷的条目不算非常多，但它在一个学科内是自成一体的，理论体系相对比较完善，也有利于当时的教师们备课时作为参考。

中央领导接见编委

《中国大百科全书 · 法学》的出版是当时的一件盛事。从此之后，学术界、出版界就兴起了一股长达七八年的编写工具书的热潮。但后来编辑出版的辞书越来越多，到了泛滥的程度。我的书柜里，有各种各样的工具书，大部分都是那个时候出版的，法学的各个领域几乎都有百科全书。

应该说，工具书后来编得有些走样，变成了一个很重要的商业操作。我本人就主编过《中国司法大辞典》《中国法制百科全书》《中国经济民商法律分解适用全集》《民商法学大辞书》，等等。我想之所以如此，首要的原因就在于《中国大百科全书》的出版，在当时引起了很大的轰动。也因为如此，《中国大百科全书·法学》的精致和精准更值得我们怀念。

《中国大百科全书》（第一版），前后延续了近 15 年时间。到 1993 年 8 月，《中国大百科全书》74 卷才全部出版完毕。《中国大百科全书》全部完成出版的时候，江泽民、李鹏等中央政治局的领导同志还专门在人民大会堂接见编委会（成员）。我当时刚好站在第二排，江泽民同志走过来时，我们依顺序握手。当正好轮到江泽民同志和我握手时，记者拍摄了照片并发表在《人民日报》的头版上。有人就因此猜测，我是不是背后有什么政治背景，其实这纯粹就是一个巧合。这张照片我一直保存着。在一定程度上，这也反映了中央领导人对《中国大百科全书》编辑出版的重视。

修订更新大百科全书

这之后，我们又开始进行了两件事：一是《中国大百科全书·法学》第一版的修订，二是又开始编写《中国大百科全书》（第二版）。

先说《法学》卷的修订版工作。这项工作是 1998 年启动的。从 1983 ～ 1998 年，经过了整整 15 年。这 15 年，对于自然科学或其他人文学科来说，变化可能不算巨大，但对改革开放后的中国法学来说，这 15 年的变化却是非常大的。这 15 年是新中国法律体系制定和完善的重要时期，我们的大百科全书，如果连中国自己的法律发展成果都不体现，是说不过去的。

15 年间，一些年纪较大的编委、分科主编近一半都已去世，故此中国大百科全书出版社决定由我担任《法学》卷修订版和《中国大百科全书》（第二版）法学的主编，来组织这项重大的工作。2006 年 1 月，《中国大百科全书·法学》（修订版）正式出版。修订版共有 1 484 个条目，约 238 万字，涵盖了法学领域所有的部门法。

再说《中国大百科全书》（第二版）。1995 年 12 月，国务院正式批准第二版编纂出版立项，并先后纳入“九五”和“十五”国家重点图书出版规划。《中国大百科全书》(第二版),较第一版最大的变化,就是编排体例的变革。第二版不再按照学科分卷,而是按照拼音字母顺序编排。这与世界各国的百科全书的做法是一致的。虽然有第一版的基础,但第二版的修改量还是很大。我粗略地看了一下,第二版有一半以上的内容是重新编写的。2009 年 4 月,《中国大百科全书》(第二版)正式出版。

回想起来,《中国大百科全书》是我国在学术方面一个集大成的成就,我有幸三度参与其中,觉得很有纪念意义。

(原载《法制日报》2012 年 4 月 11 日)

世界上第一部以百科体编纂的中国历史巨著

周一良

《中国大百科全书》三册430万字的《中国历史》卷与读者见面了。从规划设计、分工撰写、编辑加工，直到印成，前后凡13年。《中国历史》卷的问世，是中国史学界的一件大事。这是世界上第一部专以中国历史为对象的百科全书，是1949年以来30年间（除去了研究工作完全停顿的那10年）中国历史工作者辛勤劳动成果的总检阅，代表着80年代的水平。

除本卷编辑委员会之外，《中国历史》卷的各分支编写组亦即具体执笔者计72个，编写组以外被邀请撰写条目者计约400人。他们由于任务各异，所投力量也不相同，但都用其所长，发挥了专家的作用，出色地完成了任务。三位责任编辑在组织人力、协调关系、审阅稿件等方面，付出了长期而艰巨的劳动，尤其是始终其事的杨川同志。还应提到本卷编辑委员会前副主任兼秦汉史编写组主编孙毓棠同志。编委会主任侯外庐同志就任时已久病卧床，不能工作。开创时擘画经营、制订框架、拟定人选等一系列艰巨繁杂的任务，都落到毓棠同志肩上。他最后在病榻上还不断过问《中国历史》卷的进展情况。我们在欢庆本卷出版的同时，向侯、孙两同志告慰并衷心致敬。

《中国历史》卷的特色亦即优点，可以归结为以下几个方面。

百科全书是供检查（索）参考而不是供阅读的书，对象是中等以上文化水平的读者而非历史专家。但是，中国历史悠长，内容丰富，专治某一时期历史的学者，也可从此书查阅另外某些时期的条目，甚至通过它了解某些历史时期的概貌。本书框架设计是断代设长条，综述这一时期历史。然后分为八大块——政治史、社会经济、政治制度、民族史、历史地理、中外关系、文化、史籍史料，分别设立长短不等的条目。这样就有纲有目，纵横交错，相辅相成，既可供查阅个别条目，也可供阅读以全面掌握本段历史知识。

本书力求确切反映历史真实，对人物、事件等一律不加评论。近几十年来，我们逐渐学会用唯物的、辩证的观点来研究历史，既从微观上考察人物、事件，又全面联系，宏观上探寻历史的特征与发展。这是新中国的优良学风，也体现在《中国历史》卷里。如“唐代”长条（1118 ～ 1120 页）指出唐朝的历史地位，说明它是中国封建社会发展中的第二次鼎盛局面，又是封建社会由前期向后期发展的关键阶段。在多民族国家形成过程中，也占重要地位。而从世界范围看，唐朝又是最强盛的国家之一。又如“清代”长条（834 页），指出清朝最突出的贡献是统一全国，增强了多民族大家庭的团结，最后奠定了中国的版图。一方面指出了清朝在历史上的反动落后一面，同时又区分了前期的成就和鸦片战争以后的腐朽衰落。拿本书和国外历史百科全书中的中国部分相比较，读者当会发现其不同之处。

条目的释文，一般采取学术界所承认的通行说法。如果众说纷纭，各有短长，则以一说为主，附带提供其他说法。如“占田课田制”条（1483 页）末云：“对于占田、课田令文，学术界理解不一，其关键是对占田、课田的含义、性质及其相互关系的认识。”以下举出有关这几方面的各种不同意见。对于占田课田制的产生，也列出四种不同说法。这样处理，有利于使用百科全书者扩大知识面，进一步探讨问题。

近几十年来，中国历史中社会经济领域的研究有长足进步。一方面是由于唯物论观点深入人心，一方面由于各个历史时期经济资料不断大量发现，如汉简、敦煌文书、吐鲁番文书，以及房山石经题记，明清以来各地区、部门的档案材料，等等。社会经济史研究的繁荣，当然反映到《中国历史》卷内，这是解放前中国史学界所未曾有过也不可能有的。举个具体例子，秦汉史部分政治制度条目数为 52，社会经济条目 49，几乎相埒。辽宋西夏金部分的政治制度条目数 43，而社会经济条目 44，超过了政治制度。这些数字不也从一个侧面反映社会经济史研究的扩大与深入吗？

解放前相当寂寞而近几十年繁荣昌盛起来的学术领域，还有民族史、中外关系史和历史地理。中国今天作为一个多民族国家屹立于世界，汉族与兄弟民族之间的关系融洽无间。历史上各民族之间虽然不免于敌对和斗争，但友好、合作与融合终究是主流。本书在建立了中央或地方政权的少数民族以外，各个时期中于史有征的少数民族都设有独立条目。而且时代越近条目数目越多。清代的民族条目近60条，超过以往任何朝代，反映了清代奠定中国版图及民族关系的复杂多样。中国与外国的关系，除设中外文化交流的长条外，各断代就有关国别、人物、宗教、交通、制度、机构、典籍等分别设立条目，合而观之，不啻为一部完整的中外关系史。中国历史悠久，地域广袤，经历不少王朝，政区多次变化。建置与地名的变迁分合，极为复杂错综，为世界其他国家所未见。故自清朝以来，地理沿革成为专门之学。解放后，在谭其骧等专家钻研创导之下，旧式的尚革地理蜕变发展为现代科学的历史地理学，并在大学设立了专业。《中国历史》卷中的历史地理条目，就历代政区、制度、都城、都市、边界、运河、长城等设立条目，体现了中国历史地理学的成就。

《中国历史》卷的插图，也颇具特色，形成本书另一优点。全书彩图插页共152页，收图大小共约700幅。另有文中单色插图约1500幅。彩图给予读者的第一个印象，是比较新鲜，极少令人产生似曾相识之感的图片。近年考古新发现的资料在书中触目皆是，如辽宁出土的红山文化彩塑女神头（插页1）、陕西法门寺出土的琉璃瓶、波斯琉璃盘（插页51）等等，充分利用了80年代的考古成就。其次是负责插图的同志苦心搜索，值得钦佩。如明代大运河上的戎克船，采用了当时日本来华名僧画家雪舟的绘画，是其一例。雪舟是以写真方式描绘明代中国山水著称的。插图优点之三，是尽量采用较早的图画，如孔子像用宋代马远作（插页8），屈原像用明代朱约佶作（插页9），避免用现代作品，给读者以渊源有自的观感。优点之四是密切配合。本卷负责插图的同志努力搜寻，提供了足够的图片。优点之五是印刷精美。如甲骨文、汉简文字等，虽尺寸甚小，而异常清晰，极为难能可贵。

本书是供读者检索的，因而在检索的方式上也考虑得颇为周到。卷首有“条目分类目录”，分政治史等八大块，依时代顺序排列，然后是彩图插页目录。卷末年表之后有“条目汉字笔画索引”和按汉语拼音字母顺序排列、更为详尽的“内容索引”。凡条目释文中出现的，皆被收录，可以当一部中国历史辞典使用。

粗略翻阅，感到尚有不足之处。一、不平衡。如有的分支严格按照规划原定数字，控制得较紧。有的分支较松，字数遂大为超过。虽然时代较近部分理应较详，终不宜过于悬殊。又如南朝北朝各设一条，南朝条综合宋齐梁陈加以概述，并与北朝约略对比，可以补这四代独立条之不足。而北朝条则过于简略，二者不太相称。

二、遗漏与重复。大的遗漏尚未发现。书中附地图多幅，而缺地图目录。书首的“中国历史”特长条撰写颇为费力，而与后面长短条目又不免重复。或由于《中国大百科全书》规定总的体例，不得不设。但就本卷而言，似无必要。1 547 页单色图有“《中国古代社会研究》封面”，图 144 页又有同书封面彩图出现。三、文字风格。百科全书文字应确切而简练，本书大体达到要求。但因依据的史料文白不同，所以古代部分的条目文字近于文言，而现代的条目近于白话。文字既要简明扼要，文言的表达方式因而显出优越性。但由于未能很好掌握文言，书中出现个别文字修辞欠妥甚至欠通之处，影响了释文的确切性。如 441 页“执教文史”——“执教”一词后不能加宾语。634 页“自视阙陋”——“自视缺然”是成语，出自《庄子·逍遥游》，意为“自己感到不足”。承改一字，便不可通。1 606 页“甚笃汉学”——四字貌似简练的文言，其奈无法理解何！以上不足之处，作为常务副主任，难辞失职之咎！这些缺点，只有等将来修订再版时来弥补了。

（原载《光明日报》1993 年 8 月 23 日）

“百科”塑我编辑观[①]

——从《中国大百科全书·哲学》卷出炉前后说开去

王德有

1986年2月28日，《中国大百科全书·哲学》卷发稿了。对于我们《哲学》编辑组的编辑而言，这是一个难忘的日子、值得纪念的日子。因为它标示着我们的一种编辑视野，象征着我们的一种编辑理念，记录着我们的一种编辑体验，蕴含着我们的一种人生追求，在我们的编辑生涯中树起了一块里程碑，成为我们从事编辑事业的起跑线。值此改革开放30周年，暨中国大百科全书出版社建社30周年，我特别怀念编辑组为《哲学》卷出炉而奋战的1 460个日日夜夜，特别想念《哲学》编辑组的诸位朋友，他们是：谢寿光，毕业于厦门大学哲学系，时年30岁，后为社会科学文献出版社社长兼总编辑，编审；周五一，毕业于厦门大学哲学系，时年31岁，后为当代中国出版社社长，编审；吴尚之，毕业于武汉大学哲学系，时年28岁，现为新闻出版总署图书司司长（后任国家新闻出版广电总局副局长——编者）；柏小林，毕业于中国人民大学哲学系，时年24岁，沉稳帅气，女孩子心目中的白马王子，《哲学》卷问世后，留学德国；薛亮，毕业于北京大学中文系，编辑组的唯一女士，文静善良，才貌俱佳，时年30多岁，《哲学》卷问世后调深圳一家出版社。还想念一位老大哥，他是钟国豪，从《红旗》杂志社调来，担任社会科学第一编辑部副主任，负责《哲学》卷的二审工作，不是我们《哲学》编辑组的，但为《哲学》卷的工作花费了很大心血，为人厚道，堪称“忠厚长者”。

① 编者注：本篇原文3万余字，收入本书时略有压缩。

探究编辑灵魂所在

那是 1981 年的 11 月，我要去中国大百科全书出版社报到，同学们纷纷尾随送行。机动三轮车开动了，众人的身影、北大的楼群渐渐在视野里淡去。我有些惆怅，好像与燕园这一别，也就是与学术生涯的诀别。人生的十字路口真奇巧，只是这么小小的一拐，可能就会将你的一生引入别种境地，与自己的向往判若云泥。

去出版社，做一个编辑，不是我的志趣。从读研究生的第一天起，我就倾心于学术研究。我的专业是中国哲学史，对老子呀、庄子呀什么的，很是着迷。毕业后想进研究机关，可是命运不完全掌握在自己手里。……由于客观原因，我的志趣只能压在心底，不很情愿地来到出版社，当了编辑。

向往的是学术，却要去当编辑，那个感受，真是难以言语。一个是学术，一个是编辑，二者的差别，那可大了去了！

差别在哪里？在于前者是“研究”，后者是“辑录”。“研究”意味着什么？意味着发现，意味着发明，意味着拓展，意味着推进，总之一句话，意味着“创新”，要把自己嫁出去，做个新人，进入新的境地。“辑录”意味着什么？意味着收集，意味着剪辑，意味着加工，意味着整理，总之一句话，意味着“理旧”，要帮别人嫁出去，为了别人出嫁做嫁衣。

这是我当时的理解，可能也是相当一部分编辑对自己职业的理解。

为人一世，谁不愿意自己出嫁，谁愿意只为他人做嫁衣？想到此处，怎能不惆怅，怎能不心凉！

我不满意这种工作，还得做这种工作；不但要做这种工作，还得做好这种工作。摊到谁的头上，这也是很难的，这个时候我才真正理解了什么叫作“勉为其难”。怎么办？没有别的办法，只能试着先解决自己的心理问题。

心理症结在哪里，在不愿理旧，而愿创新。

编辑工作只能理旧吗？能不能突破它，也去研究，也去开拓，也去创新？

我把这个问题作为一个课题进行思索，这样一来，也就把自己摆在了研究者的地位，虽然不是在研究我的中国哲学史，但却是在研究我的本职工作，如果能有一个小小的突破，岂不既能安慰自己，又能推进工作？

我是幸运的，刚进入研究者的角色，便有了一个不小的收获。这不，眼前摆着的就是一个很好的例证。摆着什么？《中国大百科全书》的总体设计。

《中国大百科全书》，从它总体设计的萌生起，就没有站在理旧的基点上。

中国原本没有大百科全书，是姜椿芳在对自己晚年工作的思考中产生了编辑《中国大百科全书》的愿望，再经艰苦努力、多方推动，求得中央批准，成立了出版社，做出总体设计，启动了编纂工作。姜椿芳是总编辑，他策划并启动《中国大百科全书》，是在做编辑工作。他所做的编辑工作，在中国，前无古人，不仅是创新，而且是开创。说编辑工作是理旧，在这一事例面前便有了破绽。

《中国大百科全书》的第一版，是以学科为中心，统一设计，分卷出版。大学科可以出几卷，小学科可以几个学科合一卷。因为各个学科、各个分卷分别包含不同的知识，分别具有不同的特点，所以要完成全部工程，不仅全书策划和整体设计是创新，而且每一个学科的策划，每一分卷的设计都须创新，如果千篇一律，就难以准确介绍知识，就难以突出各自特点。

立足于这样的现实，出于这样的认识，我便把“创新”作为自己的研究成果，自觉用“创新”的意识指导《哲学》卷的编撰工作。

我进入中国大百科全书出版社，被分配到社会科学第一编辑部，筹备《中国大百科全书》的《哲学》卷。

创新的切入点，我选了两个：一个是宏观，一个是微观。

宏观创新主要指《哲学》卷的整体设计。

我说的“整体设计”，不是指图书的封面和版式设计，而是指整个编辑程序及图书整体样式的设计。封面和版式设计只是整体设计的一部分，即装帧设计；而整体设计包括流程设计、框架设计、体例设计、装帧设计。

说到整体设计，那是从流程设计开始的。

说到流程设计，也有一个从不自觉到自觉的过程。

当我接手《哲学》卷的筹备工作时，虽然心气很高，但却尚无良策。哲学是个大学科、老学科，如何能在300多万字的篇幅内，用条目的形式，将它清晰地、准确地、结构合理地、繁简适度地表述出来，是一个需要研究的大课题；这个课题不是我一个人能够攻下的，需要动员全国哲学界的众多学者，可是如何才能让他们运作起来，又是一个大难题。当务之急是理清头绪，看清方向，确定前面的路子怎么走。

编辑《中国大百科全书》，在中国是第一次，谁都没有经验。虽说一些学科起步较早，但在我进社的时候，除了《天文学》卷已经出版之外，其他学科都在摸索前进。

《天文学》卷的编纂路子我不能走。因为它是为了摸索经验，集中40多人，用一年多的时间编成的。《哲学》卷这边现在就我一个人，即使成立了编辑组，人员也会受到限制，大兵团作战的条件不具备。

其他学科的情况如何？它们虽然尚没成形，但那些老编辑已经摸了两三年，经验和教训总是应该有的。我现在一窍不通，请教请教那些老师，总是会有收获的。

想起求教各位老师的过程，我就有些激动。张遵修老师在编《法学》卷，张智联老师在编《经济学》卷，丁日昕老师在编《世界经济》卷，赵建山老师在编《科学社会主义》卷。他们分别是40年代末、50年代初北京大学、同济大学、辅仁大学的高才生，不但学问高深，工作严谨，而且虚心热情，真挚坦诚，特别是对我这样的后辈，更是慈爱有加，倾囊相授。自己学科的编辑工作是怎么起步的、分了几个阶段、现在进展到了什么程度、遇到过什么困难、怎么解决的、与作者相处出现过什么问题、需要注意什么事项，等等，讲得很细，好像在扶着我，帮我学走路。我觉得，他们对年轻人，毫无防线，毫无芥蒂，满怀的却是寄托和厚望，唯恐你学不到东西，走不到他们的前面去。《哲学》卷的编辑进度，后来是比他们快，但说到底，不是我有高招，而是他们为我提供了宝贵经验。我不过是将这些经验分解和重组了一下，用到了《哲学》卷。没有他们的指导，也就没有《哲学》卷的速度。想到这一层，我对这些老师便充满了敬意。

各个学科卷的经验真不少，教训也不少，我把它们归纳了一下，发现有一条是从编辑工作起始就要注意的，那就是要十分讲究“严谨有序”。就拿《哲学》卷来说吧，需做的工作有上百项，社外的作者有300多位，整卷的规模是350多万字，撰写的稿件有2400份，要配的图片有上千幅，如果没有好章法，工作程序不协调，就要打乱仗。补漏、返工、白做，事倍功半。这样的教训在其他学科已不少。要知道，重做比新做更困难，等于是在处理夹生饭。进一步说，事倍功半还算小事，弄不好稿件内容还会出错。《中国大百科全书》不是一般的书，那是典，它代表一种权威，人们要查它，以它的解释为标准。标准知识出了错，那危害可就大了。而严谨有序，对保障内容的准确至关重要。先做什么，后做什么，安排得科学合理，才可少出错或不出错。比如，核实资料应该在前，编辑加工应该在后。如果颠倒了，就会出纰缪。就拿人物条目来说，不少哲学家的哲学思想与他们的生活环境、人生遭遇有联系，如果背景材料不核实就进行编辑加工，稿件已经成形才核资料，一旦发现背景材料不确切，那麻烦可就大了。因为不是改改材料就能解决问题的，还需要重新审视哲学思想；因为不是动一个条目就能解决问题的，凡是涉及这位哲学家的条目都得动。究竟哪些条目涉及这位哲学家？偌大一卷书，真不好说，一旦漏改，就成纰缪。有鉴于此，在我的头脑里产生了一种想法：需要设计一个合理的、协调的编辑流程，让编辑工作像火车在轨道上运行一样，有条不紊。

需要归需要，却是很难做到。我苦思冥想了不少时光，设计来设计去，总是一无所成，问题在于找不到一种理想的设计方法。说也真巧，正愁没法做这瓷器活，就有人送来了金刚钻。那不，出版社请来一位高人，讲授系统工程论。

来人是钱学森的助手，参与过系统工程学的研发，很受国家器重。他从最简单的角度着眼，向编辑们介绍了系统工程的设计方法。不知别人是什么心情，对我来说，真如雪中送炭。我竖着耳朵听，低着脑袋想，真神了，他好像是专门来指点我的，句句都说在我的需求上。

听课之后，我花了半个月时间，仿照系统工程论的方法，画了一幅《哲学卷协调计划图》。此图将《哲学》卷的全部编辑工作划分成了 126 个工作事项，给每个事项预估出所需时间、所需人员，按照每个事项之间的相互关系把它们排列组合起来，构成了一个事项协调、时间顺畅、人员调配环环相扣的工作流程。按照此图，该学科先后需要投入 6 名编辑，1982 年的 2 月启动，1986 年的 2 月 28 日发稿。

这个进度，现在看起来并不理想，但在我国从未编辑过这种工具书的当时，却是难以想象的快速了。总编室曾根据各个学科编辑组的工作进度做过一个估计，完成 150 万字的一卷书，需要 220 个工作月。而此图显示，《哲学》两卷书、350 多万字，只需要 178 个工作月。所用时间是所估时间的三分之一。

图画完了，我好像经历了从头到尾的编辑全过程。虽说那是纸上谈兵，却令人具有“胸中自有百万兵”的豪情。

不知谁把这个消息报告给了负责全社编辑业务的副总编辑阎明复，他很重视，让总编室复制、复印并分发到各个编辑组，还特制了一幅一米多高、八九米长的大图，挂在大厅，供人观赏。

此图一出，引起了不小的轰动，出现了种种议论。有的表示赞赏，说真不错，不容易；有的表示疑惑，说不明白，看不懂；有的不屑一顾，说“纯粹是个乌托邦，年轻人的妄想”。

不管别人怎么说，它对于我很宝贵。社外学者的调动，分支学科的协调，社内编辑的配合，全部稿件的流转，编辑组是指挥中心。有了它我便有了一种运筹帷幄的感觉。在 4 年的实践中，我基本上是按照它运筹的，虽然个别事项做过调整，虽然社里没能按时配齐编辑人员，《哲学》卷还是于 1986 年 2 月 28 日如期发稿了。

说到框架设计，那可是一个非常复杂的问题，因为它涉及哲学的学科体系。哲学本来是一个古老而庞大的学科，两千多年来，每一位哲学家都在创造哲学体系，凡是哲学大家，都认为自己的体系最得体，最合理，最完整，最系统。我们进行框架设计，不能不回避体系问题，不然的话，就会陷到学术争论之中，无休无止，难以善终；可是不管怎么回避，都回避不了哲学的各个分支、各种学说、各个流派、各种人物、各种思想、各种概念之间的联系，说到底，还是要拿出一个我们不称其为体系的体系。

又要回避争论，又要拿出体系。怎么办？这时候我已有了一个搭档，那便是谢寿光。他说：我们先让各分支学科的专家去设计，说是“框架”，不是“体系”；大的原则有两条，一是能够为编撰提供方便，二是能够反映知识联系。我觉得这是好主意，于是布置了下去。果然，争议不大，几个月后，各分支学科的框架草案便送到了出版社，不过却是五花八门。

1983 年 3 月，中国大百科全书出版社在北京酒仙桥饭店召开《哲学》卷全体编撰人员大会，旨在商定框架，分配任务，学习体例，熟悉流程，将《中国大百科全书 · 哲学》卷的编撰工作全面推向学术界。

与会人员 300 多，按照 11 个分支学科，分为 11 个大组。大组的核心是编写组。编写组设主编一人、副主编和成员若干人，主编兼大组组长，主持大组讨论。

会议的第一项议程是商讨框架。

框架的第一层次相对好说，先史后论，没用多长时间大家就同意了。第二层次问题也不大，哲学界已从 11 个方面研究哲学，自然分出了 11 个分支学科。第三个层次那就难了，每个分支学科的知识架构如何设计，有了意见分歧。一些专家倾向于简化，比如分学派、学说、概念、事件、著作、人物等几个大块。我称这种结构为“块块结构”。它的优点是简单、好编、没有交叉，缺点是条目与条目知识内容之间缺乏联系，没有知识内涵。另一些专家倾向于优化，认为既然是百科全书，就应做细，不仅条目释文给人知识，条目框架也应给人知识，让读者翻开目录，就能大概了解一个条目与其他条目之间的关系。比如“孔子”这条，应该摆在“先秦哲学”的“儒家”之下，同时还要统领“《论语》”“仁”等著作条目和概念条目。看到这样的目录，读者就会明白，孔子生活在先秦时期，属儒家学派，《论语》反映他的哲学思想，“仁”是他使用的核心概念。我称这种结构为“体系结构”。这样设计好是好，可是难度很大，特别是一些概念的归属很难定位，因为概念是公用的，除了个别情况，不归哪个哲学家专有。两种意见，各有所长；相较之下，后者为上。我和谢寿光支持后者，因为它在求精、求新，体现着对读者的责任，蕴含着编辑创新精神。于是按照“体系结构”的方案向下推。

没想到阻力还挺大，更没想到中国哲学史编写组会力主简化。

我是研究中国哲学史的，在我看来，这个学科历时久长，传承有序，相对西方哲学史而言，要好设计。你看西方哲学史，那有多乱！光说哲学的中心地带，就换来换去，扰人心绪。先是希腊，后是罗马，中世纪移到英国，启蒙时期又在法国，近代又到德国，加上众多的小国，先说哪个，后说哪个，特别是各个条目的归属关系，颇费斟酌。奇怪的是，西方哲学史编写组没讲困难，倒是中国哲学史编写组不断地说“难呀难”。

我觉得，难是难，但是难和无法做是两回事。既然能做，难也要做下去，因为我们是在编典，尽量从读者的需求着眼。不过要想推进，还真得动动脑筋。一是需要分析难点，解决问题；二是需要理顺心绪，鼓劲打气。

难点在哪里？我和谢寿光做了分析：一是费心，二是费时，三是概念的归属关系难处理。前两者是心绪问题，第三者是实际问题。

按照“体系结构”的方案设计，概念的归属确是一个大问题。哲学是什么？从形式上看，它就是无数概念的堆积。没有概念，就没有哲学，所以《哲学》卷中的概念条目有几百个。事情想做顺，就得有章法，概念条目这么多，要想摆在恰当位置，首要的事情是立章法。有了章法，就有了位置；各就各位，也就可以省力省时了。有鉴于此，我们和专家在一起议定了一些原则。比如归在提出者名下。像“道”

这样的概念，是老子提出的，归在老子名下。还如归在建树者名下。像“仁”这样的概念，虽然不是孔子提出的，但在孔子那里具有了特定的内涵，成为孔学的标志，归在孔子名下。再如归在主张学派的名下，像“法”这样的概念，虽然学界都在用，但它代表法家的主张，归在法家名下。如此等等，定了六七条，形成文字，以便遵从。这些章法，虽然不能解决所有难题，但可以解决大多数难题，剩下的零星概念，变通一下，也就有了自己的位置。

心绪问题怎么解决？实际问题解决了，心绪问题也就解决了一大半。剩下的那一些，只需调理一下，就能顺过来。我们采取的是“激励”法。先到西方哲学史编写组去鼓动，请他们选一小部分内容先做个样子，相当于我们的样板田，再请他们到主编碰头会上介绍经验。他们做得很好，不但拿出了相当不错的样板，还在会上说：“这有什么难的，只要对学科内容熟悉，不过是归并一下而已！”这句话多多少少有些刺人。谁愿承认自己对本学科内容不熟悉？中国哲学史的常务副主编听后笑了，忙说：“可以！可以！原则有了，经验也有了，我们会编出来的。”两个哲学史是重头戏，他们都可以，其他人也就没有什么说的了。就这样，经过专家们的一段努力，一个比较理想的框架也就出来了。《哲学》卷出版后，这个框架以《条目分类目录》的形式列在了正文前头。

2008 年的四五月份，一位读者通过间接的方式询问：《哲学》卷的《条目分类目录》为什么与其他各卷不一样？每一页中都有一些空行，是否具有特殊意义？真是问到了点子上。就整体而言，它是以史带论，先史后论；就史而言，它是断代下面分学派，学派下面含人物，人物下面含学说、著作和概念；每逢并列的内容，为了避免内容混淆，便用空行隔开。可以说，它在一定意义上体现了哲学学科的知识体系。

说到体例设计，《哲学》编辑组也下了功夫。虽说《中国大百科全书》整体上有体例设计，但运用到《哲学》卷，还是需要细化。所以《哲学》编辑组制订了《〈中国大百科全书·哲学〉编写细则》，就撰稿、审稿、配图的各道程序、各个方面的有关事项，都做出了详细规定。为了将体例贯彻到实际的编辑工作中去，还拟定了《〈哲学〉卷各编写组集体审稿注意事项》《〈哲学〉卷综合编写组文稿加工注意事项》《〈哲学〉编辑组文稿加工注意事项》《〈中国大百科全书·哲学〉卷资料核实工作注意事项》《〈哲学〉卷条头外文索引工作意见》。它们对《哲学》卷的质量起到了一定的保障作用。

说到装帧设计，主要是美术编辑们花费了心血。《哲学》卷的美术编辑是郜宗远，后来他曾任过中国美术出版总社的社长。他有两位助手，一位是陈林，一位是李建新。他们在美术编辑和美术编务中发挥了很好的作用。这里需要提到的是，《哲学》卷的装帧设计是与框架设计同时起步的。美术编辑参加了 1983 年召开的《哲学》卷全体编撰人员大会，听取了学界专家的意见，与《哲学》编辑组一起，拟就了配图计划，并将它归并到框架体系之中。这与文稿加工完成之后再做装帧设计的做法完全不同。2007 年，我在起草《图书编辑规程》时，将装帧设计归入了“整体设计”，并要求在一个选题正式立项之后，与图书的其他设计同步进行。2008 年 1 月中国编辑学会召开了“编辑规律、编辑规程和编辑理论”研讨会，会上我谈了这个要求的原委，著名的装帧设计专家吕敬人先生极为认同。会议结束时，他专门找我谈及于此，这也是他多年从事设计研究的新见解。

《哲学》卷编辑工作的微观创新，主要指稿件的结构设计。我所说的稿件结构设计，涉及稿件的类别和各类稿件的内容、层次、要点。这在《哲学》编辑组拟定的《〈中国大百科全书 · 哲学〉编写细则》中做了细致规定。规定的主旨，是要使稿件符合《中国大百科全书》的性质。

《中国大百科全书》是综合性的百科全书，它以条目的形式，简明、准确地向读者介绍古今中外的各种知识，既要方便读者查找检索，又要方便读者系统阅读，对象是高中以上的非专业读者。编撰《哲学》卷，不仅框架设计要顾及于此，而且稿件结构设计也须顾及于此。但是想要作者全都站在这个角度，不是一件容易的事情。虽然我们有了文字约定，虽然我们做过解释说明，但是想让他们写出符合要求的稿件，仍需一个与他们不断磨合的过程。常常是通过审稿，就具体稿件进行讨论，修改几次，才能将稿件的结构设计融合在他们撰写的稿件中。就连国学大师张岱年先生也不例外。

我读研究生的时候，指导我们的是一个导师小组，组长是张先生。有一次和张先生聊天，聊到了一些学者的治学特点，张先生说：“我和冯先生（冯友兰）写东西，基本上是下笔就写，不用修改，即成文章。不过冯先生写得很有文采，而我只能做到平铺直叙，理顺文通。”可是没有想到，后来为《中国大百科全书》写条目，张先生还是打破了以往的惯例。

张先生撰写“中国哲学史”这一条。稿件交到出版社，我一看便为难了。稿子从先秦写起，孔、孟、老、庄，墨、惠、荀、韩，一直写到孙中山。15000多字，大有飘若行云，势如流水，时舒时疾，逶迤千里的文气。真是一篇好文章，可惜就是不好用。为什么？因为不合“百科”需求。“百科”需求什么？需求检索。不仅全书要提供检索路径，长条目也要提供检索路径。一篇15000字的文章，既可让读者系统读下去，又可让读者快捷地提出自己需要的东西。比如我就要了解先秦这一段：它有多少学派？各派的特色是什么？代表人物是谁？代表作品是什么？这个断代的哲学特点是什么？它在中国哲学史上的地位如何？如此等等。而文章却以人物为主线，顺着时间写下去，以上问题皆都潜匿，要想得知，尚需长思。作为“百科”的条目，尚不到位。

怎么办？要知道，张先生可是我的导师，又有下笔即成、无须修改的自识。要让修改，怎么开口！当然，要说抬抬手，也可以过去。一个国学大师写的东西，谁去挑三拣四？且不说文章如此流畅，如此精彩！可是我的心里过不去。为什么？因为《哲学》卷要代表中国哲学界的水平，当然也要代表编辑的水平。更重要的原因在于它是典，来不得一丝苟且，来不得一点通融，否则的话，就对不起读者，对不起后人，当然也对不起自己。我三思又三思，还是把问题提到了编写组。

大师毕竟是大师，不仅满腹学问，而且胸怀大度，特别是对他的晚辈，更是这样。虽然经过一番讨论，虽然还有一段插曲，张先生还是按照“百科”的需求做了修改，而且还修改了两次，第三稿才收入《哲学》卷，就是书中的那个样子。

《中国大百科全书》的编辑经历使我体会到：编辑工作不能完全摆脱理旧，但却不局限于理旧，那要看你怎么做，按照什么标准做；编辑工作可以创新，而且必须创新，创新是编辑工作的灵魂，没有创新，说明你还没有进入编辑的角色，你的编辑工作还没有到位。

“理旧”指什么？指审读审订、整理处理已有作品；“创新”指什么，指赋予作品新的内涵、新的品位、新的功用、新的价值。说编辑工作不能完全摆脱理旧，是因为编辑工作需要原料，没有原料你就没的可编，没的可辑；说编辑工作的灵魂是创新，是因为创新是编辑工作的初衷、编辑工作的主旨、编辑工作的产生根由、编辑工作的存在价值。

解读编辑深层内涵

《哲学》卷如期发稿，在我心中十分重要，因为这是一种许诺，也是一种象征。

说它是许诺，是因为编辑组与社长签了协议，其中清清楚楚写着，1986 年 2 月 28 日发稿。协议是什么，那是军令状。如果你是一个将军，误了令期是要杀头的，因为它关系着全军的胜败；我是一个编辑，误了令期也是应该杀头的，因为它关系着投资的多少、人员的调配、市场的好坏、单位的兴衰。当然，人头是不会落地的，但“合格编辑”的头衔是应该削去的。也许别人不会从自己头上摘去它，可是自己却会羞于挂齿，久于饮恨。

说它是象征，是因为《哲学》编辑组用它来衡量自己是不是真正进入了编辑角色。在四年的编辑实践中，《哲学》编辑组逐渐产生了一种理念，认为编辑工作不应该只是一种劳作，而应该还是一种艺术。劳作只是编辑工作的表层形态，艺术才是编辑工作的深层内涵。什么是艺术？艺术就是行为主体对客体本质特征的体悟、提炼、形象再造和对行为过程的审美感受。编辑就是编辑行为的主体。如果编辑对编辑工作的本质特征有了比较深刻的体悟，经过大脑的思索，能把它准确地提炼出来，用得体的形式将它设计出来，在实践中巧加实施，编辑的过程就会和谐、顺畅，编辑的成果就会内涵丰富、立久传长，编辑主体也就会在行为过程中得到审美享受。《哲学》编辑组是这样理解编辑工作的，也是用这样的理念来衡量自己工作的，认为做到了这一点，才算进入了编辑角色。我们是否进入了角色？尚需编辑过程和编辑成果来检验。编辑成果如何，只能拭目以待了，而编辑过程却是眼下能够看到的。四年的编辑过程，虽然非常辛苦，但比较和谐，比较顺畅，基本上按着预期轨道平稳行进；最后的发稿能否预期，是检验我们是否进入角色的最后一环，你说能不在意吗？

将编辑工作作为一种艺术，这种理念价值何在？现在总结起来，除了顺利推动《哲学》卷编辑工作、保证《哲学》卷内在质量之外，还有三种意义：

其一，它为我们标示了编辑工作的高度，确立了编辑工作的标准。促使我们进入艺术工作状态，努力体悟编辑工作规律，注重提高编辑工作技法。使我们在提升编辑工作层次的同时，也提升了自己在编辑方面的修养和编辑方面的素质。

其二，它使我们感觉到编辑肩上责任，明确了行为主体地位。促使我们发挥主观能动作用，努力开拓，致力创新，注重策划，注重设计，跳出为人做嫁衣的消极心态，把编辑工作当作自己的事业去奋斗。

其三，它使我们体会到编辑工作的乐趣，透过枯燥乏味的琐事，看到了文化创新的蕴意。帮助我们提高了审美情趣，化辛苦为甘甜，化疲劳为动力。在难以为继的时候，总是提醒我们:“坚持下去！坚持下去！”

编辑工作确实复杂，它的对象，不仅涉及作品、作者、读者、编者及其相互关系，还涉及这些关系的运行和变化；编辑工作确是艺术，想要做好，不仅仅需要学问，需要功底，需要责任，需要劳苦，还十分讲究体悟，讲究设计，讲究技法，讲究审美。注重编辑工作的艺术性，往往会化难为易；忽视编辑工作的艺术性，往往会转易为难。《哲学》编辑组切身体验到了这一点，所以在编辑实践中总是努力构筑这种行为艺术。不仅在全局筹划时注重于此，而且在处理编务时也注重于此。

在《哲学》卷的作者队伍中，中国哲学史分支学科最庞大，60多人，在《哲学》卷全体编撰人员大会上是个大组，组长是张岱年。在分配撰写稿件的时候，有过种种议论，由谁来写孔子，多所争议，最后委托给了金景芳。

金先生年逾八十，是吉林大学历史系的老教授，学问高深，享有盛誉，长期从事孔子研究，多有独见；撰写孔子，要说高人，非他莫属。为什么多有争议？问题出在“独见”上。按《哲学》卷的体例，介绍知识以公认为主，有价值的其他见解可以罗列，却须一笔带过。金先生写孔子，学问上没问题，文笔上没问题，怕就怕反客为主，将自己的独见作为主要内容写进去。张先生作为分支学科主编、大组组长，对此并非不担心，要不他也不会在大组的总结会上说出下面这段话来：“写百科全书的稿件，要以学界公认为主，不能写成郭老（郭沫若）的孔子，不能写成我张岱年的孔子，也不能写成您金老的孔子，而要写成学界公认的孔子。这一点还需您金老十分注意！也请各位作者多多注意！”要论年龄，金老最长，可他却谦虚有加，频频点头。张先生讲完后，金先生承诺说：“明白！明白！体例我已读过，请张先生放心就是。”大家听后，也就释然，可稿件交来，根本相反。这篇稿子，完全是金先生的一家之言。而且为了站得住脚，多所论证，引经据典，是一篇正正规规的学术论文，距离百科体例太远太远。

问题比较复杂。退给金先生修改吧？不是不行，附上张先生的一封信，面子金先生总是会给的。但改来的稿子会怎样？不是难说，而是肯定不行。你想想，几十年的辛勤耕耘，他的观点，久已凝铸，你让他不要写自己的观点，而要写“错误”的观点，且要署上他的名字，流传百年，对一个学者来说，那有多难！让别人修改吧？也有难处，署上金先生的名字，可完全改了作者的观点，那是侵犯著作权。要说退稿，那还可以，这也是大势所趋，但谁去开这个口？那可是全国著名的大学者，八十多岁了，给他添堵，谁愿充当这个角色！在编写组集体审稿会上，十几个人，坐在那里没了辙。

我是出版社的，约稿退稿原本应是出版社的工作，所以我说：“稿件的质量是第一位的，先请编写组的老师修改。改后怎么办，由我来负责。”编写组的老师们和我特别好，他们为我担心，说：“金先生的脾气可是大得很，你还是小心点为好！”我说：“大不了他骂我一顿，解解气就会过去的。”

虽说做好了挨骂的准备，但是我也不想挨骂。不想挨骂就得想个变通的办法。稿件改好了，是由社科院的李曦和马振铎老师合改的，我让他们署上金先生的名字，由我发给了金先生。不过稿后附了我的一封长长的信。

首先我向金先生表示感谢，感谢他为中国第一部大百科全书花费心血。之后对金先生的稿子做了评价，说这是一篇很有创见、很有水平、很有价值、开孔学一代研究新风的好文章。再后就文章中的几处论述谈了感受，觉得它们另辟新径，别开洞天，引发思考，大有建树。

信的内容到此为止，这都是我的真心话。作为一篇个人研究的学术论文，这些评价并不为过。要说技巧，也用了一点点，那就是一字未提文章的缺点，紧跟着评价之后只有几句话：出于百科体例的需要，我们请编写组做了一些修改，现送上，请过目并签署。再次感谢之后便是我的签名。

信发出后，我就等着挨骂。半个多月过去了，不见回音。那个日子可真不好过，觉得很长很长。

过了不知多久，金先生的信总算盼来了。我拿到手时心直跳。信也不短，有关客套话我匆匆溜过，急着要找表态的结论。有了，在快到结尾的地方：稿子可用，勿签我名。太好了！这是最最理想的结果。

极度兴奋也就在一时，细细读起信来，又不免神伤。先生先是客套了一顿，之后谈到了自己写稿的角度、种种结论的重要性，分析了修改稿的长处，肯定了修改稿的成功。最后才说出了稿件的处理方式。他认为，虽然我在信中客气，说是出于体例的需要，做了一些修改，实际上不是修改，而是重写。有鉴于此，他同意使用修改稿，但要求不署他的名字。言真意切，没有一丝愤怨。读后我觉得很惭愧，愧于对老先生的误解。他对学术的忠诚，他那严谨的学风，深深打动了我。我拿起笔来，又写了一封信，真诚感谢金先生。信中表示，先生的稿子虽然没有使用，先生对百科的真诚支持却永远记在我的心中……

说到编辑艺术，还有一个方面，那就是处理与读者的关系。

《哲学》卷出版后，反映尚好。它作为中国社会科学院哲学研究所编研课题，获中国社会科学院 1977 ～ 1991 年优秀科研成果奖。1992 年，中宣部副部长李彦同志建议将《哲学》卷改编成《哲学大辞典》，因为他翻阅过国内出版的很多哲学辞典，“看来看去，还是《中国大百科全书》的《哲学》卷好”。这些消息传来，给《哲学》编辑组的朋友们以极大慰藉。

不过，传来的也不全是好消息，让人扫兴的事也是有的。1990 年 8 月初，总编室主任刘志荣转给我一封读者来信，说读者对《哲学》卷的意见大得不得了。写信人是湖南某钢铁公司职工培训中心的张先生。

信中说：“买了一套《中国大百科全书 · 哲学》（1987 年 10 月一版，1988 年 7 月第三次印刷）精装（乙）本，翻找条目，有些重要哲学条目竟找不到，即算有，也不尽如人意，真感遗憾！”之后举了两个例子。一个是“虚无”，一个是“非理性”。又说：“另外，全书的装帧也不尽如人意。”比如烫金晦暗，书页皱褶，“翻看起来实在感觉不舒服。对于这样严肃精美的大型类书的印刷装帧也染上社会上的粗制滥造习气，实感痛心！”

不仅读者感到痛心，我也感到痛心。

我分析了一下：读者谈到两个问题，前者是检索方法问题，后者是印制质量问题。有关检索方法问题，可能读者不了解百科全书与辞典的区别，用检索辞典的方法去检索《哲学》卷，所以查不到。有关印制质量问题确实是个实际问题，也是读者之所以动怒、之所以动笔写信的原因。要解决读者的问题，还得从印制质量入手。怎么办？换书。

可是好书已经售完，库中存书上千套，全都难以拿出手。为什么？

《中国大百科全书》的编辑工作在北京，印制工作在上海。《哲学》卷出版后在上海印了两次，虽说算不上精美，但还说得过去。第三次，一位社领导自作主张，拿到北京来印。印刷厂缺乏经验，又不认真，印出的书，封面失色，烫金脱落，墨色不匀，装订松散，真是又难用又难看。第一次见这些书的时候我非常难受，就好像谁把自己的孩子毁了容。找分管此事的社领导提意见，可是木已成舟，无法改变。

怎么办？先给读者写封信，道个歉。

信中先说装帧的事。我说："看到这样的书，你痛心，我也痛心。读者买书，不仅是需要用，还出于喜欢。往往是一面使用，一面把玩。出于无奈，买回去了这样的书，谁都会心中犯堵，如果换了我，也会生气，也会写信。所以看了你的信，大有同感。我想给您换一本，可是这不是一本的问题，是一批的问题，要换，现在困难。想把我手头用书换给您，但是也达不到给您换本好书的目的，因为它已经显旧，里面还有我画的线。所以只好等将来了，现在只能先给您道个歉。"

之后说到检索问题。介绍了百科全书的特点、与辞典的区别、检索方法、释文结构。也以他举的两个例子为示范，详加解析。

信是 8 月 9 日发出的，8 月 18 日接到了回信。信中说："接您 8 月 9 日信，很是感动。其实我给贵社写信时，多少有使气因素，因连续几天翻看《哲学》卷，偏偏要找的东西找不到，加之一直不满意它的装帧（有早购于《哲学》卷的他卷作比较，更使它黯然失色），致使措辞不冷静。您的豁达大度、详细解释，感动由此而生。在此，为我的措辞向您致歉。平时翻看辞书多，对辞书的体例有了固定的概念，翻看类书时，不自觉地用老概念去框它，没仔细推敲它们之间的差别，所提意见有不妥之处，您已海涵，但我深感内疚，因我的无知，再次向您道歉。诚心诚意答复读者来信的编辑先生不能说绝无仅有，毕竟为数不多了，这是我的阅历告诉我的事实。您是一位值得信赖的好编辑！"如此等等，下面还有一些客气话。

我算不上好编辑，但在岗位上时，我曾想要做一个好编辑，只是天分不足，努力不够，与读者的愿望相去甚远。在这里要说的是，做编辑工作不但要付出辛苦，还要探究其中的理路，讲究一点工作方法，把它当成一种艺术去从事。

要处理好与作者、读者的关系，首先要的是“真诚”。没有诚意，谁都难以接受。其次要的是“在理”。要站在理上，有理就有底气，就不惧权威。再次要的是“原则”。基本原则是对读者负责，对质量负责，背离这个原则，对谁也不能让步。最后还要有“技法”。最基本的技法是对对方进行心理分析，根据对方心理采用不同方法。

体验编辑邻接关系

我想做个好编辑，把文化再度创新作为编辑工作的灵魂，站在艺术高度从事编辑活动。标准够高了，工作可以了，乐趣也有了，何必还要苦苦抓住学术研究，把自己累得半死不活？要知道，学术研究纯系个人的志趣，并非事业的需要，也非国家的要求，满可以放在一边，这样可以活得轻松一些。在最累最苦的时候，我曾这样想过。可是我没有放弃。为什么？原因有两个：一是因为编辑工作促进了我的学术研究，二是因为编辑工作离不开我的学术研究。

研究生毕业的时候，我的心愿是搞学术研究，但偏偏编辑成了自己的主业，我只好把专业当成自己的副业，抽业余时间进行学术研究。

《哲学》卷的稿件开始进入编辑组之后，这点业余阵地也守不住了，审稿工作开始侵蚀业余时间，没过多久，学术研究便告中断。这种情况延续了一年半，我非常苦恼，有时真想把那些稿件抛到天上去，大喊一声，“还我时间！”每逢于此，我便坐在那里，调整呼吸，不断默念“会好起来的”“会好起来的”，努力使自己平静下来。

说也奇怪，过了一段时间，我的心境确实有了好转。究其原因，与所审稿件的内容有关。

我是研究中国哲学史的，尤着力于道家和老庄，毕业论文是《论老子“道”概念的产生及其在先秦两汉魏晋时期的演变》。为了写论文，专门研究了汉代严君平的《老子指归》，因为此书是老子学说发展的一个重要环节，却无人做过专门研究，而且版本残缺，也无人整理过。毕业之后，我给自己定的学术目标是出两本书：一本是《道旨论》，一本是《老子指归译注》。前者想勾勒出“道”的发展史，从中总结人类思维的发展规律；后者想整理出一个《老子指归》的善本，古文今译并加注释，以飨来人。这两项学术成果当属填补空白，价值无疑，一想到它们的问世，心里便热乎乎的，充满了生活的情趣。

可是，想归想，做起来谈何容易。不说时间问题，就以学术而言，虽说对中国哲学通史有个了解，但比较熟悉的也仅限于魏晋之前。要写出“道”的发展史，隋唐以降不细加研究，就难进展。而研究是否能出成果，也在两说。在校期间，有导师指导，或有难题，随时都可以去找张岱年，有时也去打扰冯友兰，毕业后那就难了。有幸的是，《哲学》卷的编纂工作给我提供了极大方便，使我受益匪浅。

《哲学》卷的稿件，大约五分之一是中国哲学史，作者大都是学界一流高手，他们条分缕析，将已有成果都凝结在了稿中。所做的分析，所给的结论，所用的方法，所蕴的思路，对学术研究大有补益。更难得的是，每份稿子都要经过编写组的集体讨论。张岱年是编写组的主编，汤一介、丁冠之、方克立、方立天，这些大腕都在其间。一共 13 位，讨论起来那叫精彩。特别是有了不同意见，辩论开来，真是一生难遇的场面。不同的视角，不同的依据，不同的方法，不同的结论，一下子就把学术内涵、哲学要义、学界意见、疑点难点全都翻个底朝天，淋漓清澈，到哪都找不到这么好的课堂。在这个基础上再去研究，那真是站在了巨人的肩上。

也许是因为受了这些教益，当我重新进入学术研究领域时，觉得眼界开阔了许多，思维敏捷了许多，知识丰富了许多，思考深入了许多，所以写作速度也就快了许多。在《哲学》卷发稿时，我的《道旨论》也在齐鲁书社进入了审稿程序，第二年的 7 月正式出版。

也许是因为受了这些教益，《道旨论》的质量看来还算可以。虽是一本纯学术著作，前后也还印行了 2.4 万册，获得了 1988 年“全国优秀图书”奖。全国博硕论文资讯网、台湾大学电子学位服务网、苏州大学 2005 年博士学位研究生招生参考书目、香港中文大学哲学系“中国古代哲学专题研讨”课程、湖南省美术学专业硕士研究生培养方案主要教材与参考资料，都将其作为参考文献或参考书目列入其中。还有不少学术论文引用它……

要说我从编辑工作中受到的益处，还不止于此。要知道，《中国大百科全书》

的《哲学》卷包括11个分支学科，比如哲学原理、马克思主义哲学、西方哲学、东方哲学、伦理学、逻辑学、美学，等等。各个分支学科都有各自的方法论，都有各自的切入点，都有各自的理论体系，都有各自的论说逻辑。稿件又是大专家、大学者们写的，精当准确，深入浅出。我们审稿，不能不思考，不能不品评。一思考，一品评，便觉大有意味。再与中国哲学一比较，便觉学术基点在变化，学术视角在变化，学术视野在变化，学术思路在变化。以往分析学术问题，大多遵从传统，单刀切入，自觉不自觉地就进入了前人已踏过的路子，得出了前人已得出的结论，很难有所发现，有所前进。有了多种学科的体验，渐渐养成一种多视角、宽视野的思维方式，渐渐具有了多层次、多角度剖析学术的能力。现在看来，这种方式和能力对我的学术研究很有帮助，否则的话，就不可能在以后的十数年间，完成并出版了《老子指归译注》和另外的8部学术著作。

就拿其中的《智慧论》来说，那可是古代中国、古代印度、希腊罗马哲学思想的对比研究成果。没有《哲学》卷编辑工作对我的熏陶和提升，我一个研究中国哲学史的，大概不会步入古代印度哲学和希腊罗马哲学的领地。《冀东学刊》1995年第2期刊登了署名宋起瑞的文章《一本广论智慧的好书——读王德有先生的〈智慧论〉》。文章说“笔者怀着强烈的求知欲望和虚心的学习态度，反复阅读了《智慧论》……阅读本书，我们犹如置身于作者所主持的沙龙，参加一次广论智慧的大型理论研讨会，古今中外的智慧大师齐集一堂，各展雄才，各述高见，智者见智，仁者见仁，真可谓学海翻腾，百家争鸣；而主持人王德有先生，以其渊博的知识，坚实的理论功底，巧妙的组织技巧，高超的驾驭能力，搞活了这场沙龙。他以极大的热情和真诚，接待了古今中外的智慧嘉宾，他以沉着冷静的态度和高度科学的精神，对各派诸家的理论观点作了客观的总结和品评。”读到这里，我真有些不好意思了，看来作者是有些偏爱，也许是偏爱此书，也许是偏爱付出了辛勤与劳苦的写书人。

要论有意思，还是那本《老子演义》。那是一本稍有一点文学色彩的哲学著作，原是为日本读者写的。说到它的起因，还得涉及《道旨论》。《道旨论》传到日本后，东京地湧社想要译成日文，但是没有成功。为什么，学术味太浓。它的社长不甘心，专程到北京造访，约我写一部《老子》要义浅释，给普通读者看。写成之后，名之曰《老子演义》；除了日文本外，还在大陆出了中文简体字本，在香港出了中文繁体字本，在韩国出了韩文本。

我说这书有意思，不是说这个写作过程有意思，也不是说书的内容有意思，而是说它引出的故事有意思。此书虽说是给普通读者看的，但基本内容是学术层面的，书出后，日本大阪市立大学中国文学研究室将它列为参考书，我并没有感到奇怪。感到奇怪的是，学生们会喜欢它。我接到过好几个做母亲的打来的电话，询问什么地方能买到这本书，说她的孩子想买买不到。有一天我在网上浏览，发现2004年2月17日“五色天风”的一个帖子，在讨论“对我影响最大的一些书”，其中居然有《老子演义》。……更有意思的是，诗人朱泉雨先生在网上“文化精品论坛”“原创诗歌”板块写了一首诗，题目是《老子 老子》。还挺长，165行。诗中云：“世界上关于老子和道德经的书数以万计汗牛充栋 / 但我孤陋寡闻 / 我独爱王德有写的老子 / 王德有写老子是得了老子的真传……”

正因为有这十本著作做支撑，我这个编辑方得以在哲学界行走：到高等学府去讲“庄子人生哲学”，比如北师大、清华什么的；免费参加国际学术讨论会，比如在首尔、华沙等地；评审博士论文，受邀参加博士论文答辩委员会，比如北大朱伯崑先生、汤一介先生的博士……

也正因为如此，离开燕园时的那种惆怅，那种失落，那种灰暗的感觉，才慢慢被抚平了。

积20多年的编辑实践，我可以说一句话，编辑工作与学术研究在时间上是有冲突的，但在事业的进展上却可以相得益彰。不过要有两个前提：其一是要吃得了苦，其二是要找到二者的结合点。

说二者相得益彰，是说编辑工作能促进学术研究，学术研究也能促进编辑工作。学术研究不但能促进编辑工作，而且为编辑工作所必须；离开了学术研究，编辑工作便难以做好。

如果你想要编出好书，就不能不懂学术。进入了新的领域怎么办？最好别进。身不由己，非进不可，那你就要学，就要问，在新领域里做学问；一时不可能成为专家，但要努力成为内行。否则的话，要编出好书，只能是一句空话。

《哲学》卷的编辑工作之所以比较顺畅，《哲学》卷的编辑质量之所以比较理想，与《哲学》编辑组的专业结构大有关系。六个编辑，五个出于哲学系，另一个虽说是学中文的，但在分管美学分支，与其专业也有联系。说实在的，当一个外行编辑，不但与作者话难投机，就是自己做起来，也会缺乏底气。说不到点子上，让作者如何信任你？如果你是内行，情况就会大不一样。

在《哲学》卷全体编撰人员大会上，需要宣讲体例。下面坐着的300多位作者，都是哲学界的高手，你敢不敢讲？不管敢不敢，都得上台。因为我是责任编辑，《哲学》卷的体例是我主持制定的，我不讲谁讲！

“各位老师，现在我来汇报一下《哲学》卷的体例是根据什么制定的，为什么是这么个样子。”我上台了，开场白之后，下面安静了下来。坐在第一排的两位女老师还在交头接耳。“百科全书的编辑这么年轻！哪儿毕业的？”一位悄悄问，她在说我。“听说是北大张先生的研究生。”另一位回答。“噢，我说呢！”之后便不再言语。

虽说我有充分准备，但上台的一瞬间还是有些紧张。不过一开口就好些了；听见她俩私语，不知为何，一下子便完全松弛下来，进入角色，正式开讲，而且越来越投入，滔滔不绝。从百科全书的性质到百科全书的功能、语体、检索体系，从百科条目的设置到百科条目的分类、结构、释文解析，一路说了下去。需细说的，以中国哲学史的条目为例，因为那是我的专业；需概说的以西方哲学史的条目为例，浅层知识我还是知道一些；需粗说的以哲学原理的条目为例，好在我是1963级北京大学哲学系的本科生，基本原理不会忘记。连我自己都感到不可思议，讲起来什么都忘了，只见下面的听众不断点头，忘了他们中的不少人是哲学界的泰斗。回想起来，原因大概出在学术上，讲的具体内容都是哲学，都是我的专业。

说到审稿，专业知识更是一丝一毫也离不了。什么稿子能用，什么稿子不能用，都得判定。判定的标准，不只是体例，还有内容。当时社外有个综合编写组，他们审稿，重在内容，兼顾体例；我们社内的编辑组审稿，重在体例，兼顾内容。虽说兼顾内容，可也得顾啊！一般稿子还好说，遇到需要修改的稿子，那就麻烦了，需要我们去面对作者，需要我们写出修改意见，不涉及内容行吗？还以给金先生的那封“退稿信”为例。如果不懂学术内容，不了解金先生的基本观点是什么，不了解学界的公认观点是什么，不了解之所以产生这种分歧的原因是什么，不了解金先生观点的学术价值和学术缺陷，能说到点子上吗？能说得金先生高兴起来吗？

像金先生这样的老学者，如果给他讲一堆空洞的恭维话，不把他气死才怪。

《哲学》卷审稿，还有一件很麻烦的事情，那就是“合条”。什么是“合条”？就是把几个条目的稿件合成一条。为什么要这样做？因为一个哲学家有多方面的哲学思想，比如基本理论的、美学的、伦理的、逻辑的，等等。可我们的作者却是分头研究的，你研究的是基本理论，他研究的是美学，第三位研究的是伦理，第四位研究的是逻辑，按百科全书的要求，“请最合适的作者写最合适的条目”，这一位哲学家的哲学思想就要四位作者来写。稿件经过十几道编辑程序，最后定下来之后，要合在一起。“合条”，可不是把四份稿子放在一起就了事，那要糅，要糅到无隔无缝的程度。这样的条目不少，特别是西方哲学史的部分，比如“赫拉克利特”“柏拉图”“亚里士多德”“霍布斯”“狄德罗”“爱尔维修”“康德”“黑格尔”…… 谁来合？责任编辑。不懂学术能合得了吗？

编辑一定要懂学术，不懂学术不行，不按学术规矩办也不行。我的教训也不少。

《哲学》卷在上海分社看清样，我对普列汉诺夫的著作介绍有疑问，查了半天，分社图书馆没资料。那时的电话不方便，打长途很麻烦。我一懒，就没给作者挂电话，凭自己的记忆和理解，做了修改。结果改错了，书出来后，作者大为恼火。没办法，只好向作者真诚道歉，许诺重印时加以修正。道歉是小事，关键是给读者提供了错误知识，自己很难受，好长时间都像是吃了不洁之物。

20 多年的编辑实践告诉我，编辑工作是一种学问，它的学问形成了一门独立学科，但是在具体编辑实践中，编辑工作却不能独步特行，每走一步，都须由其他学科做伴侣。一个编辑，想要做个好编辑，想要编出好作品，不仅需有编辑学科的学问，而且须有相关学科的学问。相关学科与编辑学科是不可分割的邻接关系，就像一张纸的两个页面，去掉一面，也就等于去掉了另一面。

我比较幸运，是在中国大百科全书出版社当编辑。中国大百科全书出版社从早期开始，就养成了重视学术的好风气。当时分管编辑业务的副总编辑阎明复，曾在职工大会上明确说：“中国大百科全书出版社，不是一般的出版单位，它是一个半学术性的机构。”分管社会科学编辑部的副总编辑石磊同志也十分重视学术研究，十分重视在学术上有所成就的编辑，为编辑们的学术研究创造条件。社会科学第二编辑部的博士杨光辉要去美国做访问学者，老石和社会科学第一编辑部的主任丘国栋专程到机场送行，嘱之再三，希望到期后回社工作。光辉很感动，没有辜负前辈的嘱托，如约返社，又为中国大百科全书出版社奉献多年，后调中国妇女出版社任社长。写到此，我衷心希望中国大百科全书出版社能发扬传统，将编辑与学术作为立社的两根支柱。

追寻编辑最高境界

刚进出版社的那段时间，虽然我心中向往学术，但对编辑工作也很投入。为什么？可能只有少数几个人知道，那是因为憋着一股劲。

中国大百科全书出版社成立于1978年，是中央直接批准的。据说它编的《中国大百科全书》要代表国家水平，为此，单位内充满了神圣而肃穆的气氛。1981年之前，在社的编辑大都是20世纪四五十年代名牌大学的毕业生。1981年、1982年进了两批年轻人，约有三四十位，都是“文化大革命”之后第一、第二批大学毕业生，其中也有三四位是研究生。一老一少两代人，各有自己的想法，中间横着一条隔离带。

在一些老编辑看来，《中国大百科全书》是中国的第一部百科全书，拿出来要像个样子，虽说不能一下子超过《不列颠百科全书》，那也要不相上下。在他们眼里，编辑很重要，要有一点真学问，要有一点真本事，否则的话，很难参与这一神圣的事业，很难完成这一艰巨的任务。新来的这些“小毛孩儿”，虽然伶俐聪明，但是尚需磨砺，没有十年八年的工夫，很难派上用场。正因为这样，在中国大百科全书出版社，有意无意地形成了一种潜规则：四五十年代毕业的大学生才能担任责任编辑；六十年代毕业的大学生可以做做一般编辑；七八十年代毕业的大学生只能打打下手。于是三四十号新来的年轻人大都在校对、复印、接转稿件、迎送客人，很难接触到编辑的核心工作。

在年轻一代人看来，自己是“文化大革命”之后的大学生，几年的大学生活没有白过，学了知识，有了学问。毕业之时，满怀抱负，想要一进社会便大展宏图。在他们眼里，编纂《中国大百科全书》是个神圣的事业，正是自己建功立业的好机会，可是人家不让碰，不让摸，每天做勤务，打杂活，有力无处使，有谋无人用，感觉天天在浪费青春，虚度年华。

我算比较幸运，分到了社会科学编辑部，因为没有哲学专业的老编辑，也因为我读研究生之前已有10年的工作经历，所以让我筹备《中国大百科全书》的《哲学》卷。

虽说如此，但编辑部主任并不放心，为了不使我产生误会，他委婉地明确了我的工作位置，说："你先把工作筹备起来，社里正在物色调入《哲学》卷的责任编辑。"过后，很可能是怕影响我的工作情绪，又通过同事们的传话向我透出了一些风声："好好干！如果出色，加上你的硕士学位，很可能会列为第二责编。"

我感到很不是滋味。我没有做过编辑工作，也许编辑工作大有学问，大有做头，但是这不是我的追求。我没有当过责任编辑，也许责任编辑的责任很大，地位很高，但这不是我的向往。如果客观情况允许，我宁可用10个责任编辑的头衔换回从事学术研究的时间。当时我是这么想的。

不过，"四五十年代毕业的大学生才有资格担任责任编辑"，这句话也太刺激人了。我这个人本来就刻板，不管愿意不愿意，分配给我的工作总会努力去做，加上这句刺激人的话，那就更加来劲了。不管什么责任编辑不责任编辑的，反正就我一个人，做个样子给他们看！有一位研究生，干不上自己的专业，整天在给别人帮忙，私下对我说："你幸运，自己搞一摊，但愿能超过其他卷，好给我们出出气。"我笑了笑，没有言语，心里说："走着瞧吧！"我工作很吃苦，很投入，不过当时的思想境界就是如此。

相处久了，我发现我们的编辑部主任是个非常可爱的老头，也是一位非常可敬的老头。他叫丘国栋，平时我们称他为"老丘"，到了公众场合则称其为"丘老师"。老丘50多岁，个头不高，脸盘圆圆的，头发花白，手上总是拈着香烟；一副眼镜架在鼻梁上，不下千度，与之对视，觉得学问高深，其深莫测。不只是看上去有学问，他可是真有学问。他是西南联大的高才生，几十年的笔墨生涯，几十年的编辑经验，拿起笔来，在你的稿上批上几句话，便显出了深厚功底。他自己有本事，便不愿意收那没有本事的徒弟。虽说编辑部的学生都是上面分配下来的，他不能不收，可到了他的眼里便有了远近：精心工作的，他喜之于形，话特多，表扬你，批评你，圈阅你的稿件，指指点点，讲他的历史，讲他的失误，不厌其烦。想要让他歇歇，那可不是件容易事，除非是他自己累了。应付工作的，他懒于启齿，很少批评，话都压在嗓子眼下，难以吐出，积到一定程度，涌喷出来，便化作一声长叹，聊表无可救药的心情。在他的麾下出了不少高徒。《经济学》编辑组的龚莉是一个，后为中国大百科全书出版社的社长；《经济学》编辑组的阿去克也是一个，后为中国大百科全书出版社的副总编辑；我们《哲学》编辑组的谢寿光、周五一，都算得上。我也想称其为师，但他已故多年，不知答应不答应。不管怎的，他在我的身上没有少下功夫。

《哲学》卷的筹备工作有了眉目之后，成立了《哲学》编辑组，谢寿光由其他学科调了进来。别看我俩的岁数差着一轮，干起活来却极默契，相辅相成，劲都使在了一处，工作进展相当顺利。大概基于这个原因，老丘不再说要调入责任编辑了，他对我们寄予厚望。有一天，他找我谈话，很正式的那种；不过我只是听客，没有插嘴的机会。他滔滔不绝，说了一个多小时，内容我已记不清楚。不过最后有个结束语，二十七八年过去了，我还记忆犹新。

他说："德有同志，说来说去，我就有一个希望：请你不断考虑一个问题，那就是'我要做一个什么样的编辑'。做一个编辑并不难，难的是做一个好编辑。什么是好编辑？那就是不断向读者奉献好书的编辑。什么是好书？好书的标准有两条：一条是立得住，一条是传得下。比如《林海雪原》。《林海雪原》原稿很差，可以不用，但素材很好，弃之可惜，最后通过编辑的手，成了传世之作。这个编辑就是好编辑。庸编辑好做，不用费力，不用吃苦；好编辑难做，费力吃苦，还不知道能否有个好结果。希望你经常思考，有意识地去选择。"

谈话结束了，我觉得很奇怪，分明是一个好心的老头说了一堆糊涂话。谁愿做个庸编辑？谁不愿做个好编辑？这还用选择！而且还要经常地、有意识地去选择！

后来的实践告诉我，这话不仅不糊涂，而且可以说是至理名言。因为选择做个好编辑实在太难了，太苦了，苦到了不认真想想就要放弃的地步。想什么？想"我为什么要做个好编辑"，想"为此吃苦值不值"。

一年半后，《哲学》卷的编辑工作进入了白热化时期，把我的业余时间搭进去竟然还不够用。……《哲学》卷这么大的部头，稿件进入出版社后，编辑要通读、鉴别，有基础的分送社外编写组审定，没有基础的都要提出意见，请作者修改。稿件越来越多，当时组里只有我和谢寿光两个编辑，不要说只用上班时间，就是把晚上搭进去也很难应付。没有办法，只好开夜车，用假日。

一天两天可以，一周两周也可以，时间一长，就受不了。且不说中断了学术研究，家人生活也大受影响。这个活还能不能干下去便成了问题。有时候我坐在那里想，想着想着就想笑。笑什么？笑老丘。这个老头，真是鬼机灵！他就知道我有不愿干的这一天，早早就把话说到前头，让我考虑做个什么样的编辑，而且还要不断考虑，给我出了个大难题。我要不干了是不是得另外找个借口？我要不干了是不是能对得起老丘？我要不干了会成为一个什么样的人？我要不干了将来会走什么路？哎呀，真是烦死人！

但是想归想，干归干，一边干一边想。活干了几年，心也想了几年；活干得差不多了，心想得多多少少也有了一点眉目。

1986 年 2 月 28 日下午 5 点，总编室到《哲学》编辑组接收稿件。组里的同志们忙里忙外，协助清点，我坐在写字台前一动不动，眼前一片朦胧，脑际如同鸿蒙。稿件抱走了，纸屑扫净了，众人回家了，室内安静了，我的脑子才开始活动起来。之后，以往想的问题，以往经过的事情，便像过电影一样，一幕一幕在眼前闪过，不能自已：

四年多时间，1 460 天，路虽然走得艰难，人却得到了磨炼。之所以能够坚持下来，有一个重要原因，那就是遇上了两个好领导：一个是编辑部主任丘国栋，一个是副总编辑石磊。

这两位领导，对我们要求很严，一招一式，都须规范，就像少林、武当传艺一样，不允许有一点马虎。可是说也奇怪，我们对他们并不害怕。不但不害怕，反而在感情上有一点温热、亲近，当然更多的是一种敬重。为什么？

也许是因为他们对年轻一代的关爱？

老丘、老石，二人相比，老石显得较严肃。你看他，高高的个子，方方的脸盘，不苟言笑，一身正气，不了解他的人可能会觉得他很难接触。处久了您就知道，他心很细，情很浓，对他的部下关心备至。新分来的这些大学生大多来自外地，没有成家，他竟然会和老丘谋划家庭聚餐，把男女青年请到他们的家里去，叙谈叙谈，增进了解，培养情感。你别说，还真让他们给成就了一对。年轻人成了眷属，他们成了月下老人，大家都很舒心。说起此事，老丘喜形于色自不必说，就连老石也会笑，而且笑得像个孩子。还有，80 年代办理进京户口别提多难了，等的人多，指标极少，可老石却不声不响，暗中操劳，竭力争取，克服了重重困难，终在 1985

年为他的部下解决了两地分居问题。你说，在这种领导下工作，不竭尽全力行吗！

也许是因为他们都是编辑界的高手?

编辑工作往往会遇到难题，特别是处在“文化大革命”结束不久、观念更新和知识认可尚需时日的时期。可是这些难题提交给二位领导，很快就有答复。不仅有答复，而且答复得果决、妥帖，让编辑组的同志们肃然起敬。《哲学》卷有个分类目录，其中列有外国哲学。外国哲学又分东方哲学、西方哲学。东方哲学，除了中国哲学单列外，包括朝鲜哲学、日本哲学、印度哲学、伊朗哲学、越南哲学、巴基斯坦哲学，等等。这是从学术视野所做的分类。分类目录传到了一位行政领导的手里，便出了事。这位领导看后大为光火，把我叫去狠批一通。“这是你拟的目录?”他指着油印稿问。我说：“是的。”“你是共产党员吗?”“是的。”“什么时候入的党?”“1965 年。”“一个具有十六七年党龄的党员，这点政治觉悟都没有！日本是资本主义国家，怎么算作东方国家呢? ‘不是东风压倒西风，就是西风压倒东风’，我们说了多少年，可你却把日本和朝鲜、越南并列在一起，都归为东方哲学。我们这是编《中国大百科全书》，要作为经典，传给子孙，像这种编法不是很危险吗！”我听得愣了神。心里想，这书没法编了。要知道，他可不是部门一级的领导。过不了他的关，怎么往下编? 事后我去找老石。老石说：“别管他，你按照学界的要求，该怎么编就怎么编，过一段时间他说的问题就不是问题了。”果不其然，过了一段时间，那位行政领导离休了，社委会、编委会，不管哪一级，没有一位领导再提出过类似问题。我乐了，心里想：这个老石，真神了！

也许是因为他们对年轻一代的信任和“放手”？

虽然当时我理解的尚不深刻，但已没有怀疑，不再“也许”，而是肯定。多少年来，我在思考编辑人才的培养问题，又进一步确认了这一点，认为它是人才成长的关键。2006 年,《中国编辑》第 5 期发表了我的一篇文章，题目是《关键在放手》。从实践和理论上论述了这个命题，实际上是对老丘、老石用人之道的理性思考。

《哲学》卷的编辑工作进展很快，这一现实深深地触动了老丘和老石。别看他们都是五十开外的人了，但并不守旧，他们开始思考问题，很快就突破了“年轻人编不了百科全书”的思想防线，把《哲学》卷的编辑任务和编辑责任都放到了年轻人的肩上。遇到难事大事，向他们请示；到了一个阶段，向他们汇报。除此而外，全部工作都按我们编辑组拟就的方案实施，他们做我们的后盾，给我们支持，从不干涉我们的具体工作。有一次聊天，老丘说："过去认为年轻人知识浅，经验少，只有四五十年代毕业的大学生才能担当百科全书的责任编辑，现在看来不对了。年轻人，思想活，有闯劲，加上他们的基本知识和基本理论，不但能负起责任，而且能干好。关键是有没有事业心，有没有责任心。这是我近一两年总结出来的经验，也可以说是教训。"老丘的坦诚，深深打动了我；老丘的灼见，我不能不佩服。有一句老话，说"士为知己者死"，听起来颇有些江湖意味。用生命来报答知遇之恩，这种境界实在是低了一些，为国家为人民献身不能讲求知遇之情，不过它却揭示了人的一种心理诉求，特别是年轻人。年轻人入世，满怀抱负，心存大志，需要一个发挥自己才能、实现自己理想的环境。所谓环境，虽然包括诸多因素，但其中有一个最为重要，那就是有一个信任自己，放手让自己开拓事业的顶头上司。这样的上司比较难得，一旦得到，他就可能为之赴汤蹈火。我们编辑组的年轻人当时正是处在这种劲头上。

中国大百科全书出版社成立以来，为社会做出了突出贡献，其中一项重大贡献就是培养出了一批人才。80 年代的年轻人，现在大都成了编审或副编审，其中还有一批走上了编辑出版行业的领导岗位。据不完全统计，截至 2008 年，在国家出版管理机构、国家级出版社、部委出版社担任过局级领导的同志就有 18 位，所以人们戏称中国大百科全书出版社为出版行业的"中央党校"。

总结其中经验，关键在放手。追溯放手的源头，出于老丘和老石之手。

老丘、老石，不仅心地善良、能力甚强，而且极其机敏，富有智慧。他们的智慧表现为举一可以反三，触类可以旁通。《哲学》卷的编辑实践促使他们思考，思考的结论便是放手起用年轻人。他们将这样的用人方略推广开来，运用在他们所辖的社会科学各个编辑部门和各个编辑组内。比如《经济学》编辑组，请龚莉担任第一责任编辑，让学问高深的老先生和另一位年轻的研究生阿去克做副手，发挥他们各自的特长。龚莉，四川大学毕业的经济学学士，一个女娃娃，开始当第一责任编辑的时候也不过二十七八。可能有人会说，二十七八当责任编辑有什么稀罕，现在有的是。可是，那时候不是"现在"，而且编的不是一般书。要知道，中国的第一部大百科全书，没有人编过。《经济学》又是一个大学科卷，分上、中、下三卷，400 多万字。处在中国文化复苏、拨乱反正的时期，想要编好这么大部头、如此大学科的百科全书，那可不是张口就说出的话。再如，《哲学》卷编完后，任谢寿光为《社会学》卷责任编辑，任周五一为《政治学》卷责任编辑，让他们各自独当一面。结果，老丘、老石的招数又有了灵验，这些学科的编辑工作很快就进入了平稳、高速的轨道。

老丘、老石的用人之道这么灵验，自然就会不胫而走，自然科学的各个部门，虽然不说，但却慢慢地开始用起了年轻人。由此，笼罩在中国大百科全书出版社上空的神秘雾纱、凝重气氛开始慢慢地消散开来；由此，在《中国大百科全书》的编纂过程中，一大批年轻的编辑人才也就脱颖而出了。

人们都说中国大百科全书出版社既出好书，又出高人。出书的经验有很多人在总结，出人的根由却很少有人探究。借此机会，特留此墨，探究开先河者，揭示他们的用人秘诀，以资借鉴。

上面说了四个方面，说来说去，围绕着一个中心，那就是20多年的编辑实践，20多年的编辑体验，使我逐渐形成了自己的编辑观。尽管我编辑过多种书籍，但是《中国大百科全书》的编辑工作，对我的编辑观影响最大，雕琢最深。究其原因，在于它的文化内涵博、大、精、深。

2003年，中国大百科全书出版社成立25周年，社委会委托我写了一篇短文，描述了百科全书的精要，刻于竹木，悬于大厅，用以激励同人。这便是那篇《百科铭》。现将原稿抄录于下，用以说明，《中国大百科全书》对我的编辑观为什么影响最大，雕琢最深。

百科铭

百科者，百科全书也。上及天文，下及地理，中及人事：涵宇宙之道，蕴精微之妙，述千古之史，记当今之要；熔天下智慧于一炉，成中外知识之宝库。博矣，大矣，乾坤尽在其中矣！精矣，深矣，玄机皆备其间矣！古人云：取精用宏，有叩则鸣。凡人之欲立、民之欲生、事之欲就，功之欲成、国之欲盛、世之欲荣者必叩之，叩之则应。呜呼！传世之作也，百年之业也！不可不记，特此铭之。

有人问我：你的编辑观究竟是什么?

可以用四个关键词来回答：创新、艺术、学术、价值。

展开表述，那就是：

编辑是一种创造性的辑录活动，它的灵魂在于文化再度创新；编辑是一种社会性的行为艺术，勤于行，精于思，深于悟，密于筹，妙于技，美于审，才能出精品；编辑归于文化范畴，深化学术，运用学术，与学术成阴阳两面，同存共泯；编辑不负人生寄托，消化生命过程，熔铸人生价值，作品价值不朽，人生价值也就长存。

（2008 年 7 月 10 日结稿于北京红螺寺钟磬山庄）

《中国大百科全书》的装帧整体设计

张慈中

1978年国务院决定编辑出版《中国大百科全书》，并成立中国大百科全书出版社，由它负责此项工作。

编辑出版中国第一部现代型综合性大百科全书，在我国属首创，没有现成经验可借鉴，这对百科全书的装帧整体设计来讲，困难是可想而知的。在这种情况下，借助我国在书籍装帧设计方面积累的普遍的共性的经验和一些基本理论就显得十分重要了。

书籍的装帧设计，受多方面的制约，如书籍学科门类的属性、书籍内容的个性、读者对象层次等制约，书籍纸张装帧材料与印刷装订工艺技术的制约，出版周期与经济的制约。这些制约决定了书籍装帧设计的从属性。书籍装帧的这些制约，是反映书籍的实用价值和审美价值的依据，装帧设计在了解和把握这些制约的同时，引发出发挥个性设计的自由意志，这是书籍装帧设计的独立性。设计上的这种两面性自然而然地形成了独有的设计创作规律和审美准则。

书籍有各种学科和各种门类的属性划分，书籍内容有品位、特征、风格的个性区别，因此装帧制约的实际条件和性质也会有差异，设计的品位、特征、气质与风貌也随之多样化。文学艺术与政治理论书籍，前者着重个性特征，审美多数采用具象手法表现风貌，后者则注重共性品位，用抽象手法表现气质。文史哲与科学技术书籍，前者多数取朴素的学术气氛，后者多数选明朗的时代气氛。辞书类与教辅类书籍，前者考虑群体需要，持久应用，审美取向，形式简朴，色彩稳重，后者考虑学生需要，短期应用，审美取向，形式活泼，色彩鲜艳。装帧设计的这种现象说明，从属性与独立性是不矛盾的，是可以结合的，可以相互起作用的。结合得好与紧，装帧设计的社会作用也就大。

1980年《中国大百科全书》天文卷出版了，它（书籍）的整体物质形态是研究它的装帧整体设计的唯一依据。它是否借鉴了书籍装帧设计的理论和经验并有自己的新经验和新成就，只能从观察和触摸这个整体物质形态的方方面面中找答案。

当看到《天文卷》小16开精装本时，它的形态不大不小不厚不薄，放在书架上很得体，这是多数人的印象。一般认为选择一种通用的开本都是根据书的内容容量和形式美两个方面考虑的，谈不上有什么新经验的问题。然而据我所知，国家出版局为《全书》曾进口一种特大规格的纸，按理大规格纸的16开有气魄，形式更美，纸质也好。为什么没有选用？考虑到74卷10年需求，有个外汇因素，但这不是主要因素，而是后来从存放书籍的环境与条件方面思考，了解到当时广泛使用的书柜、书橱、书架的夹档高度为30厘米、28厘米、26厘米，这三个数据大16开一个都不适合，然而小16开却有两个适合，决定选用小16开，就有了一个切实可靠的依据。《全书》是工具书类，书存放书架上拿下插上，使用频率高，如果忽略这个制约，选用大16开将会在使用上产生许多不便。《全书》装帧设计在选用开本上提供了新的经验。小16开国产纸，质量不及进口纸，这个问题必须解决，否则影响书籍阅读质量。于是对纸张克重、质量的要求提出了可靠的数据，要求上海造纸企业配合，试制《全书》专用纸张。这是我国出版业家里自己的事，所以行动很快，成功率也很高，不久《全书》专用纸问世而且印刷图文清晰度很高，对广大读者在阅读时保护眼力和稳定情绪起到了很好的作用。

《全书》的封面、书脊、书名页与扉页的设计，是装帧设计的审美取向的主要部位，《全书》在这方面设计的实际情况是：封面上没有一线一点的装饰，没有添一点色彩，书名、学科名也只用凹凸光感的作用传递信息，给人感觉素静、平淡，不艳、不俗。书脊上有四条装饰纹样，从上到下将书脊分隔为三段，上段面积最大，正中直排书名，中段面积最小，居中横排学科名，书名与学科名大小有别，但位置靠近，表示了层次的主次联系，下段面积大于中段小于上段，居中安置书徽，书徽是唯一的统一74卷的符号，利用周围空间表示出它是一个独立的层次。书脊上字全部烫金，给人感觉端正大度，不华不丽。书徽设计，借用我国古代瓦当形式，中间内容改为“中国百科”四字与正中的一支指南针，表示“中国百科是知识的指南”。

书名页是74卷的统一插页，有三个不变的独立主题内容，书徽、书名、出版社名，集成一组面积不大的形态，上下左右居中，用红色表示，四周一大片白，给人感觉既简洁又严肃。扉页增加了学科卷主题词和出版社地点、出版年月内容，这些内容每卷都有变更，与书名页作用不同的是它表示一个学科内容。扉页文字印黑色，也是简与素的感觉。

概括以上内容的设计，审美与实用价值取向，是简朴大方，主题突出，审美与实用结合、实用与审美结合的指导思想与百科内容特征是有联系的，百科的知识是从知识大海中提炼出来的，质朴无华真实的知识，是经过时间和实践考验过的知识，它必然有长期使用的价值，《全书》装帧设计的审美、实用取向也要经得起时间的考验。

现在看到的《全书》第一卷《天文》卷，书籍的装帧整体设计，时隔20多年，并没有由于它那简朴大方、主题突出的审美实用取向而感过时。简朴大方审美值也是经过长时期的考验留下的一种比较恒定性的审美值。

《全书》装帧设计还有许多部位可以分析，本文不再叙述了，留给广大读者去剖析评议。

（原载《中国编辑》特辑2003年11月2日，标题有改动）

上海海峰印刷厂往事①

宋晓鸿

我是参加1970年上海海峰印刷厂建厂的老职工，经历了上海海峰印刷厂归口中国大百科全书出版社上海分社领导的全过程。

20世纪70年代末，汤季宏同志为什么要选择一家印刷厂来印制《中国大百科全书》？汤老是上海出版界有声望的老领导，十分熟悉并时刻关注业界的动态。根据中国大百科全书出版总社、分社的业务分工定位，分社承担首版《中国大百科全书》的出版发行工作及部分卷的编辑工作。为了尽早完成这一艰巨任务，汤老急需在上海找一家独立建制、中小型规模，具有排版、铅印、胶印、装订工艺的全能型印刷厂，能够不受外界干扰，集中生产能力，按时保质保量完成《中国大百科全书》印刷任务，最终将该厂建成《中国大百科全书》专印厂，这是汤老要找厂的初衷。汤老对选择印厂有明确的标准：工厂的领导班子要强有力；工厂的干部队伍、技术工人素质要高；工厂的生产设备要符合印刷全书的要求；工厂生产的产品质量要在上海、全国书刊印刷行业"站得住脚"。

20世纪70年代末，上海海峰印刷厂是上海小三线81家单位之一，与其他军工生产厂家毫无联系，地处皖南山区，距离上海近400公里。当时在皖南小三线建印刷厂主要是考虑在战争环境下能印刷毛主席著作、画像等政治读物。该厂于1970年开始筹建，当年投产。工厂规模不大，"小而全"，具有铅字排版、铅版印刷、胶印制版、胶版印刷和装订（平装、精装）生产能力。建厂时的骨干（干部、工人）主要从上海红卫印刷厂和上海市印刷技术专科学校经政审后抽调。而工厂当时的主要领导朱文尧同志（工厂党委书记）早在新中国成立之前就在新四军根据地印刷厂

① 编者注：原标题为"为确保百科质量百里迁厂"，收入本书时更为现标题。

任领导，全国解放后任上海市印刷技术研究所所长，是汤老的老熟人、老部下。海峰印刷厂在粉碎“四人帮”反党集团后印刷的《毛泽东选集》（第五卷）等书籍曾荣获上海市及全国第五届书刊印刷优质奖。20 世纪 70 年代末，随着社会政治环境变化，该厂印刷任务骤降，生产任务“吃不饱”而面临“找米下锅”的局面，急需在社会上寻觅到相对稳定的生产任务。

历史创造了机遇。年逾六旬的汤老凭着职业的敏感及高度的革命事业心，慧眼识珠找到了朱文尧同志及上海海峰印刷厂。为了更加深入了解工厂的实际状况，掌握第一手资料，汤老不顾年迈体弱，风尘仆仆驱车数百公里多次亲临地处皖南山区的工厂实地考察。其间他亲自主持召开全厂职工大会，亲自做报告。从历史上的《四库全书》《永乐大典》到《辞海》，从《不列颠百科全书》到当今世界百科全书的发展走势，侃侃而谈几小时，内容丰富生动，不乏幽默，会场鸦雀无声，报告结束时全场职工掌声雷动。汤老多次在工厂召开小型座谈会听取干部职工意见和建议，并亲临生产车间视察。当时工厂的干部、工人对汤老的考察反响强烈，深深敬佩汤老这位老一辈革命家的革命事业心，同时也被汤老的人格魅力所打动。考察期间，汤老也感受到工厂干部和工人对印刷《中国大百科全书》的热切盼望和殷切期待。当时汤老对工厂“三整齐”颇为满意。“三整齐”即工厂领导班子（党、政、工、青、妇）配置及人员素质整齐，这是组织基础。工厂的生产生活环境及技术工人队伍整齐，这是物质条件。工厂的生产工艺整齐，这是技术条件。汤老经深思熟虑下决心向上级打报告，经总社及上海市委宣传部批准，1979 年初将上海海峰印刷厂划归中国大百科全书出版社上海分社领导。在工厂划归分社领导的第二年（1980 年 12 月），中国第一部大百科全书《天文学》卷终于在上海海峰印刷厂印制完成。而《中国大百科全书》（74 卷）最终在上海海峰印刷厂印制完成并荣获国家图书奖。虽然海峰印刷厂其后几易隶属领导关系，最后成为东方出版中心组建单位之一，这一切都是和汤老当年的英明决策、历史性选择分不开的。可以这么说：汤老当年的选择改变了我们这一代的人生。海峰厂的干部工人至今仍深深怀念汤老！

（写于 2005 年 11 月，选自《隐秘依然璀璨——著名出版家汤季宏的传奇一生》，东方出版中心，2016 年）

反映国家科学文化水平的新一代百科全书①

周光召

《中国大百科全书》第二版［以下简称《全书》（第二版）］是面向21世纪反映国家科学文化水平的新一代百科全书，是第一版的修订重编版，内容包括哲学、社会科学、文学艺术、文化教育、自然科学、工程技术以及军事科学等各个学科和领域古往今来的基本知识。总卷数为32卷（正文30卷，索引2卷），共收条目约6万个，约6 000万字，插图约3万幅，地图约1 000幅。

一、《全书》（第二版）是一部汇聚人类知识、传播中华文明、服务社会创新的大型现代综合性百科全书

《全书》（第二版）涵盖了人类古往今来各个学科门类的知识，全面反映了世界各国科学、社会、文化的新知识和新成果，集中展现了中国五千年文明的优秀成果，高度概括了新中国60年，尤其是改革开放以来科学、社会、文化各领域的新发展和新成就，是我国改革开放30年的重大文化成果，也是向全世界系统介绍中国社会、政治、经济、文化等各领域发展的一个重要载体。

（一）《全书》（第二版）是一部全面介绍人类各门学科知识的综合性百科全书，这主要体现于其知识框架体系

《全书》（第二版）在适应科学时代发展的基础上，确立了本体论与学科有机结

① 编者注：本文节选自作者2009年8月26日在《中国大百科全书》第二版出版总结表彰大会上的发言。

合的原则，制定了充分体现综合性的知识框架体系。以这个知识框架体系的前三级层次为例，第一级采用了本体论方法，以事物本体为纲，遵照发生学原则，分为12个部类，即物质、宇宙、地球、生命、人类、社会、技术、艺术、历史、科学、区域地理、人物和机构。第二级为144个部门，即144个一级学科和门类。第三级为1 508个分部，包括1 508个二级学科和重要类别。这一知识框架体系基底扎实、稳定公认、开放性高、兼容性强、盖全率高、遗漏点少，确保了《全书》（第二版）能够真正实现全面介绍人类知识。

（二）《全书》（第二版）是一部符合时代适应变化的综合性百科全书，这主要体现于其整体内容

《中国大百科全书》第一版是在1980～1993年陆续出齐的，此后的十余年是国内国际形势发生重大变化的时期。《全书》（第二版）编纂的1995～2009年，是中国完成从计划经济体制到社会主义市场经济体制、从封闭半封闭到全方位开放的历史转折时期；是中国综合国力迈上新台阶，人民生活总体上达到小康水平、人民精神文化需求日益增长的时期；是社会主义核心价值体系建设、马克思主义思想理论建设取得重要成效的时期；是社会和谐稳定得到巩固和发展、祖国和平统一大业迈出重大步伐、全方位外交取得重大成就的时期。同时，这些年也是世界大变革大调整、多极化不可逆转、经济全球化深入发展、科技革命加速推进、全球和区域合作方兴未艾的时期；是世界局部冲突和热点问题此起彼伏、全球经济失衡加剧、南北差距拉大、传统安全威胁和非传统安全威胁相互交织、世界和平与发展面临诸多挑战的时期。《全书》（第二版）的整体内容力图反映国内国际的新变化、政治经济的新格局、思想文化的新发展、科学技术的新成果、工作生活的新需求。

《全书》（第二版）在全面介绍人类知识时，侧重介绍中国内容，突出中国特色。①全书力求对中国主流文化作全面总结，收入了“邓小平理论”“‘三个代表’重要思想”“科学发展观”“中国特色社会主义”“社会主义市场经济”“一国两制”等重要条目。②全书力求对中国特色社会主义建设最新成果作全面归纳，收入了“三峡水利枢纽”“杭州湾跨海大桥”“‘三北’防护林工程”“金茂大厦”“青藏铁路”“第29届奥林匹克运动会”等一批条目。③全书还力求对中国最高科学文化成就作全面概括，收入了“‘神舟’号飞船”“863 计划”“973 计划”“大型磁谱仪”“人类基因组计划”等大量条目。

（三）《全书》（第二版）是一部适合大众、服务社会的综合性百科全书，这主要体现于其编纂方针

《全书》（第二版）确定的读者对象是中等及其以上文化程度的一般读者，比第一版的读者面更为广泛。条目选取和内容撰写力戒过深、过偏、过专，力求做到知识全面、时代性强、释文准确。《全书》（第二版）由于采用了新的编排方式，增加了大量新知识点，叙述更精练，内容更厚实。

（四）《全书》（第二版）是一部便于使用、符合国际通例的综合性百科全书，这主要体现于其编排方式

《中国大百科全书》第一版是按学科分卷出版的，这是由于当时特殊的历史条件造成的。姜椿芳起草、胡乔木审定的“前言”中指出：“由于读书界的迫切要求，不能等待各学科的资料搜集得比较齐全之后再行编辑出版……只能按门类分别邀请全国专家、学者分头编写，按学科分类分卷出版，即编成一个学科（一卷或数卷）就出版一个学科的分卷，使全书陆续出版。这不可避免地带来许多缺点，但是在目前情况下不得不采取这种做法。我们准备在出第二版时，再按现在各国编辑百科全书一般通行的做法，全书的条目不按学科分类，而按字母顺序排列……”这也就是“与国际接轨”。

《全书》（第二版）实现了按照国际通例编纂出版，全部条目在编排上采用当代世界各国编纂百科全书的一般通行做法，全书的条目不按学科分类排列，而是按条目标题的汉语拼音字母顺序排列，大大方便了读者的寻检查阅。

二、党中央、国务院一以贯之的高度重视和关心，为《全书》（第二版）的顺利出版提供了重要保证

1978 年，国务院国发［1978］239 号文件批准出版《中国大百科全书》的设想，其中包括第一版出版后，“再出版综合性百科全书”。1993 年 10 月 8 日，江泽民同

志在接见参加《中国大百科全书》编辑出版胜利完成庆祝大会代表时也指出，今后要逐步修订、发展《中国大百科全书》。

1995 年 12 月 31 日，国务院办公厅《关于编纂出版〈中国大百科全书〉第二版问题的复函》，标志着《全书》（第二版）正式立项。之后，《全书》（第二版）又被列入“九五”“十五”国家重点图书出版规划。

1999 年，胡锦涛、朱镕基、李岚清、丁关根同志分别批示，同意周光召同志担任《中国大百科全书》第二版总编辑委员会主任。2003 年 3 月，李岚清同志针对《全书》（第二版）编纂中的困难，指示财政部增拨款项。2003 年 3 月 16 日，温家宝同志就《全书》（第二版）工作做重要指示，指出：“编纂出版《中国大百科全书》是我国科学文化事业一项重要的基础工程。……希望总编辑委员会坚持以邓小平理论和‘三个代表’重要思想为指导，认真贯彻党的十六大精神，与时俱进，开拓创新。充分发挥广大专家学者和编辑出版人员的积极性和创造性，坚持求实的科学精神和严谨的治学态度，精心组织，精心选材，精心撰写，精心编辑，精心出版，高质量、高水平地完成《中国大百科全书》第二版的编辑出版任务，真正使《中国大百科全书》成为‘融古今中外知识，扬中华民族风采’的精品之作，为传承和发展我国的科学文化事业作出更大贡献。”

2003 年 4 月 18 日，由 108 名权威专家和领导同志组成的《中国大百科全书》第二版总编辑委员会在人民大会堂正式成立，为有效推进《全书》（第二版）编纂工作提供了组织保证。

2006 年 9 月，中央办公厅、国务院办公厅印发《国家“十一五”时期文化发展规划纲要》，确定《中国大百科全书》为“国家重大出版工程”。

在《全书》（第二版）的编纂过程中，党中央、国务院、中央军委的有关部门和领导同志直接参加其中，有的亲自审阅重点条目，有的亲自撰稿，有的还担任了学科卷的主编；有关部委和研究机构还承担了《全书》（第二版）一些重要条目，如有关党和国家的方针政策、重要理论、重要事件、重要人物，以及涉及民族、宗教、台湾、外交等方面的敏感条目的撰写、审查的工作，为《全书》（第二版）政治把关、学术把关、质量把关，坚持正确的思想导向，传播和弘扬主流文化提供了坚实的保证。

三、全国科学文化界一如既往的倾力投入和支持，为《全书》（第二版）的顺利出版提供了权威保障

30 年来，《中国大百科全书》始终坚持“让最合适的作者撰写最合适的条目”的编纂原则。总编辑委员会动员和依靠全国各行业的权威专家学者和社会各界的力量积极参与《全书》（第二版）的编纂，全国数十个部委、几百个院校和科研机构的紧密协作，使《全书》（第二版）成为全国科学文化界各行业专家学者心血和智慧的结晶。

《全书》（第二版）的编纂在尽可能保留第一版仍健在的德高望重的专家学者的基础上，又聘请了各学科领域卓有成就的众多中青年专家学者为作者。

30 年来，《中国大百科全书》的作者已累计近 3 万人。其中，中国科学院和中国工程院院士计 1 100 余人，中国社会科学院首批学部委员 47 人中计 25 人，荣誉学部委员中大多数，均参加了编纂工作。《全书》（第二版）是对中国学术界的一次大检阅。

《全书》（第二版）的编纂过程中，涌现很多可歌可泣、感人至深的人物和事迹。许多学界泰斗肩负了学科主编的重任，生物学主编贝时璋先生已逾百岁，外国文学和语言文字主编季羡林先生和土木工程主编李国豪先生已逾九秩，化工主编汪家鼎、化学主编唐有祺、航空航天主编王希季、经济学主编刘国光、中国历史主编戴逸、建筑园林城市规划主编吴良镛、天文学主编王绶琯年过八旬。三分之二的学科主编都是德高望重的老专家，他们老当益壮，身体力行，带领年富力强的中青年学者，始终把编好《全书》（第二版）视为义不容辞的重要工作。

同济大学名誉校长，两院院士，曾担任《中国大百科全书》第一版和第二版总编辑委员会委员及土木工程编辑委员会主任、主编的李国豪先生，1999 年担任土木工程学科主编时已 86 岁高龄，他逐条审议并提出修改意见，还物色和推荐得力副主编，非常好地完成了学科的全部编纂工作。2005 年 92 岁高龄的李先生不幸去世。

季羡林先生近日刚刚去世。他生前对百科工作极为关注，不仅对条目结构进行了审定，还对百科的工作提出新的希望和要求。

中国科学院声学研究所前所长关定华先生，在身患严重心脏病的情况下，仍然

在医院病床上为《全书》（第二版）撰写条目，直至生命的最后时刻。经济学家、中央党校原副校长苏星先生是《全书》（第二版）经济学科副主编兼政治经济学分支主编，2007 年因病住院，在仅靠鼻饲的状态下仍然关心着《全书》（第二版）的编纂情况。

天文学家王绶琯先生虽已年逾八旬，但仍然亲自主持《全书》（第二版）天文学科框架设计和条目选择，并亲自撰写学科领头条。

文博专家王宏钧先生是文物学科的分支主编，坚持在病床上撰写、修改条目，为了核实资料，当时 76 岁的他亲自查找资料、核实数据、校对事实。中国艺术研究院舞蹈研究所所长资华筠女士，2004 年被确诊为白血病，但仍然心系百科，在医院病床上审定了舞蹈学科所有的稿件。正是众多专家学者的呕心沥血、孜孜以求，十余年如一日的辛勤努力，保证了《全书》（第二版）的顺利出版。

四、编辑出版人员求真务实，大力创新，勤奋工作，为《全书》（第二版）的顺利出版提供了质量和进度保障

作为国家重点文化工程，百科全书编纂中的编辑含量远远高于其他一般图书，在历经数百道复杂工艺的系统工程中，百科全书的编辑既是总设计师，又是总工程师，还是熟练的高级技术工人，全程参与制定全书的总体设计、编辑方针、读者对象、编写体例、框架设计、条目选择、释文撰写和文字风格，以及各种目录、附录、索引和参见系统等项目和环节的统筹设计、组织指导和审稿加工。

《全书》（第二版）的编辑同志中既有年逾八旬的“老百科”，也有刚届弱冠之龄的“新百科”，他们十数年如一日，淡于清贫，全身心地投入超负荷的工作中：重新解构第一版的 7.8 万个条目，1.26 亿字；约请近万名的专家作者，宣讲落实设计纲要、编写体例、撰写要求；约 6 万个条目的设计、选择、组织撰写，6 000 万字的一审、二审，编辑加工、反复的通读、校对；3 万幅图的选配编排；30 万个索引的提取编制；数十万术语、人名、地名、译名统一，资料核实、重复交叉处理、长短繁简平衡、敏感条目送审，等等。编辑出版人员经受了一组组天文数字的劳动量和复杂而又艰巨细致工作的历练。一些老同志长期伏案工作，视力严重下降，几近失明；一些年轻同志推迟婚期、放弃婚假，甚至为此延迟了生育下一代的时间；

有的同志因为长期积劳成疾，健康状况大受影响，甚至在编辑过程中不幸去世……

1993 年《中国大百科全书》第一版出版时，《人民日报》总结“大百科精神”为：执着的爱国主义精神，高尚的集体主义精神，主动开拓的创业精神，实事求是的科学精神，无私的奉献精神。《全书》（第二版）的编纂，亦是百科人秉持、发扬光大“大百科精神”的过程。

综上所述，正是在党中央、国务院的重视和关怀下，在各部委科研院校和全国广大专家学者的大力支持、积极参与下，在编辑出版人员的辛勤努力下，国家重点文化工程《中国大百科全书》第二版得以在 2009 年 4 月隆重出版。

2003 年庆祝中国大百科全书出版社建社 25 周年时，我写了两句话：“世界百科精品，中华文化巨著”，这是我当时对《中国大百科全书》第二版的期望；在第二版出版的今天，这也是我对《中国大百科全书》第二版的肯定和赞誉。《中国大百科全书》的编纂是一个继往开来的不朽的伟大事业，是国家和民族的大事情，在世界进入数字化和信息化的今天，我相信，党中央、国务院将一如既往地继续重视和关心《中国大百科全书》的编纂，继续构建可持续发展的有效机制，保证《中国大百科全书》与时俱进、适应时代不断发展的需要。我相信，《中国大百科全书》必将成长为屹立于世界百科之林和人类文化之林的参天大树！

（2009 年 8 月 26 日）

把百科全书用起来[①]

徐惟诚

《中国大百科全书》第二版编了 14 年，从第一版编的时候算起，1978 年到现在 30 年，30 年时间集中全国近 3 万名最有学问的专家学者，来做这么一件大事，就是为了要有用，我们不是做形象工程的，要有用，就要靠大家。现在是市场经济，一个产品能够实现它的使用价值，用马克思的话说是“惊险的一跃”，这一跃很惊险，要么成功，要么失败，这个命运就决定在各位的手里。

《中国大百科全书》是党中央 1978 年决定编的，编这个书要集中大量的人力、物力、财力。1978 年我们国家经济是从濒临崩溃的边缘走出来的，但是那个时候，党中央、邓小平同志决定，要编《中国大百科全书》，这不是一般的决定，他十分重视，中国 500 多家出版社就只有这一个出版社是邓小平题名。邓小平同志会见过许多海外朋友，为了一个出版机构会见三次美国不列颠百科全书公司的客人。当时做这个事情是有迫切的需要，民族有迫切的需要，是要改革开放，要振兴中华，就必须要有这样一个知识储备。

邓小平在 1979 年第一次接见美国不列颠百科全书公司副总裁吉布尼时提出了“社会主义也可以搞市场经济”的论断。这是一个大的理论突破。这都是中国在编纂百科全书过程中的思考。《中国大百科全书》第二版有这样四个特点：

第一，《中国大百科全书》第二版是全人类各学科知识的总汇，而且是综合的、全面的。

第二，《中国大百科全书》第二版是以中国人的视野来编写的综合性百科全书。

---

① 编者注：本篇据中国大百科全书出版社原总编辑徐惟诚 2009 年 4 月 1 日在北京举行的《中国大百科全书》第二版发行工作会议上的讲话整理编辑而成。

中国人编跟外国人编有什么不同呢？我们排除各种偏见，还知识以公正、客观、准确。是用中国人的眼睛，中国人的视野，反映中国的情况，反映中国的历史，反映中国的地理，反映中国的传统，反映中国的习俗，反映中国的文化，这是世界任何一部百科全书都没有的。

第三，《中国大百科全书》第二版是中国最著名、最有学术水平、最合适的专家来编写的。我们努力做到了释文科学准确，反映我们能够达到的最高水平，反映人类已经有的最新成就。

第四，《中国大百科全书》第二版做到了通俗实用。第一版是按卷、分学科出版，不可能编成一个全的，哪一个学科编出来哪一个学科先印，只能够按学者自己想的编，我们想不出一个很恰当的体例。因此就只有大学文化水平的人才能看得明白。现在第二版，中学生就能看明白，是面向中等文化程度的人。

第一版 1.26 亿字，第二版压缩到 6 000 万字，但是条数基本没有减少，除了一些重复的条去掉了，条目约 6 万条，它的解释更加通俗易懂、实用。

第一个大用处，《中国大百科全书》第二版是一套必备的工具书。为什么它必备？我想讲远一点。近代的百科全书诞生在 18 世纪的法国，那时成为一个学派，叫作百科全书派。他们的学术观点各不相同，但共同的东西就是崇尚理性，崇尚科学，反对愚昧，反对迷信。百科全书出版后震动了当时的欧洲，成为 18 世纪欧洲资产阶级革命的先导，为整个人类揭开这一页奠定了思想基础，提供了智力支持。

在中国，邓小平同志以及他带领的一批人要编百科全书，是为了改革开放，为了民族振兴，改革开放和民族振兴需要智力支持，需要提供一个知识基础。它是中国科学文化事业的基础工程，是基本建设。我们要建立核心价值体系，第一是要以马克思主义为指导。这个讲起来好像离老百姓有点儿远，实际上一点儿也不远。如果我们今天不是马克思主义，我们就不能在这里开会，我们就要跟美国人，跟欧洲人一样，在愁怎么吃饭的问题。

1984 年，当时世界上曾经发生过一次经济衰退，也叫危机。在那一次危机中，德国一个总理说过一句话，现在世界上唯一一个不知道什么叫危机的国家就是中国。那么今天这个危机比那个时候大多了，中国不能说不知道，中国同样也受冲击，受影响。这么大的危机，不受冲击，不受影响不可能，但是我们今天还能够一枝独秀，我们研究的是能不能增长 8%……全世界在议论的是它衰退多少的问题。

这是至关重要的东西，跟我们每个人都是有关系的，无论你明白还是不明白，都有关系。

什么叫马克思主义？当然我们这本书是有马克思的定义，有马克思主义的定义，有许多马克思主义观点的指导，也有许多马克思主义中国化的、中国特色社会主义的理论。但是这个不是最重要的，最重要的是什么呢？马克思主义是怎么产生的呢？它是从哪里来的？它不是从马克思、恩格斯头脑里拱出来的，它是在当时人类知识总和的基础上产生出来的东西。马克思涉及的知识面，不光是政治、经济、哲学，还有数学、人类学、达尔文的进化论，这些都是他研究的东西，都是影响他思想的东西。就像当年我们说百科全书作为一个学派产生，它的影响并不是说哪一门科学因为有百科全书学派就发展快，人类需要形成一个宇宙观，需要形成一个世界观，就要许多知识综合起来，才能够形成，不是单独一门学科去研究。但是要奠定唯物的、辩证的世界观，就要在全部人类知识总和的基础上才能产生。马克思主义是在当时人类知识总和的基础上诞生的。

今天，100 多年之后，我们要坚持马克思主义，不是坚持马克思当年的语言，也要与时俱进，也要发展，这个发展在今天的中国就要坚持以马克思主义作指导，就要有一个知识的基础，就是与时俱进的知识基础，就是今天的知识的总和。我们是用这样的知识总和，为中国的社会主义核心价值体系提供知识的基础、智力的支持。所以《中国大百科全书》第二版里面，不光是有马克思主义的词句，有条目，有解释，也有中国特色的东西作解释，而且还有中国的传统、中国的文化、中国人的价值观，还有现代所有的科学成就。2009 年最重要的任务就是社会主义核心价值体系怎么能够在这个民族深入、渗透，这个深入、渗透需要一个全面知识作基础，百科全书今天来讲第一个大用处就是这个用处。

第二个大用处就是贯彻科学发展观。我们从 1978 年开始知道发展是硬道理，然后我们很快就知道，发展既要有物质文明，还要有精神文明，两个文明一起抓。再走一走我们就知道了还有政治文明，再走一走我们就知道了还要社会文明，再走一走我们就知道还要有生态文明，我们是一步一步认识过来的，最后我们概括出来了，今天要科学发展。因为如果没有科学发展观我们走不长久，我们不可能持续发展，我们不是打一枪就跑的游击队，不是在街上做生意的小贩，我们是要整个民族持续地几十年、上百年地发展起来，那么我们就要对社会，对我们的生态，对我们的环境，对我们内部和外部有完整的、全面的认识。如果没有这些全面的认识，说要科学发展你是做不到的，因为你没有这个认识，你想不到后面还有哪个问题。今天我们需要做的事情，就是把事物的多层面，经济、政治、文化、社会、自然，多个方面的知识都能够提供给中国各个方面的人，特别是负一定责任的人。这样帮助他有全面的辩证的认识，帮助他能够统筹兼顾。我相信这个书用得好的人，他的工作成绩会更大。

第三个大用处就是提高全民的科学文化素质。一个民族的科学文化素质有许多标志，都很重要。比如说我们大学生占人口比例的多少，这是一个很重要的问题。但不仅仅是这样一个问题，科学文化素质更重要的不是这个人掌握多少知识，而是一个人有没有养成这个习惯。每个人都要有找知识的习惯，有找知识的方法。有了这个习惯，有了这个方法，今天某一种知识少一点不要紧，他即使碰到各种各样的问题，都会把各种知识找来，而且不会停止，不断地找，就能够前进。我们觉得我们跟西方发达国家相比较，从人的文化素质方面来比，不完全是我们大学生比人家少多少，不完全是这样的。更在于什么？人家有参观博物馆的习惯，我们这个习惯没有建立起来；人家碰到事情就要去查找，西方许多国家家里面有一本医学辞典，有一本百科全书，他们碰到事情都要找一找，人家有查找习惯，而且是要寻找权威的、准确的知识。这个民族我认为就是不可战胜的。

现在的网络对我们很有用，使我们更容易获得很多信息，但信息不等于知识，信息可以是知识，可以不是知识，可以是伪知识，也可以是反的。但是真正能够帮我们解决问题的，必须要有准确、科学、可靠的知识。《中国大百科全书》第一版编了十几年，在这个基础上第二版又编了 14 年，就是力求准确，力求权威，力求符合标准，让用的人不上当。

第四个大用处就是推进改革开放。我们改革开放 30 年了，远没有走到底，还要继续改革，还要继续开放。要改革，要开放，我们就要放眼世界，我们要看世界，我们需要了解很多新的东西，不但我们要了解很多东西，而且我们还要把中国介绍给世界，这也是改革开放的内容。中国各种各样的事情是怎么样的，现在各个地方、各行各业都要介绍，你怎么介绍？需要介绍中国什么样的情况？……需要了解各个学派、各种观点。现在有许多事情是，国外什么观点，实际上只是国外某一个专家、某一个学派的观点，其他还有别的学派、别的专家，还有别的做法，还有别的经验，都能够了解，才能真正地把我们的改革开放向前推进。

第五个大用处是推进创新。推进我们成为创新型的国家，推进我们成为创新型的企业、创新型的单位，我认为这是今天中国一个迫切的任务。……中国这么大一个国家，十几亿人，全靠别人搞发明创造，我们跟在后面，永远不可能真正振兴起来。这怎么能够可持续发展呢？创新需要有创新的思维方法，需要有创新的基础。首先就需要让中国人知道，现在人家水平已经到什么程度，创新是在这个基础上创新。第二，有想问题、想知识、想创新的思维和习惯、愿望。第三，要有能把各种知识综合起来的一种习惯。因为当今世界，所有创新的东西，我不敢说 100%，至少可以说 99% 都不是在某一个学科之内创造出来的，都是在学科之间的交叉点上创造出来的。如果没有这些触类旁通的东西，我们训练学生只能按学科训练，在学校里面学习，一门课一门课都分得很细，如果不分得这么细没法教书。但是真要创造，真要运用，必须要把知识综合运用……

为了推广应用这个目的，我们已经做了十几年的事情。我在受命接任中国大百科全书出版社总编辑以后，就找出版社的社长、副总编辑谈话。第一次谈话，我就提了一个建议，赶快编《中国儿童百科全书》，要最好的，编中国最好的儿童百科全书，编中国孩子最喜欢、最有用的儿童百科全书。为什么第一次我要提这个建议呢？目的在什么地方呢？目的在于准备十几年以后第二版百科全书出来后有读者，在准备从小、从娃娃抓起。他们从小就是看百科全书长大的，那么他们就知道百科全书有用，长大了还会用百科全书……《中国儿童百科全书》编出来后，发行了几百万套。我们接着编《中学生百科全书》，发行也很好。当时 500 多个出版社没有敢编中学生百科全书的，中学生哪有时间看，我说必须要编，中学生要有查百科全书的愿望、方法、习惯，这个习惯养成了，将来就会使用大百科全书，以此开阔他们的视野，推进国家的建设……

当然，这部书不是没有缺点，我们努力想做到的事情有许多也没有完全能够做得到，它还需要推出不同的版本，可能还需要做英文版，还需要做网络版，还需要有各种专门的百科全书。在推广和发行当中，希望大家帮我们搜集意见，使得我们下一步把百科全书的衍生品做得更好，把新的版本能够准备得更好……

（2009 年 4 月 1 日）

中国科学文化事业繁荣发达的标志[①]

吴文俊

《中国大百科全书》第二版是我国科学文化事业一项重要的基础性工程，对传承和发展我国科学文化事业，提高全民族科学文化素质，促进中西方文化交流，建设创新型国家，推动改革开放和现代化建设事业意义重大。

一般认为，法国的狄德罗是百科全书的开创者，他主编的《百科全书》为法国大革命的爆发奠定了思想基础。事实上，百科一类书籍的滥觞可谓渊源于中国。战国末期的《吕氏春秋》，收罗了当时百家之言，而真正的百科全书，实际上也起源于中国。明朝永乐大帝，是继开国君主朱元璋以后的第三代皇帝，他命解缙等编纂了一部包罗万象的《永乐大典》，就相当于现代的百科全书，可惜被入侵的八国联军付之一炬，现在只剩下一些残卷冷页。清代又刊行了《古今图书集成》，这是又一部百科全书了。

各个不同学科，还有各自不同的百科全书。例如：明末徐光启的《农政全书》，乃是农业方面的百科全书；李时珍的《本草纲目》，乃是生物学方面的百科全书；汉初成书的《九章算术》，则是数学方面的百科全书。注意“算术”它不是指加减乘除，而是中国古代的专用名词，相当于现代西方的“数学”。中国的“算术”向来依附于“天文”，到了唐代，“算术”从天文中独立出来，并编纂了《算经十书》，实际上就相当于一部“算术”亦即“数学”方面的百科全书。南宋秦九韶编写了《数书九章》，可谓数学方面的又一部百科全书，其中某些章节传入西方后被称为“中国剩余定理”，对后世影响极大，其内容为欧拉与高斯所重新发现，但那已是几

① 编者注：本文为作者2009年8月26日在《中国大百科全书》第二版出版总结表彰大会上的发言。

百年后的事了。

现在出版的《中国大百科全书》第二版是与国际接轨的真正意义上的现代百科全书，我有幸参加了两版《中国大百科全书》数学学科的编撰工作。《全书》（第二版）是中国人自己编的百科全书，在坚持全面反映人类知识的同时，突出中国特色，充分显示了世界科学文化的新成就和新发展。第二版中数学学科包括数学史、数理逻辑、代数学、分析学、数论、几何学、拓扑学、微分方程、计算数学、概率论、数理统计学、运筹学等 740 多条，反映中国古代数学成果的有《算数书》《算经十书》《九章算术》《周髀算经》《海岛算经》《孙子算经》《张丘建算经》《数理精蕴》《数书九章》《测圆海镜》《四元玉鉴》《算学启蒙》、盈不足术、百鸡术、贾宪三角、增乘开方法、招差法、刘徽原理、方程术、祖暅原理、四元术，反映当代成果的有黎曼猜想、组合群论、随机分析、KdV 方程、计算机代数、数论网格求积分法、数学归纳法、数学机械化、吴方法、因子分解、组合优化理论、离散数学、描述统计、模糊数学等。为读者提供了丰富多彩的权威性的数学知识。

《中国大百科全书》第二版是面向 21 世纪反映国家科学文化水平的新一代百科全书，是中国科学文化事业繁荣发达的一个标志。我们祝贺它的巨大成功与巨大影响，为中国的伟大复兴尽一臂之力！

（2009 年 8 月 26 日）

我的良师益友

黄枬森

新中国成立后，我就走上了从事理论学术工作的人生之路，对大百科全书这类图书当然不会陌生，工作需要时就到北京大学图书馆去查阅大百科全书，先是《大英百科全书》[①]，后来学了点俄文，也勉勉强强查阅过《苏联大百科全书》。这时心里常出现一个念头：有中国大百科全书就好了，自己家里有一套大百科全书就好了！随着改革开放时代的到来，这种愿望终于成了现实，而且自己也有幸成为《中国大百科全书》的编写者之一！

那是20世纪80年代初期，我应邀参加了《中国大百科全书·哲学》的编写工作，虽然20多年过去了，编写大百科全书的情景仍历历在目。那时的中国学者会写讲稿，会写论文，但不会写大百科全书条目，中国大百科全书出版社组织和举办了多种活动来培养中国学者撰写大百科全书条目的能力。用那时流行的一个术语来说，这就是培养撰稿人的"大百科意识"。《中国大百科全书》第一版的出版表明中国学者的"大百科意识"已趋成熟，中国学术界已能通过大百科全书的形式表现自己的学术水平和学术特色。其中，我也贡献了自己的一点点绵薄之力，我深以为荣！但是，在我和《中国大百科全书》的关系中，这不是主要的，主要的是它对我的学术工作的帮助，它是我的良师益友。

在《中国大百科全书》各卷中我最早拥有的自然是《哲学》卷，后来陆续拥有了历史卷、地理卷、医学卷、文学卷，最后拥有了全部74卷。20年来，《中国大百科全书》逐渐成为我工作的有力帮手，我时不时地向它请教。查阅频率最高的当

① 编者注：今译作《不列颠百科全书》，下同。

然是《哲学》卷，但其他卷也有查阅较多的，例如文学卷、医学卷、历史卷，特别是《中国历史》卷。《中国大百科全书》以其丰富的内容、严谨的学风、简练的文风虽然不一定都能给予我的疑问以明确的回答，但总能给我以有益的启发，使我得以作进一步的探索。20 世纪 90 年代文化问题再次成为中国当代学术研究的热点，我也开始研究文化问题。在阅读有关资料的过程中我深为何为文化这一问题所困惑。有的作者把文化的范围规定得很窄，指文化部管的那些事务，甚至认为文化就等于知识；而有的作者则把文化的范围扩得很大，几乎无所不包，看见的是文化，吃的是文化，喝的是文化，一切都是文化。这时《中国大百科全书》帮助了我。我查了《哲学》卷和《社会学》卷，两卷的释文在词句上是不同的，但基本观点是一致的，它们在谈到文化一词的多义之外，都说到区分为广义与狭义比较妥当。我受到启发，并参考了其他一些资料，最后认为广义的文化是人类的活动及其产品，包括经济与政治；狭义的文化是人类的精神活动及其产品，不包括经济与政治。广义的文化与文明同义，狭义的文化包含科学技术、语言文字、伦理道德、教育、哲学与社会学说等 14 个门类。当然，这并不排斥人们对文化的范围作多种划分。这些观点不一定正确，但我自己感到是明确了，不再困惑了。

现在《中国大百科全书》的修订工作即将完成，第二版即将问世。第二版篇幅减少了，但内容并未减少，而且增加许多新内容，这标志着《中国大百科全书》更加成熟了，进一步提高了。我再次被邀请参与修订工作，我感到荣幸，但我更高兴的是我将迎来进一步提高了的良师益友！

（2009 年）

一项伟大的文化工程[①]

王希季

《中国大百科全书》第二版的出版是我国社会主义科学文化建设中的一件大事。这套中国人自己编撰的洋洋6000万字的文化巨著，用简明而又精确的百科体例，综合而又集中地介绍了当今世界各个学科的基本知识和最新进展，传承和弘扬了中华民族的传统文化，反映了我国科学文化的现代化水平，无愧为一项伟大的文化工程。作为航空航天方面的作者和编者，我有幸参加了《中国大百科全书》第一版和第二版的撰写和审稿工作，留下了深刻的印象。

航空航天是20世纪以来，人类认识和改造自然进程中最活跃、最有影响的科技领域之一。第一版《航空·航天》卷是在20世纪80年代改革开放初期开始编撰的。在中国大百科全书出版社的组织下，航空航天学界和整个知识界各学科一样，当时有代表性的专家学者几乎都参加了这项工作。大家都以能为中国自己的百科全书作出贡献为荣耀，群策群力，编写出了一部体系完整、资料翔实、学术性强的航空航天学科权威著作。《中国大百科全书》第二版在第一版的基础上，较为全面地介绍了当代航空航天科学技术发展的水平，以及世界上各主要国家航空航天事业的发展现状，特别是中国航天技术发展的最新成就。如二版增加的“载人航天”“‘神舟’号飞船”“中国载人航天工程”“中国探月工程”“转移轨道”“全球导航卫星系统”等条目，就反映了这些方面的内容。又如在二版“航天”综述条中写道：“航天将进入更大规模地和更为有效地利用开发近地空间的新阶段，向推进卫星应用的商业化和产业化发展，国际空间站在太空最终建成并发挥作用，重返月球和开展载

① 编者注：本文据作者2009年8月26日在《中国大百科全书》第二版出版总结表彰大会上的发言编辑整理。

人火星飞行的研究和技术准备工作将会取得新的成果。与此同时，航天的军事功能将会有更大的发挥，太空旅游也会吸引更多有志者参与。”“中国于2000年11月提出的未来20年内航天发展目标：建立长期稳定运行的卫星对地观测体系、建立自主经营的卫星广播通信系统、建立自主的卫星导航系统、全面提高中国航天运载火箭的整体水平和能力、实现载人航天和建立初步配套的载人航天工程研究试验体系、建立协调配套的全国卫星遥感应用系统、发展空间科学、开展日地空间和深空探测。”这是第二版对世界和中国航天所作的综合和最新的描述，说明了《中国大百科全书》的权威性和准确性。

在二版的编写中，《航空·航天》的作者们严肃认真，一丝不苟。主编认真地审阅每一个条目，尽到了自己的责任。看到这一部巨著隆重出版，很有感慨！从中央到地方，这么多的领导、专家、编辑和相关同志都付出了多年的心血和努力，我认为很有价值。我相信《中国大百科全书》第二版的出版会对中国的科学文化发展产生不可估量的积极作用。

（2009年8月26日）

让《中国大百科全书》永葆青春[①]

戴 逸

百科全书最早诞生于18世纪的法国。当时法国思想家狄德罗和一大批启蒙运动的知识精英伏尔泰、孟德斯鸠、卢梭、霍尔巴赫等花了20年时间编了28卷法国《百科全书》（后又续出，第一版共计35卷。——编者），汇聚和积累了当时人类探索到的最先进的自然科学和社会科学知识。这部书编成以后影响深远，推动了法国大革命的诞生。恩格斯曾经说："法国百科全书成了一切有教养的青年的信条，它的影响是如此巨大，给了法国革命党人一面理论的旗子。"

以后，许多国家都编纂自己的百科全书，除了收集有普世价值的经济理论知识之外，又收集了本国和本民族特殊的经验知识、文化成果，内容更加丰富多彩。因此写好本国的百科全书事关人类科学文化知识的传承，事关弘扬民族文化，事关全民族文化素质的提高，事关繁荣文化和国家文化软实力的打造，意义十分重大。

中国第一次编纂《中国大百科全书》是在1978年，这是中国文化发展史上的大事。我有幸参加工作，受聘为《中国大百科全书·中国历史》编委会委员。担任"清史"（上）分支的主编，和田余庆、彭明教授一起撰写"中国历史"概观性条目。正当"十年浩劫"后，历史学界的重要专家学者几乎都参加了编写工作，最后编成了《中国大百科全书·中国历史》，共三大卷，450多万字。

《中国大百科全书·中国历史》全面概括地记载了中国历史的发展，至今仍是我们查阅学习中国历史的重要的权威性工具书。当年写稿的历史学家很多已离我们而去，但他们写的条目光彩熠熠，留在百科全书中成为中华民族宝贵的知识财富。

① 编者注：本文为作者2009年8月26日在《中国大百科全书》第二版出版总结表彰大会上的发言。

为此，人们把第一版誉为“中华文化的丰碑”。后来为了庆祝第一版的胜利完成，江泽民等中央领导同志还专门接见了我们一版的专家作者，对《中国大百科全书》的历史作用给予了很高的评价。

从 1995 年开始，《中国大百科全书》第二版开始进行全面修订，大大丰富和更新了内容。其中，社会科学、人文科学部分包括了哲学、政治学、经济学、法学、历史学、文学、社会学、民族学、新闻和艺术等各个部分。我第二次参加了《中国大百科全书》编纂工作，和李学勤、金冲及共同担任第二版历史部分的主编，第二版是第一版的修订重编版，第二版和第一版最大的不同点是将第一版的以学科门类分卷出版，改成按汉语拼音的音序统排出版，使它符合百科全书的国际惯例。

第二版中国历史部分条目的内容有一个重大改进，最重要的是增加了中华人民共和国历史和史学史、史学理论方面的条目，这是第一版中没有的内容，是撰写中的难点，也是第二版中国历史部分的亮点，其中涉及重大条目很多，经过作者长期研究具体讨论，写成了初稿。这部分作者大多是当代中国研究所和中央文献研究室的专家，分支主编是陈东林同志。正是有了许多同志的辛勤奉献和认真撰写，才有了《中国大百科全书》第二版稿件的质量保证。

时代在发展，全球已进入数字化时代，《中国大百科全书》也要随着时代的变化与时俱进，实现数字化、网络化，使它更好地发挥巨大的功能。今后党和国家必将继续关心它，扶持它，加强指导，加大投入，使《中国大百科全书》传播知识，繁荣文化，修订创新，永葆青春，引领人们向前迈进。

（2009 年 8 月 26 日）

从《中国大百科全书·天文学》到《中国大百科全书》第二版

—— 我和《中国大百科全书》的缘分

李　竞

1978年，姜（椿芳）老在金常政先生陪同下，轻装简从地造访国家天文台的前身——北京天文台，我有幸作为接待人之一，迎接了这位长者。当获悉我国将要启动《中国大百科全书》的编纂大工程，并以单一学科、单卷形式、单独出版的创意和规划后，应约简短地介绍了我国天文学界以及中国天文学会的过去和现况。随后，我又陪同姜老南下上海和南京，访问上海天文台、紫金山天文台和南京大学天文系。姜老亲自向天文台、天文学系和天文学会的天文学家们介绍即将编纂的《中国大百科全书》的宏伟事业，同时，请求和动员中国天文学界同人给予积极支持。

1979年，姜老宣讲的《中国大百科全书》精神和规划，以及《中国大百科全书·天文学》将作为《中国大百科全书》多学科版本的"试点"首卷的决定，获得了中国天文学会的全力支持和热烈响应。随即组建了由22位知名天文学家组成的《天文学》编委会，其中1位主编、4位副主编和17位编委。当年，《中国大百科全书》编辑部根据姜老的指示和安排，邀请《天文学》编委会，并组织了全国的天文台站和大学天文学专业的上百位具有高级职称和具备晋升高级职称资质的天文学家，云集苏州太湖东山岛上的、当时尚未进入历史文化保护景点的"雕花楼"。在近一个月的时间内，在《天文学》编委会下，组建了12个分支学科的编写组，任命了各个分支学科编写组的主编和副主编，并由分委员会提出并确定了各自的条目。经过交流、协商、试点和评议，最后确定了全卷的条目总数1 100条，并商定了条目的长、中、短的字数分级。此次编委会富有成果的运作，为会后分头撰稿、审稿、修订和定稿的高效、有序及质量保证奠定了基础。1979 年底，《天文学》全书的上千条目撰写完成，1980 年出版面世。

未曾预料的是，《天文学》出版后不久，国际著名科学杂志《自然》（*Nature*）刊登由主编巴罗（Barrow）署名的书评，称赞《中国大百科全书 · 天文学》为一部高质量的著作，媲美于同类的英、美、德、法诸国的天文学大百科全书。《自然》很少刊登书评，巴罗亲自执笔撰写书评更不多见。这一不太寻常的推介，为《天文学》在海内外知名度的提高起了助推作用。

《中国大百科全书 · 天文学》问世之后，在中国内地和港澳地区具有很高的知名度，被誉为天文学家和天文学爱好者书案的友人和常客。然而，随着岁月的推移，这部天文巨著，日显陈旧和衰老。因为 20 世纪 80 年代以后，随着多种空间探测器和空间天文台的运作，众多新天象和新天体的发现，一些经典分支学科、天文技术和方法，以及某些学说和理论的淡出历史舞台，天文学的各个方面都有鲜明的变化和进展。例如，宇宙学从主要是推理和假说，成长为观测科学，其宇宙年龄测量精度高达 ±1.2%、物质密度 ±1.0%；发现了占宇宙物质和能量的总和 85%的暗能量；探索到数以百计的太阳外行星和行星系；以空间手段对太阳和太阳系天体的新探索等。面对天文学进展的日新月异，不时会听到希望《天文学》尽早尽快地能有新版的呼声。

20 世纪 90 年代中叶，高兴地得知，《中国大百科全书》第二版将以国际通用的按汉语拼音音序通排的新面貌修订。中国天文学会委派《天文学》第一版的编委会副主任之一、天文学家王绶琯任主编，主持第二版的编撰。还选派李竞、林元章、邹振隆、李宗伟和席泽宗共 5 位副主编组成编委会。新的编委会首先根据《全书》（第二版）的规划和体例，将读者对象从第一版的大学文化，修订为具有九年义务制教育以上的文化水平。对第一版的条目重新梳理——保留、删减、合并、重组，并提出拟增补的新条目。还重新布局了条目的大、中、小以及参见条目的类别。第二步是由主编署名，致函各个天文台站和大学天文学系，以及全国天文学家，通报《全书》（第二版）中天文学科的启动，恳请给予支持，并对新的条目方案和拟议的 600 个条目一览表的增删取舍提出意见和建议。第三步则是根据反馈的信息，初步确定了新版的近 600 个条目。在随后的几年，主编和副主编根据协商的分工，着手或亲自修订，或更新资料和数据，或全新撰写，或委托他人协助，到21世纪初，以较短的时限和较高的效率，完成了全部初稿。在经过交叉审阅、修订、配图、检索等锤炼之后，于2006年完成定稿。

与第一版《天文学》相比，第二版天文学科的条目数减少了，约为第一版的55%，但在索引中的知识点，由于新条目的增添，总数却多于第一版。在条目中增补了一定量的新内容，如“暴胀宇宙”“暗能量”“柯伊伯带”“X行星”等，以及近年获得诺贝尔物理学奖的天文学家。第二版的信息、资料和数据，一般均更新到2006年，甚至2007年。例如，2006年国际天文学联合会通过的太阳系行星定义，以及冥王星重新分类为矮行星等。

天文学科经过十多年的修订运作，终于在2009年作为《中国大百科全书》第二版32卷本的组成部分问世了。作为从第一版到第二版均参与撰稿的一个成员，我深感荣幸和自豪。但作为天文学家和天文学爱好者的读者个人，又感到通排的全书不仅价位高和部头大，查询和阅读都不及学科单卷本方便和实惠。我愿意作为天文学家和天文学爱好者的代表，呼吁《中国大百科全书》编辑部考虑安排增加出版《天文学》第二版单卷本。这必将显著扩大读者群和购书热。

（2009年）

《中国大百科全书》第二版反映了世界人类学的最新进展

吴新智

经过十多年的努力，《中国大百科全书》第二版终于问世了，这是我国科学文化事业中的里程碑式的巨制。我生正逢时，不但有机会协助吴汝康先生，参与《中国大百科全书·生物学》人类学分支条目的设计，编写部分条目和审稿，还能在第二版人类学部分的条目设计、组织作者队伍、编写条目以及审稿的全过程中尽绵薄之力，感到十分荣幸。比较第一版和第二版我们可以发现两者之间有着相当大的差异。

第二版和第一版编写的时间相距十多年，在人类历史的长河中虽只是短短的一瞬，但是在当今科学飞速发展的状态下，各门学科的具体知识和理念都有显著的扩充和更新，人类学也不例外。比如在编写第一版时，200 万年前的人类化石记录不多，超过 300 万年前的化石更少，再向前追溯到 400 万年前则是一片空白。1994 年报道了 440 万年前的南方古猿始祖种（翌年属名改称地猿），使得作为人猿分野标志的经常性直立行走的记录提前了几十万年。1998 年发现 500 多万年前的地猿家族祖先亚种；同年 300 多万年前的扁脸肯尼亚人化石问世，被认为是比南方古猿更加接近人类的直系祖先。2000 年发现 600 万年前的原初人（即千禧人）的下颌和大腿骨等化石，使得直立行走行动方式的确立比原先估计的早得多，大大地延长了人类历史的记录。2001 年发现了 600 万～ 700 万年前的撒海尔人头骨化石，为人类历史 600 万～ 700 万年的新认识增添了重要的证据。又如过去许多 200 万年前和更早的人类化石发现于东非大裂谷，而黑猩猩和大猩猩生活在其以西的密林中，故有的古人类学家提出所谓“东边的故事”，且得到普遍的认同：认为只有非洲大裂谷才是人类的摇篮，中新世该地区的气候干旱导致森林凋零是古猿从树栖生活改营地栖生活、转变成人类的外部因素。2001 年在非洲大裂谷以西 2 500 公里，地处非洲内陆的乍得发现了撒海尔人化石和其古环境资料，研究的结果促使人们重新思考古猿在什么样的环境中怎样转变成人的问题。再如 2004 年报道了在印度尼西亚的弗洛勒斯岛发现一种身材特别矮小、脑子特别小的人类，被命名为弗洛勒斯人。由于其各方面情况十分特殊，在人类进化中的地位随即引起人们的重视。还如在肯尼亚特卡纳湖西南发现的相当完全的男孩骨架（即特卡纳男孩）堪称古人类化石的珍品中的珍品，为人类演化的知识宝库贡献良多。第二版为这些重要化石都增列了专门条目。在第一版中，“海德堡人”条只是指 1907 年发现的那具下颌骨化石，20 世纪 90 年代起古人类学界逐渐形成共识，将这个种的概念扩展到包括欧洲和非洲的大部分中更新世化石人类，第二版为此对这个条目作了新的论述。

在第一版定稿以后，我国在古人类学的化石发现和研究上也有相当大进展。湖北郧县（今十堰郧阳区）和江苏南京相继发现人类头骨化石，前者体现直立人与智人之间的形态镶嵌，后者与北京猿人相距 1 000 公里但形态很接近，都是很重要的发现，为直立人在我国的地区差异提供了重要的信息。近年又在河南许昌发现智人化石。第二版为这些新发现分别增列了专门条目。云南禄丰石灰坝出土的大量古猿化石在第一版中根据当时的主流认识被认为属于两个物种，分列为腊玛古猿和西瓦古猿两个条目，现在学术界已经形成共识：它们分别代表一个新属禄丰古猿的雌雄个体。第二版基于这样的新认识对第一版的相应条目作了必要的调整。

路易 · 利基、玛丽 · 利基夫妇和他们的儿子理查德 · 利基、儿媳妇米芙 · 利基，不计名利坚持在东非野外，孜孜以求数十年，东非坦桑尼亚和肯尼亚的大部分重要的人类化石都是他们本人或其所组织和领导的团队发现的。现在他家的第三代路易斯 · 利基已经开始步其祖父母和父母的后尘，加入古人类学研究的行列。这个家族为探索人类起源和演化的过程建立了无与伦比的功勋，第二版增添了专门条目记述这个家族的堪称传奇的事迹。吴定良和吴汝康对我国古人类学建立过不朽的功绩，第二版也为他们单列了条目。

现代人起源问题构成人类学中的重要部分，1987 年分子人类学根据对现代人类胎盘线粒体 DNA 的研究提出现代人出自非洲说或取代说，推测世界上所有现代人都起源于 20 万年前在非洲出现的共同祖先。这个问题在西方世界立即被绝大多数科学家和公众所采信，但是在此后10年间并没有在我国产生那样大的影响。1998年起我国一些学者发表一系列根据对国人各民族DNA的研究和分析，赞同取代说的观点，提出中国现代人直接祖先在大约6万年前来自非洲，取代了此前生活在中国的化石人类，因此将中国古人类的进化历史在6万年前拦腰斩断，主张此前的古人类不是现代中国人的祖先，两段人类之间没有亲缘关系。这个新观点立即引起国内外媒介与公众的关注和学术争论，促进了相信现代人多地区进化学说的古人类学者加强对人类化石、旧石器时代文化和古环境的多学科综合研究和方法学的探讨。 第二版与第一版不同，反映了这些方面的研究和争论的新进展。

总之，第二版与第一版相比具有显著的不同，基本上与时俱进地反映了全世界包括我国人类学研究的新进展。

（2009年5月）

务实创新　与时俱进

——《中国大百科全书》一版、二版的撰写体会

傅璇琮

《中国大百科全书》，我于 20 世纪 80 年代前期即参与条目撰写工作，主要是《中国文学》卷的唐代部分，另在《新闻出版》卷中也写有几条。当时《中国文学》卷实际主持工作的王元化先生，在中国社会科学院文学所沈玉成研究员陪同下，还特地来看过我，约我协助吴世昌先生担任宋辽金元分支的副主编。那时我因刚任中华书局副总编，工作任务较重，只好婉辞，就推荐中华书局文学编辑室周振甫先生担任。周先生既是资深编辑，又是治学面甚广的老学者，听说他担任宋辽金文学分支副主编后，相当投入，除自己撰写外，对他人的稿子，都是一字一句斟酌修改的。

《中国大百科全书》第一版，无论条目撰写与编辑加工，工作难度是很大的。就我个人所想到的，原因有二：一是这为我们中国第一次编写大百科全书，以往没有经验，条目撰写的体例、结构等，即使一些著名专家，也是不习惯的。特别是一些老学者，他们习惯于写专著、论文，不大善于写百科全书条目。据云《中国文学》卷先秦文学分支主编姜亮夫先生，他曾写有《楚辞音》条目。《楚辞音》是敦煌旧抄，残卷，原藏法国巴黎图书馆，在楚辞研究、校勘上很有文献价值（隋朝人著）。姜亮夫先生对这一条写得很多，铺得很开，甚至还追述他于抗战时期在西南联大与闻一多先生一边喝酒一边议论此书。这显然不合体例。这一条目后经他人重写。由此可见有些老专家当时确没有这方面的经验，这就增加了一些中青年编委和编辑部改稿的工作量。

一版工作量大的第二个原因，是一版较着重于专业性。据当时规定，一版是“概述古今中外各学科和各知识门类的完备的工具书”，正因如此，一版是“按学科分类分卷出版”的。这当然有很大的优点。以《中国文学》卷而言，当时集中不少古代文学与现当代文学的研究专家，特别是有好几位老学者老专家，充分体现当时中国文学研究的水平和成果，可以说是20世纪学科发展的宝贵财富。但也有可议之处。现在看来，以《中国文学》卷而言，条目较偏重于专业研究，不大适宜一般读者阅读，且有些条目字数过多，一般中等条目也有好几千字，有些综合性的有关文体、时代及大作家条目，有上万字的，并且还有分章节的，像是一篇篇学术性论文。也正因此，工作量就很大，人力、财力投入很多。据我所知，《中国文学》卷有按各时代文学分支分别开会的，如“秦汉文学”在一个地方开会商议，“隋唐五代文学”又在另一个地方开会，曾在山东威海附近石岛开过会，在北京大学开过会，在上海开过三次会，等等。

时隔20年，二版工作起动，确有不少改进，体现与时俱进的精神。这次明确规定，第二版是“概要地介绍人类科学文化知识的大型综合性百科全书”。也就是说，它一方面继承和吸收一版的经验和成果，另一方面则求新的发展、新的成果，要求加强综合性，避免偏专偏深，不拘泥于专业门类的范围，这就更适宜于广大读者的需要。

这次我被任为中国文学部分副主编，重点是负责隋唐五代文学条目的组稿与审稿（包括自己撰写）。隋唐五代部分的条目，在中国文学条目中是数量最多的，约有250条。我在组稿中，既注意了学术专深的老学者，同时着重于20世纪80年代以来成长起来的中年学者。这些中年学者对于撰写大百科全书条目是相当重视的，有的认为是一种荣誉。如苏州大学文学院常务副院长罗时进教授，我只约请他写晚唐人许浑一条，因他近十余年来对许浑的研究颇有成果，出版几本专著。他很快接受撰稿任务，在给我的信中说：“《大百科全书》是在国内外极有影响的权威性著作，能列为条目撰写者，体现在以往许浑研究中的点滴成果、心得，感到非常光荣。”李白学会副会长、河南省社科院文学所的葛景春研究员，在接受撰写李白的条目时，写信说：“感谢对我的信任并给予我写词条的机会。”

不管老年学者或中年学者，他们在撰稿时是相当投入的。南开大学中文系博士生导师罗宗强教授，我约他写“唐诗”的综合性条目。他已年逾七十，为写此条，在信中说："写了半个月，如蜗牛爬行。"扬州大学中文系中年学者王小盾教授，我约他写其导师任二北先生两部学术著作条目（《唐声诗》《唐戏弄》）。他于去年8月8日给我信中说："今天中午收到来示，下午便找出以前关于《唐声诗》《唐戏弄》二书的一些评论文字，按条例规定写成了两篇条目。若不合格，请退还我重写。"首都师范大学中文系邓小军教授，这次撰写唐末诗人韩偓条目。按二版规定，韩偓是短条目，500字以内，但他查阅一版，韩偓条为2000字，因此特为写两稿，一为500字以内，一为2000字以内，供我和编辑部选择。河南大学中文系佟培基教授，他曾出版《孟浩然诗集笺注》，这次为写孟浩然条，还寄来好几幅《孟浩然集》版本书影及有关图像，而这时他正在治病养病中。

这些中年学者，一方面注意近20年来的学术新成果，改进过去的不足，另一方面又对一版原作慎重对待，尽可能吸收。如西北大学中文系阎琦教授在撰写"萧颖士"和"唐宋古文运动"两条时，说："（一版）两位钱先生（钱伯城、钱仲联——编者）的文章都是炉火纯青的，原稿中能保留的尽量予以保留。"

以上我摘录一些信件，我觉得确可体现我们新时期学者撰写二版条目求实创新的精神与对《中国大百科全书》诚挚的信任。这些信我都保留着，也可以说是珍贵的学术资料。

二版的撰写与编辑审稿，与一版大不同，是会议极少。我在前面记述，一版《中国文学》卷，在北京及外地召开过多次会议，我们这次则未有在外地开过会，在北京，只是各朝代分支负责人开过三次会，都在大百科全书出版社内，每次只是半天，非常讲究实效。而编辑审稿、加工，则又十分仔细、认真。我所接触的出版社徐润拓同志，多次与我联系，将须修改的条目退给我再审，有些我还请撰写者重写，我觉得我们做编辑工作，确要有这种求真务实、严格律己的精神。

（2003年8月）

与时俱进的《中国大百科全书》

陈耀邦

《中国大百科全书》第一版是一部代表国家最高科学文化水平的权威工具书。为了体现时代特点和中国特色，反映科学文化发展的最新成果，1995年底国务院批准正式立项组织编纂《中国大百科全书》第二版。经过多年的努力，有着崭新内容和风格的《中国大百科全书》第二版出版了。我参加了其中农业学科条目的编审工作，感到第一版的基础很好，而第二版又有了很大进步，做到了与时俱进。

改革开放以后，我国农业有了很大的发展，农村经济全面繁荣。与编撰第一版时的情况不同，1996年、1998年、1999年，我国粮食年产量都已超过5亿吨，其他主要农产品也大幅度增长，我国农业和农村经济发展进入了一个新的发展阶段，即我国主要农产品供给由长期短缺变成总量基本平衡，丰年有余，出现结构性、地区性过剩。加上我国对外开放的不断扩大，国内市场与国际市场的融合，农业出现国内市场与国际市场的双向竞争。这种大的变化，要求我国农业和农村经济进行新的调整。在这个大背景下，二版的有关条目都从不同角度作了相应的准确的阐述。特别是在“农业”条目中，围绕结构调整，从调整主题、调整目标，到生产目标、增长方式、产业关系，以至农民增收途径，都作了论述。这对增加人们对国情的了解和指导工作都是有现实意义的。

在科学技术方面，二版农业学科条目内容的增改，充分反映了世界和我国农业科技的进步。在最近一二十年，农业在生物技术方面的进展是举世瞩目的。这次修改，大大充实了有关知识。在“农业生物技术”条目中，除了阐述已产业化的组织培养、动物胚胎移植等技术外，还对近一二十年发展起来的植物基因工程、动物基因工程、动物克隆技术及酶工程作了介绍。并根据科学家的预言指出：农业生物技术将成为21世纪中叶农业领域的主导技术。转基因育种技术将逐步取代常规育种技术；动物基因工程研究特别是用转基因动物生产药物，将从实验室走向实用化；酶工程和发酵工程的进一步实用化，将推动农副产品深加工业的快速发展；通过改变植物光合作用的关键酶结构的方法，可提高植物吸收和固定二氧化碳的能力，进而提高作物产量。为了更多地介绍生物技术的应用，农业学科还单列了“作物转基因育种”“转基因作物”“克隆动物”等条目。

增补修改后的二版农业学科条目有约2100条，比第一版新增了650余条。其中，有的是近年发展应用的新技术，如“农业信息技术”“农业遥感”“林业遥感”“作物航天育种”；有的是适应环保要求，保护人类健康而发展的生产模式，如“生态农业”“无公害蔬菜”“有机农业”；有的是近年加强农业管理的措施，如“作物品种审定”“渔政管理”等。此外，新条目中还更新了统计数字，并列出了大量农业的动植物品种、主要的病虫害，这对增加知识和指导工作都是很有作用的。

从农业条目的增补，可以反映这次修订很好地体现出编纂《中国大百科全书》第二版的初衷。做到了“替换更新过时条目，删除减少过细条目，归类合并重复条目，修订保留稳定条目，增加大量新条目”，使其成为面向21世纪反映国家科学文化水平的新一代百科全书。

（2009年5月16日）

《中国大百科全书》第二版有关地理学条目编撰工作的体会与感想

郑　度

《中国大百科全书·地理学》，由著名地理学家林超先生任编委会主任，自1980年起组织全国地理学界专家参与编撰，计800余条目，共140多万字，历时10年，于1990年出版。自1995年起《中国大百科全书》第二版开始编撰。据我所知，地理学和中国地理学大部分条目是在原有条目基础上加以修订、补充完善的。

地理学是研究地球表层自然要素与人文要素相互作用及其形成演化、地域分异与人地关系的学科体系。它所面对的是复杂的地球表层巨系统，是各种自然现象、人文现象组合在一起的复杂体系。因此，地理学是具有跨越自然科学与社会科学性质的一门科学。地理学研究人与地理环境的关系，其目的是为了更好地开发和保护地球表层的自然资源，协调自然与人类的关系，使人地关系向着有利于人类社会生活和生产的方向发展。

在《中国大百科全书》第二版中，从相关条目的设计看，保留了地理学科的知识体系。如作为地理学两大基本学科之一的自然地理学，研究自然地理环境的特征、结构及其地域分异规律的形成与演化。在自然地理学所属的分支中，综合性的包括综合自然地理学、古地理学等；部门自然地理则有地貌学、气候学、水文地理学、土壤地理学、植物地理学和动物地理学等；与其他自然学科结合而成的有化学地理学、医学地理学等边缘学科；还有以特殊自然地理要素为对象的冰川学、冻土学等。而作为另一大基本学科的人文地理学，则研究人类各种社会经济活动的空间结构与变化及其与地理环境的关系。按研究对象它可分为社会文化地理学、经济地理学、政治地理学、城市地理学等分支。如经济地理学可包括农业地理学、工业地理学、交通运输地理学等。此外，还有历史地理学、区域地理学、地图学、地名学、方志学等。增加的新条目，如“实验地理学”“数量地理学”“行为地理”“感应地理”等，则反映了相关领域的研究得到了应有的重视。

全球环境变化与区域可持续发展是当今世界面临的重大挑战，人类社会要解决人口快速增长、资源严重匮缺、环境急剧恶化、发展差距扩大等矛盾和问题。地球系统科学是可持续发展战略的科学基础。地理学作为地球系统科学的重要组成部分，也迎来新的挑战和发展机遇。随着社会发展和科技进步，近 20 年来地理学有了很大的发展。二版中地理学新增条目达 127 个，占地理学条目总数的 1/4。其中“数字地球”“地球系统科学”“全球变化”“土地系统”“土地退化”与“区域可持续发展”等均体现了地理学科研究的前沿领域和重要方向。

二版还增添了有关青藏高原以及北极、南极等区域的科学考察与地理探险等方面的条目，这为人们了解与全球环境变化密切相关的偏远地区科学考察的新进展，认识地球表层自然环境的整体性、区域性和动态性，提供了必要的窗口。

《中国大百科全书 · 地理学》是按学科分卷出版的，学科体系格局十分突出，条目也相对细化，专业化的学术内容偏多。考虑到大百科全书的读者对象，二版在地理学条目的设计上删去了过于专业化的部分条目，增加了日常习用的地理学条目，如“大陆”“半岛”和“岛屿”等有关地球表层陆地形态结构的条目；“山地”“丘陵”“台地”“高原”“平原”和“盆地”等陆地上基本地貌类型的条目；增加了“荒漠”“沙漠”“戈壁”“绿洲”“沙漠化”“湿地”和“喀斯特”等条目。在湖泊方面则对“淡水湖”“咸水湖”“盐湖”“堰塞湖”等不同类型的湖泊单列条目加以说明。

在二版有关地理学条目设计与编撰的过程中，我们组织了许多地理学家，以各自专业为背景对原有条目进行认真修订，或重新编写。对地理学、中国地理学史等重要条目，除了请专家修订原有条目外，还请相关专家加以补充修改，或组织小型研讨会进行讨论和交流，大家充分发表意见，然后再修改定稿。

在中国地理部分，除各有关行政单元如省、自治区、市、县的条目外，对于重要的山脉、高原、盆地、平原、江河、湖泊以及沙漠等，如喜马拉雅山脉、昆仑山脉，青藏高原、内蒙古高原、黄土高原，塔里木盆地、四川盆地，东北平原、河套平原，长江、黄河，青海湖、鄱阳湖，塔克拉玛干沙漠、古尔班通古特沙漠等，都有条目阐述，使读者能够对我国丰富多样的自然环境有较全面的了解，从而更加珍惜和保护好我们人类赖以生存的美好家园。

（2009 年 5 月 13 日）

开放包容　与时俱进

——关于《中国大百科全书》第二版

陈骏涛

作为国家的一项标志性文化工程——《中国大百科全书》第二版，从最初启动准备到最终完成面世，历经十余年。其间，倾注了众多专家学者和专业人员的智慧和汗水。这是中国出版界、文化界、学术界的一件大事，也是读者文化生活中的一件大事。我作为参与此书编纂工作的一名普通成员，深感欣慰和荣幸。

《中国大百科全书》第二版是对第一版的修订重编版，也是对第一版的演进和更新。从一版大类分卷编辑法改为二版国际通行的全书条目统编法，这既是与国际接轨的需要，也是为了更方便国内外读者检索查阅的需要。除了检索方法的更新，更为重要的是知识内容的更新。以我参与编纂工作的中国现当代文学分支来说，就视野所及，我以为它在知识内容上，就有很大的演进和更新。

条目的大幅度扩充，是二版中国现当代文学分支一个十分引人注目的现象。此分支新增条目 200 多条，占这个分支条目总数的半数以上，为全面、真实、客观地反映中国现当代文学发展的实际提供了可能。作家和文学流派条目的增加自不待说，如现代文学中的张资平、李金髪、张爱玲、穆旦、绿原、牛汉、郑敏以及七月派、九叶诗派等，在一版条目中都被排除，二版理所当然地恢复了他们的一席之地。当代作家条目在一版中就止步于茹志鹃、李準、王蒙，给人的印象好像是后继无人；二版果决地增加了汪曾祺、李国文、宗璞、张洁、浩然、陈忠实、凌力、贾平凹、莫言、王安忆、铁凝、北岛、舒婷等一大批实力派作家和广有影响的文学新锐，这样就能较为全面地反映当代文学发展的真实面貌。二版中增加的翻译家和学者的条目也十分醒目：一版翻译家只有曹靖华、耿济之、傅雷、朱生豪等有限的几位；二版则增加了傅东华、叶君健、金克木、汝龙、戈宝权、叶水夫等一批人。学者和研究家在一版中几乎是集体缺席；二版则将一批驰名中外的文学研究大家尽纳其中，如夏承焘、萧涤非、游国恩、罗根泽、王瑶、刘大杰、朱东润、余冠英、孙楷第、陆侃如、陈中凡、钱仲联、程千帆、林庚、任访秋等。台、港、澳条目在一版中也是集体缺席的（仅有综合条3条），二版则增加了30余条。从老生代的赖和、杨逵，到新生代的亦舒、也斯，从武侠三杰金（庸）、梁（羽生）、古（龙）到言情小说家琼瑶，以及陈映真、白先勇、林海音……也都尽纳其中。

条目的扩充表面上看似乎只是数量的增加，但实际上反映的却是视野的开阔和观念上的深刻变化，表现出当今时代编纂百科全书必需的一种开放性眼光和包容性气度，这是二版对一版知识内容更新的最重要、最根本的方面。二版在总体设计的时候，就提出了“既要有稳定性，又要具有时代性、开放性”的要求。关于条目的释文，则强调“科学性、客观性，对所涉及的人物、学说、理论、著作和历史事件等要作出实事求是的介绍和评价，不以个人或某一学派的观点加以褒贬和论断”。对于有争议的问题或不同说法，强调“应客观介绍，兼容并蓄”。在实践过程中，我们都力求贯彻这样的要求。

在中国现当代文学领域，受政治斗争和派系观点的影响，以往存在着太多的政治的或派系的偏见，于是一些非左翼或非主流的重要作家、作品和文学流派，便被排除于百科全书门槛之外，二版则恢复了他们的应有位置，并给予了客观的、实事求是的介绍和评价。如“张爱玲”条，就客观如实地概述了她的生平和创作，她在人性描写和在小说艺术上所达到的较高成就，同时也不避讳其与胡兰成的相识相恋，后又分手断交的历史，以及她在20世纪50年代旅居香港期间所创作的小说《秧歌》和《赤地》的反共意味等。又如作为诞生于20世纪三四十年代的重要文学流派——七月派和九月诗派，从一版的缺席到二版的收入，虽然每条只有短短数百字，但也大体能使读者了解到它们当年的风姿及其在后世的流布和影响。“电影《武训传》批判”“《红楼梦研究》批判”“胡风文艺思想批判”，这新增的3条，以往由于意识形态方面的禁忌而难以言说，如今已有定说，新版则依据历史的本来面目客观地予以介绍。台、港、澳条目从集体缺席到重新布局，则体现了二版既注意稳定性，又力图反映时代的新变化、新格局的编纂理念，无疑也是思想观念与时俱进的产物。

任何一种百科全书和辞书都需要不断修订、不断更新、不断完善，只有这样才能经得起时间的检验。《中国大百科全书·中国文学》出版于1986年，无疑是“文化大革命”结束以后出版界、文化界、学术界共同努力而产生的一项重要成果，虽然存在一些局限，但它也是集聚了那个年代众多专家学者和专业人员智慧和心血的产物。在二版中国现当代文学分支中，老条目仅略少于新条目。因此，对于前人的这些思想和学术成果，我们理当充分尊重，一方面要尽量保留、吸取这些成果，另一方面也要根据二版总体设计提出的新要求，对这些条目的内文作必要的修订和补充，新版老条目的内文几乎全都经过不同程度的改写或重写。比如“鲁迅”这一条（长条），它保留了原条释文的相当多的内容，却又比原条文显得简练和集中（这也是为了贯彻新版提出的“条目扩大、字数压缩”的新要求），同时又对先前未曾涉及的鲁迅留给后世人的丰富的精神遗产问题，以及后世人对鲁迅的研究（鲁迅学）的发展状况问题，作了集中的、简要的介绍，使这个条目的内容显得更为完整。

《中国大百科全书》第二版的中国现当代文学分支与第一版的《中国文学》卷相比，固然有了许多的演进和更新，但肯定还存在一些不足和缺憾，这就有待于日后进一步的修订和完善了。

（2009年5月19日）

《中国大百科全书》第二版心理学条目的编纂回忆

高云鹏

《中国大百科全书》第二版的心理学分支是在第一版的基础上，由 50 多位专家经 7 年的不懈努力写成的。它包括理论、历史、普通、实验和认知、社会、动物和比较、发展、教育和测量、医学和临床、组织管理、体育运动、音乐美术等 12 个心理学分支领域的 449 个条目，是心理学知识的大全。

第二版的心理学条目撰写者是中国心理学界著名的专家学者，他们所写的条目具有科学性强、知识新、深入浅出、通俗易懂、检索率比较高等特点。编写一部高质量的百科全书，让它能够反映中国当前的学术水平，首先需要组建一个学术水平高、认真负责、踏实工作的编辑和撰稿班子。本学科的编委不仅具有较高的学术水平，肩负着重要的学术职务，而且在中国心理学界享有较高的声望，具有很强的号召力和组织力。他们在选择撰写人员时任人唯贤，能够保证做到每一个条目都由最合适的人来写。

学科主编荆其诚是中国科学院心理研究所研究员，曾任中国心理学会理事长、国际心理科学联合会副主席、发展中国家科学院院士；副主编是北京师范大学教授张厚粲，她曾任中国心理学会副理事长、国际心理科学联合会副主席。

他们自始至终参与条目制定、组织撰写人员的工作，而且亲自撰写和审定了大量释文。荆其诚主编撰写了主要条目“心理学”及其他 12 个大的条目，审改了 70 个条目的释文。张厚粲副主编撰写了全部心理测验及其他 40 个条目，审定了全部教育心理学的释文。他们以身作则、勤奋踏实的工作精神对全体编辑和撰稿成员起了极大的推动作用，也是保质按时完成编写任务的重要保证。

各分支的主编在其分支领域也是富有成果的心理学家，他们同样具有组织能力和影响力。例如，社会心理学分支的主编是北京大学心理学系沈德灿教授，他曾任中国社会心理学会理事长和北京心理学会理事长，他撰写和审改的释文达 64 条；临床心理学分支的主编是世界心理治疗学会副主席、北京大学心理学系钱铭怡教授，她亲自撰写了全部心理咨询和心理治疗的条目；发展心理学分支的主编方富熹是中国科学院心理研究所研究员，曾任中国心理学会发展心理学专业委员会主任，他负责撰写了全部发展心理学的 17 个条目。《中国大百科全书·心理学》出版后的 10 年间，心理学又有了新发展，积累了新的研究成果，出现了新的研究领域。第二版写作时充分反映了这些新发展，不仅设立了新条目，对第一版的条目释文也做了彻底修改。这些稿子也都选择相关的专家来撰写。

在心理学史领域里，我们邀请了华东师范大学研究皮亚杰的专家李其维教授，重新写了“皮亚杰”及“日内瓦学派”这两个条目；我们还增加了介绍 2002 年诺贝尔奖获得者 D. 卡尼曼及其预期理论的心理学研究成果的条目。

认知心理学和认知神经科学是 20 世纪末 21 世纪初研究成果相当丰富的心理学研究领域。我们邀请了中国科学院心理研究所研究员，前中国心理学会理事长陈永明撰写了心理语言学和问题解决的条目。中国科学院心理研究所实验认知研究室的心理学家在研究室主任、心理研究所副所长傅小兰的领导下，撰写了 25 个有关记忆和语言认知的新条目。还邀请北京大学心理学系苏彦捷教授，撰写了认知神经科学和动物及生理心理学的条目，例如睡眠觉醒和梦，以及动物智力、动物通讯和动物交往等 20 多个新条目。心理神经免疫学是近十几年来才发展起来的研究领域，我们也邀请了中国科学院心理研究所的专家林文娟新写了这一条目。

此外，张厚粲教授组织北京师范大学心理学院包括副校长董奇教授在内的教授们，撰写了反映教育心理学研究成果的条目。发展心理学由方富熹研究员撰写了有关独生子女、超常儿童、弱智儿童以及问题儿童的 17 个新条目。由中国科学院心理研究所所长张侃研究员组织相关的心理学家，撰写了反映工业与组织管理心理学领域新的研究成果的 18 个条目。

《全书》第二版和第一版不同，第一版心理学单独成卷出版，因此它比较重视心理学本身的理论体系，面面俱到，全卷由 11 个分支，包括参见条目在内的 899

个条目组成，字数达 120 万，分量是不轻的。第二版是按照汉语拼音的顺序排列条目的，这样，在编制第二版条目时就不必强调学科体系的完整性，而要强调条目的检索率。为此我们合并了第一版中的有些条目，删掉了包括参见条目在内的检索率低的条目。

检索率低的条目是因为它专业性太强，或者它是某一学派运用的概念。大百科全书不是某个学科的学术专著，是要给具有高中以上文化水平，或者是非心理学专业的学者们看的，专业性太强的条目大百科全书的读者们并不需要，检索它们的人自然很少。强调条目的检索率，使得第二版心理学条目的设置更精练，更符合大百科全书的性质了。尽管第二版心理学的条目只有 449 个，但读者们需要检索的有关心理学的条目在第二版里都能找得到。

（2009 年 5 月）

与时俱进的《中国大百科全书》第二版物理学条目

杨国桢　聂玉昕　范宝新

《中国大百科全书》第二版（以下简称二版）已于 2009 年 4 月正式付梓出版，这是我国文化、教育和科学技术等领域发展中的一件大事。

物理学是世界各国所有综合性百科全书中重要的组成部分，它在其中占有相当的分量，物理学条目的写作水平在一定程度上反映了全书的编纂质量。那么，二版中物理学的编写情况如何呢？我们几人参与了二版物理学从条目设计到组稿、撰稿、审稿和配图等编纂的全过程，在此对其编纂特点作个简单的介绍。

物理学是研究物质结构、性质、基本运动规律及其相互作用的学科。物理学的研究范围非常广：从最小的基本粒子一直到广阔的宇宙；从最快的 10 ～ 22 秒时间尺度内发生的事件，到宇宙从大爆炸开始以来物质的演变过程（已经 100 多亿年）；从最冷的接近绝对零度的冷原子、冷分子，到上亿度的热核聚变等离子体和温度更高的天体。

物理学是自然科学和技术科学的基础学科，它历史悠久，到 19 世纪后期形成了经典物理学的理论体系。20 世纪，由于相对论和量子力学的建立，构建了现代物理学大厦。物理学的进步带来了无线电、原子能、半导体、激光、计算机、光纤通信等的发明和发现。它们极大地影响了社会进步和人类的生活，使 20 世纪成了物理学的世纪。

进入 21 世纪以来，物理学的发展迅猛，学科间的交叉和渗透加强，物理学在人类进步和科学发展中的地位不可动摇。这就要求二版必须完整和系统地介绍当今物理学的新发展和物理学科里各分支学科的态势。二版共设约 6 万个条目，包括 144 个一级学科，平均每个学科只有 400 余个条目。物理学共设条目 1 470 个，尚不包括经典力学和核技术两部分。如果将这两个学科的条目也计入物理学，则条目总数有 1 700 个以上，达到了单个学科平均条目数的 4 倍。所以，物理学在二版中应当算是个大学科了。这与世界知名的综合性大百科全书，如《不列颠百科全书》《苏联百科全书》等的物理学设条比例大体相当，甚或更高些。

物理学在二版中设有：物理学史、物理学的基本概念、力学、振动与波、声学、热学、气体动理论、电磁学、经典电动力学、光学、固体物理学、原子物理学、分子物理学、原子核物理学、粒子物理学、核技术、等离子体物理学、相对论、统计物理学、量子力学和非线性科学等分支学科，总体上覆盖了物理学的全部知识领域。在总体框架的设计上，二版的物理学是完整和全面的。

二版和一版相比读者对象已有变化：一版主要面向大专以上文化程度的读者；二版的读者面有明显扩展，面向高中文化程度以上的读者。一版物理学的条目内容相对偏深，数学公式偏多。按照二版的读者定位，二版物理学的条目直接沿用一版的条目很少，大部分（90% 以上）条目要重写或改写。二版编写中非常注重物理学概念的表述，演绎过程多使用物理学语言，少用数学公式推导，以增强条目的可读性，使之更通俗易懂。在二版物理学的编写过程中，由于有严格的体例和字数限制，还要保证在学术上的准确性和高水平，所以显著地增加了二版条目的撰写难度。

物理学是在不断发展中的学科，二版和一版的出版时间相隔了十多年，物理学知识的更新和出现新的理论、现象、概念、技术和方法是必然的。二版物理学在整体规划设计时就注意到了这个趋势，在继承一版精华的基础上，二版物理学增设了 480 多个一版中没有的新条目，如“非线性动力学”“次声学”“激光捕获原子”“纳米技术”“分形”“理论生物物理”“生物信息学”等，其中有新兴学科，有新的研究热点，有的代表当前物理学发展的新方向。

二版物理学的与时俱进，在其各分支学科中都有体现。如固体物理中关于软物质的介绍和对量子霍尔效应的说明，光学中的“光子学”条目，统计物理学中玻色-爱因斯坦凝聚的研究进展，原子核物理学中的“核天体物理”条目，粒子物理学中的“粒子物理标准模型”条目等，都是一版物理学中没有的新内容。

物理学的新进展往往与物理学实验设备、仪器及技术的进步密切相关，二版物理学也关注到这一方面。微电子技术、低温技术、表面分析技术、晶体生长技术、核技术和新兴的纳米技术等，近年来都有很快的进步。二版物理学都专门设了条目，邀请了相关领域的专家撰稿，其中包括多位中国科学院院士，如夏建白、蒋民华、柴之芳、解思深等。

众所周知，物理学的进步是与物理学中一些大型设备的运用分不开的，如同步辐射光源、高能加速器、大型探测器、核聚变研究装置等。我国物理学方面的几项大科学工程有的已经发挥了重要的作用，有的刚刚建成，有的完成了升级改造。

我们收集了其中一些大科学工程装置的彩图，放在相关的条目里。如升级改造后的北京正负电子对撞机（BEPCII）、北京谱仪（BES），兰州重离子加速器重离子冷却储存环（HIRFL-CSR），合肥的同步辐射加速器（NSRL）、全超导托卡马克核聚变实验装置（EAST），成都的环流器（HL-2A），以及10年前建成的上海激光核聚变研究用大功率激光器“神光”2号和新建的上海同步辐射光源（SSRF）等。我们还为2009年春天竣工并通过验收的上海光源设立了条目。这些装置，以及正在建设的大科学工程项目（如“神光”3号、散裂中子源），将会给我国的物理学研究带来新的机遇。

权威性是大百科全书最重要的特点，在相当程度上说，它是由大百科全书的撰稿人、审稿人和编辑人队伍的水平决定的。组织这样一支高水准的物理学团队绝非易事，我们确实为此尽了力。

二版物理学的主编是本书总编委会主任周光召先生，70余位热心于物理学条目撰写和审稿工作的资深物理学者组成了二版物理学的编辑委员会，还有240多位优秀的物理学者承担了条目的撰写任务。编委会里有27位中科院院士，他们是：周光召、杨国桢、马大猷、王占国、冯端、甘子钊、邝宇平、朱邦芬、应崇福、张宗烨、张淑仪、张焕乔、冼鼎昌、欧阳钟灿、赵忠贤、郝柏林、夏建白、徐叙瑢、柴之芳、梁敬魁、黄祖洽、蒋民华、解思深、戴元本、魏宝文、魏荣爵、张家铝。在这里我们应当负责任地向大家说明，编委会的委员，都为二版物理学撰写过条目，包括主编周光召先生（撰写“对称性和守恒律”条目）。冯端先生撰写了首条“物理学”及“金属物理学”等条目。其中部分人参加过二版物理学的框架设计，许多人参与了条目的审稿工作，他们都为二版物理学付出了自己的才智和努力，作出了自己的应有贡献。

二版物理学各分支学科的主编，在成书过程中，发挥了非常重要的作用。无论是条目的框架设计、组稿、审稿，还是后期稿件的审读和加工，都是由他们组织进行的。他们的努力是对二版物理学的重要贡献。他们是：戴念祖、聂玉昕、朱照宣、谈庆明、应崇福、张海澜、包科达、阎守胜、陈熙谋、杨国桢、宋菲君、陆栋、郑乐民、高克林、张焕乔、张肇西、黄涛、郑志鹏、柴之芳、李银安、张元仲、郝柏林、曾谨言、刘寄星和欧阳钟灿。

二版的条目不是按学科分类的，是按各国百科全书的通行做法，按汉字全音序统排编次的。这样，有关物理学条目，可能会分散在30卷里。对于那些对全书物理学条目感兴趣，但又不想购买整套书的读者，可能会不大方便。二版物理学编辑委员会和中国大百科全书出版社已决定出版《物理学》单行本。除了二版物理学原来的条目外，还从天文学、电子学、电工学、力学里选用部分与物理学关系密切的条目，增补到《物理学》中，以使《物理学》的内容更丰富，系统性和完整性得到进一步加强。不论我们如何努力，限于我们各人的水平，在这样一部著作中缺点和错误总是难免的。为了中国大百科全书事业，我们诚恳地接受各位读者的批评。

（2009年5月20日）

《中国大百科全书》第二版经济学修订重编感言

杜厚文

《中国大百科全书》第二版［以下简称《全书》（第二版）］经济学的修订重编工作是在中央有关部门的直接领导下进行的。经济学是社会科学中发展历史最悠久，学术性最强和影响最为深远的学科。这次修订重编是以国务院学位委员会和国家教育委员会 1994 年联合颁布的《授予博士、硕士学位和培养研究生的学科、专业目录》为依据，参照了世界上其他国家编撰大百科全书的做法，对《全书》（第一版）作了重大修改和增减调整。现与读者见面的《全书》（第二版）经济学共有 2 562 条，总字数约 200 万字，其中新增部分约占总条目和总字数的 70% 左右。之所以做如此重大的修改和增减，是由于自《全书》（第一版）出版以来，国内外形势发生了重大变化，经济学本身也经历了飞速发展。具体说来，这些变化主要是：

第一，经济全球化不断加深，各国之间的经济联系日益密切，各国相互依赖，相互依存，你中有我，我中有你，已成为世界经济发展的主要趋势。

第二，世界科技革命向纵深发展，新兴产业大量涌现，国际范围内的产业结构调整加快进行，改变了人们的生产方式、生活方式，加快了知识在全世界传播的进程。

第三，中国 30 年的改革开放，取得了世人瞩目的成就，中国社会主义市场经济体制和宏观调控体系已基本建立。在中国，制度创新、理论创新、观念创新已取得了突破性的进展。

第四，经济学已经不再只是专家学者一部分人的“专利”，它已成为人们生活中的必不可少的一部分，人们渴望获得经济学的知识。

面对这些挑战，编撰组必须把握变化了的形势，与时俱进，开拓进取。因此，《全书》（第二版）经济学的编撰工作要求融学术性、科学性、知识性、实用性、权威性于一体，把精品之作奉献给广大读者。

为此，我们做了以下几方面工作：

第一，反映经济学最前沿的成果。《全书》（第二版）增设的“西方经济学”分支设有180多个条目，释文客观介绍了西方经济学近年来的研究成果，对各种学派、名家的学术成就进行了客观的反映。对1969年首次评选诺贝尔经济学奖以来的50多位获奖者逐一设条目，对他们的生平和学术成就进行评介。

第二，对近30年来世界经济领域中出现的重大事件，众多国际经济组织，世界经济中的新现象、新特征，进行了跟踪研究，如经济全球化、金融全球化、金融危机、金融衍生产品、区域经济一体化、虚拟经济、网络经济、IT产业、外包、世贸组织等。

第三，对我国改革开放30年来的经济生活变化和经济学理论创新成果给予了充分的反映。如中国第八个五年计划至中国第十一个五年规划都作了详细的介绍，对中国特色社会主义、社会主义市场经济、国民经济宏观调控、财政政策、货币政策、税收、产业结构、经济特区、科学发展观、长江三角洲经济区、珠江三角洲经济区、中国重要的国有大企业集团等作了详细的介绍。

第四，对与群众生活密切相关的经济学术语和经济知识加大了介绍的力度。如居民消费价格指数、香港恒生股价指数、按揭、股票、汇率、恩格尔系数、基尼系数、利息税、累进税等。可以说，人们日常生活中接触到和需要知道的经济学术语，都可以从《全书》（第二版）中找到答案。

第五，考虑到经济学学科建设的需要，在《全书》（第二版）编撰过程中，将理论经济学和应用经济学两大类所涵盖的40多个二级、三级学科都包含了进去，对每个学科所涉及的核心内容都作了必要的介绍，这对我国经济学科的发展和建设是有益的。

在编撰过程中，中央领导同志指示我们，要“精心组织，精心选材，精心撰写，精心编辑，精心出版，高质量、高水平地完成《中国大百科全书》（第二版）的编辑出版任务，真正使《中国大百科全书》成为‘融古今中外知识，扬中华民族风采’的精品之作，为传承和发展我国的科学文化事业作出更大贡献”。我们深感这是一项光荣而艰巨的任务。在著名经济学家刘国光教授的指导下，300 多名来自全国各地的专家学者经过 14 个春秋的努力，终于完成了这一任务。当然，是否是精品之作，就有待于全国读者的评价了。我们只能说，我们是努力了，尽力了。《全书》（第二版）的出版发行，出版社的编辑同志付出了大量的心血，真正要感谢的是这些无名英雄。

（2009 年 6 月 10 日）

《中国大百科全书》第二版出版感言

卓新平

《中国大百科全书》第二版的成功出版是21世纪初中国学术界、文化界和出版界的一大盛事，也是当代中国“软实力”明显增强的重要标志之一。这一“国家重大出版工程”的胜利完成，见证了中华民族在改革开放的春风中正乘着人类知识的翅膀腾飞。

百科全书的编纂乃随着欧洲近代经济、政治、社会、文化的迅猛发展应运而生，其问世就体现了当时欧洲新兴社会发展中“知识就是力量”的意义，反映出其大工业革命进程中科学文化的厚重积淀及其可持续发展的重要精神动力和知识支撑。自近现代以来，百科全书的编辑出版曾是许多西方发达国家展示其综合国力的一个窗口，它们如同在近代工业社会中诞生的交响乐团那样奏出了“知识经济”时代的美好乐章。

百科知识即综合知识，其作为“大”而“全”的工具书之编纂是相关国家在其科学文化领域的基本建设和基础工程，在某种意义上亦代表着其“软实力”的发展程度。我国自“改革开放”以来开始组织编辑出版《中国大百科全书》，也揭示了中国当代社会在全面发展上和综合国力的体现上已经“水到渠成”。30多年来从《中国大百科全书》分科各卷的出版到其第二版综合性、整体性、一次性的全部推出，既反映出中国知识领域的进步与创新，也展现了中国社会综合国力的发展与强大。

正是因为“大百科全书”体现了其知识门类的齐、全，以及学科领域的整、合，才让其读者能够真正体会到“百科”所涵括的知识宝库、学问海洋，并在其中有求必应、流连忘返。因此，《中国大百科全书》第二版也特别强调和关注以往在中国比较敏感、边缘、曾经有所忽视、而现在正让人感到越来越重要的宗教学领域，并邀请这一领域的许多著名专家学者来撰写相关条目内容，由此亦体现出其让“最适当人撰写最适当的条目”这一原则。宗教学条目的系统补入和充分体现，使这次出版的第二版既形成了宗教学知识与文史哲，以及其他相关的社会科学、自然科学领域各种知识的积极互动、补充和印证，也增强了本版知识内容的厚重，使其在学科分布和结构上更加全面、完善。可以说，宗教学知识在《中国大百科全书》第二版中的充分体现和积极定位，使这一中华重典可与世界任何其他著名百科全书媲美，而且更突出、更集中地反映出当前学科关注、学术发展、知识创新上的最新进展、最新成果。此外，《中国大百科全书》第二版打破分类分册的做法既符合国际惯例，也促成了不同知识之间的关联，达成积极的“科际整合”，使我们更能获得“开卷有益”“触类旁通”的跨越性、联想性学习及运用知识的最佳效果。

（2009 年 5 月）

《中国大百科全书》第二版总编委会的筹建重组

朱杰军

1978 年 11 月 18 日，中国唯一一家百科全书专业出版社——中国大百科全书出版社成立，至今已年届不惑，迎来了建社 40 周年华诞。40 年来，百科人先后编纂出版了《中国大百科全书》第一版和第二版，并迈出了传统纸质版百科全书向现代网络版百科全书转型过渡的步伐，开启了《中国大百科全书》第三版网络版的编纂。我有幸参与了第二版的编纂过程，时光荏苒，许多事情的记忆已经模糊，但二版总编委会的筹建重组过程仍清晰地浮现在脑海中……

组建总编委会对于百科全书的编纂，是十分重大的一件事。从编纂第一版开始，中国大百科全书总编委会就由国家领导人、国家相关部委办负责人和各行业专家学者组成。一版总编委会主任由时任中国社会科学院院长、中共第十二届中央政治局委员的胡乔木同志担任，中央和国务院各相关部委办负责人和各行业专家学者任副主任和委员。1995 年 12 月 31 日国务院办公厅下达文件，标志着《中国大百科全书》第二版正式立项。二版编纂工作启动后，筹建重组总编委会的工作就提上了议事日程。

首先是物色总编委会主任人选。

1998 年 5 月 5 日，我社向新闻出版署递交《〈中国大百科全书〉第二版总体设计纲要》及其说明、《〈中国大百科全书〉第二版工作情况汇报》和《关于成立〈中国大百科全书〉第二版总编委会的建议》，第一次提出了重组二版总编委会的问题。1999 年 5 月 28 日，中央政治局常委、国务院副总理李岚清在中南海办公室，听取

《中国大百科全书》第二版工作汇报整整两个小时，代表党中央、国务院批准第二版的总体设计纲要，并指出："编辑出版《中国大百科全书》是我们国家文化的一个大工程，小平同志生前很重视。第一版已经出了，已经有了自己的百科全书。这件事是不能中断的，应该继续办好，修订好。""编写大百科全书第二版要坚持这两点（历史唯物主义观点、实事求是观点），就是要用历史唯物主义观点，实事求是地评价历史上的人和事，尊重客观。""百科全书必须具有权威性、准确性、通俗性、可读性。干巴巴的引不起人的兴趣，在语言表达上要有可读性"……这给了大百科出版社很大的鼓舞。不久后，时任新闻出版署署长的于友先同志告诉中国大百科全书出版社社长单基夫同志，李岚清副总理推荐全国人大常委会副委员长、中国科协主席、中国科学院院士周光召为二版总编委会主任人选，并请百科社提交请示报告。为此，我社起草了《关于请求批准周光召同志担任中国大百科全书总编委会主任的报告》，通过新闻出版署呈报李岚清副总理并呈中共中央政治局书记处。2000 年 6 月，国务院作出批示，批准成立中国大百科全书第二版总编辑委员会，并同意周光召同志担任中国大百科全书第二版总编辑委员会主任。

二版总编委会主任人选确定后，接下来就紧锣密鼓地开始了二版总编委会的筹建重组。

2000 年 9 月，我社向新闻出版署上报了《关于重组中国大百科全书总编辑委员会的设想》的报告，并请新闻出版署转呈全国人大常委会副委员长、总编委会主任周光召同志。其中提出了二版总编委会的重组原则、规模比例、产生办法、一版总编委会委员的安排和总编委会办公室的设置等方方面面的考虑和安排。关于重组原则，主要是根据第一版的经验和《中国大百科全书第二版总体设计纲要》的规定，提出了这么几条原则：①尽可能保留第一版在世的总编委会副主任和委员。其中 80 岁以上、身体状况较差者，改由中国大百科全书出版社聘请为第二版顾问。②以专家、学者为主。③入选的专家、学者，要求学术成就较为突出，在本领域要有威望。④兼顾自然科学、工程技术科学、社会科学和人文学科。⑤第二版较大学科的主编，学术成就较为突出者，一般应参加总编委会。⑥年轻化，多数入选委员年龄在 70 岁以下。⑦考虑台湾、香港、澳门的人选，国外华人华侨的人选，有合适的可担任副主任。⑧适当吸收热心科学教育文化事业的财团负责人进入总编委会。关于规模和比例，我们建议从第一版 110 名委员扩增为 150 名委员，分两批或三批产生，第一批委员名额初步核定为100名，其中自然科学和工程技术科学专家、学者与社会科学和人文学科专家、学者比例为1∶1。70岁以下的专家、学者占60%以上（以2000年9月30日为准）。

重组二版总编委会的报告转呈全国人大常委会副委员长、总编委会主任周光召后不久，2000年11月，周光召副委员长即委托秘书戴明华同志（兼中国科学院办公厅副主任）直接将其批示转告我社，其中建议我们除延续一版副主任于光远、贝时璋、吴阶平等人外，增加副主任人选，“可否派人拜访一下年事已高的编委，告知他们中央的决定，征求他们的意见”，“编委平均年龄略高，可否再增几位年富力强在第一线工作的科学家”等。

遵照周光召副委员长的批示，我们对报告作了调整。例如：①新增副主任从9人改为10人，第一批副主任从13人改为14人。②增加年富力强在第一线工作的几位科学家，如杨福家、朱清时、白春礼、杨焕明等。③把3名年事已高的第一版委员，安排为顾问，他们是马大猷、任新民和叶笃正。因两名第一版总编委会委员过世（胡绳、黄秉维），所以继任第二版委员的第一版委员由15人减为12人，安排为顾问的由28人改为29人。

与此同时，总编委会办公室给中央和国务院各相关部门及中央军委办公厅发函征求意见、协商推荐人选，酝酿二版总编委会副主任和委员名单，再报周光召主任审定。

2001年8月，经总编委会主任周光召审阅同意后，我社通过新闻出版总署向国务院呈报了《关于批准成立〈中国大百科全书〉第二版总编委会的请示和总编委会名单（第一批）》。

根据《国务院办公厅关于编纂〈中国大百科全书〉第二版问题的复函》（国办函[1995]63号）的精神，新闻出版总署“建议向光召同志汇报，请光召同志主持成立总编辑委员会，并由我署行文批复”。由是，第二版总编委会重组工作进入倒计时。

2002年7月，我社向周光召主任、新闻出版总署和国务院提交《〈中国大百科全书〉第二版编纂情况汇报》，再次提出第二版亟须解决的两大问题是：尽快成立总编委会和增拨编纂经费（此前我社已提交《关于增拨〈中国大百科全书〉第二版编纂经费的请示》百科社字［2000］第12号）。2003年初，我社向新闻出版总署办公厅提交《关于做好〈中国大百科全书〉第二版总编辑委员会成立大会暨第一次工作会议筹备工作的请示》。由于事关重大，周光召副委员长还就《中国大百科全书》第二版编纂工作向中央主要领导和有关领导写了汇报信。2003 年 3 月初，新闻出版总署下发了新图字 [2003]264 号文，正式批复同意成立《中国大百科全书》第二版总编辑委员会。3月 3日，李岚清副总理在周光召的信上批示："《中国大百科全书》第二版的编纂出版，是一项重大的文化工程，对于弘扬中华文化，传承人类文明，丰富知识宝库，反映科技成就，提高科技文化素质，都有重要意义。党中央、国务院对此非常重视，财政上拨出专款给予支持。但由于工程浩大，难以预料的事很多，目前在编纂出版方面遇到了困难。望经过认真审核并给予帮助，以保证按计划顺利出版。"3 月 16 日，温家宝总理签署了给《中国大百科全书》第二版总编辑委员会的指示信，指出："编纂出版《中国大百科全书》是我国科学文化事业一项重要的基础工程。党和国家一直十分重视中国百科全书的编撰和出版事业，积极支持这项工作。希望总编辑委员会坚持以邓小平理论和'三个代表'重要思想为指导，认真贯彻党的十六大精神，与时俱进，开拓创新。充分发挥广大专家学者和编辑出版人员的积极性和创造性，坚持求实的科学精神和严谨的治学态度，精心组织，精心选材，精心撰写，精心编辑，精心出版，高质量、高水平地完成《中国大百科全书》第二版的编辑出版任务，真正使《中国大百科全书》成为'融古今中外知识，扬中华民族风采'的精品之作，为传承和发展我国的科学文化事业作出更大贡献。"中央领导的重视和关怀，极大地鼓舞了百科的作者和编辑，更加快了二版总编委会成立的步伐。

2003 年 4 月 18 日上午，《中国大百科全书》第二版总编辑委员会成立大会按计划在庄严的人民大会堂重庆厅隆重举行，经过多年酝酿产生的由近百名权威专家和领导同志组成的中国大百科全书第二版总编辑委员会正式成立。

大会由新闻出版总署副署长、中国出版集团党组书记、管理委员会主任杨牧之主持。全国人大常委会副委员长许嘉璐、中国大百科全书总编辑委员会主任周光召、全国政协原副主席宋健、中宣部副部长李从军、新闻出版总署署长石宗源、军事科学院院长张定发、总政治部宣传部副部长嵇绍莹、中国大百科全书出版社总编辑徐惟诚以及总编委会的副主任、委员、顾问和各学科的编辑共一百余人出席了会议。成立大会上，军事科学院院长张定发介绍了军事科学院所承担的《全书》（第二版）军事卷的编撰进展情况，表示将"在编纂工作中严格坚持政治标准、学术标准和技术标准的统一，正确处理稳定与增新的关系，研究与编纂的关系，学术与技术的关系，通过增加新知识，加强学科前沿问题研究，紧紧跟踪新军事革命的发展，加大科技含量”，“努力创造经典之作、权威之作、传世之作”。中宣部副部长李从军强调《全书》（第二版）的编撰出版必须做到：一是高度重视，全力以赴，把精品生产的要求真正落实到每一个出版环节；二是与时俱进，博采众长，全面反映国内外经济发展、社会进步、学术研究的最新进展和最新成果；三是贴近生活，贴近实际，贴近群众，更好地发挥百科全书在普及知识、服务读者方面的作用。新闻出版总署署长石宗源在讲话中指出，百科全书作为人类文明进步的标尺，在传承文明、传播知识、开启民智方面有着不可替代的作用，但几年的实践证明，《全书》的修订重编难度绝不比第一版小，甚至还要大得多。然而我们有理由相信，有党和政府的高度重视，有各位领导、专家、学者的全力支持和参与，《全书》（第二版）的编辑出版工作一定能高质量、高水平地完成。他表示新闻出版总署一定会倾力支持《全书》（第二版）的编纂工作，使这项工作更好地开展下去。全国人大常委会原副委员长、中国大百科全书总编辑委员会主任周光召，要求参加二版编纂工作的同志们从繁荣民族文化的高度来认识它，树立强烈的责任心和荣誉感。全国人大常委会副委员长许嘉璐特别关注百科全书出版的经费问题，他谈道：“经费的问题是一切事业的基本保证，已经有很多同志在两会期间呼吁过了，我想还是要呼吁，要让与此有关的部门真正了解到大百科全书在民族的命运、民族的前途、文化建设当中的重大意义。”许嘉璐还说，大百科全书是我们国家文化建设的一个基本建设项目，所需要的不过是一公里的高速公路的费用，而文化的建设是一本万利的，他愿为此尽绵薄之力。领导们的讲话，尤其是许嘉璐副委员长关于高速公路为代表的物质文明，一颗炸弹就能使它们毁于一旦，而文化却不会，只要还有人在，文化就能传承，就能光大，就能重塑辉煌的讲话，给我留下难忘的印象，也加深了我对编纂百科全书重要意义的理解。

（2018 年 10 月 23 日）

国家重大文化工程的市场运作典范
——《中国大百科全书》（第二版）推广发行记

刘晓东

《中国大百科全书》（第二版，以下简称《二版》）是国家重大文化出版工程，它的出版是我国改革开放历程中文化发展的基础性工程，是我国现代化的组成部分，造福当代，惠及子孙。《二版》的发行与出版同样意义重大，是一项光荣而艰巨的政治任务，并且要用市场化的运作方式来完成。但是，该书部头大、码洋高、专业性较强，推广发行工作有较大的难度，而《二版》出版发行时，百科社正处于转企改制后的攻坚时期，改革阵痛、直面市场、国家工程……压力与挑战并存。

在这种背景下，经过多方努力，《二版》一年实现总发货 12 546 套，销售 10 560 套，获得了中宣部、新闻出版总署有关领导的赞扬，也得到了新华书店的好评，成为大码洋图书发行的经典案例，实现了社会效益和经济效益的统一和“双赢”。

周密部署，科学管理，建立自上而下的组织保障。

《二版》的发行是在中宣部、新闻出版总署的重视与关怀下，在中国出版集团的直接领导下，全国 25 家新华书店代理商与全体百科人共同奋斗的结果。它的发行受到了各级领导的高度重视。时任中宣部部长刘云山对《二版》予以长期关怀和大力支持，大力推动中宣部等九部委关于《二版》宣传推广使用公文的签发，并就宣传推广相关工作听取专题汇报；我社总编辑、《二版》总编委会副主任徐惟诚多次听取营销工作的专项汇报，并对营销推广的推进与落实提出具体指导意见；时任新闻出版总署副署长阎晓宏出席《二版》发行工作会议与发行工作总结表彰会，指出“要把《二版》的推广发行作为传播出版成果、传播民族文化的一项重任，举全国之力，共同把《二版》发行好，通过《二版》的发行，创新营销模式”。

在《二版》上市前，时任中宣部出版局局长张小影、副局长郭义强多次组织会议，听取《二版》营销工作汇报。张小影曾多次强调“要站在出版社深化社内机制改革的高度”将“国家工程的权威性和市场运作的灵活性相结合”。

中国出版集团全面领导《二版》的营销推广工作，把《二版》的营销推广作为2009年工作的重中之重。在《二版》面市之前，集团专门组织成立以集团副总裁王俊国、刘伯根为组长的《二版》推广发行领导小组，领导《二版》的发行与宣传工作。百科社则抽调各方骨干力量，在出版社成立了以社领导直接挂帅的《二版》推广发行办公室，专职负责专项工作。

同时，新华书店代理商也积极响应，成立《二版》发行工作领导小组，主要领导亲自担任指挥官，亲自制定科学的管理与营销方案，明确目标，狠抓落实。社店之间还建立了通讯员制度，构建了社店沟通的重要桥梁。

全面着手，有备而战，开展深入细致的市场调研。

为了《二版》的顺利推广，自2007年开始，社委会未雨绸缪，全面研究、分析市场，商讨营销策略以及推广计划。社领导带领市场营销部进行全面细致的市场调研——深入分析百科《二版》的读者群构成，了解各地潜在的读者数量；抽样调查目标客户群，实地调查重点客户，广泛进行产品设计调研；细致研究不同读者类型的不同需求，设计了100个问题，以解答读者的各种疑问，如“有那么方便的网络百科，为什么还需要百科全书？”“百科全书都是大专家、大学者写的，会不会看不懂？”等等。其间，《前期市场调研报告》《大型企事业单位定点调研报告》《封面样式调查报告》《重点目标销售市场调查表》等重要调研成果纷纷“出炉”。李长春同志还兴致勃勃地参加了封面样式调查，并投下了自己的一票。

在2006年及2008年的北京图书订货会上，百科社两次召集了由各省级新华书店负责同志参加的讨论会，开始探讨《二版》这样一套大型工具书的销售模式问题。在这些会议上，出版社以各省级新华书店为单位实施区域代理的经销模式初具雏形。

在广泛调研的基础上，推广发行工作小组制定了宣传方案、总体销售方案，拟定了详细的代理销售方案、直销方案及代理协议、批发协议等一系列文档，确定了以党政机关、公共图书馆、高校、企事业单位等为主的九大目标市场，通过社店联手营销的新模式，以直销和地区代理销售为主开展销售。在销售过程中，推广发行工作小组还不断研究市场，开拓思路。他们发现有些群体，如普通中学、职业院校、外资及合资企业、私营业主，以及港、澳、台同胞和海外侨胞等，同样具备很强的购买实力和文化需求，都是可以重点挖掘的潜在购买群，他们不断地将信息传达给经销商。

统一认识，有效沟通，为社店合作保驾护航。

2009 年 4 月 1 ～ 2 日，《二版》第一次发行工作会议在《二版》面市前夕召开，正式拉开了该书发行工作全面铺开的帷幕，为发行工作的开展奠定了扎实的基础。2009 年 8 月，该书发行 4 个月之时，借人民大会堂《二版》出版总结表彰大会的契机，举行了第二次发行工作交流会，交流经验，梳理问题，商讨并制定下一步的策略。

2010 年 1 月，在第一年代理期限的销售冲刺阶段，第三次发行工作经验交流会召开。25 家新华书店代理商全部参加会议，部分来自全国各地销售业绩突出的团队、个人和通讯员代表共 11 人受邀到会进行经验交流。2010 年 6 月 2 ～ 3 日，《二版》发行工作第一阶段总结表彰会举行，总结了过去一年中的发行工作经验，并表彰了作出突出贡献的代理商团队及个人，对下一步发行工作进行了部署。四次发行工作会议的适时召开，对社店双方战略性的统一认识与阶段性的制定策略起了非常重要的作用。

此外，推广发行小组及时编发了共计 98 期简报与通讯，保证社店交流的通畅。简报做到重点动态一事一报，通讯也定期向全国经销商发布阶段性销售动态与销售经验，并报送中央领导及中宣部、新闻出版总署等领导同志。同时，还建立了图书市场信息反馈机制，形成良性循环的信息机制。

抓住机遇，大力推广，充分借助政府的支持和推动力量。

2009 年 12 月，时任中共中央总书记、国家主席胡锦涛在进行国事访问中将《二版》作为“国礼”赠予土库曼斯坦的国家图书馆。2009 年 8 月，《二版》出版总结表彰大会在人民大会堂举行，李长春、刘云山等同志亲切接见、慰问了参加编纂出版工作的专家学者和出版工作者代表。2009 年 5 月，在中宣部、新闻出版总署的筹划与努力之下，联合九部委下发了《关于认真做好〈中国大百科全书（第二版）〉宣传推广使用工作的通知》（以下简称《通知》）。其间，在中宣部等部门的直接指导与大力推动下，促成包括中央级的大型媒体对《二版》的高密度、大篇幅、有深度的持续报道。

党中央、国务院以及上级领导部门的重视与支持，是《二版》成功营销的重要保障。之后，中宣部为全国 32 个省、自治区、直辖市，以及新疆生产建设兵团党委宣传部配备了《二版》。北京、青海、河南等省市也给本省市的理论学习中心组成员和所属委、办、局以及区县党委宣传部以“政府采购”方式配备了《二版》。四川、山西等省代理商纷纷推动本省相关部门转发《通知》，其他省份也积极落实九部委文件精神。

深度营销，模式创新，创造“大书”销售新局面。

《二版》发行是社店联手新型代理模式的创新型探索，是市场经济条件下风险共担、利益共享的商业模式的新体现。在经过大量的市场铺垫后，新华书店根据自身特点和优势，整合资源，挖掘潜能，因地制宜地实践了多种特点突出、务实有效的销售策略。例如：以山东为代表的以“领导挂帅、目标明确、狠抓落实”为特点的“集团联动营销模式”；以江苏为代表的“全员参与营销模式”；以湖北为代表的“市店和省店共促共赢、分工协作、发挥各自的优势和特点”的“协作共赢营销模式”；以湖南为代表的新华与民营携手的“多渠道互动营销模式”；以广西为代表的“核心城市重点突破营销模式”；以四川为代表的转发九部委推荐通知的“借力运力营销模式”；以广州购书中心为代表的“大书城营销模式”。

《二版》销售不仅首次在全国范围内同步建立并发展了直销模式，改变了直销工作以往的弊端，突破了直销手段的瓶颈，还对于帮助新华系统重塑主渠道团购模式，壮大与发展原有直销系统起到了积极作用，创造了“大书”销售的新局面。

建立目标统一、能打硬仗的直销队伍；进行任务分解，建立直销工作的分点责任制；制定与直销成果配套的科学合理的激励机制；直销与店销相结合，重视店铺陈列与宣传，进行全方位推广；利用各类书展、节假日及党员领导干部“科学发展观”等学习教育活动等各类推广时机，开展定向直销；在直销的开展中完善全面细致的服务工作……新华书店代理商为了做好《二版》直销工作而采取的各种有力措施，也成为他们以后开展同类重品图书营销工作的宝贵经验。

在此过程中涌现出了大量深度营销鲜活案例。例如：江苏省的县级市吴江（今苏州吴江区）的新华书店在短短一个月的时间里，销售《二版》逾70套。其员工根据吴江市特殊的经济文化氛围，细致分析、深入走访，加大了对于在吴江的台资企业和台商个人的推销力度。一位台商就是在书店人员通过会员登记表的电话记录主动推荐后，立即亲自到吴江市中心门店了解详细信息，并当场买走了一套《二版》。安徽省涡阳县作为皖西北的一个农业大县，其新华书店将全县25个镇（场）、5所高中、6所民办学校进行分点责任制，最终一口气在教育系统实现销售《二版》20套的好成绩。

立体宣传，全面造势，营造“国家之书”推广氛围。

在《二版》的宣传推广过程中，推广发行工作小组充分整合中央、行业、专业、地方、网络五大媒体资源，始终坚持立体宣传的策略，将政治宣传与市场宣传，中央宣传与地方宣传，经销商宣传与读者宣传，有机地结合起来，并且按前期预热、隆重面市、全面造势、深入推广四个阶段进行宣传，分时间段制造宣传高潮，步步推进。

中央媒体率先报道。新华社、中央电视台及《人民日报》《光明日报》《中国青年报》等多次重点报道了《二版》出版、销售和社会的积极反映。其中，中央电视台《新闻联播》栏目在短短5个多月的时间，3次报道了《二版》的推广与发行工作的进展及成就，并给予了极高的评价。

行业媒体密切追踪。《中国新闻出版报》《中国图书商报》《出版商务周报》《新华书目报》等行业媒体的追踪与分析，进一步提高了《二版》在业界的地位与权威形象。

地方媒体深入跟进。《新京报》《南方都市报》《广州日报》《深圳商报》《番禺日报》等地方媒体的宣传，以图书内涵的深度剖析、丰富生动的出版故事、社会各界的反映、网络时代百科全书的地位为主要宣传点，提升了本书的美誉度。

专业媒体权威亮相。《经济日报》《中国文化报》《科学时报》《农业日报》纷纷刊登了专家学者的专业文章。作者的权威性、文章的学术性、思想的深刻性，掀起了众多学界讨论《二版》的热潮。

网络媒体吸引眼球。在强势媒体之外，网络媒体是《二版》宣传更平民化、更具传播效应的有益补充，很多网友与读者进行了积极的书评与讨论。

此外，为了做好《二版》的宣传工作，推广发行小组做了大量细致的工作。例如：为配合《二版》推广准备了各式宣传素材，包括 2 个宣传光盘以及产品说明书、海报、征订单、培训手册等；在地坛书市进行百科全书知识展览，播放《二版》宣传片等。

全社动员，通力配合，开展井然有序的培训工作。

徐惟诚在《二版》发行工作会议上的讲话指出，在中国，邓小平同志以及他带领的一批人要编百科全书，是为了改革开放，为了民族振兴，改革开放和民族振兴需要智力支持，需要提供一个知识基础。它是中国科学文化事业的基础工程，是基本建设，《二版》不是做形象工程的，要有用，实现它的使用价值。

为了让新华书店和读者了解《二版》的产品价值、产品特性、使用方法等，《二版》培训创造了分散拉网式的各地区培训与统一集中式的省内培训相结合的体系。在培训中，百科全社相关人员都动员了起来，成立了由社领导带队，编辑与营销共同组成的专业宣讲团，针对经销商与读者同时展开培训。

在该书上市一年内，宣讲团已对全国 18 个省（自治区、直辖市）34 个城市的各级书店经理和业务骨干等累计 5000 余人进行了培训。培训以营销实战策略为主，配以 PPT 的演示与宣传片的播放，并结合当地经济、文化、教育等实际情况，帮助经销商梳理当地的潜在客户，佐以丰富的实战经验与案例，有针对性地解决在《二版》销售中所出现的问题。书店销售人员在听取了宣讲团的培训后表示，对《二版》在当地的客户群体有了清晰的把握，对销售前景充满了信心。

与此同时，对读者的培训工作也在有条不紊地展开。宣讲团在北京为近 100 名全国政协委员展示了《二版》，并做了详细介绍；在中央党校召开了有近 40 名党校学员及教职工参加的《二版》推介会。

正是基于以上七个方面的深耕，在各方努力与全体百科人的通力协作下，《二版》的发行工作取得了突出的推广成就：将国家重点文化工程的成果服务于全社会与广大人民群众；树立了市场规范与诚信机制，成为在文化体制改革下的出版业与发行业的成功典范；完善和创新了社店共赢的代理模式，共同整合渠道资源以实现双效益；创造了不同区域的不同营销模式，因地制宜地挖掘了区域市场潜力；开展了全方位、多角度、立体化的宣传，营造了“国家之书”的推广氛围。同时，《二版》的出版发行也实现了社会效益与经济效益的双丰收，对于今后大码洋图书的发行及行业渠道活力的提升，具有深远的启迪意义。

（2018 年 10 月 11 日）

中美合作传播知识的新成果

钱伟长

盛世修典，古已有之。20 世纪 80 年代以前，由于人们所共知的原因，我们国家没有出版过一套有现代意义的百科全书，不管是自己编辑的还是翻译的。邓小平同志对此曾经说过："这也反映了我们的落后，三十几年还没有搞这些事。"只有改革开放才改变了这种局面。

1980 年 10 月 4 日，年已七旬的刘尊棋同志在徐慰曾陪同下，专程来到我的住处清华大学照澜院，向我通报了中美双方计划合作出版《不列颠百科全书》（又称《大英百科全书》）中文版的情况。他向我详细介绍了这件事的经过。他说，美国不列颠百科全书公司编委会副主席吉布尼先生在林达光教授陪同下，来华访问，受到邓小平同志的接见。在谈话中，小平同志就中国的四化建设提出了重要的论点，他说应该充分利用世界上的先进成果，来加速四个现代化。当吉布尼提出不列颠百科全书公司希望和中国大百科全书出版社长期合作，邀请中国的专家、学者参与编辑出版《不列颠百科全书》中文版时，小平同志当即表示赞同，并说："这是个好事情。"他还就该书的编辑方针作了明确的指示，他说："外国的部分搬你们的就是了，中国部分可能还有许多议论、争论和一些不同的看法。中国的部分我们自己来写。"尊棋还接着介绍，1980 年 8 月，中国大百科全书出版社应不列颠百科全书公司的邀请，组团访美，双方签订了合作出版《简明不列颠百科全书》中文版（简称《简编》）的协议书。为保证《简编》内所有条目都符合中美双方都能接受的质量和客观性标准，双方同意建立一个由中美双方学者组成的联合编审委员会，该委员会对其权限范围内的所有问题有最后决定权。尊棋邀请我担任中方委员，我欣然同意，从此我开始参与了《不列颠百科全书》中文版的领导工作，至今已近 20 个年头。

中美两国政治体制、文化背景和价值观念不同，在许多问题上抱有不同的看法，对若干事件、人物存在着截然相反的观点，这是不容讳言的事实。百科全书集古今中外政治、文化和科技之大成，涉及世界各国，各种理论、制度，以及各种倾向的人、事、物等，矛盾是无法回避的，必须加以解决，这便是中美联合编审委员会的任务。在整个编译过程中，联合编审委员会共召开了三次全体会议，多次工作会议。除个别会议外，我都参加了，有时还主持了会议。印象最深的是1982年7月在哈尔滨召开的第二次全体会议，讨论的主题是“朝鲜战争”，当时双方分歧很大，经过一番讨论、争论，最后双方本着实事求是、求同存异的办法，作了妥善处理。

通过中美双方密切配合，经过500多位专家学者和编译人员历时四年的紧张工作，《简编》第1～3卷于1985年9月出版，小平同志第三次接见中美双方有关负责人，表示祝贺，并说：“这部百科全书是非常有用的，这是知识读物。”1986年9月，《简编》全书10卷出齐，胡耀邦同志接见了美方董事长格温先生，提出中美双方在文化交流和出版合作方面有广阔的前景。9月13日，《简编》全套发行仪式在上海举行，时任上海市市长的江泽民同志到会祝贺，并和格温等亲切交谈。同年10月，我参加中方代表团，应美国不列颠百科全书公司的邀请，访问美国，出席了在华盛顿国会图书馆举行的发布会、报告会，会见了美国国务卿舒尔茨和新闻署长。1987年3月，我代表中方在徐慰曾陪同下出席了在香港美国图书馆举行的《简编》香港地区发行仪式。中美双方合作出版《简编》的成功，证明了中国坚持改革开放政策，本着真诚的愿望，不同制度的国家也可以进行文化交流。到1997年止，《简编》已在国内及海外发行17万套，受到广大读者的欢迎。

进入90年代，中美双方经过协商，一致认为应对《简编》进行全面修订。1992年春，徐慰曾向我汇报了新版的构想，计划将《不列颠百科全书》英文原版中的精华即《详编》条目（篇幅较长的条目）中有关古今中外人物条目全部译出，我自告奋勇，要求翻译阿基米德、达尔文、爱因斯坦等条目约70 000字。为了不误计划，我每天清晨工作，终于在较短时间内完成了任务。新版《不列颠百科全书（国际中文版）》于1995年正式上马，我担任了中方顾问，继续参与该书的领导工作。通过中美双方密切合作和300多位编译人员持续四年多的紧张工作，现在一部内容充实、资料新颖、功能较全的20卷新版百科全书，即将出现在广大读者的案头。

100多年来，我们的国家与民族历经屈辱和苦难。建国以后，由于众所周知的原因，我们错过了全面发展的大好时机。小平同志开创的改革开放使我们国家进入了实现四化、振兴中华的新时期。现在，知识就是力量的道理已越来越深入人心，科教兴国已成为我们的国策，《不列颠百科全书（国际中文版）》的问世，是中美合作传播知识的新成果，必将为广大读者开阔视野、增长知识，为改革深入、开放扩大的时代，作出应有的贡献。

（1999 年 4 月）

我和《不列颠百科全书》[①]

周有光

我国的发展方针是与时俱进。与时俱进不是局部前进，而是全面前进，不是一时前进，而是长期前进。与时俱进要抛弃清帝国中学为体、西学为用的半推半就、欺人害己的虚伪改革；要推进五四运动高瞻远瞩的德先生和赛先生的现代化进程。在全球化时代，我国正在努力走出孤立于世界之外的“天下”，争取成为“地球村”的一个积极成员。

与时俱进就是与国际先进行列接轨。这要进行全面的知识更新。知识更新的方法之一是，翻译出版世界权威性的先进出版物。《不列颠百科全书》是这类出版物中的一种。

《不列颠百科全书》中译本的出版，不仅是一项出版工作，它是一项开辟新文化的工作，是一项开启新思想的工作，是一项开创新风气的工作。

《不列颠百科全书》是人类知识的汇总和浓缩，它不仅包罗以科学和技术为主的西方知识，并且包罗东方和世界各地的传统知识。给它撰稿的四千多位专家学者，来自世界各国的权威学府，代表了全世界的学术精英。学术观点以客观和真实为依据，不附和一时的思潮起落，因此有长远的学术价值。

《不列颠百科全书》翻译成中文，1985 年出版《简明不列颠百科全书》中文版，1999 年出版《不列颠百科全书（国际中文版）》，这是我国“改革开放”在文化方面的重大实践，对青年一代的知识现代化和思维逻辑化有时代转换的启迪作用。

① 编者注：本篇为作者为徐慰曾《这是个好事情——不列颠百科全书中文版历程》一书所写的序言，收入本书时标题有改动。

《不列颠百科全书》是我大半生的知识伴侣。我使用《不列颠百科全书》，开始于 1923 年进入圣约翰大学之后。老师指定的课外读物中规定要阅读《不列颠百科全书》的一些篇章，这使我第一次进入百科全书的知识宝库。阅读以后，茅塞顿开。我感觉其中的文章，叙述全面而扼要。从此我跟《不列颠百科全书》结下了不解之缘。

我的老师对我们说，建筑知识高楼必先建筑宽广的知识基础。建筑宽广的知识基础，需要自我教育，终身教育。查看百科全书，并进一步阅读其中介绍的著述，是建筑知识基础的一条捷径。百科全书是“没有围墙的大学”，谁都可以入学。

我的老师又对我们说：文科学生应当读些自然科学，理科学生应当读些人文科学。哈佛大学校长来华在庆祝北大百年时候对北大学生说：大学的宗旨是，使科学家能够欣赏艺术，使艺术家能够理解科学。这都是培养完整人格的教育。在这种崇高的教育中，百科全书能发挥一定的辅助作用。

20 世纪 20 年代，中国和世界处于动荡之中。我和几位同学结成一个读报小组，常常谈论天下大事。报纸新闻过于简单，我们需要知道世界大事的背景，首先是去查看《不列颠百科全书》，每次都能得到我们所需要的资料。《不列颠百科全书》成了我们的读报伴侣。这种读报方式成为我终身的习惯。

改革开放，使我对许多学术问题，想要进一步了解不同的观点和问题的核心。这是信息化时代的求知要求。到哪里去请教呢？我首先到《不列颠百科全书》去请教。几乎有问必答，答必中肯。这是一种精神的享受，使我放开眼界，拓宽胸怀。

当我想自学某一课题的时候，我也是首先去阅读《不列颠百科全书》上的有关篇章。常常一查即得，使我很快对这个课题能有初步的理解。我经常写文章，经常遇到不甚了解的问题。我苦于求教无门，只能信赖百科全书，将其作为我的学术智囊。

建国初期，我从国外回来，身边带着一部《不列颠百科全书》。居室狭小，无处放书，也必须把百科全书放在身旁。“文化大革命”中，我被下放宁夏平罗“五七干校”，我的工资减少到一月只有 30 元。家中不得已把《不列颠百科全书》卖掉，补贴生活。等我从平罗归家，失去了我的知识伴侣！可是事有凑巧，不久我参加《简明不列颠百科全书》的中美联合编审委员会，又得到了新的《不列颠百科全书》。

我诚恳地建议，每一所大学、每一所中学，都应当置备一部《不列颠百科全书（国际中文版）》。这是学校图书馆的首选藏书。老师们时时查看百科全书，能够提高自身的学养，提高教学的质量。学生们学习查看百科全书，是自学求进的基本训练。你如果想做个全球化时代的知识公民，你最好首先进入《不列颠百科全书》这所“没有围墙的大学”。

“简明”和“国际”两部中文版《不列颠百科全书》的编译工作，都是由徐慰曾先生具体主持的。他在长期受到不白之冤之后，一经平反，便毅然担任了这个繁重而艰巨的工作，勤勤恳恳，数十年如一日，对出版和文化做出了有目共睹的贡献。这种奉献精神，难能可贵，使人肃然起敬。

（2003 年 10 月 1 日）

回顾与希望

弗兰克·吉布尼

值此《不列颠百科全书（国际中文版）》出版之际，我以愉快的心情向该书的编译人员致以衷心的祝贺。随着一个人年岁的增长，历史会变得更加重要。对于世界的出版界来说，我觉得没有比中国大百科全书出版社和不列颠百科全书公司之间的合作——富有成果的共同努力产生了《简明不列颠百科全书》——更加令人鼓舞和富于创造性，我并且相信这种合作在今后的年代为中国人民起到教育工具的作用。

我以怀旧的心情，回忆起1979年11月我第一次访问北京的情形。我已经听说中国大百科全书出版社，而中国大百科全书出版社的编辑们也知道不列颠百科全书公司，但我们双方的了解仅仅是这些机构设在什么地方。任何一方都不知道对方的编辑运作情况。因此，我对结识刘尊棋、阎明复、徐慰曾和其他编辑非常高兴。当合作的构想发展成为出版一部中型的中文版工具书时，中国的同事们热诚地赞同。不久，双方的编辑就开始共同工作，我高兴地注意到这项工作从来没有停止过。

在我们合作的最初阶段，我们幸运地得到了邓小平先生的支持。他第一次接见我是在1979年11月，这是一次非常值得纪念的事。他对百科全书的兴趣令人鼓舞。北京的几位朋友告诉我这样一个故事（可能未经证实），一年以前，邓先生收到一部欧洲小国圣马利诺出版的百科全书。据说他当时曾经说过："如果圣马利诺能出一部百科全书，为什么北京不能出一部？"这个任务当然应该由中国大百科全书出版社来承担。我们都很高兴历史性的时刻来到了。令人更加高兴的是，编辑们一致同意先将《不列颠百科全书》中的短条目部分译成中文，并将重点放在国际性的条目方面，作为一套大型百科全书的前奏。我们立即开始工作。

在以后的七八年中，我每年至少访问北京两次。我的亲密同事何得乐（Dale Hoiberg，现任《不列颠百科全书》总编辑）访问北京的次数和我不相上下。我们发现了一批忘我工作的编辑和各个学术领域的专家、学者。这是极不寻常的，因为中国刚刚摆脱了“文化大革命”的危机，中国大百科全书出版社的许多编辑刚平反不久。

幸运的是芝加哥的不列颠百科全书编辑们怀有同样的热情。当时我已经在日本出版了《不列颠百科全书（国际日文版）》。不列颠百科全书编辑们在日本的经验对于与中国的合作是非常有用的。中国读书界对于《简明不列颠百科全书》出版时的热情更加令人鼓舞。

我记得最初曾设想将这套中文版不列颠百科全书编辑成 8 卷。中国大百科全书出版社的编辑自然要考虑预算方面的制约。但是一旦我们开始编辑工作，事情就变得十分明显，这套百科全书应该有更多的篇幅。我们最终决定这套书应该出 10 卷。后来，又出版了增补卷（11）。很自然，百科全书一直在扩展。整个世纪以来，知识快速增长。特别是在科学与技术方面，出现了许多变化与革新，我们不列颠百科全书的编辑发现越来越难使印刷版百科全书保持常新。这就迫使我们要在许多方面借助于电子版百科全书。我们希望中国大百科全书出版社将会和我们要在许多方面借助于电子版百科全书。我们希望中国大百科全书出版社将会和我们联手制作百科全书的网络版和只读光盘版。在计算机时代的初期，曾有人说计算机会使百科全书结束，但事情的发展却是计算机的应用赋予了百科全书以新的生命。

在我多次访华的过程中，我曾经饶有兴趣地阅读过若干世纪前出版的中国古代的百科全书。事实上，中国是第一个出版百科全书的国家。在法国狄德罗和苏格兰不列颠百科全书编辑们想到编辑百科全书前很久，中国历代皇帝已经命令当时的学者们记录下当代的政事。

当然，在当今世界上，有许多国家以各种不同的方式记录他们的活动。国家与个人一样，有他们自己的文化关注与偏见。因此，令人更加感兴趣的是中国大百科全书出版社和不列颠百科全书公司在合作出版一部真正的国际性的百科全书的过程中，能够超越文化的分歧，只出现了很少的问题。

从 20 世纪 80 年代初以来，时代变化了。现在北京的编辑部办公室宽敞而舒适，但我还记得当年在旧的房子中，由于堂风大，必须一直穿着外衣。现在人们住在条件良好的公寓中，同 20 年前的旧住所形成了鲜明的对照。但我更加高兴地发现人们寻求知识的精神现在同过去一样强烈。我们希望不列颠百科全书公司和中国大百科全书出版社能够继续合作，在今后的岁月中不断出版新的版本，使它成为人们持续寻求知识过程中的不朽之作。

（1999 年 4 月）

百科杂忆

——专业百科、地区百科编纂二三事

李西琴

引言

在百科社40年的生命历程中，2009年注定成为其具有里程碑意义的一年。历时14载的鸿篇巨制——《中国大百科全书》第二版（下称《全书》二版）横空出世了。随着这一宏大文化工程的音起锤落（2011年荣获第二届中国出版政府奖图书奖），在2010年催生出一个以《中国军事百科全书》（3 600万字，约2万幅配图、1 100幅地图）和《云南大百科全书》（2 500万字，约2万幅配图，其中含约300幅地图）为核心编纂任务的专业百科与地区百科全书编辑部。彼时，以龚莉为社长的社委会从客观实际出发，把已完成历史使命的全书二版编辑部一分为二，从中抽调出近20名工作人员组成新的编辑出版团队，我个人则经过竞聘上岗有幸担任本编辑部主任一职，由此带领部门全体人员开启了艰难曲折、负重前行，有欢笑也有泪水的工作征程。其间，让人难忘的经历许许多多，下择二三叙之。

呕心沥血打造精品

“树立精品意识”，是我自1995年7月入职百科社从事百科全书编纂工作以来，在不同场合、不同类型百科全书专题辅导讲座中，多次聆听资深编审孙关龙老师一再强调的，并将其植根于心，同时付诸工作实践中。记得在参加2013年9月社里例行的上年度已出版图书编校质量检查评比大会上，得知本编辑部创纪录地赢得了三部参评图书全部荣获优秀奖殊荣的消息时，心中是感慨万分的；特别是其中的《中国战略导弹部队百科全书》（上、下卷，320 万字，1 668 幅配图；刘杭副总编辑作为编辑部主任时策划的中国军事百科全书系列的重要组成部分）更是在其后过五关斩六将，赢得了第三届中国出版政府奖图书奖，内心则更为百感交集。这无疑是对本书全流程、各环节参与工作人员的极大褒奖和鼓励！尤其令人难以忘怀的是：在后期成书过程中，部门工作人员常常在单位加班至深夜，有次竟致多位女同事结伴搭车回家后已是凌晨三点多钟；出版部主任徐继康为了不耽误工期，星期日下印厂督促激光打样；美术编辑部主任武丹在版式设计方面多次给予技术方面的有效指导；地图编辑部主任张宝军严把地图制作、内容审核、送审质量关；总编室主任任其忻积极推进因重大选题备案条目送检等事项；第一责任编辑林建敏，反复打磨稿件质量，在背负其他卷本数百万字编辑加工量的同时，累到胳膊疼痛抬不起来；我本人在抓管理、对内对外多方面协调工作的同时，牺牲节假日和休闲时间，两次通读全卷正文内容。第一次是围绕 8 个知识门类逐字逐句通读长条样，从中消灭了一定量的从条头名称到文字内容再到图片质量的硬伤；第二次则是在已定版的前提下堵住了四五幅重复使用的图片漏洞，进一步提升了图书质量。多年来，包括《全书》二版编纂时期，年假对于我来说，只是存在于词典中的一个名词而已。百科精品素来与轻松舒适无缘；更与摆花架子，耐不住寂寞、坐不住冷板凳，马马虎虎、得过且过绝缘。虽然面对身属系统性工程的百科全书，我们常常感到自身学识和能力的不足，但态度决定一切！

值得追溯的还有《广州百科全书（第二版）》（316 万字，1 367 幅配图），在作者方深感棘手、成书渺茫的境况下，经过多方努力，下大力气，终于于 2016 年初付梓出版。这部于 2009 年上半年正式启动编纂的地区百科全书，由于种种原因，前期组稿、撰稿工作推进缓慢，致使 2012 年成书的计划搁浅，这期间仅具体承办单位——广州市社会科学院院长即更换了 4 任。从作者方 2014 年陆续交出版社的稿件质量来看，的确质量不高，虽经社内多位返聘和未返聘退休老编辑以及在职编辑、校对人员按编写体例努力打磨，以及不间断地与作者方联动，稿件质量得以跃升几个台阶，但及至定版稿出样按社里规定呈送总编室进行质量抽检时，仍判定为不合格产品。为此，我不得不调转大半个身子，从《贵阳百科全书》《云南大百科全书》《哈尔滨百科全书》等交叉滚动项目中挤出更多时间，每天把睡眠时数压低到最低限度，连续花费 3 个多月的日日夜夜，逐字逐句通读全书内容，其间不仅解决了主要涉及机构类条目名称设置错误方面的硬伤六七十处，而且处理了正文中数百处包括知识性、文字、数据、图片、体例等方面的问题。尤其是孙关龙老师，因胰腺炎住院治疗近 20 天，出院后未及好好调养就投身该书工作，对正文前所配的半个印张的彩色插页提出了按知识主题分组并与正文内容相配合的建设性意见，通过亲手组配图片，同时侧重把关全书重特大条目，使得全书整体品质得到提升。成书后的《广州百科全书（第二版）》，让多个曾参与该书编辑加工，对成书信心不足的退休老编辑都刮目相看。

终生铭记吴文俊先生

吴文俊先生是我国著名数学家、中国科学院院士，2000 年度首届国家最高科学技术奖获得者。他的数学成就我是于大学求学阶段从报纸杂志上了解到的。但作为一名文科专业的青年学生，除了对其敬仰和敬重外，断然想不到几十年后竟然有机会通过百科全书与先生结缘。那是 2009 年 11 月的一天，为了配合《全书》二版问世后的营销宣传，也为了积累史料，社委会于同年 4 月决定由时任全书二版编辑部副主任的我接手参与一项工作，即与市场营销部的几位同志一起组成采访组，主要采访有广泛社会影响力、知名度和学术造诣的各学科的主编或专家，由此我得以有机会零距离地倾听数十位学术大家对百科全书的深层认知，同时感受他们的别样情怀和睿智。这其中包括两次前往 301 医院，在病房中分别采访《全书》一版总编委会委员，《全书》二版总编委会副主任、外国文学学科主编，北京大学原副校长、教授季羡林先生；中共中央党校原副校长、教授，《全书》一版《经济学》卷编委、《全书》二版经济学科副主编和政治经济学分支主编苏星先生。对《全书》一版总编委会委员、《数学》卷编委会副主任，《全书》二版总编委会委员、数学学科主编吴文俊先生的采访，约定在他位于黄庄小区的中科院老专家家属楼中。我们一行人按指定时间来到吴先生家。面对整洁朴素的客厅，和蔼可亲的两位白发老人（包括吴先生的夫人），让我们有种宾至如归的感觉，几位小字辈竟毫无拘束地开始了采访工作。也许是我对先生发自内心的尊敬和对百科事业的真诚打动了这位老人，在吴先生搬进中科院院士家属楼后，我曾两次因为同一事项（第一次是邀请吴先生出席2009年8月26日在人民大会堂召开的《全书》二版出版总结表彰大会并作大会发言；第二次是呈送已整理好的他即将在大会上作的发言稿）迈入吴先生的家门，照例受到两位老人的热情接待。第四次（也是最后一次）登门吴先生家，我则是背负着重要使命而来的。2013 年 5 月，百科三版在向国家有关部门申请经费支持时，急需知名专家助力。范宝新老师已出面联系了王绶琯、甘子钊、郑哲敏和杨国桢 4 位院士，他们希望吴文俊先生首个签名。社委会再一次把这项“分外”任务布置给我。我抱着以百科社持续发展大计为重的信念，怀着忐忑之心拨通了吴先生家的座机电话，年届 94 岁高龄但精神矍铄、思路清晰的吴先生在电话中静静听我讲清楚意图后，说：“这是个好事情，应该支持。”放下电话后，我激动的心情久久不能平静，敬佩之情油然而生！随后社领导刘杭与我按约定时间一起前往吴先生家，亲眼见证了老人郑重在信件空白处签上自己名字的那一幕。那一刻我在想，他的名字不仅牵动着百科事业发展的未来，为百科社社史添上了浓墨重彩的一笔，更牵动着国家科学文化事业发展的未来，是百科之大幸，乃至国家之大幸，他展现出的是一代科学巨匠的眼光、胸襟与风范。为此，我将终生铭记他！

实际上，若干年前我就有等退休后空余时间多了，我不应只是每年元旦或春节前给吴先生打打问候电话或寄张小小贺年卡，我应该做得更多一些的想法。但天不遂人愿，2017 年 5 月 7 日我从手机新闻中得知吴先生驾鹤西去的噩耗，顿时心中无比悲痛，更遗憾的是当时的我也许由于长期过度透支和缺乏科学锻炼，正处于生死煎熬的乳腺癌术后共 8 次化疗中的第二次，白细胞和红细胞数远远低于正常值，身体状况不允许我亲送老人最后一程。我只得仰望天空寄托自己的哀思，遥祝老人家一路走好，安息！

寄语

曾几何时，头上高悬着项目核算制的利剑，肩上扛着代表一定时期或国家或不同行业、不同地区科学文化发展水平的重点图书重任，外有重大选题备案审批时间不可控因素制约，内有因外力挤压致使原本错峰而行的重大工程项目工期重叠、人员胶着以及转型期一些制度安排缺乏弹性等困难，怀揣着“在职业生涯中绝不做吃老祖宗饭砸子孙后代锅”的信念，为了维护和擦亮百科品牌，全身心地跋涉在百科全书编纂征途上。现如今作为一个被上苍选择用重疾之手拦下来休养之人，每每看到家中书架上摆放的那一排排浸透着许许多多参与者和我本人为之倾注全部心血的良心之作，我都颇感欣慰与踏实！特别是在日常生活中遇到有知识性争议之事，新结交的朋友拿出从网上下载的论据作佐证时，我常常会骄傲和自信地告诉他们权威依据在我们编纂的大百科全书中。也许在百科未来的发展道路上，既可能遭遇以往老问题的困扰，更需要面对新机遇和新事物的严峻挑战，但对于一个既有国家政策扶持，又具备成千上万各学科各领域专家学者的广泛参与，而且掌握着经过40年锤炼积淀已相当成熟的百科全书编写体例，加之容量不可小觑的百科数据库的建立和不断完善，况且正处在青壮年时期的百科社来说，只要一代代的百科人能够继续发扬光大大百科精神，并与时俱进地赋予其新的时代特色，注重发挥专家学者的能量与智慧，全社上下拧成一股绳砥砺前行，我相信百科的明天一定会更好！祈愿百科事业蒸蒸日上！ 祝福百科人健康快乐！

（2018年10月8日）

从大百科全书到小百科全书

李　元

在青年时代我翻阅着《大英百科全书》和《苏联大百科全书》，享受着人类文化科学的成果；后来到了中年又看到法国全彩版《拉鲁斯大百科全书》等更多的、更现代化的各类百科全书，在阅读赞叹之余梦想着中国什么时候才会出版自己的百科全书，甚至是大百科全书。这一天终于来到了，1978 年《中国大百科全书》的伟大工程正式启动，更没有想到是以《天文学》作为第一卷。

在最早的《天文学》参加工作的人员名单中并没有我，但是我想到天文学所展示的天体宇宙是那样的丰富多彩，需要大量的高质量插图甚至于图片专页，我从事天文工作已经有 30 年，而且一向注意天文图照的收集调查，通过在北京天文馆 10 年来的工作实践，更具有较高的能力，于是我主动向《天文学》主编（实为《天文学》编辑委员会主任——编者）中国科学院紫金山天文台张钰哲台长提出参加编图工作的申请，不久就得到批准，经过各种正规手续我被借调到中国大百科全书出版社工作，成为《天文学》的特约图片编辑。从主动申请到参加工作真使我喜出望外，于是从 1978 年夏到 1981 年春，我在中国大百科出版社工作了两年多，我既对《中国大百科全书》的创业做了自己力所能及的贡献，同时大百科全书也给了我展示自己才能的机会，也锻炼了我，使我在编辑《天文学》中得到提高与成长。我当初申请参加《天文学》插图工作的原因是：一为我热爱大百科全书。二为我更盼望早日出版我国的大百科全书。三为我已从事 30 多年的天文学工作，又在北京天文馆工作了十多年，已积累了相当多的实际经验并收集到大量的天文图照，完全有能力有信心做好这一工作。四为我在我国天文学界以及科学界有众多的关系，相信能得到各方面的支持；我也有一定的海外关系，必要时也可以从国外获得天文学资料。有了这些条件我才能主动积极地参加《天文学》的开创工作。事实证明我提到的上述几点都使我在《天文学》的插图工作中得到国内外各方面的帮助支持，进行得比较顺利，达到较好的效果。其中还有一个重要的因素是编辑部同人的齐心协力，在科学上有把关的，在设计印刷上也有专家和有实践经验的行家里手精心制作，更有上级领导的全力支持才使《中国大百科全书》的开路先锋《天文学》在1980年12月胜利出版并且得到国内外广泛好评。

世界著名科学家李约瑟在1981年7月16日的英国《自然》杂志上对《天文学》的编辑、内容、印制都给予高度赞扬，还特别对图片工作给予评价："文内众多的照片和图表，质量之好令人称赞。"美国加州大学立克天文台的格拉斯·平也在1981年11月的《科学》周刊上对《天文学》给予高度评价。日本东京天文台的香西洋树也在日本的《天文月报》（1983年1期）称赞《天文学》是一本优秀读物……

由于《天文学》的第一炮打响，给后来的各卷取得了经验。在配图工作上有了较多的困难，曾经戏称要找"李元"样的图片编辑，就是既懂该卷专业，又能驾驭大量图片的人。编完《天文学》后我又应邀参加了《航空·航天》的编图工作。最后我在告别中国大百科全书出版社时，出版社领导曾有意要我留社工作，我自知能力有限，未敢接受邀请仍回到北京天文馆，但表示仍愿为《天文学》的修订等工作继续效劳。2005年我又参加了《中国大百科全书》第二版的部分配图工作。

我和大百科全书的出版结下的创业史更顺延到小百科全书（指少儿百科）的出版。20世纪90年代，我又应邀参加四卷本《中国儿童百科全书》的编纂工作，直到21世纪初才正式出版；接着又启动了读者年龄更低的《上学就看》（四卷本）的工作，由于编辑部和文图作者的精心配合，这两套书都取得了很大的成功，现在这两套书还在与时俱进地不断修订发行。

如果说做好大百科全书的工作很不容易，那么做好小百科全书的工作就更不容易。少年儿童刚刚处于教育的启蒙阶段，好奇心特别强，但知识还较少，所以对少儿读者的小百科全书要求在知识性、趣味性、欣赏性方面达到很高的水平。要做到容易懂，有趣味，很好看，又好玩几个方面，编著者必须要以一颗童心去思考、去设计、去编写。最好把改的初稿读给小读者听，给他们看，他们认为可以才行。千万要避免教科书式的、大人口气的，更不可以之乎者也。我们在编著出版小百科全书的过程中也取得了许多实践经验，为今后出版更多、更生动活泼的小百科打下了基础。我虽已年过八十，但尚存一颗热心和一颗童心，愿为百科全书事业继续贡献力量。

（2005 年）

让百科之花在坚守和创新中绽放

——《中国儿童百科全书》品牌故事

刘金双

时光不老，有些人、有些事、有些书永载大百科出版史册。

百科社曾有这样一支编辑队伍：他们心系儿童，不负使命，自主创新，在商业化的出版大潮以及同质化的出版横流中，始终坚守文化的自信和出版人的自省。十余年间他们心手相连，同声同气，唱响着自豪的同一首歌——“为中国孩子编自己的百科全书”。他们用气大道正、独具特色的文化产品，赢得了读者的尊重和认可，他们以创新精神和工匠精神缔造了百科出版的精美华章。他们就是中国大百科全书出版社《中国儿童百科全书》（以下简称《儿百》）编辑团队。

值此中国大百科全书出版社成立40周年之际，作为《儿百》品牌成长历程的见证者、《儿百》成就与荣耀的分享者，以及《儿百》精神和事业的继承者，我试图从前人的讲述和著作中回望《儿百》系列的编纂历程并感悟它留给我们的精神财富，以此表达《儿百》后来人对前辈的感谢和敬意，同时也表明我们将不忘初心，继续前进。

文化自信　爱心筑梦

《儿百》的故事要从20年前说起。20世纪90年代，《中国大百科全书》编辑完成，百科社面临转型，开发不同类型的百科，丰富百科全书品种成为重要的任务。当时已经出版的面向儿童的百科全书，引进版炙手可热，这些图书内容丰富、图片精美，印刷质量上乘，国内自有品牌内容和形式都不能与其媲美。但国外的儿童百科存在着很大的缺陷，就是里面基本介绍的是外国的科技、历史及人文景观，缺少中国文化、中国地理、历史和自然资源的介绍，缺乏中国儿童所需要的中国现实生活的内容，缺少中国的历史文化传统和思想道德教育理念，就连里面的人物形象，都是黄头发、蓝眼睛的。说到底，它不是为中国儿童编写的。

这些现象唤起了《儿百》编委会副主任、原海南出版社少儿图书编辑室主任贺晓兴，我社总编辑徐惟诚和副总编辑吴希曾等有识之士为中国孩子编一部自己的好的百科全书的使命感和责任感，于是《儿百》被作为重点出版项目纳入百科顶层设计。从 1996 年 8 月《儿百》在科技部立项，到 1998 年 5 月成立主要承担《儿百》编纂工作的综合百科编辑部，再到 2001 年成立专门负责《儿百》编纂的《儿百》编辑部，“为中国孩子编好自己的百科全书”这样一个梦想把几十位编辑和近百名专家学者团结到了一起，他们以其坚定的文化自信和使命担当，开启了《儿百》编纂的漫漫征程。

这份文化自信主要体现在突出“中国特色”的编纂理念上，《儿百》在知识结构和内容的选取上无不突出“中国特色”。从大的结构上它展示了伟大祖国的悠久历史和灿烂科技文化，在有关历史、民族、文化、名胜以及气象、体育、日常生活、科学技术、发明创造等方面，都突出了中国国情和发展的状况。从细节上，全书体现了中国教育的特点，把素质教育“融化”到各个可以渗透的部分。不仅体现了中国的人文历史、地形地貌、科技发明、军事国防，而且把“素质教育”和“爱国主义”精神浸润在全书的画面与文字之中，成为“中国特色”的两条生动的主线。

著名作家苏叔阳曾评论说，这本书具有中国特色。所谓中国特色，不是一切以中国为中心，显现一种生怕人家排斥的小心眼儿。而是按照中国儿童的思维习惯，堂堂正正地讲述人类一切科学成果和中国悠久历史中的一切优秀传统，是以中国人的思维方式，正确的价值观念吸收和发扬中国和世界上人类创造的一切优秀的文明。也就是说将一切文明的优秀成果中国化，变为我们自己的血肉。这本书在介绍各种知识时那种为中国孩子服务的精神与标准，正好是“中国特色”的注脚之一。

民族的才是世界的。《儿百》的出版打破了儿童百科由引进版一统天下的市场局面，打造了中国原创儿童百科品牌。为中国孩子服好务，为中国出版服好务，这是践行文化自信的出版范例，也是对百科精神的生动诠释。

坚守原创　自主创新

五年磨一剑，功夫不负有心人，《中国儿童百科全书》于2001年正式出版。这套书出版后引起了社会的广泛关注，获得了国家图书奖、国家辞书奖、国家科技进步奖等几乎所有的国家大奖。2006年中央电视台“焦点访谈”栏目制作专题节目——《小百科，大世界》，介绍推荐《儿百》，使“儿百”这个品牌在社会上获得了更加广泛的知名度。尽管图书市场群雄逐鹿，大浪淘沙，但《儿百》一直散发着独特的光芒。至今它已出版7个版本，累计销售1 000多万册，影响了数以千万计的少年儿童，在培养少年儿童求知兴趣和创新能力方面做出了独特贡献，其社会效益和经济效益均十分显著。总结它的成功之处，最重要的在于其编辑团队在策划、编纂该书的全过程中，始终坚守“自主创新”的原则。

对待《儿百》这项系统工程，编辑团队用相当多的时间研讨并最终设立了多项技术创新目标，包括编辑理念的创新、知识表达形式的创新和编纂模式的创新等。

其中首当其冲的是编纂理念的创新。长期以来，出版界和教育界针对“儿童百科”形成了一种思维定式，就是给孩子灌输尽可能多的知识。但知识的发展是无止境的，对于一个人来讲，最重要的不是掌握多少知识，而是能够永远保持对知识的兴趣，能够学会随时寻找自己所需要的知识的这种能力，养成不断地寻找知识的习惯。所以编《儿百》不是要把所有的知识都展现在孩子的面前，而是从儿童本位出发，不苛求知识的完备，但求能激励儿童保持求知的渴望，培养其获取知识的能力，教给他们寻找知识的方法。徐惟诚总编辑把它总结为“三件宝中宝”——寻找知识的兴趣、寻找知识的方法、寻找知识的习惯。

除了编纂理念的创新，《儿百》系列图书在编纂模式上追求创新，即不以传统的百科词条模式来编写，而是用相对系统的知识组成“知识门类”；用相关、相近的知识集合成“知识主题”；“知识主题”之下再形成若干“知识点”，还有图片以及帮助理解图片的图注，看上去很像一棵知识树，有主干和枝干，有叶子和果实。正如知心姐姐卢勤所评价，“这很符合人的大脑的结构，适合儿童的认知规律，用图把知识打碎，让小朋友们自己在阅读中把知识连贯起来，当小朋友在脑子里形成一棵棵的知识树的形象时，一旦有了属于这个门类的新知识，输入大脑，就会主动地在树上找到自己的位置，久而久之，知识树果实累累，可你们并不感觉累，反而很有成就感，始终保持对这门知识的兴趣”。

此外，《儿百》系列图书变“以文为主、以图配文”为“以图为主、以文配图”，实现了知识表达形式的创新。书中采用了大量精心绘制的手绘图片和大幅生动精美的实景照片，用图解说知识、用图助说知识、用图代说知识，目的在于使儿童更加形象、直观、准确地认知客观事物。这在20世纪90年代是一种开先河的尝试，它引领并影响了一代儿童百科。

基于上述创新理念和形式，在其后数年间，《儿百》编辑团队对《中国儿童百科全书》进行了系列化产品延伸，打造了《上学就看》《中国儿童好问题百科全书》《中国幼儿百科全书》《中国小学生百科全书》《中国中学生百科全书》等一系列精品图书。细心咀嚼，每本书背后都有一份情怀，一个独特的编纂理念。

《儿百》编辑团队一路思考，一路编纂，用心用情，在坚持原创、自主创新之路上愈扎愈深，越走越远。

从孩子中来　到孩子中去

《儿百》的成功不仅在于它的创新，还在于它有一条秘密的爱的通道，就是“从孩子中来，到孩子中去”。尊重孩子，一切从孩子出发，是永恒的教育理念，同时也是永恒的童书出版理念。《儿百》编辑团队始终践行这一理念，坚持“蹲下来”为孩子编书。

市场上的综合性工具类图书普遍内容枯燥、味同嚼蜡，无法激发孩子们的阅读兴趣。《中国儿童百科全书》的编纂者们另辟蹊径，认真探讨儿童的认知规律和阅读习惯，并听取教育专家和一线教师的意见与建议，最终形成了完全创新的编纂模式，从主题知识框架的设立，到每一个主题页面图文的合成，都关注孩子的需求和喜好，做到真正为孩子们编写，让孩子们发自内心地爱读、读懂。

编纂者们不仅研究孩子，还走近孩子，与他们零距离接触。在编书的过程中，他们想尽办法让孩子们参与编纂过程，成为最早的读者。孩子们的意见和建议为图书的最后定稿提供了重要依据。譬如，为了让孩子们更容易理解、接受“生物技术”之类的主题知识，编辑们曾多次拿着稿子到学校去征求小读者们的意见。全书的封面也是由某个班的小学生在几个备选方案中举手表决产生的。这样做出来的书，“秀外而慧中”，更加符合儿童的阅读需求。

用孩子的眼光看世界，这说起来容易，做起来却有一定的难度。常年以来，除了请孩子们参与编写过程，让他们充当特殊的“审读人员”，编辑们自身也力求以“蹲下来”的姿态投入每一个编读环节，对书稿反复进行修改，并请儿童科普作家做进一步的文字加工，然后把书稿再送回孩子手中反复“审读”，数易其稿，直到他们爱不释手、无可挑剔才最后定稿，从而成就了这套书的“儿童视角”。

多年来，《儿百》编辑团队始终这样心系读者，在书出版前坚持到孩子们中去了解需求，征求意见，书出版后他们依然不忘孩子，热情地走到孩子中间，为他们提供阅读服务。在徐惟诚总编辑的号召和领导下，《儿百》编辑团队在全国十余个省区开展了丰富多彩的“同游百科园”读书活动，为孩子们提供行之有效的阅读指导。

就是这样一支心怀大爱、有道有识的编辑团队成就了儿百原创品牌。百科事业需要前辈的光荣和成就，也需要后辈的追随与梦想。坚定文化自信，推动出版创新，一切问问孩子、蹲下来为孩子编书，这些理念和精神时隔多年不但没有过时，反而更加闪光。作为儿百事业的继承者，我们将传承前辈们所开创的“执着坚守、开拓创新”的“儿百精神”，并努力发扬光大，让百科之花不断在坚守和创新中绽放！

（2018 年 10 月 30 日）

当DK遇见大百科

武　丹

在2015年第44届伦敦书展上，中国大百科全书出版社和英国多林金德斯利公司（Dorling Kindersley，简称DK）共同获得组委会“市场焦点成就奖”提名。我在申报书中曾真实描述了DK图书在中国、在百科的快速发展历程：

> 中国的儿童图书市场蓬勃发展，有目共睹。然而，在这个市场中，排行榜里很难寻觅到单本定价超百元的精装儿童百科读物。从2010年开始，情况发生了改变。DK儿童百科全书系列出现在亚马逊网站的销售平台以及中国的新华书店，人们开始认识并关注DK品牌。2011年至2013年，DK儿童百科全书系列中的《DK儿童百科全书》连续3年跻身亚马逊儿童图书排行榜中的前20名，儿童百科中的前3名。不能不说这是个奇迹。众所周知，中国的读者有着自己的选择习惯和文化坚持。中国大百科全书出版社在2009年开始引进DK儿童百科全书系列之时，没有单纯地将这个产品翻译后抛向市场，而是充分考虑中国读者的文化心理和审美标准，在内容和字体、封面方面都做了有意义的探索……现在，每年有超过百万的中国人在阅读DK这个品牌的图书。中国的文化市场是一个开放包容的市场。DK品牌在中国落地生根的故事说明任何优秀的文化在中国都可以找到立足点。

而这一切的一切，都得从20年前说起……

初识在菊儿胡同

初识DK是在1998年，我在图片中心主任的岗位上任职的第二个年头，这一年我决定尝试做版权引进的图书。这个想法得到对外部主任阿去克的支持，他向我推荐了英国DK公司，一家以出版图文百科为特色的出版公司。

记得那是9月的一个下午，对外部主任阿去克、发行部主任刘晓东和我一行三人骑自行车前往DK公司驻中国办事处所在地菊儿胡同。90年代的菊儿胡同，是吴良镛先生提出的“有机更新”北京四合院理论并实施的成功案例。菊儿胡同给人的感觉与北京其他胡同不同，干净、静谧且优雅，白墙黑瓦的黑白色调，高低错落的楼群，每一组建筑似乎都簇拥着一棵生机盎然的老树。DK公司租借在菊儿宾馆二楼的一个大套房里。阿去克主任向我们介绍DK驻中国总代理郭志平先生，一位高个帅气的年轻小伙子。郭先生热情地向我们介绍了DK公司的基本情况，拿出了DK所有的样书。厚厚的大部头百科书，实在是精美至极。记得当时阿去克主任从对外部版税的角度分析，认为引进大部头的百科，图片中心无力承担首印的版税；刘晓东主任从发行角度认为大部头高定价的书在中国难有市场，而且他的孩子正值学龄前，对幼儿图书非常有感觉，建议选择低价平装幼儿读物。而我从部门的人员数量、编辑能力考虑，也认为没有能力承接大部头的百科。于是，我们达成一致，先从“小”开始。郭总向我们推荐了在欧美市场非常畅销的儿童分级读物“目击者”系列。最终，我们挑选了低龄段的“目击者”系列中的6本，确定合作。

今天，回想当时的那一幕，我们4人谁也没有想到，此次菊儿胡同之行竟然开启了与DK长达20年的合作旅程，且合作还在继续。当年的6本“目击者”，今天已经扩展到60本。

2007年是美编室结束二版工作的前一年。这年9月初，在第14届北京国际图书博览会上，我约到DK公司的郭志平先生，提出希望继续版权合作的意愿。此时的DK尚未在中国打开局面，“DK”的品牌还没在中国产生影响。“高、冷”两字是中国市场对DK形象的准确表达。郭先生向我推荐了即将出版的精装《DK儿童动物百科全书》，304页，铜版纸。他强调动物主题在国外是儿童接受度最高的。我拿在手里，这是一部沉甸甸的儿童百科，翻开内页，那些精美的大图形成的视觉刺激，完全突破了我对儿童百科的认知。一本非常“美”的百科全书！正适合美编室的部门特征。我没有犹豫，现场和郭志平先生确定了这本书的版权意向。

2008 年 4 月份，美编室刚刚结束二版图片编辑和装帧设计工作，社里即宣布美编室转为创收部门并下达了当年的创收指标。此时《DK 儿童动物百科全书》英文版已经出版，我们与 DK 签署了版权合同，自此打开了与 DK 公司合作的快速通道……

引进版的创新思维

美术编辑部（2010 年由美编室更名）自开始出版图书以来，始终坚持一个理念：出百科书，出“美”的百科书。当我们遇见 DK，发现它与我们的出版理念如此吻合，“百科”是我们双方共有的身份。不仅如此，双方还各具特色：我们有对百科最具学术性的认识、最权威的产品和编写标准，而他们特有的编辑思路、视觉表达手段，正好丰富了百科产品单一的表现形态。

然而，如何将引入的 DK 品牌注入中国元素，打破 DK 产品进入中国十多年一直不温不火的局面，成为适应中国市场的新品牌呢？多年来，我们运用创新思维在诸多方面进行了卓有成效的探索。

一是引进版的本土化创新。引进版必须符合中国读者的审美和阅读习惯才能在中国的市场上生存。这是我们做 DK 产品之初既有的认识。《DK 儿童百科全书》的原版封面，主图是一幅蓝白交织的水纹图。我们认为对“水纹”这种细腻的美感认知是西方对儿童启发教育的一种方式。但我们觉得这个封面不适合中国儿童的视觉心理感受。于是，在获得 DK 方更换封面图的许可后，美编选取了上百幅图进行实验，最终，确定铅笔女孩的头像作为主图。这个封面获得了中国读者的认可，也得到了 DK 方的称赞。

尽可能多地融入中国元素，让中国读者有亲切感和文化认同感，这是我们重新设计每一个 DK 图书封面坚守的原则。

二是创立 DK 产品中文版价格体系。我们首先明确 DK 中文版产品定位于高端人群，采取网络主销的高定价思路。以印制成本、版税、编辑成本、读者对象、渠道为定价因素，制定整套定价标准。2010 年出版的《DK 儿童百科全书》138 元的定价，沿用至今，并已经成为被市场同类书仿效的最佳定价。

三是创新编辑部管理模式，引入营销理念。编辑部功能定位于选题＋编辑出版＋营销。将营销理念引入编辑部，把图书营销提升到与编辑出版同等地位，即编辑负责图书出版销售的全过程。编辑部的管理实施责任编辑全流程负责制。责任编辑的职责从只限于传统的编辑书稿，扩大为图书生产、销售的全流程职责。对编辑的考核除编校质量外，当年的销售情况也是考核的重要组成部分。全流程责任编辑负责制注重个人能力的培养和锻炼，培养了一批有审美能力、能编辑加工又懂市场的具备较高编辑综合素养的新型编辑人才。

四是构建品牌生态环境。DK 品牌能够在百科创建、健康成长，是因为有着与市场紧密关联的管理模式，有一群热爱出版、有职业理想、有责任感的人，有一支思想活跃、相互尊重、相互协作的大雁团队。这个团队从不缺乏激情和想象力，连每年的年会，美编部的节目都是压轴戏。

构建优质生态环境的根基是团队协作精神。美编配合责编，责编依靠美编；营销编辑依托责编的内容提供，责编的销售量依托营销编辑的方案。相互依存、相互配合的关系构成一个产品的生存链。只有生存链上的每一个链接点都是合格的，才能构成品牌健康生长的生态环境。

图书销售的涅槃重生

每一本书的生命周期都是由两个方面决定的：一是内在的内容品质，二是外在的市场销售。2009 年《DK 儿童动物百科全书》即将出版，版权签署首印 1 万册（DK 授权底线），定价 128 元。这个合同被大多数人认为是“自杀”合同。据发行部地面店市场调研反馈：如首印 5 000 册，可保证 3 000 册销量；如首印 1 万册，建议定价 89 元以下。寄希望新华书店渠道销售的想法彻底破灭了，选择其他销售渠道成为这本书“活下去”的唯一选项。

此前，大约在 2005 年，因为“目击者”销售渠道问题，我和责任编辑李建新曾到位于安定门的当当网与图书销售总监王悦接触，王悦同意在当当网儿童频道销售“目击者”，并支持了相应的页面资源。但因对应的客户群体问题，销量没有达到理想的状态，不过每年的销量仍好于新华书店渠道。因为有当当网试水的体验，网络渠道销售无疑成为唯一的选择。2009 年的网上图书销售商可选择的只有当当和卓越亚马逊网。当当网的客户群体以追求平装版、低价绘本为主，而卓越亚马逊网在售图书有大量外版图书，DK 原版书也在其中，客户群体对国外图书价格和图书品质的认知度较高，价格并不是最敏感的问题。更重要的是当时卓越亚马逊的配送非常出色，包装、速度、价格得到客户的认可。恰恰精装的《DK 儿童动物百科全书》需要完善的物流才能保证低退货率。经多方考虑后，我选择把主体销售渠道放在卓越亚马逊网。《DK 儿童动物百科全书》正式上线销售。

对责编而言，那是一个异常艰苦的时期，每天的工作不再只是日常的编辑工作，还要涉足一个全新领域——网络营销。每日随时监控网络销售动向，尤其是夜晚（网络销售特点是晚上购买人多），发现异动，分析原因，采取应对措施。不仅如此，还要随时跟踪网站和社库的库存量，因为缺货会令网上的销售排名迅速下跌。努力的付出最终得到了市场真诚的回报。《DK 儿童动物百科全书》一年的销量达到惊人的 2.4 万册。2010 年《DK 儿童百科全书》中文版出版，定价 138 元，依旧在卓越亚马逊网保持了上升的态势。卓越亚马逊网设立 DK 图书的专门板块，作为品牌图书推出，由此也带动了 DK 在中国市场其他品类图书的销量。我们与卓越亚马逊网的合作进入蜜月期。

2013 年，随着社里考核指标的快速增长，我意识到随着品种的增加、品牌知名度的扩大、读者群的稳定增加，只在一家网站独家销售的策略将会阻碍我们期望的增长速度。此时，京东网图书销售的体量迅速增大，三家网站的鼎立局面已经形成。鉴于 DK 儿童百科系列在亚马逊网（2011 年更名亚马逊中国）上的表现，当当网多次表达出销售“儿百”的强烈愿望。我做了一个看似大胆的决定，结束在亚马逊网独家销售 DK 儿童百科系列全品全形态的方式，转而向当当网和京东网开放，实施“从点到面”的销售策略（“点”指亚马逊网，“面”指三家网站支撑的整个网络销售平台）。具体方案是将“网红产品”儿百系列的单一形态组合成不同形态——单册、组合套，根据每个网站的读者群特征，分别销售。这是一步险棋，因为当时亚马逊网的回款占据了部门回款的 60%。在向亚马逊网宣布实施这个方案的第二天，我们如约来到位于远洋国际中心的亚马逊中国总部，在前台等待了一个多小时，才见到图书销售人员。不仅如此，网站迅即下架了对我社DK产品的所有宣传位，主页面上再难寻觅到大百科的DK产品。由此，5个月的“至暗时刻”来临。

年底财务报表一扫阴霾，全网销售额按预期增长，亚马逊网增长速度减缓，当当、京东网则大幅增长。

2014年底，历时4年编辑、被寄予厚望的《DK家庭医生》出版。定价350元。大码洋精装书历来是销售的难点。刘晓东副社长和马汝军副总编两位社领导共同主抓，发行部派出专门人员，与编辑部组成了营销小组，并确定京东网做独家销售。京东网为此派出4人小组与我社对接，第一次将重要的广告位资源，包括线下、间接资源给予一本书。杨振是《DK家庭医生》的责任编辑之一，也是这本书的营销编辑、美术编辑。在社领导的领导下，他与营销小组设计了全套营销方案，选定2015年“世界读书日”为上线日期。随即地铁6号线上出现了《DK家庭医生》的书影，大百科楼体第一次出现了本社的图书广告。他还担当了全部广告的设计、制作任务。连续多日不分白天、黑天地工作，让三十出头的他突感天旋地转，被医院查出患上高血压。4月23日京东网开卖。这一天，京东“图书节”主角属于《DK家庭医生》。仅仅两个多月的时间，《DK家庭医生》销售突破1.8万册。

从单一的新华书店销售渠道到网站试水，从单一网站到游走于三大网站，从阿里巴巴天猫店到社群平台，美术编辑部走出的每一步，都是勇于创新的思维使然。

曾被地面店判定最多只能销售几千册的《DK儿童动物百科全书》，至今已经销售了42万册；《DK儿童百科全书》达到60万册。这个系列的单本都达到了30万以上的销量。创新的思维让我们较早搭上了网络销售这趟高速列车，我们分享了新渠道带给我们的红利。可以说，没有新渠道的开拓，就没有DK品牌在大百科的今天。

百科美编部的出版标准

品牌的特征是内在质量的体现，质量是品牌的灵魂。追求完美是这个品牌成长的重要营养来源。追求完美、注重细节表达成为美术编辑部特有的“变态”基因。在图书质量上，我们用编纂中国大百科全书的全套程序来编纂DK的每一本书，除三审和校对外，专业审定、通读、专项审核、索引核对，每一个环节都严格把关。在设计环节对细节的把控上也突破了普通图书的标准。

从第一本 DK 图书开始，我们就有清晰的设计思路：使用正体字（不是艺术体），全书字体选用一般控制在少数几种字体以内，行距选择适中，章节、知识点的层次表达尽量选择用调整字号大小的方式。遵循严谨规范、清爽干净、图亮字正的儿童百科设计理念。《DK 儿童动物百科全书》每一个栏目的标题、正文的字体字号都经过了几十次的实验、出样稿、讨论过程。最终这种对细节的把控，得到的是读者的认可，同行的敬佩。现在这个系列的装帧设计，已经构成 DK 儿童百科品牌的一种视觉标志。当然，也成为市场上其他出版社同类书模仿的对象。

对印制过程中的每一道工序，责任编辑也是力求做到极致，从包装箱的尺寸大小到单册书盒的制作，从堵头布颜色到书签带裁剪方式。印刷厂感叹从没见过如此“较真”的出版社。追求完美的工作态度还体现在美编的工作中，从广告语的编纂，到广告形象、色彩的构成，从封面形象的内容表达，到中西文化交融的平衡，从新材料的运用，到对成本的影响、读者的反应，不放过每一个细节已成为每一个人的工作习惯和态度。正因为有了对细节的关注，才会让品牌的生命力更强更久。这也是长销书、畅销书具备的基因。

走向 © 合作新模式

与 DK 的 20 年合作，一路走来，我们经历了 1998 年至 2003 年探索期，2003 年至 2008 年停滞期，2008 年至今发展期。

以“目击者”系列和《DK 儿童动物百科全书》为代表的 DK 引进版，我们在编辑出版其中文版的过程中，对原版书的内容基本不动，只有封面、书名、地图和涉及中国的内容做少量改动。比如：《DK 儿童兴趣百科——第二次世界大战》，全书中国篇幅过少，我们提议将介绍日本的篇幅改为中国内容，经与 DK 多次沟通，对方同意改动。这种以全盘引进，融合中国内容的合作模式我称之为 1.0 模式。

以《DK 儿童海洋百科全书》《DK 儿童艺术百科全书》《DK 幼儿百科——那些重要的事》系列的出版为标志，双方合作进入了选题需求定制的 2.0 模式。在 DK 儿童百科全书系列原有的出版计划中，“海洋”和“艺术”并未列入其中。我们根据DK儿童百科全书系列在中国市场的销售状况、读者的反馈，以及国家教育最新思路，认为海洋、艺术素养的选题将在中国未来市场上受到重视。我们向DK方提出这两个选题后，DK英国总部征求驻各国的分支机构意见，最终采纳了我出版海洋百科和艺术百科的建议，并将其纳入儿童百科系列。

2014年，DK儿童百科全书系列在中国市场表现活跃，市场占有率非常高，DK品牌的价值彰显无遗。这个系列针对7～15岁儿童。我当时考虑，中国市场缺乏针对2～6岁年龄段的精装本幼儿百科，是否能够利用DK品牌效应获取市场呢？恰巧我去印刷厂看到工厂正在赶印俄文版《俄罗斯幼儿百科》，16开精装本，200多页，封面是电脑绘制的卡通形象，运用了多种工艺，非常精美，起印50万册，这给我很大启发。手绘图是幼儿接受度最高的形式，如果以手绘风格利用DK品牌出版，相信在中国会有很大的市场。但说服DK接受这个选题和内容形式，是个难题。因为DK产品一贯坚持的风格是以图片为主体的形式，以手绘图为主的设计一般不会出现在它的精装百科类图书中。记得在百科大楼装修搬离前的一个星期，我撰写完成了有关“幼儿百科”内容和形式的详细选题策划方案，以《俄罗斯幼儿百科》为例，重点指出手绘插图形式对幼儿阅读认知的重要性，并承诺中国市场年销售量可达5万册。方案交给DK公司后，DK公司非常重视，启动全球调研程序，很快确定将此选题纳入他们的重点出版计划。2016年，DK公司罕见地快速出版了《DK幼儿百科——那些重要的事》，采用手绘与图片结合的形式。DK公司告诉我们，英文版面市后成为销量最好的产品，他们已经决定将幼儿百科做成一个大系列出版。2017年7月，《DK幼儿百科——那些重要的事》中文版出版，定价也是138元。到2018年7月，一年的时间已销售了12万册。DK幼儿百科系列的第二本《DK幼儿百科——动物的那些事》中文版2018年9月也出版了。

今年由百科视觉分社（2017年由美术编辑部更名）策划的原创《中国故事》项目中的一个主题《穿越时空的大运河》IP内容授权与DK，双方合作进入了内容授权的3.0模式。3.0模式的核心是大百科作为内容的提供方，将文字、图内容授权给DK，以他们的视角编辑后推向世界。《穿越时空的大运河》被DK纳入儿童阅读的“穿越时空”系列中，计划2019年出版，起印数10万册。中国文化由西方主流媒体输送到世界主流文化市场，让世界各国儿童从小了解到中国文化，真正实现了中国文化走出去，其意义重大而深远。

双方共同编辑，共同出版，共同销售，共同出资，版权共享的 4.0 模式即将到来。目前，双方正在选择中国内容的出版主题。共享 © 的到来，标志着中国大百科全书出版社在世界主流图书市场上迈出了实质性的一步。

DK 品牌在大百科的合作与发展有其偶然性和必然性。十几年间，该品牌在我社已从几十万的销售码洋发展到 2017 年上亿码洋的销售，百科社也出现了第一个亿元编辑部。DK 品牌中文版在百科社的这种成功，是因为它凝聚着百科人的情怀和坚持。未来，我们仍将以创新思维执着而坚定地走百科特色发展之路，因为这是我们百科人的信仰！

（2018 年 9 月 26 日）

十年专注口述历史图书出版

郭银星

中国大百科全书出版社作为一家以出版大型综合类百科全书和工具书为主的专业出版社，在创立之初的前20年里，社科学术出版方面就很有建树。20世纪90年代，有一套“国情丛书”是当时中国社会科学院国情研究所的项目成果，影响深远；还有一套“外国法律文库”，为我国改革开放后法学学科的重建和发展起到了重要的推动作用，老一辈法学家和现在法学界领班的专家学者们一提起这套书，仍不能忘怀，赞誉有加。

到了21世纪初年，出版业启动新一轮改制。2003～2005年，中国出版集团已经在现在的人民医院南院办公，出版社改制转企有雷有雨了。我们那时多次讨论如何把百科已有资源整合起来，使我们的社科学术类图书出版既适应市场的发展，又做出百科自己的特色。我们反复考查了社科类图书的市场情况，觉得还是史学这一块空间大一些，历史类图书的销售周期也长一些，我们把读者定位在历史专业读者以及更趋向专业的历史爱好者，决定做专业性、学术性和权威性都比较鲜明的选题。我们先做了几本畅销书，积累了一定的经济基础。那时，我常给人讲一个故事，单基夫社长在我入社后第一次谈话时说：“我们这个出版社是做学问的，你来这里要多做学问。”2006年，我在普及读物编辑部任主任两年后，有些出格地把主要工作方向定为“学术出版”，提出来第一套选题计划“台湾口述历史丛书”。

从当时的计划上看，我们是想把台湾“中研院”近代史所已经整理出版的120余种图书全部引进，出成中文简体字版，一是这套书在20世纪80年代初期已经被各大学图书馆引进，近现代史专业和业余爱好的读者求之若渴；二是“口述历史”作为一种史学研究工具在大陆还没有被完整认知、学习和使用，这套书能够起到非常好的示范、参照作用；三是恰在此时，凤凰卫视刚刚成立出版中心，台湾知名史学家刘凤翰先生为报答凤凰卫视对其女刘海若的救助之恩，将一套已出版的百余种“口述历史丛书”赠予凤凰卫视出版中心，同时还有两部尚未出版的手稿《蒋纬国口述自传》和《国民党军事制度史》。我的一位写报告文学的朋友在那里任总编辑，他打来电话说他们想与一家有影响的出版社合作，把这一套书都做出来。我赶紧跑到东厂胡同找杨天石老师、张海鹏老师等求教，他们都说这个计划好，一定会有影响。这样，经过与凤凰卫视出版中心几番商量，我们的选题计划就正式向社委会提出来了。

但实际上，要做成这件事并不容易。2006 年的大半年时间里，这套丛书的出版计划一直在被质疑、被调整、被修改的过程中，主要问题是我们应该不应该或者能不能给蒋纬国、白崇禧、陶希圣们出书；然后是，即便可以出，也必须有一个权威性高的编委会才能罩住风险；最后是，有钱吗？赔了怎么办？折腾来折腾去，就有朋友劝告“放弃吧”，也有人直接笑问：“还想搞啊？”这期间，我们出版了南京大学一套“中间阶层研究丛书”和上海大学一套“新闻传播学丛书”，出版了曹岫云的《稻盛和夫成功方程式》和武晓迪的《中国地缘政治》，出版了与教育部合作的“中国名校丛书”10 种。到年底算账时，我们这个四人小部门上缴利润 55 万元，人均创利超过 10 万元，还有了近 100 万元的现金流。可是，我们并不能用这个钱去做任何冒险的事。这时，我们得到了一个关键人物的明确支持——这就是惟诚老总。我向徐总汇报了这个项目的由来、前景和当时的困境，特别是《蒋纬国口述自传》的手稿非常宝贵，在台湾因民进党上台执政而使其得不到出版机会，刘凤翰已患重病，如果大陆也不能出版，这部书稿恐怕就永远束之高阁了。徐总笑着说：谁说的我们大陆不能出蒋纬国，不能出白崇禧啊？我们的历史要靠两岸的共同记忆互相印证才算完整，我们可以不同意他们的结论，但我们可以帮助他们保存记忆。你们先要保证重大选题备案通过，还要保证一定的资金。做好这些，就可以出版。

2007 年 2 月 8 日上午，在中国大百科全书出版社十楼会议室召开了口述历史丛书在京专家论证会。我们希望通过这个会，将支持这个项目的专家组成一个阵容比较强的编委会。应邀参加会议的专家有：中国文化发展促进会秘书长辛旗，中共中央党史研究室新闻发言人黄如军，中国台湾研究会执行副会长许世铨，中国社会科学院台湾研究所所长余克礼，清华大学台湾研究所副所长殷存毅、巫永平，国防大学战略教研部教授徐焰少将，国务院台湾事务办公室新闻局副处长胡必松，中国国际问题研究所研究员郭震远，凤凰卫视出版中心主任张林、总编辑邓康延。当时的常务副总编辑龚莉代表出版社出席会议并讲了话。

当时专家们比较一致的看法有几点：一是认为出版社从整理、留存中国近现代史资料的文化事业考虑，出版一套经大陆专家学者认定和编撰的台湾口述历史丛书，是一项有重要历史意义和社会影响的工作。二是这套书的出版应定位于严肃严谨的学术史料汇编。由于资料中有很多内容涉及国共两党政治关系和大陆台湾两岸关系的敏感问题，专家们建议分两种不同形式出版：涉及敏感问题的，经统一处理后，以内部资料形式出版，主要向各大学、学术科研机构的图书馆和资料室配送；不涉及敏感问题的，也要经过按统一体例的处理后，陆续出版发行。三是一定要确立一个明确的体例规范，来进行精心的整理剪裁。特别是按照什么原则分类以确定篇目，要经过编委会专家们的反复讨论来落实。

会后，社委会选题小组批准我们开始操作这个选题，并报请中国出版集团审批立项。我们也加紧与中央党史办、台办和各科研机构的领导、专家的联系，求得他们更切实际的指导和支持，5 月份，在他们的参与指导下组成了“口述历史丛书”编委会。这时，《蒋纬国口述自传》的编校工作完成，进入重大选题备案流程。也就在这个时候，我发现了一个很严重的问题：刘凤翰先生只能给我们《蒋纬国口述自传》和《国民党军事制度史》两部未出版手稿的授权书，台湾“中研院”的 100 多部书稿的著作权都在他们的近代史研究所手里，而凤凰卫视出版中心没有与之建立合作关系。这是一种多么让人焦虑的境地——弓已备好，无箭可放。我动用了能想到的老师、同学、朋友等所有关系，终于直接与台湾“中研院”近史所所长陈永发先生通了电子邮件。授权问题迎刃而解，第一批 20 本图书的合同很顺利地签署了。7 月的一天，统战部批复文件下来不久，凤凰卫视出版中心主任张林打来电话，说刘长乐刚刚给刘凤翰的两部手稿特批了 15 万元经费，资助出版社完成出版。这真是天降神助，领导支持，政策符合，手续齐备，资金到位。这时，才算自然而然地到了出版运作的时候。

我们的口述历史项目第一本书《蒋纬国口述自传》是刘凤翰先生亲自采访蒋纬国形成的珍贵史料，在台湾从未出版，首次由中国大百科全书出版社推出，一下引起了很大的反响。2007 年 10 月出版，12 月就加印了 1 万册。到 2009 年 5 月，《白崇禧口述自传》《郭廷以口述自传》《马超俊、傅秉常口述自传》《钟伯毅、邓家彦口述自传》《万耀煌口述自传》《黄通口述自传》和《齐世英口述自传》相继出版，这也是中国大陆首次成系列出版历史人物口述自传，是口述历史出版的一大突破。

2009 年，中国出版集团将“口述历史丛书”和“口述历史辑要丛书”纳入重点图书项目资助计划。此时，我们除了与台湾“中研院”签订了 20 本口述历史的出版合同，又与台湾传记文学图书公司签订了著名历史学家吴相湘的《宋教仁传》等 4 种史学名著和章君穀的《杜月笙传》，与陶希圣之子陶恒生先生签订了陶希圣著作 4 种，与中正书局签订了沈云龙的《徐世昌评传》和吴相湘的《晚清宫廷实纪》，与凤凰卫视出版中心签订“口述历史辑要丛书”10 种等一系列重要作品的版权。我们迅速重新规划，开始品牌化运作，设“百科史学”书系，下设 5 套丛书：“口述历史丛书”“口述历史辑要丛书”“回忆录丛书”“传记丛书”“史学名著丛书”。以“百科史学”为总领，设计统一标识、统一规格、统一封面、统一版式风格，打出品牌和知名度。这套书选题标准严格，史料完整，忆述人物关键，记录忠实而深入，学术价值高，涉及中国近现代政治史、军事史、两党关系史、经济史和文化史等各个方面。当时有媒体评价，中国大百科全书出版社正在“建起近现代史的百科长城”，是可以与沈云龙主编《中国近现代史资料》和台湾版《传记文学丛书》比肩的史料库。

在“百科史学”的书单里，很多作品都是非常珍贵，并具有很高的史料价值的。前面说过《蒋纬国口述自传》在台湾封存 10 年后大陆首度出版。《曹汝霖一生之回忆》和包天笑的《钏影楼回忆录》是搞近现代史的人只闻其名而难以见到的绝版本，我们重新录排成简体字版，出来后，很多专家惊呼：“这是从哪里找到的！”陶希圣的回忆录《潮流与点滴》和专著《中国政治思想史》也是大陆首度引进，《高宗武回忆录》由陶希圣之子陶恒生先生亲译，也是首度问世的中文版，陶恒生的名著《高陶事件始末》修订版也给我们出版了。这几本书一起推出，勾起了读者对当年轰动一时的“高陶事件”始末再次追问的强烈兴致。再比如《齐世英口述自传》因重大选题备案的缘故，在齐世英女儿齐邦媛的畅销书《巨流河》之后出版，让很多出版业同行羡慕。吴相湘的《现代史事论述》《民国人物列传》《民国政治人物》《晚清宫廷实纪》等，都是既具有史学价值，又有很高可读性的好书。正因为突出了独家史料价值的追求，我们每一种书都取得了稳定的销售业绩，更有几种长销书每年都在加印。

2012 年以后，“百科史学”的品牌效应越来越显现。很多作者拿着自己多年精心创作的书稿找上门来，也有一些出版难度大的书稿转到我们这里，这些为我们做原创的回忆录和口述历史，丰富我们的“百科史学”系列，提供了源源不断的新选题。比如《黄慕兰自传》和《丁玲传》的出版，不仅带来了很好的社会效益，经济效益也很可观。汤一介先生的遗稿《我们三代人》，是一部介乎自传和思想自述之间的手稿，承乐黛云老师的信赖，我们投入大量精力整理加工，使之在短短一个月内成型并出版，被称为“一代知识分子的精神自述”，当年即获得业界多个奖项。

从 2007 年组建学术著作编辑部，到 2018 年，大百科的口述历史出版已经走过了整整十个年头，它的系列化与品牌化带动了社科学术出版的整体发展局面。现在的社科学术分社，拥有百科史学书系、台湾学人文库、传播学百科文库、跨文化研究丛书、新兴市场文库、稻盛和夫经管系列、中印经典互译工程、传统文化研究系列等多个产品线，有着成熟的自负盈亏的经营模式，每年创造上亿码洋的学术图书，学术影响和效益都比较稳定，成为中国大百科全书出版社学术出版的核心部门。

（2018 年 10 月 8 日）

事业振兴靠人才

单基夫

进入 20 世纪 90 年代以来，我社事业发展较快，面貌变化较大，呈现一派兴旺发达的景象。在图书出版、发行方面，基本上走上了优质高效的发展道路。不仅实现了我社支出主要靠图书创收的目标，提前 4 年达到了我们预期的计划，而且最近几年，我社的固定资产增长也比较快。随着经济的发展，职工的个人收入和福利也有明显的提高，全社上下团结，人心稳定，部门之间呈现出互学、互比、互赶的好景象。

我社这几年发展比较快，原因是多方面的，但其中一个重要的因素是起用了大批中青年干部。小平同志说过："中国的事情能不能办好，社会主义和改革开放能不能坚持，经济能不能快一点发展起来，国家能不能长治久安，从一定意义上说，关键在人。"小平同志的这一论断通过我社这些年的实践，我们是有比较深刻的体会的。多年来，我们认真贯彻执行了党的尊重知识、尊重人才的一系列指示，经由我社党组推荐，署党组从我社的中层干部中提拔了 7 名社一级的领导干部；由社党组经过严格考察，从编辑部、职能部门和出版发行部门共选拔了 52 名中青年干部到部处室任职。到 1997 年，他们的年龄平均 42.33 岁，最年轻的是 28 岁；按文化程度统计，博士生 1 人，硕士生 4 人，本科 24 人，大专 15 人，中专以下 8 人。这些社一级和中层中青年干部现在是我社的中坚力量，他们挑起了我社出版发行和经营工作的重担。这些同志绝大多数有干劲、有理想、能钻研、有魄力，站在改革的前沿，努力开拓事业，都有一种强烈的事业心和对工作高度负责的责任感。像科技部的三位中青年部主任（一位男同志，两位女同志），他们带领全部 17 位同志坚持党的出版方针，坚持图书质量第一，努力做到两个效益的统一。近三年共安排了 20 多部大中型工具书的编辑出版，已完成的有《中国集邮大词典》《能源百科全书》《材料科学技术百科全书》和《小学图书馆百科文库》。这些图书都受到了读者的好评。《中国集邮大词典》获得了第九届亚洲国际集邮展览大镀金奖、特别奖，《材料科学技术百科全书》荣获署直出版社图书编辑一等奖。1996 年，他们的图书创利达到了 100 万元以上。再如国情丛书编辑部的两位中青年主任，紧密团结全部二十几位同志，在完成国家重点图书——《中国国情丛书》（100 卷）的同时，连续出版了不少优秀图书，特别是《华罗庚学校奥林匹克系列丛书》，连续四年一直畅销，1994 年、1995 年两年创利都在 70 万元以上，1996 年创利达到了近百万元，成为我社比较稳定的创收大户之一，有力地支持了全社的工作。在实践中，我们进一步认识到，在坚持正确的出版方针的前提下，事业能不能振兴，工作能不能搞上去，遇到困难能不能克服，关键在人，关键是人才。大胆起用中青年干部，重视选拔使用人才，其重要性大家都是知道的，问题是怎样来具体落实。

首先，重视起用中青年干部和选拔人才是与事业发展的紧迫性相一致的。

进入 20 世纪 90 年代，我社面临着两个至关重要的问题。一个是《中国大百科全书》第一版完成后，我社新的部署如何展开？新的局面如何打开？在任务变化的转折中，我们能不能取得胜利，这是关系我社生存的问题。据我所知，这也是世界各国专业百科全书出版社共同遇到的一个大难题。再加上财政部决定给我社“断奶”，就是由差额补助到自收自支，而我社过去十几年都是由国家拨款来维持编书；同时发行经营又都在上海分社，《中国大百科全书》所形成的利润总社一分也拿不到。

在这种情况下我们能不能很快开创新的局面，能不能养得起这 500 多人，能不能保证工作的正常运转，从新闻出版署领导到我社的领导班子都是非常担心的。我们的压力是相当大的。同时，大部分原来担任编辑部主任的同志已经过了或接近离退休年龄。因为我社在 1978 年创建时，由于工作的需要，吸收了一大批年龄比较大的专家学者来担任编辑部主任，所以《中国大百科全书》一版完成了，他们的退休年龄也就到了。因此，物色一批新的人才将这批老同志从部室主任岗位上顶替下来，成为当时一个亟待解决的大问题。因为有以上两种情况，起用中青年干部和选拔使用人才就成了我社在 20 世纪 90 年代初一项刻不容缓的任务，成了我们工作能不能迈出新的一步的关键和前提。所以说，我们之所以这么重视中青年干部，这么重视人才的使用，是工作任务和形势逼出来的。

其次，选人为公，非为我。这是我想出的一句话，也是有感而发。起用人、选拔人，应一切从党的事业出发，从工作的需要出发，不能以领导的好恶画线，不能以领导的印象好坏来考验，更不应该从个人恩怨来决定对某个人的使用和不使用。我认为，选拔和起用人才既是领导人的一项重要职责，也是对领导人的一种实际考虑。我社选拔中青年干部没有遇到多大的困难，主要原因是社党组、社委会一班人认识比较一致、意见统一，而且行动比较快。我社原总编辑梅益同志在这方面起到了非常重要的作用，他不止一次地讲过，重视和选拔中青年干部，重视在职干部的政治和业务培训，是保证出版质量的根基所在，是大百科的希望所在。由于梅老站得高，又能放手，所以社党组在讨论选拔中青年干部时没有什么顾忌。社党组提出的人选，绝大多数都能得到梅老的认同，在个别干部的起用和不起用上，梅老也起到了把关的作用。就我社来讲，在胡乔木、姜椿芳和梅益同志的直接关心和领导下，我社在编辑出版《中国大百科全书》的过程中，用“以老带青”的办法，进行“传”“帮”“带”，使上百名年轻同志从老同志身上学到了好的作风，学到了实际的本领，得到了实实在在的锻炼，他们中的绝大多数成长很快，已经具备了担任一定领导职务的能力。就是说，我社提拔起用中青年干部的自身资源是比较雄厚的，这也是我们能够较快地提拔一大批中青年干部的前提和基础。

我社在起用和选拔中青年干部时，基本做到了以下三点：

第一是坚持五湖四海，坚持从工作实际需要出发，坚持干部的基本条件。只要他政治方向对、业务强，多数人信得过，就选拔起用，不被少数人的闲言碎语所左右。领导班子内如对某人有不同意见，要摆事实，要做分析，取得共识。如果个别领导同志对要起用的人因某种原因提出不同看法时，社主要领导同志应该秉公办事，采取个别交换意见等方式，做说服工作；如果仍然说服不了，那就采取少数服从多数的办法，允许保留意见，但干部该提拔使用的还是要提拔使用。如果在这个问题上不采取这样的态度，怕这怕那，优柔寡断，好的苗子就有可能因此不能成长起来，人才就可能被埋没或者流失。

第二是坚持能者上的原则，不搞论资排辈。我们有两个编辑部，编审和副编审占的比例特别大，可是我们在选择两个部的正副主任时，从各方面考虑，并征得一些高职称的老同志的意见，最后还是挑选了三位 40 岁左右的男同志和一位女同志。

他（她）们在实际工作中经受了锻炼，取得了这两个部同志的支持。

第三是实事求是地看待历史上的某些问题，重在他们的认识和现实表现。我们感到，对干部特别是对青年干部，应该这么做。……青年人可塑性是很强的，不能揪住人家的小辫子一直不放，如果那样就很可能埋没一些优秀人才。

再次，诚心实意地关心和爱护中青年干部的成长。古人说："用人不疑，疑人不用。"这是经验之谈。选拔的目的在于使用，也只有使用才能使他们更快成长成熟。信任干部的主要标志是放手让他们去工作，给他们压担子。由于我社对各部处室实行的是责、权、利相一致的目标管理责任制，中层一级的负责干部责任是很重的。他们既要搞编辑出版，还要搞经营管理；既要抓物质文明，还要抓精神文明。两副担子都要挑，所以担子很重，责任很大，工作很紧张、很辛苦。也正是这种原因，增强了他们工作的责任心，增强了他们动脑筋、学管理的自觉性。实践出真知，实践出才干。这些中层干部时间长的任职已有 5 年，时间短的已有两三年，他们进步都比较快，锻炼得都比较好，工作绝大多数是称职的。我们社领导对这些中青年同志在工作中出现的某些问题，及时给予指出，同时也没有看得过重。对少数同志的骄傲自满情绪，我们及时向他们敲警钟、打招呼。我们社领导和部处室负责人之间经常地谈心交流，社领导既做他们的师长，又是他们的朋友，关系比较融洽。对他们在工作、学习以及家庭生活中的问题要及时了解，能解决的尽量帮助解决，使他们更好地、更专心致志地抓工作。检查起来，在这方面我们做得还是不够的，特别是有些中层干部的住房问题，长期得不到解决，影响了他们的工作和学习，这是我们感到很内疚的一个问题。除此之外，我们还通过年终考核总结等形式，对起用的中青年干部进行严格的而又实事求是的考核，用谈心和过组织生活等形式，肯定他们的成绩，指出他们存在的问题以及对他们的希望。连续三年，我们都是这么做的，起到了很好的作用。

我社对提拔使用中青年干部，对选拔和培养人才，做了一定的工作，但从发展的观点看，我们的工作做得还是很不够的，今后的任务还是很重的。首先是我社人员确实很多，现在在职的职工有 340 多人，但是一些编辑和经营骨干又感到严重不足；其次是原来我们培养的一批骨干，现在都基本上使用起来了，也包括新闻出版署调走了一批骨干力量，现在的问题是，在编辑出版和职能部门岗位上的新骨干和可以培养的苗子较少，已经出现了断档的问题；再次是随着编辑出版手段的自动化，随着科学技术的迅猛发展，我们急需吸收和培养一些能够管理和使用高科技的专门人才，在职人员也面临着一个知识更新的问题，需要再学习。鉴于这些问题，我社早在两年前就提出了一个在两个世纪之交培养 100 名业务骨干的目标。后来，我们在制定“九五”事业发展规划中就落实这一目标又采取了一些新的举措。这 100 名骨干就是编辑 70 名，财务和经营干部 20 名，党群政工干部 10 名。根据我们现在逐个落实的情况看，根据我社新世纪初事业发展的需要尚缺 20 ～ 30 人。怎样培养好现有的骨干，怎样引进 20 ～ 30 名新骨干，这是摆在我社当前和今后的一项战略任务。

十年树木，百年树人。选拔和培养人才的工作从某种意义上讲，比提高图书质量还要困难得多，艰巨得多，因此，我们还要继续花大力气，要投入更多的资本，来培养我们所需要的人才，这是我们的希望所在。

（2003 年 9 月）

又记：值社庆四十周年之际，老社长单基夫同志 2018 年 10 月 8 日给现任社领导写来贺信，信中说：

……我是百科社的老职工，回想起在百科那些令人难忘的日子，至今我还铭记在心，念念不忘。

百科这四十年，是在党的改革开放大环境下奋斗的四十年，成就卓著，为我国的出版业作出了重大贡献，受到了党和人民的充分肯定。这是百科社的光荣，也是中国出版业的光荣，是各届领导精心组织、亲历亲为的结果，更是全社职工团结拼搏，倾心奉献的结果。我坚信在今后的奋斗岁月中百科社会作出更为辉煌的成就。

回首往昔硕果累累，展望未来前程似锦。祝中国大百科全书出版社更加兴旺发达，为中国乃至世界的广大读者提供更为优秀的精神食粮。

机制改革探索的回忆

田胜立

世纪之交，经单基夫社长举荐，我在他突然发病不能正常工作之际，被新闻出版署从北京市要回，并派到中国大百科全书出版社接任社长之职。事发突然，我只好在继续担任新闻出版署教育培训中心和中国印刷博物馆两个单位的法定代表人，以及北京印刷学院离任审计和交接事务的纷杂之中，仓促就任。

当时，中国大百科全书出版社作为署直事业单位，体制已由全额拨款事业单位转为企业化管理事业单位多年，但运行机制尚未完全转到企业化管理的轨道，深化机制改革的任务还很重。内部运行机制亟待完善的一个表现是编辑部负盈不负亏，有的还自办发行，新华书店也反映我社多头对外显得混乱。

为了既保护编辑部面向市场的积极性，又让编辑部适应企业化管理要求，注意资金使用效率和合理配置人员，在测算和分析的基础上，由我同各编辑部主任签订新的目标责任制，以部门毛利为主要考核目标，部门占用的社资源均计入部门成本费用，盈利的一半归部门支配，其中一半可作奖励，主任可自定奖励分配方案，进一步鼓励主任带领自己的团队闯市场，同时又加大了成本约束（用钱、用人、用房等均有偿）。

新的目标责任制大大提高了主任们的积极性。半年初见成效，年底算账兑现，有 6 位主任年收入超过社长，以后几年每年都有 4 ～ 6 位主任年收入超过社长。这在署直单位独有，且在后来的中国出版集团各单位中也是少有的。当然，他们对社的贡献也是显而易见的。

实施这一办法需要若干准备。其一是核算细化。原来的分部门核算不细，按码洋或实洋核算虽然便于操作，也是业界通用做法，但鼓励大家上规模，不符合中央由数量规模向质量效益方向转轨的要求。尽管它推动业界维持了20多年图书品种和码洋规模的快速增长，但库存增长和资金周转也相应恶化。后来就有了书号限量的控制和“卖书号”这种特殊现象，不过品种和码洋增长依旧，这其实就是微观运行机制和宏观调控目标不配合所致。我想就从百科社内部运行机制改改看吧，这一想法得到署计财司和人事部门的大力支持，得以试行。

按品种分部门核算盈利虽然对细化管理有利，但对财务部门陡增压力，对发行收入的分解也提出更高要求（书店按单结算，收入需分解到部门和品种），因此在实施中磨合了很长时间才得以正常运转。

内部运行机制核心是激励，但受体制约束只能在工资总额内想办法，这是国有企业机制比不上其他企业的短板，何况事业单位？能不能在体制约束下搞活机制？我想应该做些探索。于是一方面向新闻出版总署（后来是中国出版集团）申请增加工资总额，另一方面向创收骨干倾斜，打破资历限制，鼓励新人脱颖而出，希望尽快扩大和优化创收骨干队伍。当时《中国大百科全书》第二版的编撰工作正在紧张进行，为使二版编辑队伍集中精力编好二版，实行一社两制，规定二版编辑部人均奖金高于社管理部门人均奖金，且不低于创收部门人均数，具体数额同各人工作质量和数量挂钩，由编辑部进行分配。这些区别对待的激励措施，对扩大创收和推动二版的编辑进程都产生了良好效果。不过有的编辑部并未马上根据工作业绩拉开分配差距，观望后才陆续跟上来。这些探索措施后来被一些兄弟社发扬光大，更上一层楼。

文化体制改革来了，大百科和其他总署直属8家出版社整体转制为文化企业并成为中国出版集团的成员单位。企业体制机制怎么保障对国家不可或缺的《中国大百科全书》的编撰出版？我征得总署和集团领导同意之后，向中宣部有关部门和部领导反复陈述不宜让百科社转企的理由，甚至提出百科社副牌知识出版社转企而百科社不转的变通方案，但都未被采纳。

国家对转企事业单位提供了若干优惠政策，包括税收返还和一次性处理不良资产使企业轻装上阵。我社多年积累的长期库存和应收账款量很大，如果继续挂账则当年利润表现正常但不良资产就由企业背下去慢慢消化了；如果处理则当年利润很不好看且拉低自己的奖金（集团对社长的考核以利润指标为主）。最终我选择了对企业发展特别是长期发展更有利的大幅度一次性处理账面不良资产（包括一部分可处理也可不处理的亚良资产），经集团审查和财政部委托的审计所复查，财政部批准我社报废7000多万账面不良资产，夯实了我社流动资产，为转制以后的经营和发展打下坚实的基础。

报废应收账款和不良库存需补交相应的增值税200多万，这给当月的现金流带来巨大压力，不得已把工资和奖金分开，把奖金推到次月补发。对此社内外均有微词，但我一直认为该选择对百科社更有利，毕竟压低的利润今后更容易增长，挤走水分的资产更容易流动变现。

转制之后，集团下属各公司都建立了企业年金，扩大了职工福利和奖励来源。后来，集团股份公司上市，公众公司体制使股权激励机制建立提上日程。百科社和中版股份在新体制下建立多元激励机制迎来新机遇。作为在机制改革方面曾经的一名探索者，我衷心祝愿中国大百科全书出版社有限责任公司在新时代抓住新机遇，发挥新活力，创造新辉煌。

（2018年9月1日）

“大百科精神”代代传

龚　莉

一

1982 年 8 月的一天，刚大学毕业的我，乘那时还是绿色车皮的 2 次列车进京。当时，与中国改革开放同时起步、作为我国科学文化事业一项基本建设的《中国大百科全书》的编纂，声势浩大，工程全面展开。全国 2 万多名专家学者集结起来。百科社调入一批老编辑专家，同时还在各高等院校招募大学生、研究生，77、78 级就达六七十名之多。我被分配在社会科学部经济学组，有幸在百科创业初期成为百科人。

那时，社里不称官名。年长者一律称老师，再年长些的称老师或某老；年轻的，直呼其名，再年轻些的就叫小某了。还有一个老少皆宜的称呼，就是同志。长辈们多数大有来头：或曾为革命出生入死功勋卓著的学者型官员，或是学富五车才高八斗的翩翩智者，在肃反、反右、“文革”等“运动”中历经坎坷。他们在“文革”结束落实政策后来到百科。其中有第一任总编辑姜椿芳，以及其他社领导阎明复、刘尊棋、曾彦修、常萍、王顾明、唐守愚、刘雪苇、张友渔、朱语今、高步青、翟富中、金常政、周志成、吕东明、林盛然、石磊、肖德荣等；第一代编辑有黄鸿森、杜友良、王伯恭、全如瑊、王福时、徐慰曾、彭庆昭、丘国栋、张遵修、符家钦、张曼真、张云鹗、张人骏、张均康、张慈中、戴中器、杨公谨、顾家熙、吴书年、梁从诚、郑伯承、赵建山等，形成“举逸民”编百科的一道独特景观。这些历经磨难的知识分子，有了重新工作的机会，便迸发出全部的热情和能量。他们对我们年轻人寄予殷殷期望，言传身教给予指导和提携。

姜老是中国现代百科全书的奠基人。百科社组建后，他游说学界，日理万机，但还时常到各编辑部走动，和我们谈工作、谈理想。姜老对中国百科全书事业，其热情、执着可以说不亚于任何虔诚的宗教徒，在我们那一批青年编辑中产生了极大影响。

有些老师，我初入职就在他们手下工作，差不多每天都会见到。第一位是张智联老师。张老师毕业于燕京大学，初见时他已届花甲之年，银发卷曲、身材颀长。可能因为个子太高，他的背有些弯，说话轻声细语，极和气。那时，经济组就张老师和我两人，我跟随他从编务、编辑的一点一滴学起。我问他，他一定教我；若不问，他也不干涉，放手让我去做。有一天，他同我谈，他年纪大了，身体也不好，让我要负起更多责任来。在我担任经济组组长和责任编辑后，张老师一如既往给予我支持和爱护。第二位是编辑部主任丘国栋。其时丘老师 50 多岁，圆脸盘，中等个，花白头发，鼻梁上架着比啤酒瓶底还厚的镜片，手指上总是夹着一支香烟，轻雾袅袅。他是西南联大的高才生，几十年的笔墨生涯、编辑经验，使他拿起笔来，在稿上批上几句，便显出深厚功底。他看重工作，不论人情，在全社率先突破用人“禁忌”，将资历尚浅的年轻人推上一线，主持学科卷编辑工作。他在给我们开讲编辑课程时，说处理稿件一定要慎之又慎，要如临深渊、如履薄冰。这句话，我视为至理名言，记了一辈子。当我后来也成了老编辑，我又把丘老师的话送给了年轻人。第三位是分管社会科学部的副总编辑石磊。石老师身板敦实，性情豪爽。那时，社领导用很多时间蹲守编辑部。《经济学》三大卷进入冲刺编加工及发稿阶段，组里也充实了编辑力量，增加了责任编辑阿去克，编辑钱大川、姚开健，资料核对统一编辑原明、卢红、卞小勤等。石老师同我们编辑人员一起，在外馆东街的办公室几乎天天加班。他对我们年轻人要求很严，但对我们的努力和成绩也都看在眼里，不吝赞扬。他大胆起用新人，他所分管的编辑部门中，一批研究生、大学生迅速成长起来，陆续进入责任编辑、组长、主任岗位。此外，还有丁日昕、钟国豪等老师。正是在众多老师言传身教、耳提面命之下，我们一步步学习，练习编辑的基本功，修炼编辑的职业操行，日积月累，羽翼渐丰。

那时，平日里加班到深夜是常态，周末只有一个休息日，基本上也在工作。这种现象，当时很普遍。学界众多学者经历数次运动，尤其是十年“文革”，饱经磨难，韶华流逝，才学荒置，此时虽年岁已高，但胸中那一腔报效国家、献身学术的热望却愈加强烈，早就憋足了劲要同时间赛跑，要将时间夺回来。出版社这边，从主要负责人到各编辑部各编辑组的头儿和员工们，心气和干劲不让学界。没人叫苦喊累，编辑部里的灯光经常通宵达旦。那时，我们外地毕业生住在外馆东街甲 1 号院内为抗震临时搭建的矮小平房内。有时在周末的夜晚，我独自乘公共汽车，穿过寂静空旷的黑夜，奔向西长安街电报大楼，在明灿温暖的灯火中，给爹娘拍封电报，报上平安，打个电话，听听他们的声音。回想起来，那真是一段简朴而充实、忙碌而快乐的时光！

1993 年 8 月，《中国大百科全书》73 个学科卷全部出齐。10 月 8 日，我们编辑出版人员代表随同专家学者代表参加了在人民大会堂举行的庆功表彰大会。其时，我来百科社工作已有 12 个年头。看着眼前系着红绸、垛成城墙般的《中国大百科全书》，我的心中有无限感慨！先辈们的百年梦想，15 年 2 万多名专家学者的呕心沥血以及数百名编辑出版人员的艰苦奋斗、辛勤劳作，终于结出了硕果。《人民日报》在发表的专稿《铸就中华文化的丰碑》前加一按语评论道："'大百科精神'，是一种执着的爱国主义精神，是一种高尚的集体主义精神，是一种主动开拓的创业精神，是一种实事求是的科学精神，是一种无私的奉献精神。"

"大百科精神"成为百科企业文化的精髓，永久传承。

1990 年 8 月，四川省新闻出版局局长单基夫调任百科社任社长。他是"红小鬼"出身，衣着考究，待人民主，给你派活儿时，你会觉得不好意思拒绝。谁任务完成得好，他奖励的方式之一是口头许诺请吃饺子，但大多没有兑现。不过，我们知道他成天操心社里工作，也就不忍心"追究"了。他带来了新思维，开启了百科社与市场经济接轨的新时期。他推动各编辑部闯市场，逼着一批原来只会编书、自甘清寂的"书呆子"学会了诸多市场本事；同时大胆使用年轻人，委以重任，令其冲锋陷阵。

1991 年，我调《百科知识》期刊任职。当时编辑部同事有范宝新、吴伟、王昕若、赵彤、舒罗沙、王勤、蒲晖等。在这里，我有了人生第一张记者证。和同事们一起约稿、编稿、下印厂，加班赶活儿。1991 年部门购置了第一台计算机，那时还只有"286"。我们团团围住它，突击学习录字、排版，争先恐后，兴致勃勃。1992 年下半年，《百科知识》杂志社成为独立法人、市场主体，经营压力扑面而来。期刊持续推出新栏目，提升稿件质量，改进配图、版式，增加时代元素。同时，将每年 12 期的刊封在风格上进行统一设计，将“百科知识”字样相对固定并图标化，进行商标注册，以强化读者的认知。杂志社还策划、编辑出版了全社首套大型丛书《世界市场全书》(100 卷)。1994 年 5 月我调任出版社副总编辑，这套书的编辑、制作由杂志社社长吴尚之率领诸位同事完成。当时杂志社还出过一些销路不错的书。其中由王昕若自己编写的《诗词格律手册》至今还是社里的长销书。后来，吴尚之调任出版总署工作，常汝先、赵新宇先后接任《百科知识》杂志社社长。除了《百科知识》杂志，还有 1992 年创办的由刘东风主编的《小百科》，后来社里又陆续创办了《电脑校园》《城市周报》(*City Weekend*，许丽君任主编）等刊。

我初任副总编辑时，社委会有单社长（2000 年底，田胜立接任社长），还有副总编辑王德有、吴希曾，副社长周小平等。无论是年龄还是资历、贡献，各位社委都在我先，但对我都很关照、支持。分管的部门先后主要有对外合作部、《不列颠百科全书》编辑部、《中国大百科全书》第二版编辑部、百科电子音像出版社、期刊、美编室、术语中心等，有幸和更多同事一起工作了。他们具体操持的一些重大项目历经艰难而成果丰硕，给我留下了深刻印象。

年近七旬、已退休多年的徐慰曾再度出山，带领团队编辑出版了 20 卷本《不列颠百科全书（国际中文版）》。编辑部同事送他一个雅号“老猫”，说的是他有一双锐利的眼，谁的活儿干得好不好，他看得一清二楚，对于交活儿慢的、质量没有达到要求的，他会一通训斥，毫不留情。所以有人说，看见他就想躲，就像老鼠见了猫呢。五年中，他从不拿任何奖金，每月只象征性领取 150 元返聘费。

1992 年百科社与台湾锦绣出版公司签约，“一字不改”地在台湾出版发行 60 卷《中国大百科全书》繁体字版。对外合作部阿去克团队完成《全书》简体版转繁体版的全部排校。后来，《中国大百科全书（简明版）》《中国大百科全书 · 传统医学》《中国烹饪百科全书》等也相继走向海外。记得有一次，我去第二任总编辑梅益办公室汇报工作，谈起繁体字版的事。他说：“过去我们要通过在福建打炮弹向台湾发送宣传品，现在一字不改的《中国大百科全书》在台湾公开发售，就是在替我们做工作，所以不要太纠缠于经济账。”原来出版还有这样的意义，这让我很受教育。记得那次，梅益总编辑还送了我他翻译的签名本《钢铁是怎样炼成的》。这书，少时我就在母亲的书柜中取看过，很喜欢。

1999 年 9 月《全书》一版图文数据光盘出版发行，随后陆续推出若干版本，其中包括繁体字版图文数据光盘。不久，又在台湾推出了《全书》数据库版。以上主要由本社赵彤团队、田野团队等研发，是百科社自己主导数字化出版的肇始。

《全书》二版鏖战犹酣。二版编辑部组建于1994年2月，孙关龙为第一任主任，1998年末至2009年，吕建华、朱杰军、刘杭先后任主任。1995年9月6日，原中宣部常务副部长徐惟诚出任百科社第三任总编辑。徐总烟抽得凶，看起来很沉稳，不动声色，其实思维活跃、前卫，对全社选题的思考，尤其是对儿童百科全书的编纂理念提炼上，常常能将宏观观照与微观操作相结合，提出新颖而有价值的意见。他对二版总体设计、编委会组建、上书人物、政治敏感点等重大问题定下基调，并帮助编辑团队与相关部委、机构协调落实总编委会成员、学科主编、重点稿件撰写、出版经费等事宜。1995年12月31日，国务院国办函［1995］63号《国务院办公厅关于编纂出版〈中国大百科全书〉第二版问题的复函》正式下发。1999年5月28日，我随同当时新闻出版署署长、副署长，以及徐惟诚总编辑、单基夫社长到中南海，中央政治局常委、国务院副总理李岚清在他的办公室听取了《中国大百科全书》第二版工作汇报。2000年6月，朱镕基、胡锦涛、李岚清、丁关根代表国务院和中央书记处批准成立由上百名权威专家和领导同志组成的《中国大百科全书》第二版总编辑委员会，全国人大常委会副委员长、中国科学院院士、我国“两弹一星”功勋科学家周光召为《中国大百科全书》第二版总编辑委员会主任。2003年3月16日，温家宝总理上任第一天便签署关于《中国大百科全书》第二版编纂工作的指示信。我曾随徐总多次去周光召同志处汇报工作，他对我们提出的动员全国学术力量、提供政策支持、争取出版经费等重大关键性问题，都有求必应，及时帮助解决。他温文尔雅的气质，科学、严谨、务实的思维方式和办事风格，都给我留下了深刻印象。二版编辑部这边，各项工作也加快了步伐。2001年3月，历经一个月封闭式讨论，涉及所有学科6万余个条目的总表定稿，组稿工作全面推开。2003年进入回稿、编辑加工高峰阶段。

二

2006年5月16日，中国出版集团任命我主持全社工作，而此时百科社的局面实在让人发愁。由于历史的、现实的种种原因，出版社进入一个经济相当困难的时期。迎面而来几件事，给我的刺激至今记忆犹新。

当时财务报表显示，社资产负债率高达178%，库存图书结构严重老化，现金严重匮乏。人事方面，人员变动异常，多名员工离职。印务部急报，欠印厂大量款项，有人声称，再不还款，就来把社里的牌子砸个稀巴烂……我的心狂跳，头皮一阵阵发紧。那几日，整宿整宿不能入睡。再想想，光发愁也没有用，还是依靠大家，赶快行动吧。

我们这届社委会成员当时还有副社长刘晓东、副总编辑阿去克（2008年刘杭、马汝军任副总编辑，2014年陈琦任副社长，刘晓东任党委书记）。社委会立即召开全社中层干部会，尽可能让大家充分了解社里的真实状况，并提出重温“大百科精神”、抓主要矛盾、依靠群众、开源节流的工作思路。总编室用最快的速度，在编辑大楼三层辟出社史陈列室。老员工贾毅担当义务讲解员。这是一次久违的心灵洗礼。一个企业，同人一样，精神支柱必须屹立不倒。接着，围绕“开源节流”，开始了“我为百科献一计”的全员大讨论。2006年当年，集团下达的经营任务首先是止损，具体为减少亏损1 000万元。而对于出版社来讲，最要命的其实是现金流。社委会的认识高度统一：必须果断停止没有效益或效益低微、前景不明的出版，集中人力、物力、财力，增放优势，挖掘潜能和资源，同时优化成本、摒除浪费，两方面一起着力，共同转化出实实在在的、有现金托底的利润。

记得社委会当时力推的首个出版项目是综合编辑部的《中国中学生百科全书》。炎炎夏日的周末，编辑部主任徐世新带领编辑人员，还有印务部和发行部的同事，聚集在二楼会议室，对该书的内容、封面设计、宣传发行等反复斟酌。下午，有中央电视台记者闻讯赶来，在现场拍摄一气，还说对在酷暑中为孩子们赶制精神食粮的各位表示敬意。据说，当晚《新闻联播》就播出了，我没有时间收看，那时我们还没有收工呢。这样，《中国中学生百科全书》编纂出版的消息当晚便传遍了祖国的大江南北。首发告捷，很快就发行了7万套。

节流，减少费用，是另一种角度对利润的贡献。主要从两方面着手：一是人人搞节约。以前全社都是直拨电话，有100多部，后改建为以串联分机为主，配备少部分直拨电话，这一个举措，那些年每年就为社里省下20万左右的电话费。还有，用纸张边角料印台历，储运包装扩大一厘米，照明灯换成节能灯，顺手关灯，拧紧水龙头……可别小看这点点滴滴，这个家太大了，每个人、每个地方注意一点，效果不可小觑。一是账户合并，“财务一支笔”。即撤销部门各自所立账号，并入社财务账号，费用签字权上提、集中，全社二十几个部门归类，按编辑、发行、印制、行政四条线，由对应分管的社委会成员（“一支笔”）统一掌握标准审核签发。相关措施很快见效，资金的集中度提高了，无效、低效的项目开始萎缩，成本费用降低，销售收入开始上升。2006 年底，止损、减亏千万的目标达到，资金情况出现转机。

接下来，从 2006 年底开始，全社持续推进了以财务为导向的经营管理变革。主要包括：全流程经济核算。舍弃账面“利润”，进取真正的“收益”；单品核算，摒弃成本大锅饭；将庞大组织细分为一个个核算单位，并全部纳入核算体系；建立以实际财务数据为导向的经营核算体系，包括大收大支、成本费用率、利润、现金流等，以此作为评价、考核的依据，同时也作为提升经营能力和管理水平的抓手。非创收部门，如动辄编纂数年的百科全书编纂中心，以及各职能部门、服务部门，核算的重点是成本费用、工作进度及质量，按批准的预算严格执行。为实施以上核算体系，构建了全社编印发财所有模块打通、对接、相连、数据流通共享的业务管理平台，制定了合同管理、财务规范等一系列规章制度。这些变革，得到了全社中层干部和员工的大力支持。先后任职、具体领衔操办的几位财务处主任宋晓英、史红艳、杨晶等，都为此持续接力。财务由记账型会计向管理型会计转型，寻求财务成果的最大化和财务状况的最优化，夯实经营基础，百科社开启了新局面。

走出困境、图谋发展，另一条变革主线是产品决策。经过一段时间调研，综合考虑了品牌、资源、目标，以及以往的经验和不足后，我社先后确定了产品的战略定位、“4+1”板块及“5 重 3 特”产品线。战略定位：选题是出版社的立身之本。出版社品牌和出版物品牌建设相结合，全社统筹规划产品，加大原创开发力度，加大对中国大百科全书资源的开发力度，打造精品、打造有品牌影响力的产品集群。“4+1”板块：百科全书及工具书、学术著作、知识类大众读物、助学读物和数字化出版。“5 重 3 特”产品线：是对“4+1”板块的持续优化，在板块内不断提高集中度。2013 年下半年起，从 12 条生产线中又进一步集中为 8 个产品线，即“5 重 3 特”。“5 重”即 5 条重大产品线。百科全书产品线，包括《中国大百科全书》二版系列、结合三版纸本规划出版学科系列、专业百科、地区百科、《不列颠百科全书》系列等；工具书产品线，包括百科辞典、专科辞典、学习型工具书（学生工具书系列、学规系列）、韦氏英语学习系列等；中国儿童百科产品线；百科版 DK 产品线；知识社产品线。这 5 个产品线应该对百科社发展战略、品牌影响力及市场收益率、核心竞争力作出重大贡献，在经营中处于十分重要的、支柱性位置，从人财物政策等各个方面予以重点扶持、激励，尽快做大做强。“3 特”，即 3 条特色产品线。包括学术产品线、科技产品线、数字产品线。特色产品线与重大产品线在体量要求上有所不同，主要是做出品牌美誉、亮点、社会影响，同时，经济上要求能稳步发展，良性运营。“5 重 3 特”确立后，对每一条产品线规划了品种数量、码洋、时间进度等。这些指标分解，安排在接下来的各部门年度生产任务中，由相关编辑部围绕“5 重 3 特”对口共建。社委会成员对口主抓产品线和重点产品。

为保障产品战略的实施，社里还进行了组织结构的对应重组、生产流程的优化，以及队伍组建，考核、评价和薪酬制度等的重构。组织结构上，该分的分该统的统。围绕产品线成立若干分社（中心），分工明确，定向发展。同时，整合全社各编辑部印务、发行，全部归口集中到社印务部、发行部，发挥集约化生产的优势。干部配置上，“让听得见炮火的人指挥战斗”，起用一批骨干，作为各产品线的领头人。明确绩效导向原则，构建与任务目标匹配的考评体系和薪酬制度。总之，确立各类部门功能定位及运作机制，全社一盘棋，专业分工，集约发展，落实“4+1”、“5 重 3 特”，推动成本 - 收益的优化和效率的优化。

上述措施在实践中不断调整、优化，产品定位、结构有了越来越清晰的面貌。百科全书系列化、集群化方面，从综合性百科、专业性百科、地区百科、少儿百科四维展开。综合性百科全书有《中国大百科全书》第二版及其简明版、精粹版，《不列颠百科全书》国际中文版、简明版、精粹版。专业百科全书有《中国大百科全书》单卷本，《中国军事百科全书》第一版、第二版，《中国战略导弹部队百科全书》《中国海军百科全书》《中印文化交流百科全书》《中国性科学百科全书》等；地区百科全书有《广西百科全书》《云南百科全书》等。儿童百科方面，程力华、刘金双先后领衔少儿百科分社团队主打中国儿童百科系列，武丹、杨振先后领衔百科 · 视觉分社团队主打百科版 DK 系列，形成中西合璧、双线共建，两个品牌各有十几个书系数百个品种全线展开、上市，无论是品牌影响力，还是销售额屡创新高，成为百科社名副其实的大品牌和经济支柱。工具书方面，有韦氏英语系列、彩图版学生工具书系列、学生规范字词典系列等。由陈琦领衔的教育分社团队，主打彩图版学生工具书系列，一度在市场销售很红火，后来学术分社推出学生规范字词典系列，都曾在发行部的销售中占据了一定份额。学术出版方面，郭银星领衔的学术分社团队创立了百科史学品牌，声名鹊起，形成口述历史、回忆录、人物传记、史学名著、史料整理五个系列。同时还出版了经济学、传播学的系列学术精品。大众读物原创方面，赵焱团队、张宝军团队、蒋丽君团队、徐世新团队、姜钦云团队等依托百科资源规划文图版百科知识类系列读物，推出了百科名家文库、百科全书普及版、文渊图华书系、百科地图书系，以及文明史话书系、《故宫里的大怪兽》书系等。数字出版方面，田野团队、张新智团队推出了中国大百科全书数据库、掌上百科、军事百科数据库等。

这一时期，还有以下几个重大或特别的出版项目，体现了百科人在履行文化使命、社会责任方面的认真和担当。

2009 年 4 月，历经 14 个多年头，《全书》第二版终于面世，向中华人民共和国 60 周年献礼！看到样书的一刹那，我的眼睛湿润了。《全书》第二版是改革开放 30 年来中国科学文化成就的集大成之作，是代表国家最高科学文化发展水平且与百科全书国际惯例接轨的新一代百科全书。它凝聚了众多专家学者的心血和奉献。而长期面对市场经济和经费短缺（二版财政经费中不含编辑出版人员费用，由出版社自筹）的长期压力，百科社克服了一切困难，从人财物各方面保证二版编辑团队专心致志地工作。在漫长的编辑过程中，一批退休返聘的老编审和青年编辑十几年如一日，全身心投入。一些老同志视力严重下降，甚至几近失明；一些年轻同志推迟婚期、放弃婚假，有的同志为此延迟了要孩子甚至终生失去了机会；一些同志因为长期积劳成疾，健康状况深受影响，甚至在编辑过程中因病而不幸去世。2009 年 8 月 26 日，《中国大百科全书》第二版出版总结表彰大会在人民大会堂举行。中央领导接见专家和出版人员代表，并发表重要讲话。那天，我代表出版人员也发了言，题目是《认真履行对祖国的承诺》。头晚打出发言稿，许多事和人浮现眼前，彻夜难眠。8 月 28 日人民日报（人民论坛）发表题为《大辞书背后的强国梦》的文章称："大百科全书事关国家科学文化和政治荣誉。"2010年，《中国大百科全书》第二版入选了第二届中国出版政府奖图书奖。在二版的宣传推广上，出版社创立了整合政府、媒体、出版商、经销商、读者等各方资源立体宣传的模式，并创新实行社店联手营销，以直销和地区代理销售为主的销售模式，实现了当期销售上万套的目标。两三年内，三次印刷。前不久，听发行部同事讲，已开始了第五次印制。

2008年5月12日四川汶川发生大地震，13日晚我在接到集团领导电话后，立即电话通知刘杭、马汝军、徐世新、徐继康到社集结。大家通宵达旦，16小时编写、印制了《抗震救灾自助手册》，成为全国首个发往灾区的出版物。《手册》纸本先后免费发放70多万册，同时，无偿交与各大网站发布。获得各级嘉奖。

由滕振微团队落实组织撰写与编辑的《中印文化交流百科全书》及"中印经典互译"工程，先后三次上了由中国和印度总理，以及最高领导人签署的两国联合公报。在国家公共外交方面，百科社以恰当的方式参与并发挥了作用。

我社与各地民族出版社合作，2008年一次推出儿百系列产品的7种民文版。2015年，总署"十二五"重点出版规划及改革发展项目库重大出版项目《中国大百科全书》二版维吾尔文、哈萨克文版宣布首发。民文版的推出，为中华民族大家庭共同享有优秀文化成果、共同发展进步作出贡献。

由蒋丽君、马丽娜先后领衔的团队，落实完成了《中华百科全书》的策划和编辑，并以《中华百科全书》及本社其他相关资源建设中国百科数据库（英文）。

在各编辑部冲刺的关键时期，总编室任其忻团队统筹选题规划，落实进度，监管质量；出版部徐继康团队严把印制质量及进度关；发行部张金龙、陈义望先后领衔的团队面对竞争日趋激烈的市场，不断创新营销思路和措施；数据部郭继燕团队则对全社的核心内容资产进行数字化整理，为各编辑部提供服务；人事处姜燕团队大力落实导师制、首席制、百科大讲堂及每月开讲培训制，加强人才培养；办公室程应钧团队做好上下协调、安全保卫；行政处许广余、张军先后领衔的团队提供环境、食堂等后勤保障，为生产保驾护航；党办工会宋梅娟团队将企业文化具体落实在建社纪念日、职工之家、丰富多彩的文娱活动等。全社一心，拧成一股劲往前冲。

从2006年6月到2016年4月，奋斗十年，励精图治。功夫不负有心人，传承、发扬“大百科精神”的百科人，又一次开创了新局面，迎来了新丰收。

出版物获得中国出版政府奖11项，中华优秀出版物奖8项。其他由中宣部、教育部、科技部、总署（总局）、版协评选的重要奖项如“三个一百”原创、向全国推荐百种优秀民族图书、向全国青少年推荐百科优秀图书、向全国青少年推荐百种优秀音像电子出版物、全国版权输出和引进优秀图书、大众喜爱的50种图书、全国优秀报刊、全国优秀科普作品、公众喜爱的优秀作品、首届向全国推荐中华优秀传统文化普及图书等上百项，知名媒体优秀图书榜单上榜数百项。入选国家“五年计划”重点出版规划37项，国家出版基金、经典中国国际出版工程、丝路书香等共计91项。

这十年间，中国大百科全书出版社的财务状况发生了重大变化：累计实现主营业务收入13.74亿元，利润总额累计实现1.16亿元。资产总额增长了441%，国有资产保值增值1.88亿元，净资产从2006年6月的-9 701万元增长至2016年4月的2.75亿元，所有者权益增加了2.72亿元，资产负债率从2006年6月1日的178%下降到2016年4月30日的59.21%。2015年度实现利润总额2 987万元。现金流多年连续净流入，自有资金充足。出版社职工薪酬也有了大幅提升，2015年度，职工人均年工资收入是2006年度的3.5倍。

出版社获得多项重要表彰及奖项。2009年被新闻出版总署评为“全国百佳图书出版单位”；2013年获得“中国出版政府奖”先进出版单位奖；2013年全国首批数字出版转型示范单位；2011～2016年，连续获评国家文化出口重点企业；2015年获“中国版权最具影响力企业奖”；2016年获评“全国新闻出版标准化先进单位”；2013～2015年连续三年被中国出版集团考核评为最高等级A级；2007年被全国双拥工作领导小组授予“爱国拥军模范单位”；2011～2015年连续获得首都精神文明建设委员会颁发的“首都文明单位”等。

2015年底，由崔恺院士担任总设计的“百科编辑能力建设”项目完工。百科编辑大楼焕然一新。外观如祥云缭绕，又似层层叠叠的书页。楼内中厅书架环立的文化墙、大堂的百科全书博物馆、设备齐备的学术礼堂、明亮舒适的办公区，透着浓浓的文化气息。全社排水系统、消防系统、电气系统、弱电系统亦全部置换一新，中央空调清风徐来，计算机、网络系统全楼覆盖，功能强大。

在《中国大百科全书》这项伟大事业中，百科社也已经踏上了“三版”新征程。2009 年 11 月 2 日，新闻出版总署原副署长、中国出版集团原总裁杨牧之同志出任《中国大百科全书》第三版总主编。随即在百科社组建了三版领导小组、工作小组。网络版的构想得到杨总的充分肯定。三版各项工作提速。2010 年 6 月 21 日，《中国大百科全书》第三版立项报告（百科社字〔2010〕第 04 号）上送中国出版集团并报新闻出版总署。2011 年 11 月 5 日，国务院办公厅发出关于编纂出版《中国大百科全书》第三版问题的复函（国办函〔2011〕127 号），同意编纂出版，建立数字化编纂平台，编纂发布和出版网络版、纸质版。

国务院批准立项并给予政策保障的消息，立即传播开来，在出版界、学术界引发了热烈反响。杨总带领我们走访了多位科学家、学者，开展调研，并与中宣部、财政部及相关部委、学术机构密切接触，落实、推动相关工作。对于百科社来讲，编好《全书》第三版，其文化使命是首要的，不容置疑。同时，这也是崭新的课题，既是以重大项目带动企业融合发展的重大机遇，也面临生产方式变革引发的诸多严峻挑战。领导小组、社委会将三版作为全社头等大事，调研，设计，学科摸底，主编遴选，总编委会构成，作者、编辑、技术等队伍的组建，“一社两制”、两翼并举的设计及实施，三版和全社生产经营通盘考虑、统筹兼顾……林林总总，都需妥当考虑和安排。同时，经过坚持不懈的努力和争取，《全书》编纂的长效机制、编纂经费及编辑大楼修缮经费也终于都得到落实。

2014 年 5 月 14 日，我随同杨总，中国出版集团总裁谭跃、副总裁李岩、出版部主任张贤明，三版综合办公室主任张若楷等，到三版总编委会主任陈奎元家，他第一次全面听取了三版工作情况汇报。2014 年 9 月起，各学科编委会组建及内容撰写进入快车道。入选的百位学科主编，集合了当今我国各学科杰出的领军人物，在国内国际学术界享有盛誉。随着各学科的全面展开，全国数百位院士、两万多名专家学者，以及出版社编辑团队已集结起来，新时期国家文化的巅峰之作指日可待！

篇幅所限。要记述的人和事还有很多，如繁星点点，在我的记忆深处闪烁。

因缘际会，也有情感所系，大学毕业后至今 37 个年头我成了“钉子户”，扎在百科未曾半步移挪。也因此，与一项伟大的事业、与那么多平凡而又了不起的人结缘。中国百科全书事业是中国现代化的组成部分，从无到有、到壮大兴盛；中国大百科全书出版社从稚齿到成人，从蹒跚学步到血气方刚，拓荒、开放、繁衍、创新、飞跃，一批批共赴召唤的“大百科人”，秉承“大百科精神”，几十年如一日，披荆斩棘，筚路蓝缕，辛勤耕耘，牺牲良多，贡献良多。精卫填海，可比百科人。在那些决定性的时刻，苦痛、抗争、奋斗，有过失败，也产生着耀眼甚至永恒的成就。

建社 40 年之际，谨以此小文，怀念教导我们的前辈师长，感谢一路相伴的百科同人，致敬我们共同走过的难忘岁月。

祝福我们的出版社，基业长青，一年更比一年好！

（2018 年 9 月 30 日）

《中国大百科全书》，自是凌烟铭

杨小凯

提起《中国大百科全书》和大百科出版社，就不能不提到姜椿芳。40年前，他做了两件大事。一件是发起创立了民间诗社——野草诗社，此后，民间诗社如雨后春笋般在全国各地纷纷成立，最终产生了中华诗词学会，使中国传统文学形式的瑰宝——古典诗词再一次在中华大地上复兴。另一件事就是在党中央国务院的支持下创办了中国大百科全书出版社并且出版了中国第一部大型综合性百科全书《中国大百科全书》。这件事的前后经过及其意义已经有非常多的亲历者和专家学者介绍和论述过（如阎明复、金常政、黄鸿森等）。我想，《中国大百科全书》就像古代的凌烟阁，每一位在上面留下自己名字的作者、编者、参与者都是这项伟大事业的功臣，不虚此生。

非常幸运的是，在前辈们的关怀和提携下，我能够成为这两件事的亲历者和参与者。因此，我才能用古典诗词这一形式讲述自己在其中的经历（既是工作也是学习）和感受。

我在大百科出版社工作学习了25年，今逢出版社40周年华诞，应老同事、老朋友赵焱的要求，摘录相关几首拙作，聊布忱怀，以示祝贺。

到中国大百科全书出版社

乱世经年频坎坷，淡然一笑未蹉跎。当年才气今何在，明日豪情有几多。

立雪程门寻古意，乘风书海唱新歌。流光再莫等闲度，幸有半生献百科。

呈明复

马前三四载，常愧荐恩深。肝胆如相照，灵犀似有神。

悬灯研体例，伏案理条陈。百科成功日，此心可报君。

满江红 中国大百科全书出齐

巨制鸿篇，文书苑、丰碑独立。囊括尽、古今中外，百科真谛。十五载春秋代序，万千人日夜相继。启蒙事、众志又成城，秉魂气。

钩沉逸、研学术，昔耕种、今收获。洋洋七四卷，几多曲折。皓首穷经身已瘁，青春求索鬓边白。堪慰藉、举世颂歌声，标青册！

中国大百科全书出版社成立20周年

神州骤雨洗沉疴，盛世欣逢修百科。摘句寻章甘寂寞，咬文嚼字敢蹉跎。

启蒙开智功垂久，解惑释疑建树多。廿载艰辛回首笑，丰碑铸就自巍峨。

中国大百科全书出版社成立28周年

初平文乱沐春风，修典立经倡启蒙。笔录千秋言大义，书成百科树碑丰。

条分缕析钩沉逸，烛隐发微述源宗。喜看精英新雨辈，汗青事业更恢宏。

《中国京剧百科全书》出版有感

昆腔楚调糅京韵，国剧流芳二百年。汇集群儒梳史籍，钩沉府库著新篇。

皮黄演绎春秋义，花雅兼收鬼簿传。辛苦劬劳十五载，书成感慨隐悲欢。

中国大百科全书出版社40周年铭

文乱初靖　百废待兴

逢科学教育之春天　乘改革开放之东风

竖百科全书旗帜　集仁人志士精英

蘸浩浩东海砚墨　秉巍巍昆仑笔锋

书五千年中华光辉历史　写数百代东西灿烂文明

修典立经　意在启蒙

四十载回眸　艰难创业　斩棘披荆

新千年展望　再造辉煌　坎坷征程

功盖万古　一版已树丰碑

继往开来　二版又刻汗青

堪告慰　故雨新朋

中国大百科全书 自是凌烟铭

此铭原为我在出版社成立 25 周年时所写，从未发表。适逢出版社 40 周年华诞之际，略作修改。《呈明复》是在阎明复离开出版社时送他的。《满江红 · 中国大百科全书出齐》曾在当时《人民日报》介绍《中国大百科全书》专版上发表过。最后两首七律是退休以后写的，在这干了 25 年，还是有感情的。

（2018 年 9 月 9 日）

难忘的岁月

——中国百科术语中心与数字出版资源开发

王渝丽　田　野　王　煜

一、《中国大百科全书》编纂和百科术语中心建立

中国第一部大型现代综合性百科全书《中国大百科全书》（以下简称《全书》）经过十余年的编纂，积累了数十万的名词术语、人名、地名及组织机构等宝贵的资料。特别是中国大百科全书出版社在编纂《全书》《简明不列颠百科全书》和《苏联百科词典》过程中统一了上述各项内容，为我国的辞书出版标准化开了先河。

《全书》中的名词术语不但数量多，而且涉及面广，不少术语都附有严格或可直接引用的定义，是国内任何出版物所不能比拟的。《全书》的名词术语也得到了国家技术监督局（现为国家质检总局）、全国术语标准化技术委员会和全国自然科学名词审定委员会（现为全国科学技术名词审定委员会）的广泛采用，各方面迫切需要建立一个可方便查询的百科术语数据库。

中国大百科全书出版社成立的十几年中，在术语学理论研究、标准术语的发布和标准制定等方面都做了大量工作，培养了一批人才。考虑到术语规范化的需要和上述的主客观有利条件，中国大百科全书出版社决定建立百科术语数据库，为《全书》的修订、更新提供便利条件。首期工程包括术语库、人名库，并于 1993 年成立了百科术语中心。

二、中国百科术语数据库建设获得 1999 年国家科技进步奖

1992年秋，中国大百科全书出版社开始了中国百科术语数据库（以下简称“术语数据库”）开发的前期工程。20 世纪 80 年代后期，新闻出版署资助 30 万元，帮助我社利用计算机技术初步建立了初期百科术语数据库，不仅建立了上述资料子库，而且把《全书》74 卷陆续电子化，第一次以条目形式存入数据库。

随着计算机技术的飞速发展，百科术语数据库已经初具规模，ISO/TC37 主任、国际术语学和标准化专家加林斯基先生在 90 年代初期就多次向于永湛副署长建议，要开发利用《全书》知识宝库，建立大规模的中国百科术语数据库。1995 年新闻出版署将我社确定为出版领域编辑出版自动化的样板单位，对中国百科术语数据库建设项目给予从技术到资金的大力支持。在社委会的领导下，特别是单基夫社长，他尊敬专家，尊敬各级领导，组织了国内著名的计算机专家、学科专家和辞书专家，反复论证，制定百科术语数据库建设最佳方案，并亲自参加了与计算机公司的谈判，选择了技术力量雄厚的北大方正集团作为合作方。

1995 年秋，中国大百科全书出版社开始了中国百科术语数据库的开发工程。术语数据库以《全书》为基础，是面向概念的多功能综合性术语数据库。该库知识覆盖了自然科学、工程技术、社会科学、文化教育、艺术、宗教等学科。它不仅包括术语，而且可提供与术语相关的知识，特别是在纯粹中国内容的学科方面，具有不可替代的专业性和权威性。这种类型的知识库当时在我国是首例。它不仅能多途径检索库中的知识，为中国大百科全书出版社、新闻出版署以及其他用户提供联机检索和咨询服务，而且能利用编纂系统实现按需求自动化编辑出版各类专业辞书及各类电子出版物，并且为《全书》（第二版）的修订更新提供了编纂平台。中国百科术语数据库把《全书》中的资料分门别类设立各种统一的或独立的数据库，设置快捷的存储检索系统为出版社编辑和社会公众服务。为了满足术语数据库的需求及保证开发质量和进度，中国大百科全书出版社和北大方正集团项目组开发人员用了一年多的时间，克服各种困难完成了第一期开发工程。

术语库的计算机系统由辅助建库系统和编辑自动化系统组成，其主机、网络系统都选择当时最先进的技术设备，采用配置灵活、计算性能优异的客户 / 服务器的

体系结构；服务器运行 Unix 操作系统、Sybase 数据库管理系统和北大方正多媒体信息检索系统。与数据库联网的编辑大楼整体布线按照综合结构化布线系统的原则实施，主干线采用多模光纤连接每个编辑层；各层建立编辑子网。网络结构为分层次星型拓扑结构，具备高度的灵活性、可扩充性和先进性。整个系统为我社数字化出版发展打下了坚实的基础。术语库开始通过专线对外提供服务，很快改为通过互联网对外提供服务，成为国内较早在互联网上提供数据库服务的单位。

术语库的入库数据分为四个部分：(1)《全书》(第一版) 的条目和《全书》(简明版) 的条目；(2) 术语包括来自《全书》的术语和有关国家标准、国际标准等权威资料中的术语；(3) 外国名人主要是在《全书》出现的外国专家、学者和诺贝尔奖获得者等；(4) 其他百科内容包括我社已经出版的一些专业百科、地区百科等条目全文。

信息资源建设工程是非常艰苦的，经过术语中心全体员工四年的努力，1999 年数据库已初具规模，社内局域网已连通，初步实现编辑工作的自动化和半自动化。编辑已可查询需要的编纂信息，利用数据库知识编纂各种工具书，并开始了对外服务。

为了建好术语库，术语中心的工作人员认真学习、研究了大量有关术语学和数据库的资料和文件，还借鉴了加拿大、奥地利、德国等国外同行在建设数据库方面的先进经验，与国际术语中心、维也纳大学开始了长达十余年的合作建设。特别是由新闻出版署主导的与加拿大国家术语库（Termium）的合作项目，使我们从中得到很多启发和帮助，使建库工作能与国际接轨，为百科术语数据库开展国际服务打下了基础。

术语库的质量关键在于入库的数据。为了保证数据的翔实可靠，符合标准化、规范化的要求，我们多次组织术语学家、学科专家和编辑进行讨论，制定了百科术语数据编写条例，明确了对入库数据的要求，对于入库数据的遴选和审定也作了明确规定。

截至 1997 年 6 月底，库中已存有术语约 17 万条，内容包括《全书》的全部内容及天文学、力学、中国传统医学、新闻出版、化学、人民防空等领域的专业术语，还有我社出版的大型工具书中出现的人名、地名、组织机构及名人资料等和部分国家标准。每一条数据记录基本包括如下内容：术语编码、中文术语、汉语拼音、英文、定义、学科领域、国标学科分类代码、来源、等级、编辑、录入日期和修订人等。用户可方便地从多种途径检索到需要的信息。

术语数据库通过互联网为全国新闻出版系统服务，而且要与国外有关术语组织进行合作、交流。因此，要求入库的数据必须符合国家标准和国际标准。标准通用置标语言 SGML (Standard Generalized Markup Language) 就是为了适应日益发展的信息交流而建立起来的一种国际标准。它不仅描述了文件的内容，而且描述了文件的结构，规定了电子数据交换的必备条件。只有符合 SGML 格式的术语才便于国内外的通信和数据交换。为此，我们投入了极大的力量，认真学习资料，虚心请教专家，经过艰苦的工作，完成了 SGML 中文编辑器研制任务。百科术语数据是以国际通用术语数据交换格式 TEF (Terminology Exchange Format) 为基础的，是国内最先采用 SGLM 技术的单位。

为了充分发挥术语库的功能，中国大百科全书出版社利用新闻出版署投资的项目建设经费建设了统一的计算机编辑区域。按社委会的要求，百科术语中心分批分期举办了多种类型的编辑培训班（共 10 期），包括计算机基本操作技术和编辑器使用，使大多数编辑能熟练使用编辑软件和利用数据库的数据进行编纂加工。

百科全书的编纂工作是一个复杂的系统工程，现已完成的编辑自动化系统就很好体现了从条目选定、一审、二审、三审直到终审的流程；可利用术语数据库的资料修订、核实和编纂条目；可将百科全书条目进行整体排序、制作索引；还可将编纂好的百科全书付印出版和将数据输入术语库。

《全书》（第一版）有 6 000 余字都在当时的国标《信息交换用汉字编码字符集　基本集》（GB 2312-1980）之外，被称作生僻字。为了便于用户查询，以及为网络通信创造条件，条目入库时必须要解决生僻字问题。我们组织力量收集生僻字，并做了词频统计，把需要编码的汉字暂时放在方正中文平台基本平面及辅助平面内，扩充汉字，建立了生僻字库。中文信息处理的核心之一是中文及中文信息处理技术的规范和标准问题，字符集标准及相应实施规范则是该核心的重要组成部分。国家技术监督局、工信部全国信息技术标准委员会、新闻出版署及国家语委对此事都非常重视，正在为汉字编码扩展规范作大量工作。我们的技术人员参加了由中国内地和香港、台湾地区，韩国、日本、越南、新加坡及美国微软等应用汉字国家的专家组成的国际标准化组织表意文字工作组（ISO/IEC JTC1/SC2/WG2/IRG），为把《全书》的生僻字纳入国际标准做了大量工作。10 年间已将 5 500 余字收入到现行国标的《通用多八位编码字符集（UCS）》（GB 13000-2010）国际标准扩展字库中，为《全书》编纂提供了便利条件。

1997 年 9 月术语库一期工程通过验收。专家们一致认为该数据库系统开发难度大，技术起点高；在中文辞书编辑自动化方面独具特色，做到了编辑出版一体化，处于国内领先水平；在综合性大型术语数据库领域属国内首创，达到国际先进水平。建立一个面向概念的综合性多功能的百科术语数据库，在我国还是首例。因此，中国百科术语数据库建设项目 1998 年获得新闻出版署科技进步奖一等奖，1999 年获得国家科技进步奖三等奖，成为首家因科技开发而获得国家科技进步奖的出版单位。

三、我社成为辞书编纂资源利用标准和出版界数字出版的骨干

从 1986 年起我社就承担了全国术语标准化技术委员会术语学理论与应用分技术委员会（第一分会）秘书处工作，新闻出版署领导和姜椿芳总编辑都参加了第一分会成立大会。

多年来我们参加了多项辞书编纂、术语、数据库建设国家标准的制定、审定。例如:《辞书编纂符号》(CB/T 11617-1989)、《术语工作概念与术语的协调》(GB/T 16785-1997)、《术语工作　原则和方法》(GB10112-1999)、《术语工作　词汇　第 1 部分：理论与应用》(GB/T 15273.1-2000)、《辞书编纂的一般原则与方法》(GB/T 19103-2008)、《建立术语数据库的一般原则与方法》(GB/T 13725-2001)、《术语与辞书条目的记录交换用磁带格式》(GB/T 13726-1992)、《学科分类与代码》(GB/T 13745-1992)、《术语数据库开发指南》(GB/T 15387.2-1994）和《术语数据库技术评价指南》(GB/T 15625-1995)、《辞书条目 XML 格式》(GB/T 23829-2009）等。这些国家标准在出版界起到指南的作用。

随着数字出版技术的发展和互联网技术的高速发展，传统的出版行业正在经受着越来越大的挑战，拓展不同的出版形式势在必行，对数字出版行业相关标准的制定迫在眉睫。由新闻出版总署科技司和中国新闻出版研究院牵头，启动了数字出版行业标准的制定工作。作为在数字化出版方面始终走在前列的百科术语中心受托参加了相关标准的制定、审定，包括《出版元数据第 1 部分：框架》(CY/T 90.1-2013)、《出版元数据第 2 部分：核心数据元素集》(CY/T 90.2-2013)、《出版元数据第 3 部分:

通用数据元素集》（CY/T 90.3-2013）、《出版元数据第 4 部分：扩展及应用》（CY/T 90.4-2013）、《出版元数据第 5 部分：维护与管理》（CY/T 90.5-2013）。

百科术语中心在完成社里日常技术工作和为《全书》（第三版）提供技术服务的同时又对百科术语数据库资源做了进一步开发。在中国出版集团的领导和资助下，与北京大学计算语言学研究所、中科院自动化研究所进行了一系列合作。

首先，在百科术语数据库基础上，研究了知识元数据库。知识可以分解为一个或多个知识元。它不仅可以直接表述知识的内容，也可以通过全文数据库的索引技术将使用这一知识元的百科知识关联起来，充分开发利用百科术语数据库。

其次，开始了百科知识工程研究。百科知识工程的目的是在建立百科全书知识标注体系的基础上，对《全书》进行知识元标引和知识点标引等结构化处理，建立结构化的百科知识库，并开发了对百科文本进行语义分析、信息抽取和百科知识问答技术等方面的软件，开发知识库问答系统在性能上已经超过传统知识库问答方法，处于当时中文信息处理领域的领先水平。

这些研究成果支持更为智能化的百科知识服务，同时为海量出版领域的开发利用做出示范，也为《全书》（第三版）的编纂技术平台奠定了基础。

从 20 世纪 90 年代初到 2003 年在新闻出版总署的领导和支持下，中国百科术语数据库完成了前期、一期、二期和三期工程，新闻出版总署投资千余万元；2002 年国家发改委投资 130 万元；2004 ～ 2012 年中国出版集团投资 300 余万元。这些都为我社的出版数字化和知识服务建设发展奠定了基础。

在新闻出版广电总局承担的国家“十一五”与“十二五”时期文化发展规划纲要的重大科技专项工作中，术语中心受邀成为最早参加复合出版项目的可行性研究小组的成员，并负责部分方案的撰写，参加了四个重点数字出版工程（国家数字复合出版系统、国家知识资源数据库、中华字库、数字版权保护技术研发）可行性论证并成为专家组成员，承担了《数字版权保护技术研发工程》课题的技术研究、系统开发和标准制定等方面工作。该工程已经完成了全部预定任务，形成了综合性的数字版权保护技术管理与服务平台。

百科术语中心利用数据库资源研发了《中国大百科全书》在线版、《奥林匹克运动百科全书》光盘版、《中国大百科全书数据库》光盘版等十余个产品，获得了国家出版政府奖、中华优秀出版物奖等。

四、百科术语中心的国际合作（1987～2009）

1. 参加了新闻出版署牵头的与加拿大国家术语库合作项目。加拿大国家术语库成立于20世纪60年代，主要为加拿大政府部门和附属于加拿大议会的公共团体等提供服务，其技术、内容、术语条目数量及服务在世界上都处于领先地位，并对术语学的发展起了重要作用。作为加拿大政府与新闻出版署的政府间合作项目，80年代末期我社成为该项目的执行单位。新闻出版署各级领导积极指导、参与了项目。双方多次互访，学习了加拿大国家术语库的建库经验，安排术语中心技术人员在该库实习，加拿大专家也到百科术语中心进行指导，为百科术语数据库建设的先进性、开放性提供了经验。

2. 参加中国与奥地利政府间合作项目。在科技部的牵线资助下，与国际术语中心、维也纳大学、国际术语网展开合作，互派专家学者、技术人员进行交流，帮助维也纳大学翻译系建立了中国传统医学术语库、地质学术语库。新闻出版总署相关部门积极支持这个项目，多次派人员与术语中心工作人员一起参加ISO/TC37会议和洽谈合作。

3. 与德国术语中心合作，按合作方的需求定制加工中国传统医学术语和经济学术语千余条，为社里赚取外汇。

4. 与比利时根特大学计算机系及有关电子公司合作，建立中国传统医学术语数据库；将《全书》光盘版翻译为英文版，并对比利时开发的相关检索软件进行了尝试，参加了法兰克福书展。此项合作得到中国出版集团的支持，集团领导专程赴比利时参观考察并参加了相关技术研讨会。中国驻比利时大使馆派员参加了发布会。

百科术语中心自成立之初，就一直秉持着将科学技术转化为生产力的理念，努力将科研成果转化为适用于社会需求的产品，力争为出版社的发展壮大奉献一己之力。当前，《中国大百科全书》（第三版，网络版）编纂工作已经开展多年，百科术语中心又积极组织技术方案的讨论与调研，制定并逐步完善了技术平台的可行性方案，为建立综合性百科服务平台贡献了力量。

（2018年9月6日）

难忘的这九年

王铁生

我到中国大百科全书出版社已有 34 年了。除了退休这 10 年外，在出版部工作整整 24 个年头。

让我至今难以忘怀的是从 1992 年至 2000 年这九年，在这九年的时间里，我们经历过多少的风风雨雨，每一个人，每一件事，都深深地印在我的心中，难以忘怀。

在这九年里，我们出版了几乎囊括全社的百科系列的重点图书。在出版部全体同志的辛勤、精心、超强的努力之下，取得十分优异的成绩。

比如:《简明中华百科全书》3 卷，《中国大百科全书（简明版）》12 卷，《不列颠百科全书（国际中文版）》20 卷，《中国儿童百科全书》4 卷及《中国大百科全书（精粹本）》。与社外合作出版的图书有:《中国大百科全书（繁体版）》60 卷，《新世纪百科全书（繁体版）》12 卷，《中国大百科全书（青少年版）》10 卷，《中国大百科全书（精华本）》6 卷。此外，还有众多单本的百科全书和地方百科全书。

在这九年里，出版部全体同志出于对百科的高度热爱，对工作精益求精、一丝不苟。在出版部负责的众多图书中，有许多获得过国家级出版大奖和其他各种奖项，为我社增光添彩。

例如：荣获国家图书奖的《中国大百科全书（简明版）》《不列颠百科全书（国际中文版）》《中国儿童百科全书》等。

在这九年里，出版部全面提升百科图书的面貌，使百科全书以全新的面貌出现在读者面前，获得相关部门和社领导一致好评，也为百科图书的出版走出一条新路。

《中国大百科全书》74 卷本于 20 世纪 80 年代开始出版，陆陆续续十余年时间才完成。由于当时的印刷装订工艺和材料的局限，到了 90 年代就显得有些不足了。90 年代我们再出版百科全书一定要弥补之前的不足，加以创新，才能与时俱进，跟上时代前进的步伐，才能满足广大读者的需求。

于是我们采取了大胆的尝试。在开本上，采用国际上流行的开本，大 16 开；在版式上，我们翻阅了我社图书馆中所有国外的百科全书，吸取别人的精华，由原来的两栏改为三栏，并以此为基础，对字号、行数、行距，每栏字数，以及图片的清晰度要求，都做了相应的创新。图书也由单色改为彩色印刷，纸张改用 80 克亚光铜版纸，封面用新型的封面材料取代传统的漆布。为了印出来的图书免于雨雪潮湿或因时间过长而弄脏，我们还采用了塑封的办法。诸如此类，使我们最新出版的百科全书面貌焕然一新。

在这九年中，通过与台湾合作出版百科全书，使我社拥有了一个最全的繁体字字库。

为了能建立一个能满足我们出版繁体版图书的需要，同志们千方百计与外单位合作，从书写繁体字，到刻字、翻模等多道工序，一个字一个字地凑齐了我们的繁体字库，这是一个不小的财富。用现在流行的话来说，这就是我社的核心资产，是其他社所不具备的独一无二的资产。

在这九年中，我们完成了《中国大百科全书》74 卷图书成套印制 5 000 套的任务。

《中国大百科全书》过去一直由上海分社承担印制任务，这次转由北京总社承担，是首次 74 卷一齐印制。全套书共计 3 463 个印张，其中部分印张为双色或者四色，光胶片就有近 7 000 张，从上海运到北京足足一大卡车。由于制作的年代久远，有的还用燕皮纸，有不少已损坏或者短缺。由此可见，整套图书印装的难度有多大。

《中国大百科全书》74 卷印 5 000 套，就要一次性印 37 万册图书，一次性印制齐，一次性配齐。一次性的要求，使印制难度增加数倍。我们制定了严格的制作流程及技术要求。一切按程序走，一切按技术要求做，并进行了全过程监管，最终胜利地按质、按量、按时完成了这项艰巨的任务。

在这九年中，出版部由一个纯职能部门转为创收部门，又由创收部门转为职能部门。

1992 年我社由国家拨款改由自己筹款，即自负盈亏的模式。社里也进行相应改革，实行了以部室为单位进行创收的部室承包制，也就是所谓的“一条龙”管理体制。出版部也不例外，进入了这个体制。

出版部的职责为两项，在搞好百科全书的出版印制的前提下，也要为社里创收，出版部的同志们千方百计想办法进行创收。我们自主策划编辑了几部图书，几乎都成了畅销书，如：《题海》（10 本）、《新编小学生系列工具书》（14 本）都取得了不错的收益。从 1992 年至 2000 年这九年，我们年年完成创收任务，并有所超额，累计创收 1 490 万元，为我社的发展，添砖加瓦。另外还有 2 000 余万元码洋的图书交予社里。现在看来也许不多，但是出版部也是尽力了，当年在社里排名也在前三甲之列。

在这九年里，同志们怀着对百科事业的崇敬，工作勤勤恳恳，埋头苦干，精益求精，获社里的认可与赞扬。1997 年、1998 年、1999 年曾三年连续被评为社先进部室，还荣获工会授予的“职工之家”光荣称号。

难以忘怀的这九年，同志们的辛勤工作；难以忘怀的这九年，同志们的胜利微笑。更加难忘的，是在工作中建立起来的温馨、真挚的兄弟姐妹般的友情，这也是百科精神在出版部的体现。

2001 年社里又进行改革，激光照排、校对科解散并分到各个部室，财务归属社里的大财务，出版部只留几个人回归职能部门。

九年的时光在人生道路上并不算长，但在工作的时间上就不算短了，人生工作按 40 年计算，占了近四分之一。

这九年的经历我终生不会忘记，它永远铭刻在我的记忆之中，也会永远留在这九年朝夕相处的出版部人的心中！

（2018 年 8 月 28 日）

我与百科

尤国宏

我自1978年9月20日到大百科面试至今，已在百科度过了33个春秋，经历了百科从小到大的发展和繁荣，眼见了人事变迁，许多往事历历在目。

记得1978年9月20日下午在位于建国门内北总布胡同版本图书馆的大百科筹备组办公室里，我见到了筹备组负责人严玉华、阎明复和翻译组负责人张曼真。在大致了解了我的情况后，张曼真拿出一页复印的《不列颠百科全书》条目让我翻译。大约一个多小时后我交了卷，他们看后商量了一下就告诉我第二天去北海公园旁边的北京图书馆（现为国家图书馆分馆）阅览室上班。因为大百科正在筹备，还没有自己的办公地点，临时利用北图的马列著作阅览室翻译制作《不列颠百科全书》第14版的条目卡片，为编辑《中国大百科全书》提供参考材料，做前期准备工作。当时参与这项工作的有姚诗夏、陈平、秦中文、刘海英、王晓青、杨飞桥、徐进、王昕若等。在北图待了半个月左右，社里让我们搬到位于马神庙的全总干校文工团三层办公，同时符家钦、杜友良、徐慰曾、程世征、韩大钧、章立凡、邵原子、裘安曼、邓志道、贺江、张棣和蔡联等同志也加入进来。在这里年轻人翻译词条，老同志负责校订，大家工作生活得非常愉快。特别是每天早上文工团演员吊嗓子的声音和裘安曼在办公室大声朗读英语的声音，好像仍回响在我的耳畔。

在全总文工团待了近一年时间，1979年9月下旬翻译组搬到了安外外馆东街甲1号，与从版本图书馆和史家胡同搬来的社里的其他部门会合。刚到安外时工作生活条件都很差。办公室里没有电话，有急事要跑到楼下院子里的传达室去。冬天室内没有暖气，多数同志都在家工作，我和章立凡坚持在社里，后来王福时馆长让我们到院子里的图书馆去，因为那里生有煤炉可以取暖。社里没有食堂，中午还得出去找饭辙，幸亏社里离家不算太远，我们都是 11 点多回家吃饭，下午 1 点多再赶回社里。这种状况持续有半年多，后来在阎明复的奔波下，工作和生活条件逐渐改善，大家工作热情更加高涨。

1980 年 8 月，社里与美国不列颠百科全书公司签订协议，合作出版《简明不列颠百科全书》，社里为此成立了《简明不列颠百科全书》编辑部。到 1985 年 9 月《简明不列颠百科全书》发排时，我先后参加了英文来稿的分类、组稿和译文的一审，其间还承担了部里的资料查询和工具书的购买。由于当时工具书极为匮乏，能找到的大多是“文革”前出版的，难以满足工作中的需要，很多条目中的专业名词无法定名，部里让我利用各种关系去查资料。我先后去过公安部一局，社科院宗教所、历史所，中科院动物所、植物所，中国电影公司等单位，特别是条目里动植物名称的比例很大，往往是拿着编辑们汇总来的长长的名单到相关研究所查阅或请教专家。虽然很累，但每查出一条，我的心情都是非常愉快的。记得《不列颠百科全书》中人名地名很多，但译名手册几乎没有，新华书店门市根本见不到，于是我又四处托人去新华书店总店和各区的新华书店机关服务部寻觅，最终在翠微路新华书店机关服务部和花市新华书店机关服务部找到仅有的几本人名和地名译名手册，解决了编辑工作的迫切需要。1985 年 12 月《简明不列颠百科全书》成书阶段，我在上海分社待了近 8 个月，进行印制前的编辑工作，直到全部开印才回京。

说到我与百科，不如说是我与《不列颠百科全书》更为贴切。在社 33 年，我所在的部门名称多次变换，我却没有离开过它。虽然其间也做过其他图书，但始终做着与《不列颠百科全书》有关的工作，包括《简明不列颠百科全书》《不列颠百科全书（国际中文版）》，以及台湾委托我们翻译的《不列颠百科全书》新增及修订条目的组稿及译稿初审。我热爱一直从事的《不列颠百科全书》编译事业，衷心希望《不列颠百科全书》越编越好！

（2012 年 2 月，收入本书时略作修改、补充）

在百科感受历史的“场”

于淑敏

“学在当下，每月开讲”已经形成我们百科社的一个品牌，但十几年前还通称为“讲座”，我印象最深的是听张遵修老师讲述“百科全书的编辑工作”。

当时我在知识出版社做图书编辑，对百科全书的编辑和编辑工作是全然陌生的，既有几分好奇，也有几分疑惑：百科全书的编辑和一般图书的编辑区别在哪？百科全书的编辑都有三头六臂吗？持有传说中的“神笔”？

在13楼会议室甫一坐定，便抬头打量讲台上的张遵修老师。主持人介绍，张老师是我们大百科全书《法学》卷的责任编辑，是清华大学的高才生，是大学者张之洞的曾（侄）孙女。望着她满头灰白色短发和沉稳淡定的微笑，我心头掠过“家学渊源”“资深”“和蔼”等词语。

不料张老师的第一句话，就把我给震住或者说吸引住了。她说：“编辑工作不是技术工作，而是一门学问。”

“不是……而是……”是一个普通的是非判断句，张老师的表述也并非夸张强调的语气，但这句话从那天起就牢牢地住进我的记忆里，此后无时无刻不在影响着我的编辑工作。它不是佛家的当头棒喝，更像是灌顶的醍醐，使我产生从长长的隧道中猛然冲出来看到满地阳光那种豁然开朗的精神体验。

我2000年入职做图书编辑，此前虽做过近十年的报纸和期刊编辑，但编辑图书于我是全新的经历，它更接近传统意义上的编辑概念，但“编辑无学”像流感一样让我产生了些许厌倦和疲惫，怀疑自己是否入错了行。那时，百科全书编辑部与其他各编辑部门，像是一社两制，更像是“君住长江头，我住长江尾”遥遥相望而不得见的两个人。因此，张遵修老师的讲座，对我来说是对百科全书的一次普及教育。我找到当年的笔记本时，更清晰地还原了讲座现场。

那是 2002 年 8 月 9 日的上午。张遵修老师对我们讲述过往，颇具神采。她说，百科全书是最值得编的一种书，它寿命长，能传之后世，留之全球。她讲述了百科全书的意义，编审的几个阶段，编辑的组织工作，还说编辑与作者的关系是导演与演员的关系，编辑是学术界的后勤部，重点讲述了责任编辑的“十一定”。所谓“十一定”包括：条头定、条头外文定、条头汉拼定、文字定、资料定、小题定、参见定、索引定、图片定、图题定、推荐书目定。几年后我有幸参与了百科全书第二版的条目通读工作，才进一步理解这“十一定”的深刻内涵和指导意义。

张老师说她特别庆幸担任《法学》卷的责任编辑，五年的编辑经历收获多多，当然也有很多故事。她 1979 年遵法学家张友渔之命参加中国社科院组织的法学规划会议，开始《法学》卷的筹备工作，从头便得到很多法学大家的指导，她说这是许多博士生和博士后都难于得到的学习机会——读这些大家的手稿，有如听名师讲学，有如坐春风之快慰。年逾五十的她把《法学》卷的每一篇书稿都当作讲义，但由于要符合百科体例，不得不改变作者的文风。好稿捧在手中却心悸手软，产生很大的心理障碍——学生怎么能改老师的稿件？学术界前辈是宽容的，北大国际法教授王铁崖复审她修改的稿件后亲切地告诫她：“这次拿回去可不能再改一个字了啊！”她在心里默念着：是的，一个字也不会再改了，不应该、不需要也不可能再改了。由此她产生的体会是，买书不如借书，借书不如抄书，抄书不如编书。编书，要做到不妄改一字，不妄加一字，不妄删一字，就必须反复思考斟酌，达到高度的准确性，因此，每改完一篇，就觉得自己掌握了一个问题的要点，与这些名师接近了一步。

作为责任编辑，如果不与读者打交道，怎能算得上圆满呢？张遵修老师与读者的片段交往也很有意味。《法学》卷出版后，一些读者写信到编辑部，指出其中的“多处排印错误”——把“国内法”误为“内国法”。她说，这些读者不了解二者的专业含义：“国内法”是与“国际法”相对而言的，而“内国法”是作为准据法与“外国法”相对而言的。她坦诚地给读者一一回信，作出答复，解释该词排印无误。

对读者负责，对所编的图书有信心。这种专业素养和学识滋养而成的底气，能不令人叹服吗？我瞬间明白，为什么张老师的话能打动我，击穿我——是她心中洋溢而出的灼热光芒，是她由内而外产生的强大气场，所以，再观察张老师脸上的微笑，我竟能读出一抹蒙娜丽莎般的笑意。

在做编辑的这些年，我无数次想象那些动人心魄的场景：很多在教科书上出现的闪耀亮眼的名字，曾经与百科全书发生着直接的联系，他们的成果最终显现在百科全书上，这是多么令人骄傲的人文景观！这是千载难逢的良机啊！为一个共同的目标，学者专家日复一日的精益求精，百科编辑年复一年的一丝不苟，他们互相交流切磋，铸就了“中华文化的丰碑”——《中国大百科全书》第一版，由此伴生的“大百科精神”，是这一丰碑的坚实基座。

百科社有上百位像张遵修老师这样热情有担当而又严谨认真的责任编辑，他们与两万余名专家学者共同努力，参与并见证了中国百科全书从无到有的诞生和辉煌。这样的历史，值得一代又一代百科人尊敬、铭记、传承，并在新时代发扬光大。

在互联网时代，无论百科全书以何种方式呈现给读者，仍然需要由作者完成条目，需要由编辑加工完成。百科全书第一版像一个传奇渐渐远去，第三版（网络版）也上线在即，但百科全书“人和书的故事”，书里书外，流水落花皆文章，值得百科人反复言说。毕竟回望来时路，能使我们走得更稳重更扎实，也更有信心和希望。

（2018 年 9 月 3 日）

远望彼地

——献给在大百科工作二十余年中最难忘的一个月

崔娟娟

在我二十多年的职业生涯中，有过一个月简单而快乐的日子。这一个月的生活因工作而起，但那种回想起来多少有点不真实的简单、快乐，又似乎与工作没多少关系。好像命运特意安排了这样一个月，让我这个天性动荡不安的人，有一段可以回首遥望的安谧时光。又仿佛为了让一个曾经活力洋溢的地区百科编辑部，随着时光流逝，在我脑海中留下一个百感交集的印记。

2008 年 9 月，我来到广西壮族自治区区委党校，参加《广西大百科全书》后期的集中编辑统稿工作。到那儿的第一天，地区百科编辑部的资深老编审满运新老师就自告奋勇充当“导游”（他已经在那里工作了大半年），带我转遍学校的各个区域，一边走一边不厌其烦地介绍情况：从教学区到生活区，从餐厅的各色餐点到最受欢迎的老友粉，从学校工作人员固定的喂鱼时间，一直到庭院里那些被年初极寒天气冻死还没有来得及更换的大树……“我二月份就来这里了，据说南宁从来没这么冷过，春天到来后，很多树仍没有缓过来，真是可惜……”我耳朵里回响着满老师热情的话音，心里也不知在想些什么，好像有一会儿想到远在北京的女儿快期中考试了。忽然，听见满老师说：“你会喜欢这儿的。”我一愣，“嗯”了一声，心里却在想：“怎么可能？2 400 万字，就五六个编辑，距出版还有不到两个月的时间，这么重的任务……”我不敢往下想。

说真心话，最初的几天里，我的确没料到我会喜欢这个地方，也没想过我会在这儿待这么长时间（我来之前被告知的出差时间是一周）。我想不过是一次普通的出差，赶紧完活儿走人。然而一天天过去，我不知不觉习惯了那样一种简单规律的工作生活，习惯了和那几位平凡亲切的老编审的日常相处，习惯了这里的气候、饮食，甚至空气里弥漫着的“广西百科”的味道。

每天早上七点多，我们地区百科编辑部一行人在傅祚华老师的带领下，准时在餐厅集合，点上一碗老友粉或别的什么，有说有笑吃完早餐后，在附近校园转一圈，绕过那些依山的小径，到鱼塘前看人喂鱼。满老师这半年多，把鱼塘里的鱼都快认全了，总忍不住给我指指点点。八点半左右，一行人陆续回到自己的房间，一天的编辑工作便各自开工了。

十年过去，有时我忍不住会想，那一个多月里，到底有过什么了不得的事发生，令我对这一段日子总是念念不忘？想来想去想不出什么。我能记得的，除了简单规律的一日三餐，和那几位老编审的工作交流，早餐后的散步闲谈，绝大部分时间是每天专注的工作：核对数据，查阅资料，修改条目……如果有哪个细节能让我念念不忘，那一定是每天午夜 12 点在楼道外每个老师的房间门缝里隐隐约约散落出的灯光。是的，那个时候是午夜或凌晨。是的，每晚都如此。

《广西大百科全书》从 2005 年 10 月正式启动编纂工作，到我来这里的时候，已经接近尾声。我的主要工作，是负责部分稿子的通读纠错，一天中的大部分时间，我都伏在案前。分卷发排前，我都要翻一遍，发现问题便与分卷负责老师和总编辑许家康老师沟通。所以偶尔的，我也充当许家康老师和几位地百老编审之间的联络人，帮他们沟通意见和信息。

许家康老师时任广西社科联的副主席，也是《广西大百科全书》的总编辑。他对待工作认真细致，又十分负责。我到那里的时候他刚从医院出来，据说在这三年里，他不止一次进过医院。在做《广西大百科全书》的时候，他平均每天只睡五六个小时。当然，他不仅对自己严厉，对大家也如此。比如说，我到党校的第一天，还没安顿好，他就把事先安排好的工作拿来了：“文化卷”一共 100 多万字，五到六天交稿。他的声音并不大，却让身在南国的我感到了一股寒意——这么巨大的工作量、如此紧迫的时间，怎么可能？！

五六天通读100万字！许家康老师刚跟我交代任务的时候，我觉得简直是天方夜谭！到党校的第一天晚上就开始了工作。到了第二天，我压缩了所有的休息时间，认真地工作，伏案一天，查核了五十多个条目，总共也就通读了十几万字，到晚上感觉已经累得不行。刚上QQ和我爱人聊了几句，还没顾上问女儿学习情况，电话铃响，许家康老师的声音劈头就问："小崔，今天一天看了多少字啊？最多六天一定得看完哦。"我说，我尽量吧许老师。他稍犹豫一下说："小崔，不是我要逼你，进度没办法啊。"从第三天开始，除了吃饭、散步时间，我赌气似的埋头赶活，通读，查核，解决各种错漏疑问，到第六天晚上11点左右，许家康老师再来电话的时候，我还剩几十个条目四五万字尚未看完。我有点骄傲，也有点抱歉地对他说："许老师，我明天上午10点前一定把稿子给你。"说到做到，第二天上午（实际是看稿的第七天上午）九点半，我把"文化卷"100多万字的稿子全部看完。虽然比许家康老师要求的期限晚了小半天，但这已经是我职业生涯中最超常的高速度、高效率了。多年后回忆起来我仍觉得有点不可思议。我想，如果不是在南宁这个平常而神奇，充满工作氛围的校园里，我或许永远也出不来这样专注、投入、高效率的工作状态。当我万分感慨地和傅祚华老师说起此事的时候，傅老师只是微微一笑：我们每个人都如此啊。

李小文老师平时是个不太爱说话的人，一个文静的半老太太。但若和她谈到她的本行，谈到地质地理方面的任何事情，她的话匣子就会打开。我偶尔晚上陪她一起在邕江边上散步，她跟我讲她年轻时作为一名地质工作者，长期在南宁野外工作的故事。她也会不厌其烦地给我讲广西各种土壤的分布，给我讲粉单竹，讲瑶山苣苔的现状及保护措施，等等。她算得上是领我植物学入门的启蒙老师。早在我来之前，我就听说，她一到南宁，就自己去广西各大科研院校走访专家教授，仔细梳理核对地方知识，重新构建了框架，在短短两个月时间里，使《广西大百科全书》的"地理卷"从框架到条目都上了不止一个台阶。

负责《广西大百科全书》"经济卷"的老编审张福杰，是第一个来我房间串门的人。我的住宿刚安排停当，他就敲门进来，笑嘻嘻地说："这房间不错，能看到餐厅。"然后一本正经地看着我说："我可不是空着手来的，我给你带来了好东西。"说着从一个老旧的布袋里掏出一个计算器，"这可是百科编辑的一宝，检查核对各种数据的时候缺不了它。"在以后的编辑工作中，我越来越感到张老师的话是对的——检查核对各种数据，听起来没什么，实际上却是保证百科编辑质量一个极为重要的工作步骤，而一个普通的计算器，既能保证核对各种数据的准确性，又能最大限度节省时间。

满运新老师是地百编辑部最健谈的一位老编审，为人热情，说话风趣，待人接物周到细致。只要他在，任何时候，任何场合，都不会冷场。他给我留下最深的印象，就是我来这里的第一天，他带我参观校园，站在一株被冻死的木棉树前，对它端详了很久，脸上满是惋惜不忍之情，然后他说："你会喜欢这儿的。"我当时有点心不在焉，也有点不以为然，但许多年过去，他这句多少有点突兀的话，仿佛成了一个先知的预言。

因为工作进度的需要，我在南宁出差的时间被一再延长，只带了两件长袖衣服的我居然没有一句怨言，心里还十分坦然，这是以前从未有过的。单就工作的层面说，这一个多月的简单忙碌带来的成果是令人欣慰的：《广西大百科全书》于 2008 年 12 月正式出版，全书共 13 卷，2 400 多万字，收入条目 3.5 万条，图照 1.2 万幅，是迄今为止已出版的最大规模的地区百科全书。这部体量庞大的地区百科全书，是广西壮族自治区重点文化工程，也是向广西壮族自治区成立 50 周年的献礼工程。出版之后，业内好评不断，2011 年 3 月，它获得了第二届中国出版政府奖提名奖，凡参与此书工作的人员均与有荣焉。

然而，这与我这一个多月简单快乐的日子有多大关系？我这十年来，时时回想起这一个多月的时光，有时真切如在眼前，有时恍惚若在梦乡，到底是因为什么？有时只是看到、听到有关南宁的新闻消息，我就会不由自主地感到亲切，仿佛那里是我另一个故乡——这真正的缘由又是什么？我真的想不明白，也说不清楚。也许这与我天性简单，讨厌复杂的人事纠葛，而这一个多月的简单安宁与之形成了良性的呼应有关；也许我只是借此感怀一个曾经充满活力的地百时代正渐行渐远，那样一种简单快乐的工作生活再难重现；也许什么具体原因也没有，那一个多月时光所以定格在我心里，只不过是我记忆本身太重感情，抓住它不放罢了。

（2018 年 10 月 17 日定稿）

怀人篇

1978～2018

中国大百科全书出版社建社40周年

伟大的思想　深切的关怀

——记邓小平同志与百科全书事业

梅　益

中国的百科全书事业是在邓小平同志的直接关怀下建立和发展起来的。建国以后，先是出版总署，后是中宣部都曾把出版百科全书列入规划，但因禁区太多和别的各种原因，一直未能出版。1978 年十一届三中全会前夕，胡乔木同志向小平同志建议出版《中国大百科全书》，当即得到他的赞许和支持，还说要赶快动手，趁老一辈的专家学者还健在的时候把百科全书编出来。这样，就在他老人家的直接关怀下，成立了中国大百科全书总编辑委员会和中国大百科全书出版社。许多刚刚走出牛棚的老一辈的专家学者听到邓小平同志要他们赶紧参加百科全书的编写工作时，都十分兴奋。他们全身心地投入工作，不顾病痛和各种困难，夜以继日，撰写有关条目。小平同志这一决定，终于抢救了许多老专家多年的研究成果，为祖国的文化增添了宝贵的财富。

十一届三中全会开辟了中国历史上的新时期，《中国大百科全书》是这个新时期的产物，是改革开放的产物。1979 年春，小平同志在务虚会上提出要坚持四项基本原则，要重视基础理论的研究。他说："政治学、法学、社会学以及世界政治的研究，我们过去多年忽视了，现在需要赶快补课。"他要我们赶快组织力量，写出一批有新内容、新思想、新语言的，有分量的书籍来填补这个空白。中国大百科全书出版社接受了这一任务，在克服了许多困难之后，终于编出了《中国大百科全书》的《法学》《政治学》和《社会学》卷，为思想理论战线做出了空前贡献。

小平同志还亲自审阅了《中国大百科全书》的一些重要条目，这就提高了《中国大百科全书》的权威性。胡乔木同志曾对“毛泽东”等重要条目作了认真的修改，并对改革百科全书文体提出了一些建议。比如他提出辞书不是一般的宣传品或论文，不要用宣传性、颂扬性的词语，不作主观的论断；释文要突出条目主体，要客观、公允、实事求是，等等。小平同志肯定了乔木同志的意见，并批示应按上述精神处理有关条目。乔木同志的建议和小平同志的批示使中国辞书界树立了实事求是的文风。《中国大百科全书》按照这种精神撰写了“陈独秀”“胡适”“蒋介石”“林彪”等重要条目，其影响是深远的。

小平同志对中国百科全书事业的关怀还表现在他对《不列颠百科全书简编》[①]的编译出版的关怀和支持方面。他曾三次接见美国不列颠百科全书公司代表团，同意翻译出版简编中文版，并指出书中涉及中国的条目由中国自己编写。后来就是按小平同志的指示进行的。

（原载《探讨》1997 年第 3 期）

① 编者注：后定名为《简明不列颠百科全书》。

百科庆典忆乔木

宋木文

笔者注：为中国大百科全书出版社成立二十五周年而编选的一本纪念文集拟将我于1996年在《百科知识》第8期发表的《百科庆典忆乔木》一文收入其中。这使我想起二十周年社庆大会上（1998年11月18日）我即席讲的那番话，遂按大百科社编印的《团结奋进　继往开来》纪念册上刊载的录音整理稿稍加整理，刊于此文之前，以作为对那篇庆典忆乔木一文的注解，也是对百科事业的重大成就和美好前景表示一点敬意和祝愿。

中国大百科全书出版社成立以来的20年，是解放思想、励精图治、艰苦创业并且获得巨大发展的20年。应当说，从建社那一天起，我就同大百科有了联系。1988年大百科成立十周年的庆祝会我也参加了。我对姜老讲，也在会上讲，大百科编纂出版工作是乔木同志亲自领导的，过去的国家出版局也好，现在的新闻出版署也好，对百科社主要是做好后勤工作，做好服务工作，为新中国第一部百科全书的编纂出版提供后勤保障和其他服务支持。1990年，大百科社出现了一些困难，主要是领导班子人手不全，经费不足，还有一些遗留问题影响领导班子和全社的凝聚力。这时，离1993年出齐74卷的目标没有多少时间了。就在这时，乔木同志找我，要新闻出版署把大百科社的工作管起来，解决好当前存在的问题，使大百科尚未出版的32卷能在1993年出版。我向乔木同志立了“军令状”，在乔木同志领导下，解决好乔木同志所关心的那些问题。现在这个事情已经过去了，就像惟诚同志刚才讲的，经过那么多方面和人士的努力如期完成了74卷出版工作。在这里，我要强调一下，也是我在全社干部会上讲过的，在我同大百科的联系、服务过程中，在处理有关问题当中，我始终有一根弦绷得很紧很紧，那就是我非常尊敬姜椿芳同志，非常尊敬梅益同志，我更加尊敬乔木同志。后来，在乔木同志逝世两年后，我写了一篇文章，叫《百科盛典忆乔木》，把我同百科事业的感情留下了一个记录。大百科的事业在继续，在发展。现在正在编纂大百科第二版，听说在第一版出齐后的第十年或稍多一点时间完成。二版完成之后，再过一二十年，可能还会编第三版，到那时，我们的大百科全书，在总体水平上，在世界的影响上，应该达到或超过《不列颠百科全书》，而且各种高水平的专业百科、各种高水平的学术著作，都比现在出得更多、更好、更有影响。这也是乔木同志生前指示我们要做的：除大百科外，要出许多副产品，出许多专业百科和学术著作。再说一下，1986 年出版了《简明不列颠百科全书》10 卷（加索引 11 卷），明年要出更全的国际中文版 20 卷，我想再过 10 年、20 年，我们的简明版百科就像不列颠简明版百科那样，能在美国出版，在英国出版，在欧洲出版。这不是简单的豪言壮语，是相信我们的百科人一定能够做到的。最后，我设想一下，再过多少年，我们的大百科全书出版社将成为实力强大的百科出版集团。

1993 年 10 月 8 日，在人民大会堂为《中国大百科全书》74 卷全部出齐举行隆重的庆祝大会。中共中央总书记、国家主席江泽民和国务院总理李鹏等领导同志亲切会见了全体与会人员，热烈祝贺《中国大百科全书》这一具有重大文化建设价值的巨著的问世，并向参加编撰工作的 20 000 多名专家学者和工作人员表示衷心的感谢。我看到为这一巨著撰稿的许多著名专家学者都来到了庆祝会场，而作为这套大书总集成者的总编委会主任胡乔木同志因一年前去世而未能出席今天的庆典。我参加庆典的兴奋之情和因乔木同志过早地离开人世而产生的遗憾之情同时涌出，乔木同志为我国第一部大百科全书倾注心血的情景真是历历在目。在撰写这篇回忆文章的过程中，从乔木同志那里领受有关“大百科”出版任务和他对我的工作的信任、支持、谅解的种种情景常常使我联想起伏，难以自禁。

1992 年，乔木同志身患重病，在 305 医院治疗。乔木同志是《中国大百科全书》事业的主要奠基人，在当代中国出版史上有着其他人替代不了的重要地位。在我同乔木同志接触中，我感受到，他是把编纂这部具有重要价值的巨著当作他晚年要做的几件大事中的重要一项，倾注了大量的精力，可谓殚精竭虑。当听到乔木同志病情加重消息时，我不由想起1990年4月25日他同我的一次谈话。他郑重地说，大百科全书第一版出齐后，他要向党中央正式报告已完成了党中央委托的任务，并将辞去总编委会主任职务，建议中央指派新人组成新的总编委会，组织编纂“大百科”第二版的工作。我和在场的梅益同志对此没有说什么，但都建议在那个时候开一次庆祝大会，并表彰对我国百科事业作出贡献的学术界、出版界的有功人员。乔木同志笑了笑，未明确表态，但我看得出他是赞成的，后来我从梅益同志那里也得到了证实。我是多么希望召开庆祝大会时，乔木同志能够出席并以总编委会主任的身份发表讲话。但我担心这个愿望（同时也是所有为百科事业献身的人们共同的愿望）有可能因乔木同志病情恶化而不能实现。我时常挂记着这件事。当“大百科”已出版50余卷，未出版的各卷已全部完成编辑工作时，我设计了一个有可能实行的方案：在305医院的病房里摆上已出版的各卷，总编委会的几位著名学者和大百科出版社主要负责人出席，请乔木同志坐在沙发上（这时的乔木同志已不能走动），听取圆满完成大百科全书全部编辑工作的汇报，并讲几句话，由中央电视台录制一条新闻播放。我征求梅益同志意见，他也赞成，并由他同乔木同志联系。1992年9月7日15时，梅益同志通过周小平同志向我传来一个电话记录：“梅益同志看望病中的乔木同志，把宋木文同志的意见转达给乔木同志，他（乔木同志）希望尽量早一点安排宋木文同志和单基夫社长去汇报工作，汇报期间可拍电视片或摄影、摄像等。地点在305医院，时间在下午3点以后，日期望早定为好。”我把此事报告了当时的中宣部部长王忍之同志，并同广电部艾知生同志联系，他们都表示赞成和支持。我和梅益同志、单基夫同志随即进行筹备，但终因乔木同志病情恶化而没有实现。我们只好改变计划，到医院去看望乔木同志。1992年9月17日下午，我和梅益同志、单基夫同志来到医院，乔木同志正在病床上打点滴。我们走到乔木同志身旁。我把事先准备好的一束鲜花敬献给乔木同志（由乔木同志夫人谷羽接过）。医生拔下氧气管。我握着乔木同志的手，在他的耳边说：“乔木同志，这些年来，您不仅亲自主持《中国大百科全书》编辑出版工作，而且始终一贯地关心和支持我国的出版事业。今天，我们是代表出版界来看望您。祝愿您早日康复，继续领导和关心我国的出版事业。”只见乔木同志点点头，笑了笑，轻声地说：“谢谢同志们。”考虑不能过多地耗费乔木同志的精力，我们便怀着难以名状的惜别之情离开了病房。在探望过程中，同去的同志拍了几张照片，这当然不能同原设计的中央电视台播放宣告大百科全书完成编纂工作的新闻相比，但毕竟留下了虽带有遗憾却又值得珍惜的很有意义的纪念。乔木同志不仅没赶上全书出齐的盛大庆典，而且也没有为这部浩大文化工程的胜利完成给我们留下几句话，这不能不说是一件令人十分遗憾的事情。这使我联想起他一生为党、为党的领袖所做的一切，而他却未在意这其中有多少能与他的名字相连，甚至连人们急切盼望看到他对毛泽东的回忆也未完成。《周易》中说：“劳而不伐，有功而不德，厚之至也。”此情此景，也更增添了我对乔木同志的仰慕之情。

《中国大百科全书》是乔木同志晚年倾注主要精力所推动并组织的一项伟大的文化工程。《中国大百科全书》从思路的提出，到组织机构的建立和具体的编辑出版，无不凝聚着乔木同志的智慧和心血。

从狄德罗主持编纂世界上第一部百科全书以来，已经 200 多年了。编辑百科全书及其水平如何，在相当程度上，已经成为衡量一个国家科学文化发展水平的综合指标。很长一段时间，我国没有一部现代意义的百科全书，与我们这样一个有着悠久文明史的国家极不相称。1978 年，编纂《中国大百科全书》这项特大出版工程的策划得到了小平同志的支持。在乔木同志的具体指导下，国家出版局、中国科学院、中国社会科学院党组联合向党中央、国务院提出了《关于编辑出版〈中国大百科全书〉的请示报告》和《补充报告》，并得到批准，国务院正式颁布国发[1978]239 号文件。此后，这一对我国科学文化建设有着难以估量价值的宏大工程便正式启动了。

1978 ～ 1993 年，《中国大百科全书》第一版从立卷到全部出齐的 15 年中，始终得到了党和国家领导人的高度重视。乔木同志受中央委托，出任《中国大百科全书》第一版总编辑委员会的主任。110 名专家学者组成的总编辑委员会，汇集了我国一个时代自然科学和社会科学各领域中最杰出的人物。这样一项巨大的文化工程，由在我国思想文化界享有崇高威望和杰出组织才能的乔木同志领衔是最适当的了。

为了完成这套大书的编辑出版工作，专门成立了中国大百科全书出版社。新闻出版署协助乔木同志做好《中国大百科全书》第一版编辑出版工作的一个重要任务就是更好地关心和支持中国大百科全书出版社的工作。我出任署长后，数次就有关问题到乔木同志那里领受任务，其中 1990 年 4 月和 7 月两次，使我深受教益。乔木同志体贴下情，关心和支持新闻出版署工作，以及在处理复杂关系时的高超艺术都给我留下了深刻的印象。当时“大百科”已出版 44 卷，尚有 30 卷正在编纂或印制中，按计划要在 1993 年全部出齐 74 卷，编辑工作特别是出版工作进入了一个关键时期，各项工作都要抓紧，以确保完成出版计划。在大百科出版社内部，年事已高的梅益同志身兼总编辑与社长双重职务，负担过重；领导班子不够健全；在物质保障方面，这套书需不断有大量资金投放，有待进一步落实……这都是一些实实在在的问题，如果不能及时解决，将影响原定的出书计划。乔木同志同我的这两次谈话都是为了解决这些问题而进行的。

1990 年 4 月 25 日，我和梅益同志、于永湛同志（新闻出版署副署长，当时分管直属单位事业发展建设工作）到乔木同志住所。这次谈话一开始，乔木同志首先就说：“1986 年我向中央报告，1993 年大百科全书出齐。梅益同志提出争取 1992 年。我们是抱着这样一种心情，希望早日完成‘大百科’第一版，我和梅益同志的任务就结束了，那时成立新的总编委会，不想给‘大百科’今后发展留下任何问题。这是一个人应有的聪明，不希望形成任何障碍。”我深知面对当前存在的问题，乔木同志在为 1993 年出齐“大百科”而焦急，他要求各方面都做出努力，而他对自己更是严格要求。这种严肃的使命感和为人处世的高贵品格，使我深受感动。我当即接过话茬说：“不存在什么障碍，百科事业是乔木同志支持下搞起来的，没有乔木同志的支持，就没有‘大百科’的今天。乔木同志最关心 1993 年出齐百科第一版，我今天领受这个任务，创造一切条件完成。”

创造什么条件？是迫切地加强和调整大百科全书出版社的领导班子，首先是选一位社长。这是乔木同志早就向我提出的，也是梅益同志所希望的。乔木同志这次谈话一开始就提出“社长人选由署里拿定主意”。乔木同志对我也对梅益同志说：“要逐步更新这个集体。梅益同志和我要造成便利，让出版署勇于下决心，不必顾虑过去历史形成的这件事那件事，这个人那个人，这个意见那个意见。全力支持出版署管好大百科出版社，充分信任署党组能够搞好大百科出版事业。”梅益同志完全赞成乔木同志的意见，说：“很希望有个人，既懂编辑业务，又能全面管理起来，那样我可以退下来。”乔木同志对署党组的信任、支持，梅益同志的诚恳表态，使我和署党组的同志感到温暖和责任重大，如果不把百科的事办好，不仅难以向党中央交账，更对不起乔木同志。我当着梅益同志的面向乔木同志报告：在考核百科班子时，我向社委会全体成员明确讲梅益同志继续留任总编辑，这次调整主要是选一位社长，调整一些副职。乔木同志考虑问题既高瞻远瞩又周密细致，他要求调整班子时，要按照党的组织原则，要考虑过去几年发生的情况，务必做细，不要引起误解，要越来越稳定，这样百科才能发展。我向乔木同志表示：总的讲，大百科格局不变，总编委会不变，在乔木同志领导下梅益同志作为总编委会副主任和总编辑不变，是在这样的前提下，根据当前和长远建设的需要，调整领导班子。根据乔木同志的指示，要尽快选一位社长，以使年过八旬的梅益同志摆脱日常工作而集中精力抓编辑工作。经过反复比较和挑选，最后确定了曾任四川省委宣传部常务副部长、当时任省新闻出版局局长的单基夫同志。另外挑选了几位副职和社长助理。1990 年 7 月 14 日，我和分管干部工作的副署长卢玉忆同志到乔木同志处汇报调整班子方案，乔木同志又一次表示了对署党组的信任和支持。他说："我没有任何意见，支持你们这样做，具体不发表意见。你们考虑很久，提名很认真，人选是高标准的。但这些人调来摆在一起，共事中能团结一致，也是很不容易的事。他们虽然都是搞出版的，但对'大百科'的事都没有接触过。大百科全书出版社面临的困难很多，希望调来的同志都能服从组织，兢兢业业，开诚布公，一心一意，把担子挑起来。"调单基夫同志任社长，实在出于紧急需要，在取得四川省委同意后，就先行调他来京工作，随后才到中组部办理进京审批手续（署党组能决定社长任职，但从外地调社长并办进京户口手续则必须经中组部批准）。当时，单基夫同志已年近六十，这样的年龄一般是不批准调京工作的。中组部这样掌握是完全正确的，是我只考虑大百科的紧急需要，犯了"先斩后奏"的错误。我向乔木同志做了汇报，我说基夫同志表现很好，如进京户口办不下，先工作几年，再回四川也是可以的。乔木同志出于大百科事业的需要，主动为我承担了责任。他于 1990 年 11 月 3 日亲自给中组部部长吕枫同志写了一封信：顷接宋木文同志来电话，说到单基夫同志的调动问题。大百科出版社急需一位社长，几年来因梅益同志兼职而无法兼顾，致使困难成堆，新闻出版署选中了单基夫同志，单已来了几个月，与梅益同志合作得很好，我和邓力群同志都对单有所了解，感到他任此职很合适并很难得。问题是单年已六十，且新闻出版署事前未向中组部请示报告（宋对此点深感不对）。我个人以为，出版社是一个文化企业，不同于一般党政机构，在目前情况下可否请中组部格外通融一下？如能让单工作几年时间，积极物色新的年轻的人选，这对于一个陷于困境的企业确是如解燃眉之急。我因担任大百科总编委会主任，对此事亦甚焦虑。过去只知道并同意出版署调单来任此职，而未查问是否已得中组部同意，亦应负相当责任，恳切希望得到中组部的谅解。乔木同志签名后又注："因今晚即将离京，来不及面谈，故写此信。"当我看到乔木同志处转来此信的复印件时，久久不能释手，想了很多。由于乔木同志的特殊支持，由于中组部对乔木同志的尊重和对百科事业的特殊支持，单基夫同志调京任职的正式手续很快就办下来了。我感谢乔木同志，感谢中组部，正如乔木同志信中所说，我深感不对，但中组部并未追究。单基夫同志任社长后，对梅益同志非常尊重，两人合作得很好，调整后的社领导班子逐渐形成了合力，第一版各项工作进展顺利。一年后，在一次会议上，乔木同志高兴地对我说，大百科新任社长选对了。我当即回答说这主要得益于您和中组部的特殊支持。

"大百科"出版工作中，还有一个北京总社与上海分社的体制问题。按总体考虑，上海分社除负责《纺织》《宗教》《农业》(I、II)、《世界地理》《中国地理》等六个学科卷的编辑工作外，主要负责百科全书的全部印制和发行工作，并在上海建一专业印刷厂。两个单位一个任务，总社与分社实际上分别承担大百科的编辑与出版发行上下环节的工作，又都由新闻出版署直接管理，单独核算（北京总社为事业单位，上海分社为事业单位企业管理）。这种体制需要不断协调关系。对这两个单位的关系以及上海分社在第一版完成后的去向，北京和上海都有议论，有主张京沪两家组成百科出版集团的，也有其他主张的。乔木同志指示新闻出版署解决。我向乔木同志报告，为了不影响第一版的出版任务，目前需稳定现体制，不作大的变动。两个单位都要以共同完成"大百科"第一版的大局为重，需要时由新闻出版署进行协调。对上海分社，总的想法是不能交出去。至于今后怎样发展建设，完成第一版后再议。乔木同志和梅益、单基夫同志对此都表示同意。上海分社的同志，从陈虞孙、汤季宏、罗洛、徐福生到何兆源同志等历届领导班子成员都顾全大局，积极配合总社，在相当困难的条件下完成了全书的全部印制和发行工作，为我国百科出版事业做出了重要贡献。

为保证在 1993 年出齐"大百科"，还有一个实际困难，就是资金不足。国家为保证"大百科"出版工作，从 1978 年起，除基建投资外，每年都有 200 万元以上的拨款。1990 年全书已由编辑高峰进入出版印制高峰，在此后 3 年里要出版 32 卷。对此事，署党组也尽了最大努力。一是向国家争取多拨一些资金（或无息贷款），二是从新闻出版署掌握的资金挤出一部分用于百科，再是出版社从经营中自筹一部分。这个问题，也逐步地得到了解决，从百科开编到完成第一版，国家共投入资金 8 000 多万元，否则就不可能按计划出齐百科。

1990 年 9 月 26 日，梅益同志和新任社长单基夫同志到乔木同志处汇报工作，事前送去了署党组为贯彻乔木同志指示提出的《关于大百科全书出版社当前工作的意见》和大百科出版社的《关于当前工作的安排》。据梅益、单基夫同志提供的这次谈话记录，乔木同志一见面就说，你们送来的两个材料我看了两遍，非常高兴。乔木同志在听取汇报时还说：大百科出版社在新闻出版署领导的支持下，把一些主要问题予以解决，"大百科"的面貌是能够改变的。我是"大百科"总编委会的主任，主要是抓编辑工作，对整个管理工作没有怎么管。大百科出版社的整个出版管理工作是由出版署来管，现在进一步落实了，就好了。现在大百科出版社出现了好的苗头，有了新的转机，可以说是柳暗花明又一村。经过二三年的努力，大百科出版社就会有较大的变化。乔木同志希望梅益、单基夫同志沿着现在的方向搞下去。"大百科"是代表国家各方面知识水平的综合表现，过去出版的各卷质量都较好，今后要继续保持和提高质量。乔木同志最后还请梅益、单基夫同志代他"转告署党组和木文同志，我完全同意这两个材料讲的意见，各方面都满意"。

1990 年 10 月，分管宣传思想工作的中央政治局常委李瑞环同志关心大百科全书出版社工作，了解有关情况，我们以新闻出版署的名义向瑞环同志送了报告，讲到 1990 年的 4 月和 7 月乔木同志两次约我谈话，以及署党组为保证 1993 年完成第一版在组织上、工作上和资金保障上所采取的措施，得到瑞环同志的支持。

乔木同志对编好大百科全书及相关的出版工作有一套完整周密的考虑，而他向我布置任务时，总是多听我的意见，这既实现了他的意图，又能启发我多思考问题。在这方面，我也深受教育。在 4 月 25 日那次谈话时，我向乔木同志讲了一个意见，得到他的赞成，而我从他的插话中感到他对这些问题早有考虑。我说，要把大百科出版社办下去办好，不仅是出齐百科第一版，还要考虑第二版。乔木同志插话说，要做工作上、组织上准备，才能衔接好。我接着说，作为专业的百科全书出版社不仅要出齐 74 卷百科全书，还要考虑第一版编纂过程中积累下来的大量的资料如何充分利用，如何用好这些资料和其他的书，每一卷都有大量资料，可出高中低档次的书，出专著，出专题百科、小百科，出普及读物，以满足多方面多层次读者的需要，这样既有利于稳定编辑队伍，又可以缓解社里的经济困难，增强自我发展的能力。随着第一版编辑工作的逐步完成，要考虑后续任务，把这件事作为和第一版同等重要的事情来抓。乔木同志不仅耐心地听取我的意见，在我向他陈述我的看法时，还以明确、坚定的语气说，这样出版社才能生存下去，才能发展，因为读者中真正读“大百科”的人还是少数。他还强调说，百科出版社出的书，知识性的书，是有稳定需要的，有百科全书的基础，可以出不同层次的、各方面的书。说罢，乔木同志还鼓励我：完全同意你刚才提出的想法。为贯彻乔木同志指示，这次谈话之后，在署党组讨论大百科工作时，在我参加大百科出版社干部会议上，我都强调：现在要集中主要力量编好出好第一版，这是我向乔木同志立了军令状的，要摆在第一位；要充分利用第一版成书过程中积累的大量宝贵资料出其他的书，这事抓晚了，在社领导班子中要有一位副总编辑集中力量进行规划，抓起来，这项工作摆在第二位；要组织一个小班子调查研究提出“大百科”第二版的方案，这作为一部分人的工作，不要分散力量影响完成第一版的工作，这也摆在第二位。

1991 年 10 月 4 日乔木同志找梅益、单基夫同志谈“大百科”出版工作时，对第一版 1993 年出齐比较放心了，但关心大百科长远发展建设问题。乔木同志说：“现在最大的问题是下一步怎么办？……现在急需拿出一个章程，不拿出这么一个东西，编辑就散了，没有任务还不散吗？这个问题很值得研究。你们已经搞了十几年，编辑部对编写‘大百科’是有了经验，人才也成长了一批，下一步任务必须要定下来了，不定下来，老印第一版的书，那不就成了印刷厂了吗？”乔木同志再三叮咛：“第一版完成到开始第二版编辑工作，相距一段较长的时间。在这段时间，你们应该抓一些辅助的任务，即和‘大百科’有关系的，费力较少的，在社会上还有相当影响的任务。”根据乔木同志的指示，中国大百科全书出版社这几年利用一版的资料，编辑出版了《科学社会主义百科全书》《自然辩证法百科全书》《中国古代小说百科全书》《材料科学技术百科全书》《艺术百科全书》等近 20 卷专业百科全书和《中国大百科全书（简明版）》《简明中华百科全书》《中国大百科全书（青少年版)》等综合性百科全书，还即将出版供小学生使用的《小学图书馆百科文库》等普及性知识读物。

在1990年4月和7月，乔木同志找我谈大百科出版社工作和我向乔木同志立下“军令状”后，新闻出版署党组把“大百科”的工作摆在突出重要的位置，个别或就某一问题的讨论难计其数，仅专题并全面讨论大百科出版社工作的党组会就有四五次。1993年2月，署党组在大百科出版社召开关于善始善终完成“大百科”第一版出版任务现场办公会，署党组成员和有关司局的负责同志全都出席。这时“大百科”74卷已完成68卷，尚有5卷（不含索引卷）正在赶印中。如这次会议纪要指出的：“乔木同志生前托付我们1993年完成第一版的任务可望实现，这是中国大百科全书出版社及分社几茬人、几届领导班子和有关领导、社会各界共同努力取得的。”这次会议还决定：“(一）第一版出齐后，报请中央批准，以新闻出版署名义举行一次与我国第一部大百科全书的意义、影响相称的庆祝活动；(二）批准大百科出版社精心编好配合庆祝活动的纪念册，具体形象地反映中央对出版大百科全书的重要决策，反映中央领导同志对‘大百科’事业的关怀和支持，反映全党全社会特别是各学科专家对这套大书的贡献；同时要体现大百科出版社几届班子、几茬人承前启后、团结协作、艰苦创业的精神；（三）请梅益同志牵头，遵照乔木同志生前的嘱托，起草中国大百科全书出版工作总结，并以此为基础向中央写出专题报告；(四）在庆祝大会前后，配套发行《中国大百科全书》5000套，以满足广大读者的需要，所需资金由署计财司给予支持。”

1993年8月12日，随着《中国大百科全书》最后一个学科卷《财政·税收·金融·价格》卷的出版，《中国大百科全书》全部出齐。8月21日，署党组召开“大百科”74卷全部出齐汇报会，检查2月6日现场会决定事项执行情况，对全书的总结宣传、庆祝表彰、配套发行和新版论证等项工作进行了讨论，做出了相应的决定。这时候，召开庆祝大会的报批和其他准备工作正在进行；为“大百科”出齐编印的纪念册即将出版；“大百科”第一版编辑出版基本总结已经写出初稿；“大百科”新版论证工作正在进行并准备请专家论证：配套发行5000套“大百科”正抓紧印制；胜利完成“大百科”第一版的宣传工作方案已开始实施。各项工作都是紧张的，也是顺利的。召开庆祝大会的时机和条件日趋成熟。

…………

1993年10月8日，在中国百科事业中，在当代中国出版史中，都是一个重要的日子。我还没有经历过，有哪一本哪一套书，能够使社会科学和自然科学的各个学科第一流的专家学者、各个有关部门的负责人同党和国家领导人齐聚一堂，共举庆典。当江泽民同志讲到“参加这一科学文化事业重要工程的有来自各方面的专家学者，他们付出了辛勤的劳动，向祖国、向人民献上了一份珍贵的厚礼。有的同志已经不在人世了，我们向他们表示深深的怀念”时，我的脑海里顿时浮现出乔木同志的音容笑貌，我从心灵深处对乔木同志，对已经过世的姜椿芳同志和所有为《中国大百科全书》出版事业作出不同贡献的人们，发出了最诚挚的敬意。

（2003年8月，囿于篇幅，收入本书时内容有所压缩）

胡乔木与《中国大百科全书》

刘志荣

胡乔木同志在他生命最后的14年里，又挑起了中国大百科全书总编辑委员会主任的重担。在我国第一部大型综合性百科全书编辑出版的征程上，留下他一道深深的脚印。

一、高瞻远瞩

粉碎“四人帮”反革命集团后，荒芜的中国科学文化园地，百废待举。当姜椿芳同志所写的《关于编辑出版〈中国大百科全书〉的建议》在中国社会科学院规划办编印的《情况和建议》上刊出时，当时任中国社会科学院院长的胡乔木同志以他无产阶级革命家的气概，高瞻远瞩，把这一建议列入了他的议事日程。他首先向邓小平同志作了汇报，得到邓小平同志的支持。之后，在党的十一届三中全会前夕，党中央、国务院适时批准了中国科学院、中国社会科学院、原国家出版局联署的关于编辑出版《中国大百科全书》的请示报告和补充报告，并批准成立以胡乔木同志为主任的总编辑委员会和以姜椿芳同志为总编辑的中国大百科全书出版社。在1979年经胡乔木同志批准的全书编辑方针明确规定：“全书编辑工作贯彻‘百花齐放，百家争鸣’的方针，介绍文化科学知识要持客观态度，实事求是，对学术上有争议的问题应反映各家学说。”“对世界各国和地区，不论其大小和政治制度如何”，“对中外古今人物……凡历史上有影响，学术上有成就的人物，不论其政治地位和政治观点如何，都应有适当的介绍”。这种实事求是的编辑方针，在指导思想上拨乱反正过程中，在“四人帮”强加在人们身上的精神枷锁还没有完全粉碎，“左倾”

指导思想还没有完全破除的情况下，无疑是动员知识界冲破“以阶段斗争为纲”和教条主义等种种精神禁锢的进军号，推动了知识界解放思想，为振兴我国科学文化，投身到中国大百科全书的编辑工作中来的高昂热情。

二、运筹帷幄

《中国大百科全书》编辑工作的成败，主要取决于全书总体设计、编撰队伍组织和编写体例实施这三个环节。胡乔木同志以马列主义理论家和实践家的学识，精心进行设计，取得了这三个“战役”的胜利。

《中国大百科全书》总体设计上，一个重大的难点是全书按学科分类分卷编辑出版，还是照各国通行的做法，依全书条目字母顺序编排出版的问题。对这个问题可谓仁者见仁，智者见智。1978 年冬，胡乔木同志在讨论中说：“同意《中国大百科全书》第一版按学科分类分卷出版”，如何分类的问题，“百科全书的分类与科学分类有不同，编辑部可以多搞几个其他国家百科全书分类材料，经过我们的编辑实践再来讨论”。在 1980 年他亲自修改定稿的《中国大百科全书》的“前言”对《中国大百科全书》总体设计作了精辟的说明。“前言”指出，“因为这是中国第一部百科全书，编辑工作的困难是可想而知的。但是，由于读书界的迫切要求，不能等待各门学科的资料搜集得比较齐全之后再行编辑出版；也不能等待各学科的全部条目编写完成之后，按照条目的汉语拼音字母顺序，混合成全书，只能按门类分别邀请全国专家、学者分头编写，按学科分类分卷出版，即编成一个学科（一卷或数卷）就出版一个学科的分卷，使全书陆续问世”。这一决定，既保证了全书总体设计顺利完成，又保证了全书编撰工作在短时期内全面展开，并使全书发行工作得到读书界的支持。

1986 年，《中国大百科全书》编辑工作进入了高峰期，各学科卷纷纷上马。但是，由于全书按学科如何分类的问题，一直没有完全定型，致使全书学科卷设置出现了不断膨胀，大有突破 80 卷的趋势。已经上马的学科卷从学科知识门类的划分上来看，也出现了明显的不均衡现象。胡乔木同志及时地发现了这一问题。他在 1986 年夏，向接替姜椿芳同志任中国大百科全书出版社总编辑的梅益同志提出：“改变原定出版 80 卷和 1989 年出齐的计划”，“原有的某些专业卷可以自成某专业的百科全书，以免大百科过于庞杂，不能保证全书的应有体例和质量水平”。1987年2月27日，胡乔木同志又向党中央、国务院提交了《关于改进大百科全书工作的请示报告》，报告中提出：“大百科全书事关国家科学水平和政治荣誉”，要“全力保证质量”，并具体提出大百科全书要“进一步压缩卷数”，“放慢速度”，“预定1993年出齐，作为全书的第一版”的要求。此外，他还就加强编辑队伍思想建设和组织建设等提出了若干具体措施，以保证全书质量。

在《中国大百科全书》编撰队伍组织上，胡乔木同志确定：“全书设立总的编委会，学科分卷要靠分编委会，可能还要分组，作为学科分支的编写组。”这一构想，是我国社会主义制度下所特有的大百科全书编撰组织形式。乔木同志强调：“主要是找人。”为此，他亲自找了全国最著名的专家学者任总编委会副主任。对于总编委会的委员，他明确提出：“凡学术上真正有建树，有见解的，或者虽然没有著作，确实是桃李满天下的人，可以为总编委会委员。”对于分编委会的人选，乔木同志也不辞劳苦，亲自聘请。例如，1984年《中国大百科全书·语言文字》卷分编委会组建时，胡乔木同志亲自写信给李荣、朱德熙同志说：“此书不同寻常，如它的编委会不能反映出中国各学科的学术水平，则有不如无。你们两位当然不能参入编辑事务，但重要条目的拟定和内容的审定，终须相烦，这关系到国家学术荣誉。想你们两位出于爱国的责任心，是决然不会推却的。”在胡乔木同志的感召下，一代著名专家学者，总计2000余人，聚集到百科全书的旗帜下，组成了全书总编委会和各学科卷的分编委会。

在《中国大百科全书》编写体例实施上，胡乔木同志指出：“全书有关中国方面的内容应当力求准确、公允、可信；外国方面的内容要力求不出错误。实现这一编写要求，既要全书的条目编撰者具有权威性和严谨的治学精神，又要全书编辑人员具有高度的责任心。”对于条目编撰者，胡乔木同志具体地提出“由最合适的人撰写最合适的条目”的原则。根据这一原则，先后有2.2万名专家学者参加了条目的撰写。乔木同志为保证全书编辑工作的质量，还多次抓编辑人员的学习和考核。

三、呕心沥血

《中国大百科全书》收有近8万个条目，释文约1.2亿字，内容涵盖66个学科的古今中外知识。这有多少条目需要胡乔木同志审定，有多少政治敏感性问题需要胡乔木同志把关，有多少编辑业务问题需要胡乔木同志处理，怕谁也说不清了。留在我们记忆中的，是他呕心沥血，为我国第一部百科全书问世奉献的无限智慧和力量。尤其令人难忘的是胡乔木同志通过对一些条目的反复推敲和多次修改，对全书条目编写所作的具体指导。他提出：①条目是叙述文而不是论文，内容和语气都要客观，脉络要清楚，措辞要准确，每句话都要表达清楚。主语力求稳定，以免支离破碎。②断语要少，要客观，尽量不用编者的口吻作论断，有些必要的论断，可以引用权威性的文献资料。③不要使用宣传性、颂扬性词语，而要用客观陈述的方法，以保持释文的客观性和稳定性。④不要用那些“戴帽子”的话，比较空泛的话，要写出具体内容，事情要交代明白，使读者看得懂。事物的发生时间和事实要写清楚，能写出年代写出年代，能写出年月写出年月，尽量不要含混和不确定……胡乔木同志提出的这些撰写要求，具体地揭示了百科全书的本质和特色，也科学地解决了《中国大百科全书》编撰中的理论和实践问题，对于百科全书乃至各类辞书编撰具有普遍的指导意义。

胡乔木同志在《中国大百科全书》编撰全过程中，以社会科学家严谨的治学精神，对全书的条目语法修辞，用词遣句也一一定夺。例如，“了”“就”字用法，“预见”一词的含义，“国民党军队”还是“国民党政府军”等等，他在条目审定中，都不厌其烦，一字字、一句句地修改。他这种精益求精的精神，为全书撰写和编辑工作树立了光辉的榜样。

在胡乔木同志逝世一年后的今天，《中国大百科全书》第一版终于全部出版了。胡乔木同志病重期间曾对中国大百科全书出版社总编辑梅益同志说：“全书出齐后，对全书一版工作，要认真总结，要报告中央。对二版工作，要抓准备，要提出设想，听听大家的意见。”他的话，催人泪下，激人奋进，饱含着他对我国百科全书事业的殷切的期望和深切的眷恋。我们应该永远感谢胡乔木同志为《中国大百科全书》所作的巨大的无私的奉献。他的名字将深深地镌刻在这座中华民族科学文化发展的丰碑上。

（原载《人民日报》1993 年 11 月 10 日）

一个无愧于新时代的学人

刘尊棋

1987 年 12 月 18 日清晨，我在电话里得知姜椿芳同志头天夜晚因胰腺癌转肝癌不治逝世，我立刻控制不住自己的悲痛，电话机从手中滑落。半个多月前我还到他的家里，听见他很吃力但清楚地说出一两句话，不料这样快就悄然地去世了！

椿芳比我小一岁，和我有很多相似的遭遇。近 10 年来他主编《中国大百科全书》，从筹备到出书，开始了我和他的密切共事，对他的为人有了较深的了解。

在近些年和他频繁接触中，最使我不能忘记的是 1984 年底他到上海华东医院看我的那一次。那年 12 月我因心肌梗死发作住进华东医院，医师在抢救中急需看我过去的病历，长途电话打到我工作的《中国日报》，报社很快从协和医院要到我的病历，但无法立即送到上海，后打听到姜椿芳同志已定于当晚搭飞机到上海，即交他带去。当天半夜，护士告诉伴我住院的妻子说，北京有人来看我，按医师嘱咐我在抢救中不能接见客人，妻子到医务室猛然见到椿芳手拿我的病历交给医师，她感激得泪如泉涌，在场的医师护士也都为这位老人冒着严寒深夜亲自送来我的病历而感动。由于椿芳及时送来病历，医师对症施治，及时稳住了我的病情。

记得 1979 年春天，椿芳主编的《中国大百科全书》头一部——《天文学》完稿时，他阅过我对著名天文学家戴文赛临终前怎样在病榻上看完全书条目的描述后，对戴先生这种“死而后已”的精神无比敬佩。在以后的年月里，他一直以这种精神主持着《中国大百科全书》的编辑工作。

在大百科全书筹备期间，我同其他几位同志，如曾彦修、倪海曙等曾和椿芳在规划分科分卷等问题上有过很热烈的争论，后来都以为与其旷日持久地争论，不如早日着手起来实地工作，一面编书，一面规划。许多国家的综合性百科全书多是开始卷数较多，后来逐渐减少，这已成为通例。中国虽然是很古老编纂“类书”的国家，但出版现代意义的百科全书，毕竟还是破天荒第一遭。我和椿芳当时争论很激烈，但是后来一起合作却十分融洽。尊重别人，尊重和自己不同甚至相反的意见，是椿芳的突出优点，也是他能团结这么多学者、专家共同编辑大百科全书的重要原因。

百科全书这样多学科的书，谁也不可能样样都精通，敢于设想并主持这个工作，就需要相当大的胆识和魄力。椿芳同志是一个基本上自学成才、学识渊博的人，比一般“专家”编辑有一个很大优点，他不囿于自己已有的知识，否则就不可能承担所计划出版的 75 个学科不同的书籍。他知道自己的不足，他的办法是以超过常人的辛勤劳动——不惜多病和双目几乎失明的躯体，努力拼搏，移樽就教，广采博闻。

在和美国的出版社合作编译《简明不列颠百科全书》中文版过程中，有关中国的条目（共 2 400 余条），我们计划不照英文翻译，而由中国方面另写，这些条目在英文《不列颠百科全书》再版时将编入英文版，所以需由中美双方磋商决定。为此中国大百科全书出版社内部曾有强烈的反对意见，认为我们和美方在意识形态和政治观点上不可能有共同语言，勉强求同，将来必受“丧权辱国”的谴责。我作为中文版中方编辑负责人，坚持原来的计划。后来，绝大部分条目都在实事求是和求同存异的原则下得到中美双方一致同意，唯一舍弃不用的一条是“斯大林主义”。全部十卷的中文版《简明不列颠百科全书》在 1986 年 3 月如期出版，受到国内外读者广泛欢迎。当时如姜椿芳同志支持反对派意见，协议必定废止，书就不能出了。他的积极态度起了决定作用。

《中国大百科全书》是姜椿芳同志从他在“文化大革命”关在单人牢房时下定决心、在打倒“四人帮”后得到党中央批准，筚路蓝缕，耗尽心血搞起来的。同他一起从规划到定稿的人，有的是他从公安部门手里接过来、还没有脱离“劳改”管制身份的人，有的是曾以“叛国投敌”罪定谳的人，后来他们在政治上得到平反，有些成了“大百科”事业的骨干力量。

毫无疑问，如果没有 1978 年以来“拨乱反正”的新时代和改革、开放、搞活的好政策，椿芳和他的同事们有现在的成就是不可能的。但同时，和他同在这一个新时代和政策下生活着的欺世盗名的人，也还不乏其人哩。

（原载《人民日报》1988 年 2 月 25 日）

他实现了生命的价值

季羡林

我认识姜老已经30多年了。最初我们接触非常少，记得只谈过马恩著作的翻译问题。我曾有过一个恩格斯的《英国工人阶级状况》初译草稿，后来编译局要了去加工出版了。他给我的第一个印象是：温文尔雅，恂恂然儒者风度。

但是，我对他了解得并不多，也可以说是根本没有了解。只是到了最近一些年，姜老领导中国大百科全书的编纂工作，我也应邀参加，共同开了不少的会，我才逐渐加深了对他的认识。我对大百科全书的意义不能说一点认识也没有，但是，应该承认，我最初确实认识很不够。大百科出版社成立时，我参加了许多与大百科没有直接关系的学术会议，在昆明，在成都，在重庆，在广州，在杭州，也在北京，内容颇为复杂，宗教、历史、文学、语言都有。姜老是每会必到，每到必发言，每发言必很长。不管会议的内容如何，他总是讲大百科，反复论证，不厌其详，苦口婆心，唯恐顽石不点头。他的眼睛不好，没法看发言提纲，也根本没有什么提纲，讲话的内容似乎已经照相制版，刻印在他的脑海中。朱光潜先生曾对我讲过：姜椿芳这个人头脑清楚得令人吃惊。姜老就靠这惊人的头脑，把大百科讲得有条有理，头头是道，古今中外，人名书名，一一说得清清楚楚。

但是，说句老实话，同样内容的讲话我至少听过三四次，我觉得简直有点厌烦了。可是，到了最后，我一下子“顿悟”过来，他那种执着坚韧的精神感动了我，也感动了其他的人。我们仿佛看到了他那一颗为大百科拼搏的赤诚的心。我们在背后说姜老是“百科迷”，后来我们也迷了起来。大百科的工作顺利进行下去了。

姜老不但为了大百科呕心沥血，他对其他文化事业也异常关心。搞文化事业离不开知识分子。他自己是知识分子，他了解知识分子，他爱护团结知识分子，他关心知识分子的遭遇和心情。他曾多次对我谈到中国出版学术著作困难情况，以及出书难但买书也不易的情况。他有一套具体的解决办法，可惜没能实现。他还热心提倡中国的优秀剧种昆曲，硬是拉了我参加他倡导的一个学会，多次寄票给我，让我这个没有多少艺术细胞的人学会了欣赏。他对中国传统的绘画和书法也表现出极大的兴趣，他是一个有很高文化修养的人。

拿中国目前的标准来衡量，姜老还不能算是很老。他的身体虽然不算很好，但是原来也并没有什么致命的病。我原以为他还能活下去的，我从来没有把他同死亡联系在一起，他还有很多很多工作要去做啊！对我个人来说，我直觉地感到，他还有不少的打算要拉我同去实现。我在默默地期待着，期待着；我幻想，总有一天，他会对我讲出来的。然而，谁人能料到，他竟遽尔而去了，好多同我一样的老知识分子失掉了一位知心朋友。我们能不悲从中来吗?

一个人只能有一次生命，既然如此，一个人就应该在短暂的只有一次的生命中努力做一些对别人有益、也无愧于自己的良心的事情，用一句文绉绉的话来说，就是实现自己生命的价值。我认为，姜椿芳同志是真正做到了这一点的，他真正实现了自己生命的价值。椿芳同志可以问心无愧地安息了，永远安息了。

（原载《人民日报》1988 年 2 月 3 日）

千秋功业话当年

王元化

《中国大百科全书》分六十六个学科，共七十四卷，一亿二千余万言，现已全部出版了。这样一部皇皇巨制，从无到有，仅仅用了十五年时间，不能不说是一件创举。

为了庆祝全书完成，上海分社举行座谈，邀请在沪编委及各学科分编委的主任、副主任参加。我也是应邀出席的一个。座谈会上亲聆了许多发言，使我深受启迪。大百科虽然只有十来年历史，可是由于人事更迭，原来的创办人和不少负责同志，或逝世，或卧病，或下岗，致使许多史实幽暗不明。比如，会上有人说大百科成立在十一届三中全会以后，这是失实的。据我所知，大百科在一九七八年就经国务院下文批准成立。当时我正在北京，在那段日子里，常和作为大百科发起人和创办人的姜椿芳同志相聚。一天我们同去访问一位阔别已久的友人，在路上他把刚刚得到国务院批准的消息告诉了我。他向来是一个平静温和的人，感情不大外露，但这一次他显出少有的兴奋。此情此景，如今历历在目，使我感念故人，不胜怅惘。次年，我再去北京，他又向我谈及准备敦请胡乔木同志到大百科来担任总编委会主任。不久，这件事果然实现了。乔木同志身居要职，公务繁重，实际上大百科事仍由老姜来抓。

在上海这次召开的座谈会上，我的座位恰巧排在会议所陈列的大百科全书的书案之前。看到这些装订精美的知识宝库，我不禁想：其中凝聚着多少老姜的心血！他曾经参加了多少次各卷以至各分支的计划会、筹备会、审稿会、定稿会！最后几年，他已失明，可还是仆仆风尘，由人扶着上路，去参加各种会议，让人把稿件读给他听。他对大百科可说是具有一种宗教式的虔诚。中央一位领导人在给他的信中就这样说过，这种敬业精神在今天看来尤为可贵。他越到后来就越是执着地盼望能在自己有生之年，得见全部大百科问世。现在这七十四卷的大百科就在这里，可是，老姜已逝世六个年头了。

我是在一九七九年平反前，经虞孙、季宏之邀，到大百科上海分社工作的。在编辑《中国文学》卷的过程中，我常与老姜争执。我不赞成在编写上分片分块包干的办法和把交稿日期限时限刻定得过死，我认为这都会影响质量。我十几岁在上海时就由老姜领导从事文化活动。他是看我长大的，所以我提意见毫无顾虑。他对我的宽容，使不了解内情的人颇觉诧异。现在回过头来看，老姜主张尽早把第一版编好，打算在第二版修订时再做过细工作，这一方针是切合实际的。现在这一版大百科是分学科编的，篇幅庞大。倘从数量上看，可居世界百科之冠。但编纂百科，不能以量取胜。相反篇幅浩繁往往是其所短。因为分学科编纂是不科学的，而其中的交叉重叠则是不可避免的赘疣。比如，以孔子来说，由于他的博学多能，倘按学科编纂，就要分别列入许多条目之中。至于孔子的生平究竟放进哪一条目中最合适?或者，是不是在每一条目中都交代一两句？这就很难解决。分学科编就会碰到一大堆诸如此类的问题。

老姜在世时也承认现在这样分学科编不科学。他认为第一版是为第二版做好准备。到出第二版时，就应按现在各国通行的综合编纂法，将七十四卷删繁就简压缩在三十卷之内，以符合百科全书便于检索的辞书性质。这是老姜在任时经过长时期探讨，大家所认同的方针。大百科成立时即设有研究室，老姜为此物色了专门人才，组织力量翻译了美国的大不列颠、法国的拉鲁斯、德国的梅耶、日本的平凡社和讲坛社大事典、苏联的百科全书等有关框架、知识系统、编纂方法及不同百科全书同一条目的释文等等资料，并将它们译成中文，进行认真的探索。中国大百科第一版能有今天这样的成就，应归功于当年这一决策的明智。这次在上海举行的座谈会上，也谈到再版问题，可是没有人再提及原来的再版设想了。有人竟提出第二版争取出一百卷的豪言壮语。当时我感到，连续性的中断往往会给工作造成极大的浪费和损失。大百科工作也不例外。

在大百科全书完成的喜庆日子里，我感到十分高兴。这是建国以来文化界一件大事。同时我也要向那些曾为大百科默默献出汗水和心血已经逝世的同人，表示眷眷的怀念之情，愿他们安息在大地的怀抱里。

（1993 年 10 月 6 日，原载《新民晚报》1993 年 10 月 12 日）

姜椿芳和百科全书编纂工作

周志成　林盛然

20 世纪 70 年代初期，乌云笼罩着华夏大地，苍穹黯然，万马齐喑，独有“知识越多越反动”的喧叫甚嚣尘上。这时，身陷囹圄的姜椿芳同志，生死未卜，双目几近失明，却仍在冥思着一个问题：如果有幸走出监狱将干些什么？他，这位在我国文化界久负盛誉的翻译家、编辑出版家，首先想到的是知识。建设祖国需要知识，提高民族文化水平需要知识，开创生动活泼的文明、民主社会局面更需要知识。那么，怎样才能引导人们既系统、全面而又简捷地进入自己渴求的知识领域呢？他想到了“现代百科全书”体系。革命导师马克思、恩格斯和列宁都曾高度评价百科全书在传播知识上的作用，他们还亲自为百科全书和百科词典撰写过条目。他联系自己自学的切身经验，深感如有百科全书作指导，将会少走许多弯路。活下去，为开创中国现代百科全书事业活下去！坚定的信念、执着的追求，使他带病顶住了长达 7 年的炼狱磨难，直到“四人帮”垮台的前夕。

获释并不等于自由，当时姜椿芳同志的党籍还没有恢复，悬挂着的“问题”像一把无形的枷锁，束缚着他的手脚。但他从出狱的第一天起，就热衷于宣传百科全书，并造访学者名流，寻觅志同道合之士。不久，“四人帮”被粉碎了，“春回大地野草苏”“雨丝风片润黄枯”，真实地反映了他当时的欣喜心情和踌躇满志的胸怀。他不顾眼疾带来的极大困难，如饥似渴地阅读研究百科资料，热情呼吁在我国出版百科全书。1978 年 1 月，他在社会科学规划办公室编印的《情况和建议》上发表了《关于编辑出版〈中国大百科全书〉的建议》一文，提出：“现代意义的大百科全书是对过去积累的全部文化科学技术加以总结和概括。”“我国今天编辑出版大百科全书，不仅可以广泛深入地传播马克思列宁主义、毛泽东思想，而且可用马列主义和毛泽东思想的观点对中国全部历史、文化和古籍作出新的叙述和概括。”他宣称：“编辑出版中国大百科全书，是我国社会主义文化事业的一项基本建设，它是历史赋予的任务，是客观的需要，是世界潮流的必然产物。”由于他的倡议适应人民的需要，表达了知识界的迫切愿望，因而很快得到党中央和国务院的批准。一个着手编辑我国第一部百科全书的筹备小组终于建立起来了。

当时，摆在姜椿芳同志领导的筹备小组面前一个重要的问题是，怎样吸收别人的优点，编出具有中国特色的百科全书。“实践是检验真理的唯一标准”的讨论，特别是党的十一届三中全会的思想路线，开阔了视野，他们认为应该体现在切实贯彻马克思列宁主义和毛泽东思想的指导原则上，也就是实事求是地总结古今中外的科学文化知识，对具有不同学术见解和政治倾向的问题，也应客观评介。因此，姜椿芳同志在1979年春亲自领导制定的《中国大百科全书》的编写条例草案中明确提出：“《全书》的编撰工作贯彻‘百花齐放、百家争鸣’的方针。介绍文化、科学知识时，要持客观态度，实事求是，对学术上有争议的问题，应反映各家学说。”“对中外古今人物要权衡其历史影响和学术成就选列条目。凡学术上有成就的人物，不论政治地位和政治观点如何，都应有适当的介绍。”在“四人帮”流毒尚在、人们深有余悸的时候，能制订出这样的方针，充分显示出姜椿芳及其同事们的勇气和才智。

正确的方针要由正确的组织路线来作保证。各国百科所依靠的往往只是少数专家，但要执行中国大百科全书的编辑方针，依靠少数人是不行的，必须依靠知识界的整体，因此除了成立统筹全书的总编委会外，还按学科成立分编委会，负责制定该学科的条目框架和选择最合适的撰稿人。在确定分编委人选时，也按实事求是原则，由该学科中学术成就高、热爱祖国又热心于百科事业的学者担任。例如，钱伟长先生担任物理学和力学两个学科卷的编委和副主任时，他的错划右派问题尚未得到改正。由于《全书》学科众多，担任各学科编委的专家学者多达数千人，组织和编辑加工的工作量也十分浩大，需要有一个强大的编辑部，其成员不仅要向有关部门商调，也要从落实政策的知识分子中选用。为求得百科事业有志之士，年近70岁高龄的姜椿芳同志及其同事们，风雪走访，日夜操劳，尚在外地的则派专人跋涉千里盛情邀请。不论是北大荒的“流放者”，还是新疆的“农民”，或者落实政策的“新生人员”，只要有真才实学，属于冤假错案，均量才录用。这样规模的“举逸民”，在当时极为罕见。正是在姜椿芳同志这种精神感召下，被录用的人多能努力工作，其中不少人很快成为百科骨干。1979 年 4 月，《百科知识》创刊号上发表了他写的《为什么要出中国大百科全书》一文，向全国和全世界宣布了中国要编辑一部现代大型百科全书，一石投水，激起了八方波澜。中国香港地区和日本的学者有的表达了良好祝愿，有的则狐疑满腹，认为中国学风一向为政治运动所左右，客观地编出一部大型的现代百科全书，谈何容易！但事实胜于雄辩，一卷卷百科全书相继问世，而且在已出版的前几卷中，所有条目都严格按照《全书》的编辑方针，做到实事求是评介各家学说。下面就是一些例子：

在首版的《天文学》卷中，作者和编者在处理托勒密的“地心说”时，并不追随斯大林所说的是“陈腐教条”而加以全面否定，而是肯定它的历史作用，指出“在当时观测精度不高的情况下，大致能解释行星的视运动，并据此编出行星的星历表。至于它对天文学发展的桎梏作用，不能归罪于理论本身”。又如，对于“大爆炸宇宙学”，曾经有人认为与宇宙无限论有矛盾，属伪科学，卷中则说它是“现代宇宙学中最有影响的一种学说。与其他宇宙模型相比，它能说明较多的观测事实”，还指出这个学说“也存在着一些悬而未决的难题”。这个论断至今没有引起新的争议。对于比较复杂敏感较难处理的中亚地区的学者如乌鲁伯格，原稿只笼统地定为中亚细亚天文学家，而由编写组从实际出发，定为“中世纪伊斯兰学者，天文学家，蒙古帖木儿帝国的创立者帖木儿的孙子。1409 年由其父任命为帝国都城撒马尔罕城的统治者。他在生命的最后两年登上帝位”。在世人物的上书问题是一个敏感的问题，在此之前各种辞书均回避不提，可说是工具书中之禁区。姜椿芳同志领导制定的《全书》编辑方针规定，古今中外人物要权衡其历史影响和学术成就选列条目。《中国大百科全书·天文学》卷率先突破了这个禁区，上了四名在世的中国天文学家。但出现了另一位成就相近的国民党人张云该不该上书的问题，同编委会主任、副主任进行商量，认为可以在有关条目中提到他的贡献。张云曾是法国里昂大学天文学博士，回国后在中山大学任教授、系主任、校长等职，创建中山大学天文台，但他是国民党立法委员，广州解放前去台湾，后回香港，“文化大革命”期间有人曾因和张有关系而受到审查，余悸颇为严重，都不愿在所写条目中提及他。姜椿芳同志征询有关方面意见后，果断决定设专条加以介绍。这在当时是冒了风险的，但正是这种实事求是的精神为我国第一部百科全书赢得了声誉。

《外国文学》卷分编委副主任叶水夫同志撰文指出，该卷“力图摆脱在我国长期存在过的对文学现象的教条主义、庸俗社会学看法的影响，也尽力克服近年来由于对外开放而在某些人思想中出现或复苏的资产阶级文艺观”。另一位副主任季羡林同志在编后撰文说：“过去，我们运用马列主义有时候有点教条主义的偏差……对历史上和当前的某一个文学家往往以‘政治态度’定优劣，论终身……对他艺术方面的成就往往注意不够，对他在历史上的影响和贡献也往往忽视。现在，在《外国文学》卷里……力求全面、客观地评介一个作家或一部作品，我们认为真正的马列主义就应该是这个样子。”

张友渔同志在撰文“谈《中国大百科全书·法学》卷”中说道：“有些同志认为‘无罪推定’等条应当重新审定。经编委会讨论，认为原稿可用，不必删改。马克思主义者应当运用历史唯物主义的观点看问题，对资产阶级革命时期提出的反对封建司法专横的‘无罪推定’等口号，应当肯定它在历史上的进步作用。因此，卷中在‘资本主义法’这个条目中，肯定了资产阶级革命时期资本主义法的进步作用，同时也指出了资产阶级统治后期资本主义法的反动本质。”还说道：“由于百科全书是知识性的工具书，《法学》卷在强调马克思主义法学理论的同时，对资产阶级的各种反马克思主义的法学理论和一些压迫工人阶级的法律，甚至是最反动的东西，也有所介绍。例如，对‘塔夫脱-哈特莱法’‘反社会党人法’‘南非种族隔离法’以至‘法西斯主义法律思想’等都收有专条，作了评述。”“在‘资本主义法’这一条的释文中不仅提到资产阶级所出的‘法律面前人人平等’的原则，在资本主义确立时期起了革命的作用，它适应资本主义发展的客观需要，也符合人民群众要求摆脱封建特权制度的愿望，为解放社会生产力，促进经济和文化的迅速发展创造了必要条件，也提到1789年法国《人权宣言》确认‘财产是神圣不可侵犯的权利’、1802年的《法国民法典》规定了私有财产权是‘绝对的’和‘不受限制的’原则。在当时的历史条件下，这一法律原则是具有一定进步意义的。它否定了封建占有制度，促进了资本主义经济的发展，为整个社会生产力的增长开辟了道路。”在旧法学家“伍廷芳”条中，充分肯定了他在《宪纲大旨》中强调维护国民的人身权、居住权和法律范围内平等与自由，以及主张“文明审判”“罪止一身”，反对刑讯和株连的进步意义。在明确反对封建主义和思想僵化是长期任务之后，重温这些内容，使我们深刻领会到，根据《中国大百科全书》编纂方针所撰写的释文，确实做到了实事求是。

姜椿芳同志反对“文化大革命”中流传下来的浮夸、空洞、八股式的文风，提倡行文简洁、明确、朴素，让事实说话。他指出，马列主义和毛泽东思想的指导作用，应该渗透在事实的说明和知识的介绍中，而无须言必称“在党的领导下”；“既要坚持用唯物主义反对唯心主义、用辩证法反对形而上学，也要反对用形式主义突出政治，处处引用马恩列斯和毛主席的语录”。这个原则也被广泛接受，但少数人对此有怀疑。如在《矿冶》卷定稿过程中，曾经根据学科卷分工删去一段与冶金关系不大的敌后根据地的兵工厂建设，并根据体例对政治背景方面的叙述适当压缩；如删去“各地根据中国共产党第七届中央委员会第二次全体会议关于党的工作重心由乡村转移到城市的决议”，保留“中华人民共和国成立后，中国冶金工业进入新时期”；将“中共中央确定在第二个五年计划期间建设的中国第二个钢铁基地”，改定为“中国在第二个五年计划（1956 ～ 1960）时期建设的钢铁基地”等。有人认为这“牵涉到编辑思想中一些重大原则问题，如大百科全书要不要充分反映党的领导，社会主义制度的优越性等”。经分编委主任陆达同志和姜椿芳同志的坚持及耐心工作，误会冰释，小风浪也平息了。

类似的例子不胜枚举。如果说，中国第一部具有现代意义的百科全书在介绍知识上是实事求是的，那么，姜椿芳同志的贡献是巨大的。在这方面他为我们树立了光辉的榜样。我们要永远珍惜他留给我们的这份宝贵遗产，把它贯彻到今后的实际工作中去。我们认为，这是对曾为我国现代百科全书事业呕心沥血并贡献出全部才智的姜椿芳同志最好的怀念。

（原载《百科知识》1988 年第 3 期）

姜老永远同我们在一起

石　磊　丘国栋　张遵修

“编百科全书，你们姜老有这个魄力，我没有这勇气。”这是法学家钱端升教授1979年说的，为酝酿出版《中国大百科全书》，姜老广泛征求各科学者意见，几次去访问过钱先生。姜老说可以出，钱先生说难。

是很难。从法学当时的研究状况看，要编出能够代表国家水平的经典性法学条目，存在许多难以解决的问题。学者们以严谨治学的标准衡量，充分认识到编撰百科全书的难度。但是，中华人民共和国能够没有自己的百科全书吗？1972年我国恢复了在联合国的席位，联合国图书馆里陈列着各国编撰的百科全书，而唯独没有我们的，这种状况不应当改变吗？当时圣马力诺送给我们一套百科全书，而我国的《辞海》还没有出版，如果回赠，只能送一本《新华字典》，这种情况能够继续容忍下去吗？中国正在走向现代化，人民需要百科全书这种工具书，随时查阅来解决他们需要了解的各种问题，得到有关的基本知识；而经历了风风雨雨的老一代学者，多数人正处于晚年，我们不应当把他们的知识宝库赶快抢救下来，留给后人吗？

“文化大革命”中当姜老横遭迫害、身陷囹圄的时候，他就考虑一旦重获自由，就要倡议编撰《中国大百科全书》。现在，难也要编。

姜老知难而上。1978年5月，党中央批准了他代国家出版局、中国科学院、中国社会科学院党组起草的关于编辑出版《中国大百科全书》的建议，成立了中国大百科全书出版社。50年代、60年代曾经两度提出又两度流产的计划，现在终于落实了。

怎么编？姜老根据中国的实际情况，领导我们闯出了一条中国自己的路。首先，他提出了按学科分卷的设想。一部《全书》几十卷，篇幅浩繁，如果全部按字母顺序排列，也许稿尚未齐，先收到的稿件已经需要更新资料，虽然百科全书的条目应当具有相对的稳定性。而且，百科全书不仅摆进机关、学校的图书馆，还要考虑广大读者个人购买，从读者的需要和购买力看，按学科出版对他们更为方便。

继将《天文学》卷第一个安排了编辑出版日程之后，姜老提出在社会科学方面先编《考古学》。是的，自从1949年以来，广泛开展的工业、交通、水利、农垦事业，把中华民族沉睡了几千年、几万年、几十万年的地下宝藏，从僵固的地表下翻了出来，考古学界进行了积极的发挖和研究，人们把这一段期间称为中国考古学的黄金时代。许多重要的考古发现受到全世界的关注，中国的百科全书应当充分反映中国的特色。当时，社会科学方面几个学科卷同时开展了工作，《考古学》卷是重点。不久，姜老又修正了他最初的想法，到社会科学编辑部来提出《考古学》卷工作可以暂缓，更急于要抓的应当是《法学》。他说："一卷《天文学》在空间上那么遥远，再出一卷《考古学》卷在时间上又那么遥远。《中国大百科全书》为四个现代化服务，不能在一开始给读者一个脱离现实的感觉。"为了加强社会主义法制，在加强人民的法律意识方面，《法学》卷要发挥百科全书应起的启蒙作用。于是，工作重点从《考古学》转到《法学》。姜老非常关心这一卷的工作，常常来问进度，问有什么困难，需要解决什么问题。

从大到小，问题是很多的。姜老随时了解，随时解决。例如，对于魏玛宪法应不应当加书名号，争论双方意见相持不下。主张加的认为这是一部宪法，不主张加的认为这不是正式名称。姜老认为要加。他说虽然不是正式名称，但比它的正式名称更为人们所熟悉，是法，就应当加。不是由于姜老的领导"权力"，而是由于他的意见得到了大家的赞同，我们加了。这样，读者一见有书名号，就可以知道所指者不是书刊报纸，就是法律、条约，很明确。这对后来我们区分作为多边国际协定的《关税及贸易总协定》和执行这个协定的联合国专门机构"关税及贸易总协定"，十分有利。

姜老关心每一卷的工作，帮助各卷解决问题。《体育》卷遇到处理一个人物条目问题。这个运动员曾经多次为祖国赢得荣誉，"文革"期间失足。姜老说，这个运动员知名度很高，多次获得世界冠军，读者想了解他，百科全书应当客观地介绍他的情况，应设专条。《考古学》卷也根据姜老意见，选收了在中国考古学史上具有重要地位的，现居留在台湾的一位学者人物条目。这两个条目成为以后各学科卷选收人物条目的先例。

姜老视野广阔，思想活跃，而且解放。在各学科卷末附录大事记，也是他提出来的。他还主张编辑部工作人员名单上书。他对我们很有感情，很放手也很信任，常常笑我们选择编百科全书的工作是“自投罗网”“自找苦吃”。的确，我们有许多同志是由于理解百科全书的意义来投入这项工作的，我们的目的就是想让《中国大百科全书》立足于世界百科之林，编出一部具有高质量、有中国特色、站得稳的百科全书。姜老要把工作人员名单上书，有同志建议不必。姜老说，要列，这不是荣誉，而是要参加这一卷的工作同志，集体对这一卷书稿质量负责。

他很关心编辑工作进度，一次又一次要求《法学》卷尽快发稿。我们说，由于法学家的高度热忱，可以在预定期间齐稿，我们也可以尽快完成文字、体例编辑工作，但核对资料工作十分繁重，难于短期完成。于是，在姜老的关心下，很快地加强了法学编辑组的核对资料的力量，从最初增四人到最多时增十几人，使全卷得以核实资料几万处。人多了，十五平方米的办公室容纳不下，只好租远郊区一处招待所办公。1983 年初，姜老到招待所来，还约来美编、图书馆、财务、总务等各方面同志。大家来慰问法学编辑组日夜辛苦工作的同志们，姜老还要求各部门为《法学》卷“开绿灯”，从各方面支持这一卷的工作。同年 10 月，全部书稿达到齐、清、定。发稿前夕约请在京编委开会，研究了几个重要问题。那天会上陈守一教授说：“《法学》卷发稿出乎我的意料。”守一同志当时作为北京大学法律系主任、北京法学会会长、《法学》卷编委，几年来一直积极支持《全书》工作，却没想到《法学》卷能够发稿这么快。也许，这正是老前辈钱端升先生讲的姜老魄力的体现吧！

“法乎上，取乎中”，这是姜老的想法，他在时间安排上实际留下了余地。可是说实在的，一听姜老催我们发稿，就难免情绪上抵触。时间和质量在一定程度上往往成反比，我们并不想拖拉，但是该做的工作很多还没完成，姜老一催，我们就觉得领导不了解我们工作量。但是，强烈的紧迫感使姜老不断地催促各学科卷尽快出书；而当一卷接着一卷出版之后，各学科责任编辑虽然觉得还不够理想，但毕竟是出书了。以《法学》卷为例，1982 年宪法公布后编委会全部定稿，1985 年初普法开始，《法学》卷已经出版三个月了。日前《法学》卷已经发行 50 多万册，拥有上百万的读者。现在回过头来看，觉得抓紧出书还是十分必要的。而且我们正以极沉痛的心情，悼念参加过《全书》工作的一些老前辈、老学者的离去。考古学家夏鼐、裴文中，史学家侯外庐、郑天挺、尹达、孙毓棠、韩儒林，民族学家翁独健，国际问题专家刘思慕，国际法学家陈体强，经济学家许涤新、钱俊瑞……都先后离去了，而在《全书》中留下了遗作，留下了他们的学术造诣。1986 年，法学家潘念之同志笑着谈起姜老怎样跑到上海，把《全书》总编委会委员聘书和一本特精装《法学》卷送上门，而在我们执笔写本文时，上海华东医院发出了潘老病危通知。姜老呢，也去了。

记得《法学》卷发稿后，姜老还不放心，要求汇报一些情况，并且审阅了分类目录，认为没有收在世学者条目，是一个缺点，不符合《全书》体例要求，要求补上。选收在世学者条目，是姜老提出的主张，并已逐步在各学科落实。我们说，法学编委会 1981、1982 年两次会上都决定不上在世人物专条，编委会副主任潘念之同志尤其坚持不上本人条目，我们说应当尊重编委会和潘老的意见。姜老说，那是法学家谦虚，还是要上。结果补了十个条目，效果是好的。

我们找姜老的时候比他找我们更多。不论遇到什么问题，我们觉得应当向姜老请示，随时可能找他。上班可以，下班也可以；在办公室可以，去他家也可以。在他家解决问题以后，他总要送我们。虽然我们一再恳请他留步，但他还是无论冬夏，一定要穿过庭院，把我们送到大门口，关且表示感谢，而最初见到姜老，我们还以为他有“架子”呢！因为他除了谈工作，几乎不跟人打招呼。“领导干部嘛！”我们想。一天，姜老听到一米之外有人讲话，便问:“说话的是张遵修同志吗？”周围的人听了，心头紧，原来姜老已经基本上看不见了啊！

历史学家邓广铭教授在一次会上同姜老打招呼，姜老没看见，没回答，事后知道了非常难过。他赶快约了石磊同志一道，到北京大学向邓广老道歉，说明原因，请求邓广老原谅。

姜老关于编撰百科全书的讲话受到了学者们的欢迎。1986年法学编委总结会上，姜老说《法学》卷是一本“出土文物”，大家都笑了。这几个字道出了几十年来法学研究道路的曲折，道出了法学界老前辈主持编撰这一卷工作的艰苦，也反映出姜老对学科工作的深刻印象，即无论大会、小会，讲多讲少，姜老从来不带讲稿，可是谁知道姜老不带讲稿的原因呢？有几位学者见过姜老在听读书稿之后提出意见或安排工作便笺手迹中，那摸索着写出的相邻两字常常边缘重叠呢？

姜老眼睛很不好，身体其他部位的健康情况也不太好，可是他忙于工作，很少休息。有一次我们晚上十点去他家里找他，为那么晚去打扰他很是抱歉，他反而和蔼地劝慰我们，要求我们从容地谈，把问题谈透；还告诉我们，他晚上工作，十点钟是刚刚开始。一年到头，他为工作四处奔波，夜以继日，可以说，为了百科事业他全部地奉献出自己的晚年、自己的健康以至生命。现在他去了，我们常常觉得，他还在，只是他太疲倦了，暂时去休息一下。他还会低声细语地回答我们提出的问题，还会同我们谈他自己一些独到的想法，还会给我们以启发以激励，以有力的领导，同我们一起工作。

他去了。我们深深感到痛楚的，是带着中国知识分子的传统性格，我们同姜老接触时，只是谈工作，从来没有表达过我们对他的感情，而在谈工作的过程中，往往是争论多于服从，没有表示过对他的编辑思想，特别是尽快出书这一指导思想的赞同。现在我们已经无法向他表达了。但是，他在沉默中带去了我们的尊敬、爱戴和赞同。

他去了。十年相处，他给我们留下了那么多深刻、具体的回忆，使我们切实感到，他的音容笑貌还在，他的编辑思想还在，他为百科全书全力以赴、锲而不舍的精神还在，他待人谦虚诚恳、亲切平易的作风还在。在他领导下编撰出版的一些学科卷在，他为之奋力拼搏的百科全书未竟事业还在。我们想念他，只能是更加努力地完成这一未竟事业，把《中国大百科全书》一版，特别是二版编得具有国家的高水平。而在今后的工作中，在他的精神激励下，我们一定会觉得，姜老仍然同我们在一起，并将永远同我们在一起。

（原载《百科知识》1988 年第 4 期）

在父亲身边的日子里（节选）

姜妮娜

由于父亲的视力愈来愈差，1984 年 10 月我有幸被调到父亲的身边工作，做父亲的秘书。这使我有机会更加接近父亲，了解父亲……当我调到中国大百科全书出版社时，《中国大百科全书》正处于发稿和出版的高峰期。

父亲把整个生命都倾注在《中国大百科全书》的事业中了。他从来没有享受过每年一次去外地的疗养，却常常利用节假日去拜访《全书》编纂工作的专家学者。他生前几乎每天都到大百科出版社上班，如果上午有其他活动不能去上班，那么下午一定要去。如一次出差外地，乘飞机回北京已是凌晨 1 点，他稍睡几个小时，仍坚持去上班，并说："由于出差外地，几天没有去出版社了，今天我一定要去看看。"看到父亲废寝忘食地工作，母亲曾多次劝他休息："你被关了 7 年，身体各方面都受到损害，一定要休养才能恢复。"并说："像你这个年龄，人家都在家舒舒服服地休息，你太傻了。"父亲的朋友们也好意地劝他："你该休息了，编辑出版《中国大百科全书》是最困难的工作，不要把自己陷进去。"父亲的回答是："活着就要工作，除非生命结束。""不工作，活着还有什么意思。"父亲不听母亲和朋友们的劝告，把《中国大百科全书》当作自己的生命。

后来父亲的目疾严重，视力急剧下降，他常对老友陈冰夷说，现在他的唯一心愿，是希望能在生前亲眼看到《中国大百科全书》全部出齐问世。并说："眼睛瞎了，什么也看不见了，稿子不能看，文章不能写，还能做什么呢？"在陈冰夷叔叔的文章中说："他之所以如此重视眼疾，竭力想维持一点极其微弱的视力，无非是为了能够继续工作，主要是完成《中国大百科全书》的工作。在他看来'大百科'的工作高于一切，这是他的第二生命，甚至比生命更重要。"

父亲到出版社后，或与社领导讨论社内工作，或向总编室同志了解各卷的编辑进度，或让各卷编辑组到自己的办公室来汇报，或到各卷编辑组去看望大家，或坐在自己办公室抽审某些卷的重要条目。父亲以只争朝夕的精神，把《全书》所包括的 70 多个学科和知识门类共 75 卷的编辑工作的绝大部分都陆续展开，几乎是齐头并进，因此，每个编辑部要负责好几卷的编辑工作。父亲要求各编辑部定期汇报工作，请他们一个接着一个地到办公室来汇报，一上午不间断地听汇报和讨论，上午来不及，下午继续。因为父亲的青光眼病，眼压较高，眼睛张着累，他常闭着眼睛听。我在旁边以为父亲太疲劳而睡着了，所以轻轻地推他一下。这时汇报人刚说完话，父亲就总结了汇报人提出的问题和困难，并一一指出解决的办法。原来，父亲没有睡着。父亲喜欢抓第一手的资料，不喜欢听间接的汇报。某些编辑部遇到问题，常要父亲陪同他们一起去找专家、学者商量编撰工作，他从不推辞。

1979 年 4 月，《百科知识》创刊号上发表了父亲的《为什么要出中国大百科全书》一文，向全国和全世界宣布了中国要编辑一部现代大型百科全书的消息。中国香港地区和日本的学者有的表达良好的祝愿，有的表示怀疑，认为中国学风一向为政治运动所左右，客观地编出一部大型的现代百科全书，谈何容易！但事实胜于雄辩，一卷卷百科全书相继问世，所有条目都严格按照《全书》的编辑方针，做到实事求是评价各家学说。正如周志成、林盛然同志的文章《姜椿芳和百科全书编纂工作》所说：“在世人物上书问题是一个敏感的问题，在此之前各种辞书均回避不提，可说是工具书中之禁区。姜椿芳同志领导制定的《全书》编辑方针规定，古今中外人物要权衡其历史影响和学术成就选列条目。《中国大百科全书·天文学》卷率先突破了这个禁区，上了四名在世的中国天文学家。但出现了一位成就相近的国民党人张云该不该上书的问题，同编委会主任、副主任进行商量，认为可以在有关条目中提到他的贡献。张云曾是法国里昂大学天文学博士，回国后在中山大学任教授、系主任、校长等职，创建中山大学天文台，但他是国民党立法委员，广州解放前去台湾，后回香港，‘文化大革命’期间有人曾因和张有关系而受到审查，余悸颇为严重，都不愿在所写条目中提及他。姜椿芳同志征询有关方面意见后，果断决定设专条加以介绍。这在当时是冒了风险的，但正是这种实事求是的精神为我国第一部百科全书赢得了声誉。”

父亲与社外的专家和学者过往甚密。他在学术上虚怀若谷，多方讨教，常对出版社的编辑们讲:“我们编《中国大百科全书》主要是靠社外的广大专家和学者，一定要尊重他们。”1984 年底到 1985 年初，我陪同父亲到一些中国大百科全书总编委会成员的家中送聘书，有时冒着大风雪登门拜访。一次，我们去总编委会副主任华罗庚家送聘书，他不在家，父亲庄重地手捧聘书，弯腰施礼，对华罗庚教授的姐姐说:“请您也像我这样恭恭敬敬地交给他，就说我代表大百科全书总编委向他送聘书来了。”有的编委成员正住在医院，父亲就把聘书送到他们的病房。

继 1985 年,《力学》《教育》《固体地球物理学·测绘学·空间科学》《航空·航天》等卷问世后,《民族》《交通》《考古学》《电子学与计算机》《土木工程》各卷也即将出版。到了 1986 年，大百科全书的编纂工作正处在高潮之中。父亲正奔走于专家和社内编辑组之间，社内外的组织工作，宣讲体例，审定稿件和成书，可以说每卷书的出版都凝聚着他的心血。正当父亲废寝忘食一心扑在百科全书的事业上时，1986 年 2 月 20 日下午 3 时半，胡乔木的秘书到父亲家传达总编委会主任胡乔木“关于百科出版社人事变动的意见”。他向父亲宣读了总编委会主任给中共中央组织部长尉健行的信，信中建议姜椿芳改任出版社顾问，由梅益任总编辑。父亲没有多想。总编也好，顾问也好，只要能让他为大百科的编纂继续出力就行。5 月 3 日，大百科出版社召开全社大会宣布新总编梅益上任。梅益同志最后说:“因为我目前对《全书》的工作不熟悉，日常工作过去是姜椿芳同志管的仍然由他管，人事方面暂时不动。”5 月 7 日父亲与梅益同机飞往上海，父亲向分社介绍梅益时，一再地推荐他，说过去是老朋友，他能力很强，一定能把工作做好。从上海回来后，父亲又带领《水利》卷的编辑到水利电力部拜访钱正英部长，父亲从编撰百科全书的迫切性说起，讲到各学科卷的编委主任都是各学科的权威,《水利》卷务请钱正英部长出来挂帅。最后钱正英部长答应出任该卷的编委会主任。

父亲仍然每天去出版社上班，深入各卷了解情况。他了解到《经济学》卷对在世人物上书特别是中年人上书的问题颇感难办。父亲说:“对老年学者可放宽些，因为这一版之后，他们便‘盖棺论定’了；对中年学者适当严些，有些人不够上专条的条件，可以在某些概述条中提一下。”

父亲继续参加开卷的筹备和各卷的各种会议：6 月 2 日,《法学》卷在北京召开编委会，出席会议的有张友渔等专家、学者，姜椿芳在会议上发言。

6 月 13 日下午，《社会学》卷召开编委筹备会。雷洁琼、陈道、魏章玲、邓伟志等专家与会。姜椿芳讲了话。

6 月 14 日，《数学》卷在京召开编委会，苏步青、段学复等专家出席会议，周志成、林盛然同志也参加了会议。姜椿芳作了发言。

…………

改为顾问的父亲，仍然不遗余力地为百科事业忙碌着。

（2007 年 5 月，原载《姜椿芳纪念文集》，
中国大百科全书出版社，2008 年）

梅益对中国百科事业的贡献

孙关龙

中国大百科全书出版社四十周岁了，它与中国的改革开放事业同生、同长、同发展、同壮大。在这值得纪念、庆祝的日子，我们饮水思源，格外怀念中国百科事业的开拓者、奠基者胡乔木、姜椿芳、梅益。其中，梅益对中国百科事业的贡献鲜为人知，笔者有责任作一个较为全面的记载和介绍。

梅益（1914.1.2 ～ 2003.9.13）是我国文化界、新闻出版界的老战士、老前辈。20 世纪 30 年代，他投身革命，曾任中共上海市文化工作委员会书记，创办中共地下组织领导的《译报》《每日译报》等，翻译《西行漫记》（1938）、《续西行漫记》（1938）等，使红军的光辉形象、延安的革命精神传遍祖国大地，使灾难深重的中国人民看到了一丝光明；40 年代，曾任中共驻南京代表团发言人、新华通讯社副总编辑，翻译《钢铁是怎样炼成的》（1942）等，引导无数青年树立崇高理想、走向革命，在中国整整影响了几代人。中华人民共和国成立后，他历任中央广播事业局副局长、局长、党组书记，参与创建中华人民共和国的广播电视事业，著有《梅益论广播电视》。1978年及以后，调任中国社会科学院秘书长、副院长、党组第一书记，参与重建社会主义新时期的社会科学事业。

1986 年初，梅益来到中国大百科全书出版社出任总编辑（第二任），兼任中国大百科全书总编委会副主任，继第一任总编辑姜椿芳之后，主持且以较高的质量完成《中国大百科全书》第一版的编辑、出版工作。他还主持开创《中国大百科全书》第二版的编纂工作，主持开创中国地区性百科全书的编纂工作，开拓一系列中国专业性百科全书和其他综合性百科书籍的编纂工作，并与胡乔木、姜老一起带领我们培育了“大百科精神”，成为继胡乔木、姜老之后，又一位中国百科事业的开拓者、奠基者。

一

梅老来我社后，一直强调“质量第一”，并付诸实际行动。他多次说，质量“是《全书》生命之本”，“大百科全书事关国家科学文化水平和政治荣誉。因此保证《全书》质量，使它不愧为代表国家水平的辞书，是编辑部头等重要的事”，“编辑工作的关键是抓质量、促质量、保质量，至于规模、进度以及别的什么得失都是第二位的”。[①]

笔者认为，梅老任总编辑后，对《中国大百科全书》第一版最为重要的贡献，是狠抓质量，采取有力措施提高质量，从而保证了一版成为高规格百科全书的品位。

梅老来我社之时，由于《中国大百科全书》第一版编纂的艰巨性、复杂性，从1978年至1986年初约8年时间中，共出版13卷，最多一年（1985）出版4卷。按原定1989年出版全部80卷的任务，在未来3年多的时间内要出版67卷，平均每年要出版近20卷，是过去出版最多年份的5倍。且不说“编辑人员疲于奔命，质量和进度难以保证”，即使是“印刷厂都不可能办到”。梅老经过详细调查研究，于1986年秋在新成立的社委会上，“第一次提出为保证《全书》质量，必须改变原定在建社10周年，即1989年左右出齐80卷计划”，并报告了总编委会主任胡乔木。1987年2月胡乔木为《中国大百科全书》压缩卷数、推迟出版时间，专门给党中央写出《改进大百科全书工作的报告》。他在报告中要求放慢速度，进一步压缩卷数，全力保证质量，以免影响国家声誉。党中央批准了这个报告。[②]

然而，压缩工作阻力“很大”，许多科研机构、高等院校和政府部门“早已接受委托，动手编写，有的已写了几年，有的已将近完成，基本上木已成舟”[③]。最后是“压缩了9卷，增加了2卷”[④]，加上总索引卷，《全书》为74卷。但是，由于出

---

① 梅益:《梅益论百科全书》，中国大百科全书出版社，1996，第15页。

② 同上书，第18页。

③ 同上书，第18－19页。

④ 同上书，第36页。

齐时间从1989年改为1993年，后延了4年，从而改变了原来“编辑人员疲于奔命”的状况。更重要的是这次改革把保证质量提上了日程，党中央和胡乔木重视质量、狠抓质量的思想和措施，梅老抓质量、促质量、保质量的思想和一系列具体措施，有力地保证了《中国大百科全书》第一版的品位。

在纪念中国大百科全书出版社创立40周年之际，回顾《中国大百科全书》第一版的历程，有两个关键性节点是不能遗忘的。一是1978年姜老提出，经胡乔木和总编委会批准实施的“分类分卷编辑和出版”的创新。姜老说：这是当时情况下“不得不采取”的做法，“不可避免地要带来许多缺点”。同时，笔者认为：这是当时最具智慧，也是最切实际的做法。是从中国当时实际出发的又一个创新；它及时抢救了一批稍纵即逝的学术财富，使编纂工作化整为零、化繁为简，保证了第一版在15年内出齐，又保证各卷较好的质量；要不是采取这个正确决策，我国可能至今被摒弃于世界百科全书行列之外。二是1986年梅老提出，经胡乔木和党中央批准实施“压缩卷数、延时出版”的改革。这次改革把保证质量提上日程，对《全书》的后期工作以及第二版的筹备工作有重大意义。

《中国大百科全书》第一版的这“一创”“一改”，是姜老、梅老两任总编辑的大智慧、大手笔；是20世纪30年代这两位并肩战斗的中共地下党人、老战友，不约而同地为中国20世纪最大的文化工程——《中国大百科全书》第一版所作出的奠基性贡献。

二

《中国大百科全书》第一版出版后，要编辑出版第二版的决定，以及将第二版定位为按国际“通行的做法”“按字母顺序排列”的“综合性百科全书”，都是胡乔木、姜老筹划制定的。由姜老起草、胡乔木审改的给党中央的请示报告中明确讲：“先出分科性百科丛书，分科分类编写，编好一本即出一本，先在国内流通，请有关方面和广大读者提意见，修改后再出版综合性百科全书。”由姜老起草、胡乔木审定的《中国大百科全书·前言》则更为清晰地说：“因为这是中国第一部百科全书，编辑工作的困难是可想而知的。但是，由于读书界的迫切要求，不能等待各门学科的资料搜集得比较齐全之后再行编辑出版；也不能等待各学科的全部条目编写完成之后，按照条目的汉语拼音字母顺序，混合编成全书，只能按门类分别邀请全国专家、学者分头编写，按学科分类分卷出版，即编成一个学科（一卷或数卷）就出版一个学科的分卷，使全书陆续问世。这不可避免地要带来许多缺点，但是在目前情况下不得不采取这种做法。我们准备在出第二版时，再按现在各国编辑百科全书一般通行的做法，全书的条目不按学科分类，而按字母顺序排列，使读者更加便于寻检查阅”。胡乔木在1991年10月4日，听取梅老和单基夫社长关于第一版工作汇报时，明确指出：《中国大百科全书》不搞第二版，是个悲剧；你们要开始为第二版做准备等。

最早对《中国大百科全书》第二版作出系统筹划的，是梅老。自1991年10月以后，他请研究室为第二版开展中外百科全书的调查研究；召开座谈会，听取各个方面专家对第二版的意见；于1994年2月成立第二版编辑部，由他直接领导；并在耄耋之年，继完成总结第一版的长文（《中国学术界的一次检阅——写在〈中国大百科全书〉出齐之时》）之后，又连续写出《关于〈中国大百科全书〉第二版编辑工作几个重要问题的设想》（以下简称《设想》）、《再谈〈中国大百科全书〉第二版编辑工作的几个重要问题》（以下简称《再谈》）两篇长文，为《中国大百科全书》第二版奠定基础。

两文总结国内外百科全书编纂的经验和教训，尤其是《中国大百科全书》第一版的经验和教训，对第二版编辑工作的一系列重要问题进行了深入探讨，提出了他的真知灼见。

1. 总体设计。他一再强调，“为确保第二版的质量”“首先要拟定第二版的总体设计”，并指出“我们缺乏制定总体设计的经验，但有因缺乏总体设计而遭受的严酷的教训。这些教训对我们做好总体设计是有益的”；要求我们“对国外主要百科全书过去的和现在的总体设计进行比较研究；对国内重要辞书，如《现代汉语词典》《辞海》的重要经验也要借鉴”。

2. 指导思想。梅老明确指出：要“编好一部百科全书，不仅是编辑业务的问题，还需要从哲学上、历史上进一步加以思考”。他结合世界百科全书的实例，详细论述了世界上没有一部百科全书不反映一定的观点，表明我们一开始就要“以马克思列宁主义、毛泽东思想以及邓小平关于建设有中国特色的社会主义理论”为指导思想。

3. 全书规模。他设想第二版“要压缩卷数和字数”，“拟出 30 卷，其中有一卷是索引，每卷约 150 万字”，总字数为 4500 万字；“去掉索引和插图，实际总字数在 3300 万（字）左右”。笔者当时给梅老提出：第二版总字数 4500 万字“偏少”，因为“《简明不列颠百科全书》（11 卷）的总字数已为 3100 多万；国外具有代表性的综合性百科全书规模都在 5500 万字以上”，“再者，中国历史久长，中国的知识内容博大，20 世纪 90 年代成果层出不穷，要充分反映这两个重点，篇幅小了似有困难。因此，建议增加一些篇幅”。笔者提出总字数应是 5500 万～ 6000 万字。1994 年 9 月梅老同意先写总篇幅 5500 万字，当年底他同意 6000 万字。所以，1995 年 3 月笔者随新闻出版署杨牧之司长、单基夫社长给国务院办公厅秘书局汇报二版工作，讲到总篇幅为 6000 万字。

4. 全书框架。梅老对此高度重视，在《设想》一文中指出：全书框架“是总体设计的基础”，“对第二版的编纂工作具有非常重要的、直接的意义”；它应对全人类的“科学知识进行百科全书式概括”；把它设计好了，才能“科学地解决学科分类”，“才能把它所要收入的知识纳入它的内部体系中”。他强调：“这是一项高难度的工作”，也是一项“最为繁重”的工作。

然后，他在《再谈》一文中用了 5000 多字的篇幅专题讨论全书框架问题。他再次肯定：“二版的筹备工作首先是制订它的框架，这是总体设计的核心，而学科分类则是框架的基础。”他不但提出了编制框架工作中应注意的 4 条原则，还身先士卒地较为深入地讨论了钱学森分类法、1992 年国标《科学分类与代码》以及《不列颠百科全书》第 15 版框架的优长和缺陷。他鼓励二版部的同志说：“几个月来”的“热烈讨论”“是符合实际的”，“已不是泛论，而是研讨具体方案”。他建议二版部的讨论“要继续下去”，并高标准地要求“经过深入的讨论后……能够拿出一个既能提高二版总体设计的质量，又符合国际科技发展趋势和发扬我国编纂辞书传统的分类方案和框架来”。

5. 全书结构。梅老在《设想》中直截了当地指明：“第一版自然科学所占比重大于社会科学”，第二版“要改变两大部类的比例”。在《再谈》中，则进一步指出：“建议改变一版原定的自然科学占主要地位的内容比例”（据笔者统计：第一版正文 73 卷。自然科学和工程技术即梅老说的自然科学有 37 卷、6 800 万字，占一版总字数的 56%；社会科学和人文科学即梅老说的社会科学有 36 卷、5 900 万字，占一版总字数的 44%），“自然科学与社会科学两大门类所占的篇幅，后者应略多于前者，应该为 4∶6 或 4.5∶5.5”。梅老的这个建议，是符合世界较著名的综合性百科全书以社会科学知识为主的潮流的。

6. 全书重点。梅老提出：“第二版的编写工作要抓两个重点。一是要阐明具有中国特色的社会主义的理论和建设成果；二是要显示 90 年代世界科技的最新成就和发展趋势。这是面向现代化、面向未来、面向世界的具体体现。”

7. 读者对象。无论在《设想》一文中，还是《再谈》一文中，梅老都强调：在读者对象上“综合的百科全书和专业百科全书不同”，第二版“主要是提供基本知识，决不与专业百科混淆”，“也就是非专业的读者为主要对象”，要“防止内容偏高偏深”，“要简明，通俗易懂”。这就是“要把二版办成高等科普读物。这个提法绝不会降低二版的地位和作用”。

8. 充分利用一版。梅老一再强调，“要充分利用一版成果”。他在详细研究一版之后说：“第一版许多学科卷凝聚着我国一批权威专家学者的研究成果，是我国的宝贵财富。其中如《哲学》《语言 · 文字》《中国历史》《军事》和《传统医学》等卷的条目，大部分或一部分可以照样用于第二版，这部分估计可占第二版的 30%；另一部分基本可用，但因资料过时或其他原因须加增改，估计约占 40% 至 50%；第二版新设的条目可能占全书的 20% 至 30%。”他还深刻地指出：“二版要充分利用一版提供的文稿和资料，有的可以照样选用；有的可用，但资料要充分修改；有的只能作为资料；有的则要和其他条目综合使用；有些则要摒弃，这一工作难度相当大，如何处理，亟待研究。”

9. 索引。梅老在《再谈》一文论述二版的编辑方针时，专列“索引”一项，足见他对索引的高度重视。他对索引的论述也验证了这一点。他说：索引“是百科全书的钥匙，是质量的重要因素，是出版社和编者是否热情为读者服务的一种表现”，“没有好的索引，就不是一部合格的百科全书”。他要求我们“一定要保证二版索引做到全面、准确和易检”。

10. 工作进度和出版时间。梅老对这个问题极为重视，把它作为《设想》一文的三大部分之一加以标识和论述。他说：“我们在总结第一版工作时就深感对编写《全书》工作的艰巨性、复杂性和长期性要有足够的认识。”一些领导和编辑曾向他建议，在 1999 年国庆前出版第二版，作为中华人民共和国 50 周年的献礼项目。

他告诉笔者，那样二版会成为一个“急于奔命”的工程，他否决了。所以，他在《设想》中一再强调：“第一版已为第二版提供了许多有利条件，但第二版编辑工作的难度决不比第一版小。”“第二版是一项大任务和硬任务，按照本社目前的情况，要争取在下世纪初来完成这一任务，其困难是可想而知的。”

他精心筹划，“第二版的编辑工作要经历四个阶段”：一是筹备阶段，“两年，即 1994 ～ 1995 年”；二是编写阶段，三是统编成书阶段，两阶段“预定三年”(1996 ～ 1998)，“一半用以编写，一半用于统编”；四是出版印刷阶段，“预计两年，即 1999 ～ 2000 年”。“如因制订总体设计和编辑工作延期，第二版延至 2001 年出版，也是迎接新世纪的一份厚礼”。当时，笔者给梅老建议再后推几年出版，因为 2000 年是一个“坎”，一个标志性年份。二版在 2000 年或 2001 年出版都难以反映中国和世界整个 20 世纪的成就，这样二版的寿命太短，价值太小。梅老采纳了笔者意见，所以在 1995 年 3 月给国务院办公厅秘书局的汇报中说，1996 年后，用 8 ～ 10 年时间完成《中国大百科全书》第二版。梅老在 1995 年发表的《再谈》一文则说：“二版出版时间，最好定在下世纪初。应全面反映我国社会主义现代化建设在本世纪末实现第二步战略目标后所取得的成就，这是标志这一历史阶段的里程碑。如为了争取在 2000 年初出版而提前截稿，把这一重要战略阶段分为两半是不明智的”。

梅老在两文中，还提出“要有雄心壮志，把第二版编成在 21 世纪初出版的、有中国特色的、与我国地位相称的和代表国家学术水平的新一代的中国大百科全书”；要成立“基金会”；要以“我社数据库的开发……为突破点”；“二版要充分利用数据库，实现编辑（工作）的微机化和技术标准化”等富有价值的见解。

梅老以八十高龄之躯，亲手书写的、富有指导价值的两篇文章，全面且深刻地论述了《中国大百科全书》第二版的总体设计、指导思想、全书框架、全书规模、全书目标、全书结构、全书重点、读者对象、索引、工作流程和出版时间等一系列重要问题，并强调了要充分利用一版成果，梅老既为第二版奠定了坚实的思想基础，又身体力行地开创了第二版的良好学风和圆满开局。

三

梅老还主持开创了中国地区百科全书的编纂工作，且是富有中国特色的地区性百科全书体例的创导者和奠基者。

1985 年，姜老主持制订《中国大百科全书出版社长远发展规划》，指出中国大百科全书出版社不但要编纂《中国大百科全书》，以后还要编纂专业百科全书、地区百科全书等，实施中国百科全书系列化。梅老在 1987 年实施中央的压缩一版、延时出版的方针后，以该规划为纲，时刻考虑着我社的进一步发展和壮大，对地区百科全书、专业的百科全书的编纂工作运筹帷幄。他首先运筹的是地区百科全书。诚如 1991 年 5 月和 1992 年 11 月，他在中国第一次地区百科全书座谈会上的讲话和中国地区百科全书编撰研讨会开幕词中所说："1985 年中国大百科全书出版社在拟定长远发展规划时就曾提出，在《中国大百科全书》编辑任务完成过半时，应筹备专业百科全书和地区百科全书的编辑出版工作。""但大百科全书总编委会认为出版社应集中精力尽早编好《中国大百科全书》，因此原计划暂时被搁置。1988 年我们才开始地区百科全书的编写试点工作。首先协助黑龙江省编写了该省的百科全书。1989 年，广东等几个省、市有关单位表示……他们将着手开始编写工作。这样我们就把编写地区百科全书列入'八五计划'和'十年规划'。为了促进这项工作，1991 年 5 月，我们受新闻出版署的委托，邀请黑龙江、广东……有关单位的负责同志，开了个座谈会……胡乔木同志对编写地区百科全书一事也表示同意"，"这样编写地区百科全书的工作被列入日程"。①

1. 破除模糊认识，迎来中国地区百科全书编纂出版的春天。

1980 年 10 月，中国地方史研究会筹备会议上曾提出地方志是地区百科全书的观点，以后该模糊观点风靡方志界、社会各界。梅老在国家新闻出版署和胡乔木的支持下，短短几年中不顾八十高龄之躯，先后亲自主持了全国第一次地区百科全书座谈会（1991 年 5 月 22 ～ 24 日，北京）、第二次地区百科全书座谈会（1995 年 10 月 19 ～ 20 日，北京）和全国地区百科全书编撰研讨会（1992 年 11 月 25 ～ 30 日，广州），详细论述了编纂出版地区百科全书的必要性，指出地区百科

① 梅益:《梅益论百科全书》，中国大百科全书出版社，1996，第 88 页，第 99 页。

全书与地方志、《当代中国》两种著作的不同，廓清它们之间的关系，解决了地区百科全书要不要编的问题，怎么编的问题，打开了局面，迎来中国地区百科全书编纂出版的春天。梅老自1988年6月至1996年初，先后批准了《黑龙江百科全书》《潮汕百科全书》《广东百科全书》《广州百科全书》《广西百科全书》《福州百科全书》《青海百科全书》等11部地区百科全书的编纂立项。

2. 创导制订具有中国特色的地区百科全书体例。

1989年8月初，笔者随林盛然副总编，带着广东省委批准的、由中央政治局委员兼广东省委书记谢非亲自起草的编纂《广东百科全书》的文件向梅老报告。梅老很高兴，然后说，与你商量三件事：一是你要从搞大百科全书转向搞地区百科全书；二是你还要把《广州百科全书》搞起来；三是你要通过搞《广东百科全书》《广州百科全书》，一个是省域百科全书，一个是城市百科全书，搞出一整套富有中国特色的地区百科全书体例。笔者按照梅老的要求，于1990年8月经广州市委批准，启动《广州百科全书》的编纂工作；于1991年3月第一次全国地区百科全书座谈会前，起草了《中国地区百科全书编纂体例》《中国地区百全书编纂工作流程》及其《编制框架的注意事项》《作者的撰稿要求》等一系列体例文件草稿。草稿经多次修改，于1992年5月经梅老批准作为试行稿试行。

《中国地区百科全书编纂体例》在中国或世界地区百科全书编纂体例史上有五个方面的创新：

①正文前刊有立体的分类目录。国外地区百科全书在正文前都设有分类目录，国内1990～1993年出版的地区百科全书正文前也都有分类目录，但都是平面的，不分层次，因而体现不出地方的知识系统。我们的体例则明确规定，正文前要刊有“立体的分层次的分类目录”，要求纵向上有系统性，横向上有可比性，排列上有层次性，体现出地方的知识系统。①

②全书正文由两套系统、两类条目组成。两套系统是指概述文章系统和条目系统。它变国内外一些地区百科全书的一篇长达10多万字或20多万字的概文，成为由一篇3万字上下的总述和若干篇0.6万～2万字富有地方特色的分述组成的概文系统。这既便于读者阅读、检索，又便于作者撰稿，节省撰稿时间。条目系统是指条目由综合性条目和个体性条目两类条目组成。一些国外地区百科全书和国内

① 孙关龙：《地区百科全书编纂学的理论与实践》，学苑出版社，1997，第282－283页。

1993年及以前刊行的地区百科全书，都不注重综合性条目的设置。例如，讲工业只列一个个厂矿企业，没有冶金工业、化学工业、食品工业等综合条。结果是只见树木，不见森林，造成地方知识和情况的重要缺漏。我们的体例则明确规定：正文有两类条目组成，做到既见树木，又见森林。

③分编（或称分支）的设置要突出地方特色。以往的国内外地区百科全书的分编设置几乎是一个模式，即历史、地理、经济、政治、文化、教育、卫生等，有的或加政治分编，或加城建分编（多为城市百科），或加人物编等，基本上都是各地共有的分编。我们的体例规定，还要增加富有地方特色的分编，从宏观上突出地方特色。例如《广东百科全书》增设有“海洋”“粤港澳关系”“华人华侨”等分编，突破了分编设置千人一面的局面。

④设立科技分编和科技成果条目。已有的国内外省、市百科全书或不设科技分编，没有科技研究方面的条目；或只设有科技机构条目。这种做法，既不符合科学技术是第一生产力的要求，又造成地方性知识和情况的重要遗漏。我们的体例则规定，科技编是常设编、必设编，任何省、市百科全书都必须设置；规定科技分编不能只有科技机构条目，同时要设置反映科技成果的条目。而且指出在设置科技成果时要避免出现检索率不高的问题。

⑤在国内地区百科全书体例中首次规定要充分选收民俗方面的条目。民俗方面内容在国外很多百科全书（包括一些地区百科全书）中备受重视，在国内百科全书（包括地区百科全书）中却极不重视。而它既富有地方性，又具有高检索率，大大增加了地区百科全书的可读性、实用性、人民性。我们的体例规定，民俗是地区百科全书记述的重要内容，要充分反映。

笔者在1996年12月底写成的《地区百科全书编纂学的理论与实践》一书的《前言》中，说：“我由衷地感谢总编辑梅老，他要求我从大百科全书的工作转而投身地区百科全书事业，并提出要总结出一整套编纂地区百科全书体例和经验的要求；在8年工作中，还随时给我指点和教育。实际上，本书中不少思想源自梅老。上述体例的创新也是这样，不少来自梅老的指点。”例如，梅老在全国第一次地区百科全书座谈会上讲了三大问题，第二个大问题便是编辑体例。他说：“在决定编辑出版地区百科全书之后，接着必须探讨的另一个问题是编辑条例问题。百科全书是严谨的、系统的、科学的工具书，它涉及的方面广，参加编写的人多，没有严格的、周密的条例作为在编写工作中共同遵守的准绳，就不能保证工作的顺利进行，更不能保证它的质量”，“我们拟出了一个编辑条例草案，提倡大家讨论”。地区百科全书是“一个新的领域，编写工作的难度很大”，这“是一项艰巨、复杂、难度很大的系统工程，对此我们要有足够的思想准备，要重视它并采取必要的措施”。为了使这一工作“能顺利开展，我们在全面铺开以前，集中精力，抓好试点”，先走一步的有《广东百科全书》《广州百科全书》，取得经验，然后“再行推广”。他强调“地区百科全书编辑工作最重要的一条就是充分体现地区性，千万不要一般化”，是否充分体现“这一点是地区百科全书成败的关键”。他指出一部工具书是否具有权威，“取决于它的框架是否完善和条目的质量”，“框架的制订一定要有个反复修改的过程……最后还要请专家评议”；条目的设置“要有重点。有一本地区百科全书把全省几百个村子都列入条目，一个也不漏，上书的人物连副编审都列进去，这样就把重点淹没了”，“地区百科全书不是条目越多越好、越短越好，不要把事物和现象分割得太琐碎”，“请大家考虑，可否提倡综合性条目……这比设立许多小条目，让读者自己费功夫加以综合、串联要好”，要“让读者不仅看见树木，同时还能看到森林”。条目的释文，“应当是严谨的、合乎规范的、层次分明的……文体是简明的，写条目不是做文章，不应随意发挥”，“不要过细的描写，不要说空话，不要渲染，不要有宣传色彩”，要“着重述说事实，不发议论，寓结论于事实之中”，等等。上述列举的梅老对地区百科全书的论述，充分说明梅老不仅是制订富有中国特色的地区百科全书体例的创导者，还是其奠基者。

3. 主持制订中国地区百科全书编辑出版规划。

1990 年 9 月，在梅老主持下，笔者起草完成《中国地区百科全书系列编纂出版规划》（以下简称《规划》），上交国家新闻出版署。1990 年 12 月，由梅老提议，社委会批准正式成立中国地区百科全书指导小组（1992 年 10 月改名为地区百科全书编辑部）。国家新闻出版署极为重视中国地区百科全书的编纂出版工作，把它纳入国家重点出版图书“八五计划”（1991 ～ 1995）、“十年规划”（1991 ～ 2000），并指定由中国大百科全书出版社出版发行。

《规划》规定：《中国地区百科全书》是继《中国大百科全书》之后“中国又一套大型百科全书”。它是“中国百科全书系列化的一个重要组成部分”，“是一套比较详尽地叙述和介绍中国各地历史、地理、经济、政治、文化、民族、风俗、名胜等基本知识和基本资料的大型工具书”。主要包括两大系列：一是省域系列百科全书，包括大陆 30 个省、市、自治区（此时重庆尚未成为直辖市），30 卷；台、港、澳百科全书由他们定夺，愿意加入省域系列的，我们欢迎，不愿加入的则单独出版。二是计划单列市系列（哈尔滨、长春、沈阳、大连、青岛、南京、宁波、厦门、广州、深圳、武汉、重庆、成都、西安），14 卷。计划“用 20 年左右的时间完成”。

虽然由于多种因素使成套的《中国地区百科全书》的出版未能实现，但是，梅老和中国大百科全书出版社开创编纂中国地区百科全书工作，并制订了一套富有中国特色的地区百科全书体例之功，已铭记历史之中。

梅老还批准并指导编纂第一部纯中国内容的百科全书《简明中华百科全书》（3 卷，1994）。该书属于地区百科全书中的国别系列百科全书。梅老于 1992 年 2 月所写的《对编写〈简明中华百科全书〉的几点意见》，共有 9 条，每一条都富有指导价值。

四

梅老还批准或指导一系列专业百科全书和其他综合性百科书籍的编纂工作。

1. 批准或指导编纂一系列专业百科全书。包括《中国烹饪百科全书》《材料科学技术百科全书》《能源百科全书》《中国儒学百科全书》《中国人权百科全书》《中国性科学百科全书》等，它们分别填补了中国这些领域、百科全书或辞书的空白。例如，他于 1994 年 6 月在《中国性科学百科全书》专家座谈会上发表《有关〈中国性科学百科全书〉的几个问题》一文，对该书的重要内容和主要读者对象，如何在介绍性科学知识中保持它的严肃性，在介绍性知识中要不要加以引导，怎么开展性道德教育等重大问题，提出简短而明确的意见，确保了该书的质量和严肃性。他还批准出版中国人文系列百科全书，包括《中国历史百科全书》《宗教百科全书》《民族百科全书》《艺术百科全书》《语言文字百科全书》。

2. 批准或指导编纂的其他综合性百科书籍。有《简明不列颠百科全书》增补本（第 11 卷，1991）、《中国百科全书（简明版）》（12 卷，1996）、《新世纪中学生百科全书》（1 卷，1997）、《不列颠百科全书（国际中文版）》（20 卷，1999）等。这里不能不说梅老对 1991 年启动的《中国百科大辞典》（10 卷，1999）一如既往的支持和指导（此书有别于百科全书，是指跨百科全书与词典两大类的一种新型工具书），乃至 1996 年初他从总编辑岗位上退下来以后依然如此。他“不仅为《中国百科大辞典》确定了编辑方针，而且亲自审改稿件，在关键时刻亲自主持业务研讨会”。该书编辑部同志认为：梅老“是这部百科辞典的奠基人、指导者”。

五

1993 年 9 月 6 日，《人民日报》在头版头条发表《中国大百科全书》（第一版）编纂出版的长篇通讯，文章的编者按指出：“经过学术界、出版界 15 年坚韧不拔的努力，74 卷本、1.2 亿字的巨型知识总汇——《中国大百科全书》面世，为中华民族文化发展史树起一座新的丰碑，也展现了当代中国知识分子的崇高的精神风貌，被人们誉为‘大百科精神’。”

“大百科精神”的倡导者、奠基人，是姜老、梅老。1975 年 4 月 19 日，姜老出狱的那一天，面对来探望和慰问的老朋友、单位领导，一不谈过去多年的委屈，二不问回来工作的职务和待遇，三不说自己身体的各种疾病，关心的第一件事也是唯一的一件事，是问原单位中央编译局是否有力量编纂《中国大百科全书》。以后直到去世（1987 年 12 月 17 日）的 12 年间的 4 625 天中，他为《中国大百科全书》日夜操心、奔走，《中国大百科全书》成了他的生命：他不顾年老衰弱的病躯，去启动、去参加《中国大百科全书》各卷的会议，还时而远赴上海分社、皖南印刷厂等地；他不顾近乎失明的双眼，坚持用放大镜审阅文件和各卷的重点条目，双目失明后还以耳听的方式审阅一些最为重要的稿件。他来到单位，只要有空就下到各编辑部去看望编辑，询问工作情况、有否困难、有哪些问题需要他解决；他允诺解决的问题，从不食言，也从不拖延……他为了抓好《天文学》卷的试点工作，既做组织工作，又直接参加制定框架、分支审稿、条目加工、成书编辑每一过程，为编辑人员解决疑难问题。定稿发排后，他已年近古稀，但仍不顾体弱多病，忍受来回 20 多个小时长途汽车颠簸，从上海到皖南山区的海峰印刷厂。

1986 年初，已过古稀之年的梅老来到我社。大百科原副总编辑，后任《中国百科大辞典》编辑部主任的李钦在《思念梅益老》一文中说，“按常理，他革命一生”，硕果丰厚，早在 20 世纪五六十年代，梅益之名即随中译本《西行漫记》《钢铁是怎样炼成的》响彻中国大江南北。此刻，他“完全有理由要求解甲归田，颐享天年。但他却以老骥伏枥的决心，毅然接受组织的决定，去从事一项全新的工作，其艰难可想而知”，但梅老“泰然处之，勉力工作”。到“1996年离任。在这整整10年中，他没有节、假日，不分白天与夜晚，以七八十岁的高龄之躯，全身心地投入百科事业”[①]。

梅老克己奉公，勤于工作，善于工作。重点稿件他都要亲自审定，工作报告和文章从不要别人代笔，即使到八十高龄依然如此。他于79周岁的1993年，亲手写出高水平的总结第一版的万字长文——《中国学术界的一次检阅——写在〈中国大百科全书〉出齐之时》；于80周岁的1994年、81周岁的1995年，分别亲手写出为《中国大百科全书》第二版奠基的两篇长文《关于〈中国大百科全书〉第二版编辑工作几个重要问题的设想》《再谈〈中国大百科全书〉第二版编辑工作的几个重要问题》。

梅老是老革命，又是正部级国家干部，名满全国。但他“从不给人居高临下的感觉。向他请示工作，犹如与一位博学的人商讨事情”，“每次听取工作汇报后，都要询问大家的身体情况”，叮嘱大家“要注意身体”“要照顾好年纪较大的同志”。他不但多次去医院看望病倒在工作岗位上的单基夫社长，还亲自去生了病的普通编辑家中探望，如到突然发病的文教部编辑周绍昌家中探望，到中风病倒的生物学编辑卢豹家中慰问等。

梅老虚怀若谷，“鼓励属下积极进行探索”、进行创新。他常说：“历史上没有的，只要我们认为是对的，就可以去试试，不能总是踩着别人的脚印走路。”他特别善于听取不同的意见，并乐于吸纳他人的不同见解。他原设想《中国大百科全书》第二版不再设立总编委会，总字数约4500万字，2000年或2001年出版。他在听取不同意见后，同意笔者于1995年9月起草的《中国大百科全书第二版总体设计纲要》中的设想：“《全书》第二版篇幅为32卷……共6000万字”，“《全书》第二版的编纂工作采取总编委会领导下的出版社负责制”，“从1996年起，在8～10年内完成全部编辑出版工作”。

梅老重视质量，自1986年初来社到1996年初离职，“担任10年总编辑工作时天天强调”质量第一；《梅益论百科全书》“所收13篇文章、报告和谈话稿贯穿一

---

① 单基夫：《梅老论百科全书·前言》，载《梅老论百科全书》，中国大百科全书出版社，1996，“前言”。

个中心，即编辑百科全书要‘质量第一’”。他还身体力行，10 年间他讲话、作报告简明、扼要、有的放矢，从不说空话、废话、套话。1996 年初，鉴于梅老“对百科全书有深入的研究”，社委会决定出版他的论文集，责成笔者负责（后加楼遂）。他一再给笔者申明，要“质量第一”，规定该书要做到“三不收”，即“工作报告不收，内容涉及编辑工作少的文章和谈话不收，内容重复的文章和说话不收”。

诚如老编辑周绍昌所言：“任何人只要了解梅老的为人，都一定会被他的精神所感动，从而使自己的心灵得到净化。”

综上而述，梅老不仅不辱使命，出色地“完成了《中国大百科全书》第一版的编辑出版任务”，而且继承和发展了胡乔木、姜椿芳的遗志，亲自启动《中国大百科全书》第二版的编纂工作，并作出奠基性的贡献；亲自启动中国百科全书系列化的工作，开创中国地区百科全书的编纂工作，开拓中国一系列专业百科全书的编纂工作，开拓其他一些综合性百科全书的编纂工作，开创中国百科辞典的编纂工作；还与姜老一起倡导和缔造了“大百科精神”，培育了一大批百科优秀人才。梅老是继姜老、胡乔木之后，中国百科全书事业的又一位开拓者、奠基者。

（2018 年 9 月 25 日）

思念梅益老

李　钦

20 世纪 50 年代的每个青年都会记得伴随着他（她）成长的一部翻译巨著——《钢铁是怎样炼成的》，也都会注意到这部书的译者梅益的名字。《钢铁是怎样炼成的》是梅益在 20 世纪 40 年代初从英译本翻译成中文的。至今，已经没有人知道这部书被再版了多少次，更无人能说出它的印数。我在学习俄语时，曾对照原文仔细阅读过该书，想从中学习一些翻译技巧。结果惊奇地发现，英译本中的一些疏虞之处在中译本中竟然都得到了改正。梅益不熟悉俄文，然而凭借着他对俄罗斯社会和十月革命的深刻了解，居然能够敏锐地察觉到英译本中的不当之处，真正显示出一位翻译大家的才华和水平。我多么渴望与这样一位翻译前辈谋面呀！可是一直到 30 多年后，已过知天命之年，我才有幸见到了梅益老，并在他的直接领导下工作。更有幸的是，根据他的提议，由我负责编辑《中国百科大辞典》，这已是我离休之后的事了。这是我半个世纪编译生涯中的最后一项任务。也唯独在这最后的编辑任务中才使我更深刻地理解了什么是编辑工作和编辑所负的责任。也只有在执行这最后的一项编辑任务中我才感到了编书的乐趣，并从中得到了享受。

在与梅益老共同工作的日子里，时时处处都可以感觉到一位老革命同志的强烈的责任心。

梅益老来中国大百科全书出版社主持工作时已过古稀之年。按常理，他革命一生，此刻完全有理由要求解甲归田，颐享天年，但他却以老骥伏枥的决心，毅然接受了组织的决定，去从事一项全新的工作，其艰难可想而知。困难是来自多方面的：客观的，人为的，方方面面，纷纷扰扰，大家有目共睹，毋庸赘述。但他泰然处之，勉力工作，终于不辱使命，完成了《中国大百科全书》第一版的编辑出版任务。

梅益老指示《中国百科大辞典》的编撰要有新意，不要人云亦云。他常说，历史上没有的，只要我们认为是对的，就可以去试试，不能总是踏着别人的脚印走路。他鼓励属下积极进行探索，支持《中国百科大辞典》的许多创新做法。例如，《中国百科大辞典》收集了许多工具书中少有的内容，在体例方面也不因循守旧，依内容的需要进行了许多改变。他特别欣赏辞典对中国社会主义建设头 17 年历史资料的选录和编辑方法。他还建议扩充有关国际政治生活方面的条目，认为这样可以使广大中国读者更多地了解和熟悉国际事务，为进入国际社会储备必要的知识。

在强调出版社工作必须注重经济效益的同时，梅益从不忽视抓思想工作。

他常说，按劳分配固然是国家的政策，但一个人不能两眼只盯着“钱”看。凡有大成就者从来是不考虑个人得失的，无论是科学家、文学家、政治家都是如此。你们要把《中国百科大辞典》看成毕生的事业，这样才能编出好书，为出版界做出贡献。

梅益老是我们当中年纪最长的，他每次听取工作汇报后，都要询问大家的身体情况，并叮嘱要照顾好年纪较大的同志，其他人也要注意身体。前社长单基夫病倒后，梅益老执意要去看望他，并且说，他的条件不如我（指单的局级待遇），我要去看看他有什么困难。然而，谁都知道他自己时刻受着脊柱弯曲的折磨。

梅益老虽是正部级国家干部，却并不在意到一个级别低的单位去工作，而且平时从不给人居高临下的感觉。向他请示工作，犹如与一位博学的人商讨事情。他工作勤奋，事必躬亲，几乎所有重点书稿都要亲自审订，有些文稿（如“人权”条）甚至不止一次地撰写和修改。他非常重视中国文化部分的条目内容。在审订有关中国历史，尤其是有关中国无产阶级革命历史的条目文稿时，遇有自己不甚了解的地方，必定会向人询问，绝对一丝不苟。他实事求是，勇于负责，对那些与史实不符的说法，研究清楚后力予纠正，毫不含糊。

梅益老虽然领导完成了《中国大百科全书》第一版的编辑出版工作，但他始终为没有来得及做好出版社的组织建设工作而感到内疚。他对大百科的未来有过许多设想。他认为“百科”是千秋万代的事业，要搞好这一事业，必须有两支常备军：一是编辑队伍，二是作者队伍。因此，他时时提醒《中国百科大辞典》编辑部的负责人，一定要注意抓好这两支队伍的建设。他不顾自己年事已高，仍亲自写报告给社科院院长李铁映（梅的组织关系属社科院），建议成立《中国百科大辞典》的总编委会。总编委会成立后，他又立即指示，总编委会要进一步充实，编撰委员会要年轻化，并成立《中国百科大辞典》工作室。

现在，在《中国百科大辞典》总编委会的领导下，已经形成了一支以编撰委员会和研究会为核心的作者队伍。他在临近90岁高龄的时候，还指导《中国百科大辞典》编辑部制订了新的十年工作规划（2002～2012），并计划出版适合中学生需要的《简明中国百科大辞典》。另外，他还考虑要筹建网络版。当然，梅益老最关心的还是《中国大百科全书》。虽然《全书》第一版74卷的编辑出版任务，已于1993年胜利完成，但是他一直为没有能建立起《全书》的作者和编辑两支队伍感到内疚和自责，常念叨说自己只完成了一半任务。他这种高度的责任心和鞠躬尽瘁的精神，感染着我们《中国百科大辞典》编辑部的每一个人。我们虽然也都已年过古稀，屡感身体不支，但在梅益老精神的感召与鼓舞之下，大家无一言退，矢志为《中国百科大辞典》的编辑出版工作添砖加瓦，继续奋斗。

梅益老虽然离我们而去了，但人们永远也不会忘记他对《中国百科大辞典》的编辑出版事业所做出的巨大贡献。以下试步前人韵作《江城子》一首，聊寄哀思：

天涯流落思无穷，既相逢，却匆匆。携手躬耕，和泪断秋风。回首闪烁皆玉粒，千秋业，谁与同？春风送暖故人还。未竟业，来者众。百科园中，猗欤竞芙蓉。京华处处昔日景，吾亦老，寄余生。

（2004年4月）

我知道的阎明复（节选）

李玉林

大百科全书出版社召开15周年社庆纪念会时，曾经在这个出版社初创时期担任过副社长、副总编辑的阎明复应邀参加了这个会议。大约是因为走错了路，阎明复到会场时，会议已经开始了。一个领导人正在主席台上讲话，阎明复悄悄从后面走入会场。这时，有人看到了他，便禁不住鼓起掌来。掌声由弱变强，由点点变成片片，最后全场掌声雷动。许多人还纷纷离开座位和阎明复握手。会议不得不中断了一会儿。

这件事，我是听在大百科工作的一位女同志讲的。讲这件事时，她生动的眼睛里浸满了一种让人感动的真挚感情。她说，大百科初创时期的那些和阎明复一起艰苦创业的同志们，是不会忘记明复的。说大百科的许多精英、骨干都是明复调来的，明复还在晚上爬上摇摇欲坠的小木楼到他们的家里去请他们出山。他们中许多人还戴着“地富反坏右”的帽子，有的刚刚从监狱里出来，还没有落实政策，还顾虑重重、战战兢兢，阎明复就给他们打气、鼓励他们。这些人到出版社后，明复不但在业务上重用他们，在生活上也给了他们许多直接的帮助和关心。她说一天晚上一位德文专家高兴得在一个饭馆喝醉了，钻到桌子底下起不来了。阎明复听说了，跑到酒馆把这位专家背回了家。结果这位专家的家属还误会了阎明复，以为阎明复和他一起喝酒，把他灌醉了。她说阎明复对大百科的业务工作抓得也很好，她清楚地记得，当时明复和她谈起编《哲学》卷的问题，问她与这方面的专家熟悉不熟悉，让她去联系哲学所的专家。她说她非常高兴明复给了这样的任务，当晚就到一位哲学专家的家里拜访了，后来这些专家在编《哲学》卷过程中都发挥了重要作用。她还回忆起，阎明复那时给大家讲编辑流程，给新来的大学生上课的情景。她说她也知道，当时的人事干部对阎明复调那些还没有落实政策的知识分子来大百科工作意见很大，说阎明复那时是顶着很大压力工作的。

阎明复倒没觉得自己有多大压力，因为他觉得自己做的事情一点儿都没有错。那时的人事处长确实对他说过，说大百科调入这么多有严重问题的人，干部路线有问题。阎明复冲那位处长发了脾气，说："戴在他们头上的帽子是莫须有的，他们都是专家，国家难得的人才，只有他们这样的人才能编百科全书……"但提起那位处长，阎明复说他也很理解她当时的处境，说在那种环境下，人事处长有这样的认识也不奇怪，还说他很感激那位处长，因为那位处长尽管对他的干部路线、专家路线有看法，但他布置给她的任务、提出的要求她都完成得很好，不但把一些尚没有落实政策的专家调进来了，办好了各种手续，而且帮助他们解决了一些实际问题。尽管这位处长后来调走了，但阎明复还是记住了她为大百科出版社做的许多有益的工作。

每当提到在大百科的那些日子，阎明复那一双本来有些疲倦有些苍老的眼睛里总会闪出一种好像只有青年人才有的那充满青春活力的光亮。

我曾几次听阎明复讲，他一生的工作经历中，最使自己感到欣慰、最值得记忆，最直接为社会、为人民做了些实事，也是自己和大家一起艰苦奋斗、从无到有、能力最得以发挥的，是在《中国大百科全书》编撰的工作中和在中华慈善总会的工作时期。

提起大百科全书编撰工作，阎明复总要首先提到姜椿芳。他介绍说，姜椿芳同志是我国著名的翻译家、作家和教育家，是 1932 年加入中国共产党的老革命。"文化大革命"开始以后不久，姜椿芳同志便遭到了不明不白的迫害，被关进秦城监狱达 6 年之久。那时，阎明复也被关在秦城监狱。在漫长、冷酷、暗无天日的监禁生活中，姜老面壁苦苦思索：我们美好的祖国，为什么会出现这样没有理智、没有法制、没有道德、没有文化的浩劫？……姜老联想到 18 世纪法国狄德罗等人通过编写和发行百科全书，为法国大革命发挥了启蒙作用的经验，便在监狱中暗自下决心：如果能重新获得自由，一定要倡议并投身于编纂一部集古今中外知识大成的现代百科全书，帮助人们吸收、借鉴世界文化之精华，启迪觉悟、克服愚昧。在被"四人帮"囚禁了 2 407 天后的 1975 年 4 月 19 日，在周恩来等领导同志的关怀下，姜椿芳终于走出监狱。1978 年 1 月 27 日，中国社科院《情况和建议》发表了姜椿芳撰写的《关于编辑出版〈中国大百科全书〉的建议》。这一非凡的“万言书”，很快得到了邓小平、叶剑英、李先念等中央领导的支持，国务院决定成立中国大百科全书出版社，并任命胡乔木为总编辑委员会主任，姜椿芳为社长兼总编辑[①]。姜椿芳以惊人的毅力艰苦创业，制定总体规划，研究分卷原则，选调编辑人员，组织撰稿队伍，进行国内外学术交流，是中国大百科事业当之无愧的奠基人。阎明复那时一直跟随姜椿芳为大百科的事业奉献着。那天，阎明复还回忆起大百科初创时期和姜老一起工作的一些老人，他一下子说出了七八个人的名字，说这些老先生都为大百科做出了卓越的贡献，都是值得大书特书的。

2002 年 7 月间，我曾见过阎明复在大百科时期的一些同事。他们中年纪最大的 77 岁，是徐慰曾，77 岁的他还是中国大百科全书出版社《不列颠百科全书（国际中文版）》主编。最小的只有 40 多岁。他们无论年纪大小，都很自然地称阎明复为明复，没有一个称官衔的。他们中许多人到大百科工作的时候，还都是“牛鬼蛇神”，有的甚至刚刚从监狱出来，刚刚劳改释放。但他们又都是有造诣的专家、学者。他们中许多人都是经阎明复之手“召”来的。或者，由姜老等人介绍，经阎明复安排的。

戴着一副无框眼镜、文质彬彬的梁从诫是梁启超的长孙、梁思成的长子。“文革”期间在外交部工作的他被打成“现行反革命”。阎明复骑着自行车到外交部调他时，他还跟别人说，这个阎明复是不是搞错了。可阎明复却肯定地对他说：“你明天就到我们那里上班。”戴着“现行反革命”帽子的梁从诫到大百科出版社工作以后发挥了很大的作用。大百科第一次接待国外的代表团是英国的“知识之乐”代表团。阎明复和梁从诫一起接待这个代表团。阎明复问梁从诫你可不可以当翻译，梁从诫说我从来没有当过翻译，早安、晚安当然会说，太复杂的就没把握了。阎明复说那我们去借一个，你在一旁帮忙。结果他们从部队那里借来一个翻译，第 26 届世界乒乓球赛时这个同志曾给我们的球队作过翻译。接待开始了，主宾落座以后不久，一进入实质话题，那位翻译就“卡壳”了。接待室里鸦雀无声，翻译的脸也憋得通红。这时的梁从诫已经完全听懂了英国人说了些什么，便急忙救驾。结果整场的翻译工作就全由梁从诫承担了。事后，阎明复冲梁从诫发了火，说：“你这样

① 编者注：1979 年 4 月～1983 年 4 月，姜椿芳任中国大百科全书出版社临时领导小组组长。1983 年 4 月 11 日，中宣部任命姜椿芳为总编辑，常萍为社长。

的水平为什么不早说？让我们丢了这么大的脸！”不过也没什么大关系，让英国人看看我们在机场拎包的人也有如此高的水平。我们中国的大百科人才了得。那以后，梁从诚在大百科就兼任了翻译工作。

我国著名的社会学家邓伟志也是由阎明复调到大百科的。[①]邓伟志从上海刚到北京时连个住处还没有，阎明复为邓伟志安排了住的房间，还即刻批条子让人为他买席子、毯子、枕头。买来以后，管后勤的就走了。阎明复同志亲自为他铺床，并用抹布擦席子。邓伟志很感动，心里想：这样的领导真少见。能批条子的，一般不擦席子；能擦席子的，一般又无权批条子。可是阎明复集二者于一身。

邓伟志回忆说：“当时编辑组集中了社外的几位天文学家和社内的资深编辑，其中有些人有‘文革’遗留问题需要解决，很多政策有待落实。说白了，专家们有点安不下心来。可我们的工作又要求大家日以继夜，夜以继日，搞得他们连个落实政策的时间都没有。当时，也没有什么文娱活动来调节调节，只是在周末看看电影。看了几次美国电影以后，有专家提出能不能看看苏联电影。苏联的片子是看不到的。我怀着‘有枣没枣打一杆’的试探心情，去向阎明复副总编汇报。我说：‘这些专家和老先生工作得很辛苦，咱们伙食很差，他们毫无怨言。他们就想看一看好久没看过的苏联电影，刺激刺激。经济不足，文娱上补，你看行不行？’阎明复听后动了感情，面色深沉地说：‘走，你跟我到中联部跑一趟。’我坐上他的吉普车，到了木樨地。他对中联部的同志说：‘我们不完全是消遣。我们让专家们看了电影以后，发表些看法，整理出来，送给你们。’于是，片子借到了手。片子是原版片，没有翻译，更没有配音。晚上放映时，居然有了同步翻译。这声音怎么这样熟呢？莫非……我扭头一看，果然是阎明复在翻译。我立即向大家说：‘现在为我们担任翻译的是阎明复同志！’”

“中国辞书事业终身成就奖”获得者、著名翻译专家黄鸿森也是经阎明复的大力支持进入大百科出版社工作的。那是1979年，“文革”虽已结束，但组织上还没有给黄鸿森落实政策，还戴着“反革命分子”帽子的他正在北京郊区劳动。他的好友、已经被阎明复调到大百科工作的金常政向阎明复推荐了他，对他情况也很了解的阎明复很高兴地答应了。那时，被整怕了的黄鸿森还顾虑重重，阎明复就鼓励

① 编者注：《天文学》卷的编辑加工工作是1979年8～10月在阎明复借的北京市委党校的房子集中进行的。当时上海分社派邓伟志来京作为《天文学》卷编辑组组长金常政的助手，住在市委党校。

他，让他放心大胆地工作，说他的落实政策问题阎明复一定会帮他解决。黄鸿森进入中国大百科全书出版社后，立即被送上《中国大百科全书》首卷《天文学》的编辑前线，后来又参加了《环境科学》《力学》《矿冶》《交通》《建筑》等学科卷的编纂，为大百科的事业做出了重要贡献。

说起大百科，那些人都有太多的感慨，太多的故事，还有一种难得的令人感动、给人以启迪的精神。我这里记述的绝对只是九牛一毛。

说起在大百科的工作，阎明复总是要说起那些人，说起大百科精神。他说："大百科精神，是一种执着的爱国主义精神，是一种高尚的集体主义精神，是一种主动开拓的创业精神，是一种实事求是的科学精神，是一种无私的奉献精神。大百科人并不是别的什么人，就是把自觉地传播科学文化知识、提高中华民族科学文化水平、实现我国四个现代化视为己任的有心人。几百位百科全书的编辑，几千位大百科总编委会和学科编委会委员，两万多位大百科撰稿人，都是由大百科精神凝聚起来的大百科人。"

（原载《慈善》2009 年第 6 期）

在陈虞老身边的日子里

邓伟志

陈虞孙先生（1903 ～ 1994）是中国大百科全书的奠基人之一。我在中国大百科全书出版社上海分社工作期间，在普通编辑中，我同陈虞老接触是比较多的一个。不太熟悉的人，会认为陈虞老套在我头上的光环很多；熟悉情况的人知道，陈虞老对我的批评最多；我自己晓得，我挨陈虞老的训斥比谁都多。我在陈虞老手下工作时，已进入不惑之年，可在他这位年近八旬的老人眼里，似乎还是孩子。对陈虞老的训斥，我一开始也觉得不舒服，后来想：如果把陈虞老作为杂文老人看待，不论是对他的褒，还是对他的贬，都可以理解了。文笔犀利的人说话带点刺，不是很正常的吗?

“明天把铺盖给我卷来”

“四人帮”被粉碎不久，我先后被借调到北京的《红旗》杂志、《自然辩证法通讯》工作。1978 年秋回上海，我从市委宣传部车文仪部长的谈话中获悉：中央要编大百科，上海要设分社。我考虑再三，这是个好岗位。根据我的政治经验，这类中央在沪单位，搞起运动来火力最小，地方不管，中央鞭长莫及。现在的青年人不晓得，我们经过风浪的读书人怕搞运动啊！我主动向负责清查的夏其言、冯岗提出，我想去大百科。冯岗一听就大笑起来，指着夏其言说：“你找对人了。”夏其言说：“好！我清查结束后，也去大百科。你先去，我后去。”他当着我的面就给陈虞老打电话。陈虞老说：“叫邓伟志马上来开会，手续来不及办就慢点办。”我于 1978 年 11 月底的一个下午，到人民广场大楼大百科筹备处开会。会议由陈虞孙主持。到会的总共六七个人，他居然还要站起来讲话。他微笑着说：“大百科现在是小猫三只四只，今天又增加一只。”然后面对我说：“我介绍一下，这是邓伟志同志……”我连忙站起来。随后，陈虞老讲了总社的情况，讲到先出《天文学》卷时，又指着我说：“你来得正好。听说你上自天文，下至地理，无所不知，无所不晓，不知是真是假？”逗得大家朝着我这个陌生人直笑。陈虞老接着又指着我说：“《天文学》卷交给上海，我看你就死心塌地在这干吧！明天把铺盖给我卷来。”我明白他说的铺盖是转关系。

“民主座谈会”的小插曲

到大百科筹备处没几天，1978 年 12 月 13 日邓小平在中共中央工作会议闭幕式上作了《解放思想，实事求是，团结一致向前看》的讲话。12 月 18 日至 22 日，具有划时代意义的中共十一届三中全会隆重举行。会上批判了“两个凡是”，撤销了中央发出的关于“天安门事件”的错误文件。大百科人听了欣喜若狂。这时，在大百科楼下的人民广场里也出现了要求平反的大字报。市民的呼声与大百科人的思考互相激荡。陈虞老因为在《人民日报》上发了篇倡导独立思考的《还我头来》，在社会上反响很大。陈虞老为了从青年人身上呼吸新鲜空气，青年人也想从老一辈那里吸取精神营养，记不清是中央务虚会之后，还是三中全会之后，陈虞老利用一个星期天的上午，召开了一次民主问题座谈会。我作为陈虞老的随从跟着听会。会上议论风生。一位后来成为党和国家领导成员的年轻人妙语迭出。不料，会上的观点传到了市领导的耳朵里。在今天看思想并不怎么解放的观点，市委领导却认为座谈会的有些观点思想解放过了头。可市领导又不便去批评一位政治经验极端丰富的老人，于是把一位没参加座谈会的大百科分社的二把手汤季宏找到康平路（书记办公处）谈话，婉转地指出座谈会的倾向不对。汤季宏也不好意思把市领导的批评直来直去地传给陈虞老。拖了几天，总社的姜椿芳、倪海曙，分社的陈虞孙、汤季宏等一大帮人坐火车去南京。汤季宏才在火车上向陈虞孙转达了市委书记的批评。陈虞老听了付之以冷笑。倪海曙说：这只能是仅供参考的参考消息。姜老没表态，可是他接着讲了他所熟悉的驻外大使思想活跃的新见解，以及上海市委第一书记同他私下里讲的充满开放意识的出国见闻。看得出，批评者是例行公事，被批评者是姑妄听之。

不要去理睬那老左派

四位老人的交谈给我带来无限喜悦。老年人的思想如此解放，我这40岁的人应该怎样？在他们行动的感染下，我一口气写了十余篇推动思想解放的“小豆腐干”文章。我不喜欢空谈解放思想。空谈千言，不如实例一则。我这几篇文章都有实例。其中《赵一曼、曹聚仁及其它》（载《解放日报》1979年8月2日）一文举了好多例子。我就广西壮族自治区作协主席著文骂曹聚仁为“反动文人”一事，大谈“盖棺”不能“论定”，并且有意夹带出胡风也写过好文章。哪知老编辑发表时把胡风的例子划掉了，似乎不提胡风，不惹事，可以保险了。咳！保险文章并不保险。

这篇“文革”后乃至建国后第一篇替曹聚仁讲话的文章，立即激起上海一位曾批判过曹聚仁的老人的不满。这位老人写了个内参，告了我一状。

有一天，陈虞孙把我叫到他的办公室，正言厉色地质问我：“你在外边给我惹了祸，知道不知道？”

“不知道！”我明白，在那年头，写作是专吃批评饭的差事。什么祸不祸的，“祸兮，福之所倚；福兮，祸之所伏。”再看看陈虞老的脸色，像是戏言又不像戏言，我硬着头皮听下去。

陈虞老看我摸不着头脑，又接着说：“你想为反动文人曹聚仁翻案，是不是？”

“是的！我读了曹聚仁二十几本书。”

“在哪读的？”

“我在《红旗》杂志工作时看的。我感到他并不反动。曹一生可能写过五十余本书。”

陈虞老微微一笑，说：“□□□告你与曹聚仁的夫人邓珂云是亲戚？”

“我与她五百零一年前是一家。不过，我正想向邓珂云这位没有见过面的‘姑姑’借曹聚仁的书，读完五十本以后，再写。”

“好！希望你看完五十本以后，再写。如果看得起我，写好后给我看看，让我学习学习。不要去理睬那老左派的！回去看书吧！”

三十年来，陈虞老那“不要去理睬那老左派”的话语，常在我耳边回响。

冒雪走访大百科作者

大百科作者有两万余人。各卷的分支主编、副主编也有两千人。这些人全是各个学科的带头人，大忙人。大百科有大百科的要求，大百科有大百科的体例。会写大论文的学者，会写长篇小说的作家，未必都会写大百科条目。可是，根据大百科的属性又非要他们写不可。如何把所有学科的带头人集合在大百科的旗帜下，是中国人从未遇到过的难题。再说，学界有不同学说、学派是天经地义的，是学术繁荣的标志。不赞成，甚至反对别的学说、学派也是无可非议的。可是，大百科决不允许只写一家之言，各个学说、学派的观点都要在大百科中得到展示。大百科尊重差异，学者要独树一帜，这就为大百科聚集天下英豪增加了难度。

总社的姜椿芳、阎明复等人，上海分社的陈虞孙等人，富有相容性和忍耐性。他们很能团结人，很会发挥大专家的积极性。他们不知登门拜访过多少大学者。单是我陪着他们拜访的就不下几十位。在编天文卷时，我跟着姜、陈到南京，住在湖南路。不料，夜里下起大雪来，翌日晨积雪半尺多厚，车子很难开。南京的老人已很少出门，可总社的姜老、分社的陈老仍然如约地往南京大学去看戴文赛，顶风冒雨往紫金山天文台的张钰哲家里走。戴文赛、张钰哲深受感动。戴文赛逝世后，《百科知识》发表长文纪念。知识分子看在眼里，记在心里。大百科对故人如此重情义，对在世者还用说吗?

陈虞老一直是上海市文史研究馆的副馆长，最善于同文人打交道。他不喜欢听编辑说社外专家的坏话。即使说得对，他也不赞成多说。有人说社外专家的短处，他偏要强调社外专家长处的那一面。当时，有些社外专家，或者是他们家人的“文革”遗留问题尚未全部解决，多少会影响专家编写百科的情绪。陈虞老知道后，委派我们同有关部门联系，催办。有的专家说:“大百科比他们本单位跑得还快，还勤。”

正因为专家热心于大百科，专心于大百科，两亿字的大百科，十余年完成了第一版。

有了分歧之后

在围绕大百科要不要办《百科知识》杂志的问题上，陈虞孙同姜椿芳曾发生过分歧。姜老主张办，陈虞老不主张办。这纯属工作上的分歧。可是，有人利用姜陈之争，分别到二老面前讨好、献媚，嘀嘀咕咕，说得重一点，就是挑拨离间。他们越说越玄乎，越传越像真的，大家都为之着急、焦急。

就在这时，陈虞老召开大会，暂时在分社的总社工作人员也一起参加。他讲了很多工作上的事情。在讲到改进工作作风、思想作风时，他站起来，说："最近有些人看我们两个老头子有不同意见，认为是出了什么大事，想钻空子。你们知道不知道我们老头子之间是什么关系？就那么容易分手？我们是革命友谊，是几十年提着脑袋换来的友谊。今后谁都不许在人与人的关系上耍小聪明，搞小动作，要把聪明才智用在工作上，用在百科事业上。"陈虞老的这一身正气给我留下了不可磨灭的印象。他当时讲话的表情、姿势，我至今记忆犹新。

大百科有三位地下时期的中共上海市委的文委书记：一位是姜椿芳，一位是陈虞孙，一位是王元化。他们不是扛枪打仗的，未经枪林弹雨，可是，他们是经历过腥风血雨的。地下党之间尤其需要配合、默契。地下党之间的默契比正规部队要求更高。正规部队如果不默契，会有人调解，有时间裁决，地下党不默契，那就可能发生随时被捕，随地遭杀害的大事。

几天后，我随姜、陈去医院看于伶。三个老头回忆地下工作时期的往事，一会儿笑不可支，一会儿热泪盈眶。姜老对于伶说："最近有年轻人看我同虞孙同志工作上有不同意见，以为我与他会决裂，被虞孙同志批了一通。"

接着，陈虞孙便派我在上海协助总社领导成员刘尊棋办《百科知识》创刊号。刘尊棋回北京，陈虞孙又命我继续随刘老到北京史家胡同为《百科知识》帮忙。老一辈就是这样，不赞成就说不赞成，支持就在行动上支持到底，表里时时如一，处处不二。

（原载《世纪》杂志 2008 年 5 期）

我们心中的丰碑

施伟达

我国作为有着五千年文明史的古国，长期以来却没有一部标志自身文化科技发展水平的现代综合性百科全书。这个令所有国人，尤其是文化知识界难堪多年的局面，终于在 1993 年金秋被彻底打破了。就在这一年，历时 15 个春秋，经过全国两万余名专家学者共同精心浇灌的《中国大百科全书》终于破土而出，昂首迈入世界百科全书之林。这是中国近现代文化史上的一个空前壮举。全书共 74 卷,1.26 亿字，覆盖哲学、社会科学、文学艺术、文化教育、自然科学和工程技术等 66 个学科或知识领域。因而它被人们誉为中国文化史上一座巍巍的丰碑。

在这座文化丰碑的建设者中，我们永远不会忘记一个人的名字，他就是中国大百科全书出版社上海分社的主要创始人之一——汤季宏。我们是汤老当年身边的工作人员，他为中国出版事业，尤其是为中国的现代百科事业所作出的奉献，使我们无法忘怀。他那段不寻常的经历，给我们后人留下的一大笔精神财富更是弥足珍贵。

一、高瞻远瞩，超前的改革意识

1978 年春夏之交，正是我国历史上重要的年头。十年浩劫，百废待兴；拨乱反正，朗朗乾坤。一个改革开放的太平盛世，正徐徐拉开历史帷幕。时已花甲之年的汤季宏，如沐春风。他来不及抚平在“文革”中遭受的伤痕，心中总想着，一个老战士还能为革命做些什么，以补回白白浪费的岁月；他心里依然有着浓浓的化不开的文化情结，以老骥伏枥、壮心不已的激情，为我国的出版事业再续辉煌。

中国大百科之“父”——姜椿芳同志早在被羁押秦城监狱时心里就在酝酿这一世纪文化工程。当他走出囹圄，终于可以施展抱负时，首先想到的便是在战争年代相识相知的老战友——远在上海的陈虞孙和汤季宏。

就在这个不寻常的春夏，姜、陈、汤等多位中国大百科事业的重要奠基人，聚首一起，运筹帷幄，启动了中国现代百科全书事业的开创性工作。不久，汤季宏被任命为上海分社临时党组副书记，从一开始就实际担起了中国大百科全书出版社上海分社社长的责任。

汤老长期在出版界担任领导工作，他熟知当时出版社在管理体制上所存在的种种弊端。当他走马上任时，就以一个战略家的远见卓识，决心不走老路，对旧体制进行大刀阔斧的改革。他提出，新建的出版社从起步开始，就不能再躺在国家身上“吃大锅饭”，而是要自己“找米下锅”。他常对我们说，由于“四人帮”破坏，国家目前经济很困难，编百科全书是花钱的事业，我们上海分社不能再给国家添麻烦。于是他大胆构想新建的上海分社实行企业化管理，不吃“皇粮”。他的想法获得了领导班子其他成员的支持，也很快受到上级部门的重视并获批准。若干年后，随着我国经济体制改革的不断深入，全国大多数出版社都逐步走上企业化管理的新路子。而早在1978年那个年代，汤老就有这样超前的改革意识和敢于创新的胆略与勇气，他的高瞻远瞩，着实让人佩服。

以后，为了让企业化管理走上健康发展之路，汤老采取了一系列行之有效的具体措施。首先在机构设置上强调精简，曾尝试党办、行政办和总编办三者有分有合，各有侧重，以减少行政人员的编制，充实第一线，特别是编辑队伍的力量；他还主持制订了“以书养书”的全面规划。他亲自上阵，从“租型造货”入手，针对当时图书市场的需求，印制了一批读者急需、市场效益十分明显的图书，如《新华字典》、四卷本《辞源》和翻译小说《基度山伯爵》等，自力更生为出版社初期的正常启动和运转筹集了一笔资金，打下了一定的经济基础。

初战告捷后，汤老又与总社主要领导一起，筹划创办中国大百科全书出版社副牌——知识出版社，以拓宽出书范围，增加图书品种。那时，图书出版领域刚刚从极“左”思潮的长期桎梏中解脱出来，“书荒”现象十分突出。十一届三中全会以后，思想解放运动也给图书出版业带来了前所未有的机遇。副牌出版社的设置，无疑更有利于我们灵活和便捷地抓住历史机遇。实践证明汤老的眼力，以后设在北京和上海两地的知识出版社，推出了一大批社会效益和经济效益都十分明显的图书，为上海分社的企业化管理提供了经济支持。他老人家经常挂在嘴边的一句话就是："不能老依靠'皇粮'过日子，要学会自己寻食。"

二、三易选址，用心良苦

汤季宏是个创业者，上海分社初创时期，只有一块响亮的牌子，没有一砖一瓦，更没有自己的营盘。最初到任的几位领导商量工作、研究问题都在他家里进行。就是北京总社来人，他家的那间客厅也成了会议室。研究完了工作，让家中的阿姨做几个便菜，吃完饭后，继续工作。有时为了节省开支，一到晚上，拉开简易床，客厅就成了卧室，这样既省钱，又节约时间。那些著名的领导和学者，如姜椿芳、倪海曙等，都享受过这样的待遇。

后来几经努力，分社从上海市委办公厅借到了一批办公用房，那就是位于人民广场的老大楼，作为临时的办公地点。随着队伍的壮大，人民广场老大楼的那几间办公室挤不下了，又通过关系，借到了大沽路上几间破旧不堪的民房，但这都不是长久之计。于是汤老将很大一部分精力花在为新建的上海分社选社址、批土地上，他带领办公室和基建组的一班人，不论寒暑和节假日，东奔西走。那才叫真正的白手起家！

首先选中的是湖南路兴国路地段，那里地处上海市中心地段，交通便利，且闹中取静。周边是一片很上档次的住宅区，环境幽雅，刚巧这里有一片等待改造的老公房，大家都对这块土地很满意，于是汤老就亲自动手打报告、造计划、搞预算。当年要征用一块土地，不知要涉及方方面面多少部门，一道道地闯，一道道地敲图章。为了征下这块土地，他可以说是呕心沥血，把什么劲都使上了。老上级、老战友、老部下，都请来为上海分社选址出力。他身边的工作人员为了抓紧进度，有时忙得连饭也顾不上吃。那块土地属于徐汇区管辖的范围，汤老的夫人长期在徐汇区担任一定的领导工作，他也没有让夫人闲着，不时地给她分配任务，有时晚上也要让她出门帮助疏通各个环节。

费尽九牛二虎之力，出于对我国现代百科事业的扶植和支持，1979 年初，上海市、区有关部门都原则同意了上海分社的选址报告。初战告捷，大家都为此而感到高兴。而此时，精细的汤老却高兴不起来，他花了几个夜晚，又亲自对这块土地上的居民住宅逐一进行了核算，并按照当年的动迁政策，计算出大概的动迁成本。由于这块土地地段太好，涉及的居民户数和人口太多，动迁成本很高，手中的经费难以应付巨额的动迁支出。怎么办？有人向汤老建议，中国大百科全书的出版事业是国家的重点文化工程，从中央领导到上海市委都十分支持，何不充分利用这些有利条件，要求有关部门追加拨款、增加启动资金。汤老却摇头了，他对我们说：国家正百废待兴，到处都需要钱，我们不能再伸手了。从国家的全局利益考虑，他毅然决定放弃原来的选址方案，并将自己的想法说服大家。

于是负责选址工作的几位同志在汤老的直接领导下，从头再来，着手制订第二套方案，目标主要仍然集中在徐汇区范围内。不久便选中了复兴西路武康路地块，那里有一家街道工厂的旧厂房准备搬迁，有好几亩土地，初步估计可以建造一万多平方米建筑面积的业务用房。动迁成本要比第一套方案低不少，基建投资暂定为313万元。徐汇区有关方面给予了大力支持。汤老让基建组的工作人员立即动手，起草报告急送北京总社和国家出版事业管理局。不知又是多少个日日夜夜，汤老的眼睛也熬红了，血压也升高了，好在一切都进行得比较顺利。

正在这时，一个新的现实问题又尖锐地摆到了汤老面前。那时，上海分社的职工队伍正在不断扩大，有些还是正在落实政策的老干部和学有专长的知识分子，其中住房困难亟待解决的不在少数。光靠有关房地产部门解决，不知何时才能排上队。那时已经开始出台单位自筹资金为住房困难职工建房的政策。时刻把别人冷暖放在心上的汤老，此时正在考虑为职工尽快解决住房困难问题。他想，要是出版社建在武康路这样的市区中心地带，再要在周围找土地为职工盖房那是不可能的。出版社的办公用房和职工住房，鱼和熊掌他要两者兼得。只能再次放弃已经浮出水面的“复兴西路武康路方案”。1979年的11月，汤老再次亲自向总社和国家出版事业管理局说明情况，提出调整分社基建计划。分社选址建房最终改在长宁区古北路仙霞路，也就是我们今天东方世纪大厦周围一片楼宇的所在地。这里原来是农田和坟场，面积有近二十亩，加上以后的工厂用地，共征用土地合计近四十亩（已扣除市政建设和其他方面的用地）。在汤老的直接指挥下，几经奔波，东起古北路，西至芙蓉江路之间的一大块土地，终于成了上海分社及海峰印刷厂的立身之地。由于那片土地当时还在沉睡之中，征地相对容易，成本也低很多，分社的基建投资预算仅为297万元，为国家节省了大量资金。随着上海经济开发的迅速发展，正如汤老当年预计的那样，如今东方出版中心所在地，已经成了上海的热门地段，地价不知涨了多少倍。以后东方出版中心赶上了好时机，在房地产业上顺利运作，东方世纪大厦组楼在汤老那一代人打下的基业上拔地而起，真是前人种树，后人乘凉。

正是汤老不厌其烦地三次选址，后来又很快地在出版社附近征用到了建造职工住房的用地，为一大批职工解决了住房问题，当年在上海宣传系统中，上海分社成了令人羡慕的单位之一。为官一任，吃苦在前，心中始终装着群众的冷暖，这正是汤老那一代领导人的高尚品格。

三、一丝不苟的职业精神

汤老长期从事印刷出版工作，是一位资深的出版家。如果从他20世纪30年代末参加新文字研究会和上海新知书店的工作经历算起，他出任上海分社领导工作时，已有整整四十余年的新闻出版工作资历。其间他还当过多年的上海市出版局副局长，主管全上海的印刷出版工作。长期的工作经历，造就了他那兢兢业业、一丝不苟的职业精神，在出版界这是有口皆碑的。

例如，他在上海市出版局副局长的任上，对国家级的重点出版项目都一一亲自过问，严格把关，使上海出版界印出了一批技术要求很高的经典出版物，诸如《上海博物馆藏画》《宝晋斋法帖》《苏加诺总统藏画集》等。尤其是《上海博物馆藏画》一书，汤老从选画到用料，从装帧到印刷，都花费了大量心血，使成品尽善尽美，堪称精品，不仅受到国内高度好评，还获得了1959年莱比锡国际书籍艺术博览会最高奖——金奖，至今被上海印刷界引为骄傲。又如，他曾领导和规划创制了印刷新字体。为了完成这一规划，他曾经多次成立专门机构，调集专家学者与专门人才，制定字体创写、修整的规范要求，亲自策划、参与了字体字形的论证会、研讨会。几度寒暑，几度寂寞。1963年，汤季宏和他的同事们终于创制完成了一副字形隽永秀丽的《辞海》专用新字体。用新字体排印出版的《辞海》，受到了文化各界众口一词的首肯与好评。这一贡献是默默无闻的，却是功德无量的。这一新字体，后为经典著作与各种书报刊广泛采用，受到全国各地的普遍欢迎和推广。

担负起大百科上海分社社长的实际责任后，他的这种老骥伏枥、事必躬亲、一丝不苟的精神，更是发挥得淋漓尽致。

根据当时北京总社和上海分社的具体分工，上海分社除了分担编辑《宗教》《世界地理》《中国地理》《纺织》《农业》等学科卷外，还承担了其中 71 卷的印刷、合成和全部 74 卷的出版、发行工作。在成书过程中，汤老发挥了一个老出版家的关键作用，他凭借自己丰富的出版工作经验，对大百科全书的开本、纸张、材料、封面颜色都有系统精到的见解，并多次召集全国专家进行论证。他富有远见地提出：我们今天编纂大百科全书，定要着眼于走向世界，面向未来。他甚至心细地考虑到这套书的封面材料和全部用纸，一定不能马虎，要考虑到非洲的干燥、东南亚的潮湿、北欧的寒冷，让这套书经得起各种气候条件的考验。因为这套书，既是中国的，也是世界的。

为了达到如此严格的质量要求，他戴上老花眼镜，有时还借助放大镜，对所能搜集到的相关纸张、材料样品，亲自进行仔细检查和研究。他还多次带领有关工作人员，直接深入到纸厂，进行实地考察，以确保全套图书的纸张供应和质量要求。经过无数个日日夜夜，他终于解决了这个问题。

汤老日夜牵挂着中国第一部现代百科全书的印刷质量，他一心想着出版大百科全书，没有专印厂，显然很难保证一流的印制质量。汤老不想临渴掘井，而是未雨绸缪，筹划着要组建一个自己的专印厂，于是他又为建厂的事忙碌奔波起来。他不顾年事已高，亲赴安徽绩溪考察，从上海到绩溪有好几百公里，当年路况也不好，道路不平，尘土飞扬，其中还有一段山路，单程需要七个多小时，年轻人对这段行程都有点望而生畏，汤老却全然不顾路途颠簸，一定要亲自前往。一次又一次，每次都搞得精疲力竭。他克服重重困难，去市政府争取政策支持，终于如愿以偿地将一个三线厂搬回了上海。

汤老视图书质量如生命。凡是稍有不合格的地方，都不惜推倒重来。《中国大百科全书》第一卷《天文学》在试印时，只要墨色有一点点不理想，他都不肯轻易放过，一次又一次地调试，直到满意为止。该书一问世，就得了一个大奖。有一次，《中国百科年鉴》上的一张示意图出了一点毛病，当他知道情况后，立即组织力量，将已开始发运的图书都逐一追回，直到改正为止。他有时以自己独特的职业习惯，连一些细节都不肯轻易放过。如他经常用一根大头针，对准送检的图书页码，上下一刺，如果发现页码没有对准，马上将出版部门的负责人请来，具体指导怎样改进。我们常常说，在汤老面前你马虎不得，更休想偷工减料。上海分社的老职工在汤老的潜移默化、言传身教下，都慢慢地养成了这种一丝不苟的职业精神。

四、人格魅力，永远留在群众心目中

1996年元日刚过，汤季宏迎来了他的八十华诞，这时他已离休在家多年，很少出门。以往他没有为自己做寿的习惯；担任领导工作这么多年，从来没有让单位搞过，哪怕是最简单的生日仪式，甚至大家连他的生日是哪一天都不知道。但是，这一年的1月15日下午，他家的客厅里却空前地热闹起来。

没有人出面精心筹划，也没有以任何组织或单位的名义，一群当年追随汤老为百科全书创业出力的职工，自发地聚集在一起，要为他们心中最尊敬的老领导祝寿。来客中除了少数几位是单位的中层干部，大多是普通的中青年职工。连已经调离上海分社多年的邓伟志也闻讯赶来了。形式十分简单，一曲生日歌，一盒生日蛋糕，一封热情洋溢的贺信，一客厅的欢声笑语，表达的却是发自肺腑、朴实无华的真情实感，捧出的是一颗颗真诚的心。好在这封祝寿信全文不长，抄录如下：

尊敬的汤老：

首先请允许我们二十颗真诚的心，在您老人家八十诞辰到来之际，敬祝您老人家健康长寿！

我们大多是一群受您栽培、在您鞍前马后多年的年轻人。想当初，您在筹建中国大百科全书出版社上海分社的日子里，呕心沥血，运筹帷幄，给我们留下了深刻的印象。我们永远不会忘记您在南京大学一尺厚的雪地里为大百科奔波的情景。我们亲眼看到百科大楼一瓦一砖地垒上去，您老人家的头发一根一根地白起来。上亿字的百科全书印得那么精美。年轻的中国百科事业凝聚着您老人家的心血。您公而忘私、鞠躬尽瘁的敬业精神，更是留给我们后辈无穷的精神财富。

历史的镜头向前推移，您为“毛选”的印刷立下了汗马功劳，您为我国印刷业的现代化作出了不可磨灭的贡献，在上海出版史上有您光辉的业绩。在革命战争的岁月中，您更是出生入死，屡建功勋，留下了许多富有传奇色彩的故事：您曾以自己的大智大勇调动日本侵略者的卡车为新四军运军火，《51 号兵站》中的“小老大”就是以您为原型之一，您的革命风采光照后代。

尊敬的汤老：

今天在喜庆您八十诞辰的日子里，我们又一睹了您的风采。看到您的身体是那么健康，您的思路还像当年那么敏捷，我们都十分高兴，您的健康，是百科人的福音，是出版界的喜讯，是革命老干部的骄傲。

尊敬的汤老：

令尊活到近百岁，想必您一定会后来居上。毛泽东这样说过：“自信人生两百年。”我们衷心祝愿毛泽东的这句名言，在您身上能变成现实。祝福您在邢至康大姐的陪伴下活到两百岁！

信的末尾是 20 位职工的亲笔签名。上海分社的普通“老百姓”，自发地要为离休多年的老领导祝寿，这种现象并不多见。是什么原因激发了这些中青年要为汤老祝寿的热情？当年参加了这次聚会的几位职工如是说：我们是被汤老的人格魅力征服了。

汤老是一位资历很深的革命者，有着传奇色彩的一生。在 20 世纪三四十年代，他因从事抗日和反对国民党蒋介石的独裁统治而坐过日本鬼子的牢狱，蹲过国民党的看守所。出生入死，历经风雨。新中国成立后，他的事迹被编入电影《51 号兵站》，他被誉为为革命出生入死的“小老大”。正是因为他的一颗红心为新中国的解放事业闪出了光彩，在庆祝中国共产党建党 80 周年的日子里，又一部反映上海地下党斗争史实的电视剧《出生入死》，把他的传奇经历变成了活生生的历史教材，激励着无数革命的后来人。但汤老从不居功自傲，为革命鞠躬尽瘁。他是新中国成立后上海第一代文化出版界的领导人，但他从来都把自己看成是一个文化队伍中普通的战士。无论身处顺境或逆境，他始终是坦坦荡荡，保持着一个共产党人应有的情操与信念。

他的淡泊名利是出了名的，记得上海分社筹建时，上级领导从各方面考虑，内定他出任临时党组书记，他却一再推辞。他认为从有利于工作全局出发，由陈虞孙担任正职、他当副手更合适，他的意见最终被上级领导所接受，组成了由陈虞孙为书记、汤季宏为副书记的临时党组。在编辑出版《中国大百科全书》的过程中，他全身心地投入，他的领导才能和出版专业知识被全国出版界所公认，他对《中国大百科全书》的出版，尤其是对全书的装帧设计和印制作出的特殊贡献无人可以替代。曾任我国新闻出版署副署长的王益对汤季宏作过这样的评价："改革开放以后，他在花甲之年，仍尽心竭力，为中国大百科全书的出版做了别人难以胜任的工作，可以毫不夸张地说，如果没有季宏同志，70 多卷的皇皇巨制，是不可能那么顺利而完满地完成的。"但《中国大百科全书》成书面世时，他却坚持不要署名。

他的公正廉洁、两袖清风的高尚品格，也深深地打动了全社职工。在他的直接主持和努力下，上海分社从一开始就把解决职工住房问题放在重要议事日程上。社内职工一批又一批地住进了新房，他却还是住在解放初期国家分配给他的老住房，也从未为子女谋过一平方米房子。在他的言传身教下，基建组的人员不辞辛劳，不计个人得失，用心血为出版社和印刷厂征得了大块土地，而从不沾沾自喜，也不贪天之功，更没有从中谋取个人的私利。在群众中曾广泛流传着汤老的一件往事：汤老在"文化大革命"中，深受"四人帮"的迫害，很长一段时间里只发给他每月 100 元钱的所谓生活费，他都如数交给夫人，养家糊口。粉碎"四人帮"落实政策后，根据他的行政级别（十一级），每月有 200 多元的工资，但是他每月还是按习惯交给家里 100 元钱。开始时他夫人不免产生疑惑，后来一了解，原来汤老每月都从财务室只领取 100 元工资，多余部分都放在行政部门老于手中。那时上海分社初创，人来客往较多，香烟茶叶和小礼品招待也是人之常情，他都让办公室人员从他的工资中开支。分社选址征地时，为了疏通关节，有时给相关人员送几本自己社里出版的书，汤老也从不利用职权从社里白拿，而是用自己的工资去买。所以那时社内职工戏称，汤老手中唯一的特权就是，职工购书有数量限制，他可以不受这种限制。

中国大百科全书出版社上海分社经历了这么多风风雨雨，汤季宏和陈虞孙等创始人早已离我们而远去，但他们留下的业绩，尤其是他们那种解放思想、团结奋进、艰苦奋斗、主动开拓的创业精神，那种廉洁奉公、克勤克俭、身先士卒、无私奉献的人格魅力，以及亲手营造的精神家园，将永远留在我们心中。他们是我们心中永恒的丰碑！

（原载东方出版中心《日出东方》2008 年版）

“这是一件大事”

——记刘尊棋同志和《简明不列颠百科全书》

徐慰曾

尊棋同志（我一直尊称他为刘老，下同）已离世几个月了，每当我想起他时，仍不免满怀悲思，他对我的循循教导、谆谆嘱咐，那亲切的笑容，仍历历在目，难以忘怀。我作为他的助手，一直在他领导下从开始直至完成《简明不列颠百科全书》（下称《简编》）。《简编》的编译出版受到邓小平同志和各级领导的支持，是许多专家、学者、译者、编辑和出版人员几年来共同努力的结果，但如果没有刘老作为该书主编和中美联合编审委员会中方主席，如果没有他的坚定领导，自始至终关注编译和出版工作，《简编》会有更多的曲折，难以在短短几年内问世。

一、中美合作《简编》的由来

《不列颠百科全书》（又译《大英百科全书》）第1版三卷本于1768～1771年在苏格兰爱丁堡问世，200多年来，该书素以权威性和学术性著称。20世纪初，该书从英国转至美国，现不列颠百科全书公司设在芝加哥。《不列颠百科全书》第15版（1980）包括《纲要》一卷、《简编》10卷和《详编》19卷。中文的翻译以《简编》为主。

1977年，不列颠公司即与中国驻美大使馆接触。该公司副总裁兼编委会副主席吉布尼先生参加过接待邓小平同志的访美活动。1979年2月，美方通过美籍华人李榍女士向科委情报所提出中国翻译《不列颠百科全书》的建议。根据胡乔木同志的指示，百科全书出版社负责人姜椿芳、刘尊棋等和李楣进行了联系，后又多次通信商谈，同年8月，中方向美方发出访华邀请。11月，吉布尼、阿姆斯特朗（不列颠公司副总裁）和林达光教授等一行访华。11 月 26 日，邓小平副总理接见了吉布尼等，陈翰伯、姜椿芳、刘尊棋等陪见。邓小平同志就中国的形势与政策发表了重要讲话，在谈到双方合作出版中文版《不列颠百科全书》时，他指出："这是个好事情。这也反映了我们的落后。二十几年还没有搞这些事，现在才开始做。当然要做这件事也不容易，特别是中国自己的部分。外国的部分搬你们的就是了。中国部分可能还有许多议论、争论和一些不同的看法。"邓小平的讲话实际上等于批准这个合作项目。

中美双方合作的方案经过乔木同志同意并经国家出版局批准，1980 年 4 月，双方草签了关于合作出版《不列颠百科全书简编》中文版的协议书。同年 8 月，由姜椿芳、刘尊棋、汤季宏和阎明复等人组成的代表团应邀访美。8 月 12 日，姜椿芳和斯旺森作为双方代表正式签订协议。

对于这部中美合作出版的百科全书，刘老曾经讲过："它在一定程度上帮助填补我国对西方文化知识的空白。30 多年来，由于各种原因，我国对西方的政治、经济、历史、文学、艺术乃至科学技术和语言文字等了解不足，特别是'十年动乱'期间，在极"左"思潮的统治下，西方文化几乎全部被视为禁区。直到 1978 年中共十一届三中全会决定实行对外开放政策，情况才得到改变……谁也不指望用这部典型的西方文化产物来代替马克思主义，而只是将它用作给人们提供西方文化知识的工具。它是'拿来主义'的礼物，你接受它或者批判它有你的自由，但首先你应该认识它。"

二、语重心长、委以重任

1978 年夏，我由山西一劳改农场回京，向原单位外贸部提出申诉，10 月到大百科当临时工，和我谈话的是阎明复。我分到英文组，组长是符家钦，翻译室负责人为张曼真。1979 年 6 月刘老将符调去《百科知识》，英文组交给我管。11 月小平同志接见美方人员后，编译《简编》已成定局。刘老积极筹划，有一次找我谈话，我提出对原书缺乏研究、人员不足、水平不够，一旦签订后，如难以履行，后果严重。刘老说计划小平同志已经批准，我们要千方百计去完成它。从 1980 年开始，在刘老主持下频频开会，研究协议内容、如何组织班子、谁具体主持和如何开展工作等。8 月 8 日由姜椿芳、刘尊棋、阎明复、汤季宏等人组成的代表团应邀赴美，第二天我收到刘老从机场写的一封信，让我抓紧筹建班子，开展工作。在这期间，英文组人员有的知道要上马大工程，坚持要调离。有的人还劝我，这工程难度很大，后果难测，劝我也早日离开。就我个人而言，我觉得根据我的条件，难以承担此项重任。刘老从美国回来后立即开会传达访美情况，研究如何加快工作。9 月份不列颠公司董事会代表团来访，受到邓小平第二次接见。刘老对我说，你的工作很忙，要集中精力抓工作，不要参加这些外事活动，并征求我意见，我表示同意。同年 10 月 27 日，大百科出版社领导小组成员唐守愚告诉我刘老要调去筹建英文报纸，我听后忧心忡忡。11 月 12 日，我随刘老去天津，和天津政协袁东衣同志商量在天津组建翻译班子。在来去的火车上，刘老谈了他一生的坎坷经历，我也讲了自己的历史和对《简编》工作的顾虑。最后他语重心长地对我说："我一生历经挫折，现在回来工作，已经年老体衰。你劳动了二十年，浪费了大好时光。一个人的一生做不了几件事。编译出版《简编》，这是一件大事。我身体不好，不久又要去筹建英文报纸，恐怕看不到《简编》出版，就要去八宝山了。我经过考虑，希望由你来挑这个担子，我会做你的后盾，做你的挡箭牌，全力支持你的工作，你要下决心把它完成。"刘老推心置腹的教诲，令我十分感动，我当即向他表态："士为知己者死。今天我听了你这一番话，我现在向你表态，我决心挑起这个担子，只要我的眼睛不闭上，我要排除万难把这套书弄出来。如果将来风云变化，我会挺身而出，说明你是领导，你把任务交给我了，我应负责任，我准备再去农场劳动五年。"刘老对我的表态表示满意，露出了笑容。

从这次谈话后，为了不辜负刘老所托，实践我自己的诺言，我以全部心力投入了工作。刘老继续为《简编》操劳，解决了一系列别人难以完成的事。他给胡乔木写信，要求帮助解决中国领导人条目的撰写和审定工作，后来胡指示由中央文献室负责，刘老同胡绳共同组织，最后由胡本人定稿。刘老还同明复和我去文献室开会，得到李琦、逄先知等同志的支持。刘老还写信给杨尚昆同志，请求协助解决有关中国军事的条目，杨以军委秘书长身份批示由军事科学院办理，军科院立即行动，奚原、胡兰芝等同志始终热情支持。刘老还带我去拜访了党史室廖盖隆同志，请求撰写党史人物条目；拜访钱伟长和周有光同志，请他们出任联合编审会议中方委员；访问裘克安同志，请他承担一些翻译任务。他介绍我去拜访费孝通、朱光潜、陈翰笙、季羡林、夏鼐、林亨元、郑森禹、冯亦代等专家、学者，请求对《简编》工作予以指导和支持。

三、建议与决策

在《简编》工作的五年多过程中，刘老对我的工作可说是充分信任、完全放手，特别是在他1981年6月正式出任《中国日报》总编辑后更是如此。当然，有关重要的问题我都及时向他汇报，听取他的指示。在绝大多数情况下，我们的意见是一致的，个别问题也发生过争执，他还批评过我。现在就几个问题谈一下刘老是如何领导我们工作的。

任人唯贤 在《简编》任务确定后，首要的任务是用人。当时我们的方针是不拘一格用人才，只要能干、肯干、适合各种工作需要，就可聘用。一直当临时工为《简编》辛勤工作的有张文华、岳诚、王子正、冯达、方思让等人，落实政策后正式调入大百科的符家钦、杜友良、周绍昌、郑伯承等人都成了业务骨干。后来因工作需要，曾招考一批人，刘老当时住在协和医院，我向他汇报了公开招考、择优录取、不理“招呼”的原则，他表示同意。在考试时用密封考卷，考完后请杜友良审卷，择优排出名次，我把卷子带到医院和刘老商量，准备录取三人，后报请社领导调入，除一人因原单位坚持不放外，颜可维、何为两人调入后，为《简编》做了不少工作。刘老有一次问我，他的一位担任领导工作的老友的女儿可否正式调入，我了解情况后告诉他不够调入条件，他说那就算了。1985年《简编》出了1~3卷后，上海铁路中学教师王瑞祥给编辑部来信，热情地指出一些编辑和排印中的错误。1986年《简编》进入紧张的排印阶段，几乎是每个月要出一卷。为了尽可能地提高质量，我几次去上海铁路中学与校方联系，借用王瑞祥同志专门给我们最后的校样挑毛病。这种做法刘老大加赞许。

“第一优先” 在同美方商议的过程中，曾谈到4～5年出中文版，但正式签订的协议没有规定出多少卷、何时出版。刘老和我都同意要自始至终抓紧工作，以最快的速度出书。刘老对我说过，你的事是“第一优先”。我有时将一些重要的稿件请他审阅，都规定了退回的时间；个别的他来不及看完，也会按时退我。他调《中国日报》前曾对我说，你任何时候都可以打电话给我，来报社找我，即使我开会也会出来见你。在一些关键时刻，我请他来给编辑部同志讲讲话，打打气，反复要求注意质量问题，他都会在百忙中到会。对于《简编》的工作，他可以说做到了有求必应，迅速及时。

及时付稿酬 编译中重要一环是要求译者在尽短时期内交稿，当时大百科规定稿酬须在出书后支付。考虑到《简编》的翻译要求质量高、交稿快且出书周期较长，因此我建议交稿后如质量合格，第二月即付全部稿酬的二分之一，余额在三个月内付清。刘老表示支持，认为这是团结译者，加快进度的措施之一。后来这项工作得到财务处长杨继堂同志的大力支持，他见到我签字的稿酬单立即支付，很少拖延，这样就加快了翻译的速度。

不去美国开会 在编译出版过程中，中美双方共开过三次联合编审会议，八次工作会议。根据协议，编审会议每年至少开一次，一般在中国开，也可以在美国开。刘老和我商量后都认为如去美国开会，除编译工作有关事宜外，还要做许多其他准备工作，耗费大量的时间、精力与资金，会影响我们的进度，所以决定在全书出版以前，不去美国开会，所有会议都在中国开，尽可能在北京开。我们还把这个意见告诉美方，得到他们的理解与支持。

节约办事 刘老自己的生活很俭朴，在工作上我们都一致遵循节约办事，节省开支的原则。在刘老调去《中国日报》后，他曾不断地审阅稿件，但从未领取报酬。有一次国家领导人会见不列颠公司的外宾，刘老和我陪同。回到北京饭店时已近午后一时，我对他说我们省些钱去工作人员食堂吃饭吧！他欣然同意，结果因去得晚了，只有剩下的炒洋白菜，每人要一盘洋白菜和一碗米饭。他还笑着说："我们刚才还是中南海座上客，现在是洋白菜加凉饭。"由于刘老身体力行的影响，我们编辑部全体人员都一直保持着勤奋工作、力求节约的传统，在五年多工作中从来没有请过客。出外办事、送稿和取稿都坐公共汽车或骑自行车，《简编》的所有开支我们都详细记载，最后结算时，分社付给的稿费和编辑费除去开支还略有盈余。美方资助的十几万美元我们未曾动用。

四、一场风波

《简编》上马之时，大百科也正在编辑，两个任务碰在一起，在人员、排印等方面都发生了矛盾。《简编》作为翻译美国人的书，在政治观点、意识形态方面都会涉及一些问题，冒一些风险，所以对于《简编》有不同的看法，也是可以理解的。

1983 年 2 月 9 日，社领导召开会议，讨论《简编》工作，刘老也赶来开会，编辑领导小组有四人参加。会上我们四人都发了言，我作为组长，提出虽然面临许多困难，存在很多问题，但如果领导大力支持，增加人员，任务是可以完成的。会上传达了上海分社党组的书面意见，“应该与美方重开谈判，修改协议；《简编》应原文照译，内部发行；《简编》像一根刺，难以咽下去；弄不好戴上卖国的帽子”。传达中还说有人指出《简编》譬如大百科身上的瘤子，不割去会影响整个机体。这个意见一讲，会场一片沉默。刘老接着发言，他说翻译《简编》是中央同意的，这是填补西方文化的空白，适应开放的需要。卖国的提法不对，双方观点不一致的条目可以取消，不同意修改协议。这根刺吞不下去应早日吐出来。如果大百科不愿意承担这个任务，可以通知对方取消协议，赔偿损失。我相信中国还会有其他出版社接受这个任务。他在发言中有些激动，还提到这是对中央的态度问题。最后姜椿芳同志发言，提出协议已经签订，不应取消，《简编》工作要继续进行下去，有问题再商量解决。第二天一早，刘老就给我打电话，说为了昨天的会议，他一晚上都没有睡好觉，他批评我不应把希望寄托于调人，要自己想办法解决。他问我开会后信心如何，我说完全有信心，我会克服一切困难干下去。在刘老的催促下，社领导于 3 月 7 日召开《简编》全体人员会议，姜椿芳同志在会上宣布成立《简编》编辑部，由刘尊棋兼主任、阎明复兼副主任，徐慰曾任副主任。明复当时任社副总编辑，对《简编》工作一直关心支持。会后刘老又对我说：“我委托你负责，重要的事情可以找我，其他事情你自己积极地去干吧！不要存依赖思想。”

五、原则与灵活

中美两国政治制度不同，中国与西方的历史与价值观也存在很大差异，特别自 1840 年以来，西方各强国侵略中国，中国受尽屈辱。百科全书的条目涉及社会科学和自然科学的各个领域，《简编》中有不少条目反映出西方的立场、观点，有些同我们存在着歧见，少数还是根本对立的，特别是一些涉及中美以及中国和其他国家有关的人物与事件。协议规定：《简编》中文版所有条目都要符合中国大百科全书出版社和不列颠百科全书公司都能接受的质量和客观性标准，双方同意建立一个联合编审委员会来审查将收入该《简编》的各项编辑资料。联合编审委员会将按照协商一致的原则行事。因此，对某一条文发生重大分歧时，须以两位联合主席都能接受的方式来解决。否则，该条文不得刊用。

邓小平同志于 1979 年及 1980 年两次接见美方一行时，有关该书的谈话成为我们工作的指示方针，他曾经对美方人员说过："外国的部分搬你们的就是了。……将来中国的部分自己来写。""我们中国的科学工作者把你们的百科全书翻译过来，从中得到教益，这是很好的一件事情。这项工作同四个现代化有关嘛！"

在实践中，我们的原则是尊重事实，实事求是，重大问题要坚持原则，次要问题可灵活处理。对于这些问题，刘老和中方委员及编辑部成员多次探讨，达成了共识，后来与美方商讨，也取得了一致意见，但为了郑重起见，我们还把它写入了《简编》前言，特别说明了"对原文只译不改"，"个别有较大争议的条目已经双方协商删改"，"凡文、图、表中涉及疆界、政治、领土等问题均按照原书的观点，不代表中国大百科全书出版社"。

审查条目的内容通过两种方式进行：第一是美方根据每卷条目清单选定部分条目，由我方将译稿或撰写稿航寄给他们；第二是通过联合编审会议与工作会议讨论。编审会议共召开三次，刘老都参加了，工作会议刘老除因病外，多数都到会。为便于工作、提高效率，会议文件、发言均用英语。我为编审会议起草的工作报告及其他文件刘老都仔细审阅，认真修改。第二次编审会议在哈尔滨召开时，讨论了"朝鲜战争"一条，双方对战争的起因各抒己见，争议较大，会开了一天多，最后双方达成一致的修改意见。在"天津教案""戈登（Charles George Gordon）"两条中，刘老提出前者中国民众是受害者，后者是屠杀太平军的刽子手（西方称他为英雄），必须进行修改。根据双方协议，为了使中文版篇幅不致过大，我们对不同类型的条目规定了删节的比例。美方在审阅译稿中经常提出有些删节不当，个别表达不确切等问题，我们尽可能作了更改。在每次开会时，双方经常会出现不同意见，但本着求实、客观和协商的精神，绝大多数问题都得到了解决。刘老到会时与美方吉布尼共同主持会议，会后还要查阅资料，和钱伟长、周有光等同志商量，花费了大量心血。在编辑部内部，为了尽一切努力提高稿件质量，我们多次开会，散发文件，刘老都亲自到会发言，批改文件。

六、热情关怀

我和刘老于1979年在大百科相识，后来就在他领导下从事《简编》工作，直到该书出版。刘老年长我15岁，他既是我的师长和领导，又亲近如朋友。除了工作外，我们无话不谈，毫无顾虑，短短的几年中我还体会到他对我个人和其他同志的热情关怀。

记得1980年11月刘老和我那次在火车上深谈后不久，他对我说，你的爱人高京生真不错，等了你20多年，你回来时还有个家，不像我回来时连个家也没有；我要专门去看看你爱人。我对他说："刘老，你身体不太好，我和我爱人谢谢你，你不必去了。"但不久他还是来了，爬了四层楼梯到了我家，握着我爱人的手说："茫茫人海，难觅知音，你等待了20年真不容易啊！"他还说了不少称赞安慰的话，使我们深受感动。

1982年3月，刘老和我陪同外宾到杭州，一天早晨我陪他在西湖边散步，边走边谈心，他问我有没有写入党申请。我说50年代初曾经申请过，这次恢复工作后没有再写。他劝导我说入党是为了事业，不是为了升官发财，你现在担负重要的任务，你要争取入党，我愿意作你的介绍人。我觉得他讲的话有道理，回到北京后就写了入党申请。1984年11月，我的申请被批准。12月初刘老和我同美方开会后陪送他们到上海，有一天晚上在梅龙镇晚宴送别外宾，刘老平时很少举杯祝酒，但这一次席间他突然提议说："让我们为徐慰曾入党干杯！"同座的上海分社的同志问我，今晚刘老怎么啦？我说大约他高兴吧！

…………

除了我以外，刘老对于参加《简编》工作的其他人也是关怀备至。1979年，张文华同志的关系仍在山西煤矿，刘老认为他是有用之才，让大百科两次去函联系借调；在房屋紧张的情况下，专门拨出一间作为他的办公室兼卧室，并决定每月发给他生活费200元。1984年5月22日，符家钦同志在首都医院动手术，医院来电话说术后出现危险，恰巧刘老正在和我商量工作，听到消息后他和我立即坐车到首都医院。我们在医院等了几个小时，他忧心如焚，一言不发，直到病人恢复知觉，他才离开。对于没有落实政策的同志，他也嘱咐我要关心帮助他们；对于年轻同志，他提出既要督促工作，又要注意培养。刘老当时正担负着《中国日报》总编辑的繁重工作，他自己已是白发苍苍、年老体衰，走到我们三楼办公室时已气喘吁吁，有时还要在二楼休息一下，我真不忍心他亲自跑来指导工作，经过我一再坚持，他来大百科的次数才逐渐减少，平时一般由我通过电话向他汇报，或去中国日报社，或去他家中谈工作。

七、贯彻始终

刘老由于长期以来在精神上和物质上受到折磨，1979 年我第一次见到他时，已有病在身，不断气喘，特别是到冬天，病情加剧。但他在回到北京后承担的主编《简编》和创办《中国日报》都是开创性的重要工作，需要他投入全部心力。

1984 年 12 月初我们举行了第 5 次工作会议，会后根据外宾要求，刘老夫妇和我陪他们去昆明两天。晚上我向他汇报工作，听取他的意见，发现他气喘加剧，久久不能平静。我当时为他的健康担心，建议我们回上海送别外宾后，住一天立即返京，他表示同意。我立即电请上海订机票。但到了上海后第二天晚上他的心脏病发作，我立即叫来救护车，后来何昕同志给他喝了几口糖水，恢复了神智。他坚持不去医院，说自己明白，是疲劳和风寒所致，休息几天就可以了，他还劝我按原计划于第二天回京，抓紧工作等。第二天我看他情况较稳，在拜托分社领导同志后，就飞返北京。23 日上海来电话说刘老病危，姜椿芳同志让我立即去上海。当晚我赶到上海华东医院，当时刘老病床旁放着两部机器，正在抢救，他双目微合。他夫人让我别和他说话。我心情沉重，怕他一旦离去，所以乘病房中片刻无人的机会，我凑在他耳边低声说："刘老，《简编》的样书已于 19 日由胡耀邦同志作为礼品送给来访的英国首相撒切尔夫人，你不要担心工作，安心养病吧！"他听后很激动，脸色一下子转红，还睁开了眼睛（后来他病愈返京，我问起他这件事，他说不记得了）。因工作繁重我只住了几天，乘他神志清楚时，我对他说："刘老，你安心养病吧！我们会尽一切力量，按计划在 1985 年 9 月出《简编》前三卷。"我又劝慰他说："刘老，你现在主要是安心养病，明年你的任务是 9 月份人民大会堂举行发行仪式时好好地坐在主席台上。"

刘老在上海病了几个月，身体稍恢复后就回北京家中继续养病。由于因病，第 6、第 7 次工作会议他均未参加，但我经常去他家汇报工作，听取指示。到 1985 年

9月，他已基本恢复健康。9月10日上午，刘老和朱穆之、边春光、姜椿芳等同志陪同美方吉布尼、菲格（不列颠公司执行副总裁）、金斯伯（联合编审会议美方委员）、王昌庆（新加坡发行经理）、何得乐等受到邓小平同志的接见。会见前，领导指定我向小平同志简要汇报《简编》编辑出版经过，当他听到前3卷已经出版，全书10卷将于1986年9月出齐时，他高兴地说："你们搞得很快嘛！"当日下午，刘老出席了在人民大会堂举行的《简编》1～3卷发行招待会，出席的有胡乔木、胡绳等领导同志，外宾、专家、学者及中外记者200余人，胡乔木、姜椿芳、常萍同志都讲了话。刘老和乔木同志及吉布尼等亲切交谈，十分高兴。

《简编》1~3卷的出版及受到邓小平同志的第三次接见，出版后又立即畅销，使大百科和不列颠两家合作单位都受到鼓舞，也激励了编辑、排版、校对、印制人员，使大家更加努力去完成全部出版任务。姜椿芳同志为此还指示在排印工作安排上要给《简编》让路。为了加紧工作，便于配合，我们逐步将编辑人员调往上海，将重点转移到排印工作。春节期间，也都没有回京。4月份，不列颠公司总裁诺顿和吉布尼等来访，和刘老、钱伟长、周有光、常萍同志等一起召开了第8次工作会议，讨论了编辑、出版、发行、财务等工作。刘老当时仍在养病，为了工作他又于4月19日来到上海，亲自了解各个环节情况，审定上书名单。他在4月28日召开的会议上说："从工作安排看，进行正常，我放心了一大半。党的十一届三中全会、党的政策和中美关系的发展，才有可能编译出版《简编》这套书。……中国大百科全书出版社总、分社重视，在印刷方面让路，才有可能不到6年完成这套书。头3卷的出版已得到了社会上的好评。徐慰曾几年来一贯任劳任怨工作，现在亲自带队在沪日夜奋战。工作不是一帆风顺的。1983年有很大阻力，有人建议修改合同，几乎翻船。'鱼刺吞不下，丧权辱国'，有一个时期四面楚歌。我去年病一年，几乎死掉，回京后不能出门，多亏徐偏劳。他有时对工作抓得太紧，绰号是'老猫'，但不抓紧不行，有时难免不客气、不周到，请大家理解。卢红在上海时间最长，一个女孩子不容易。杜友良、张文华、岳诚、郑伯承等也一直盯着干。王子正家务重，还没有平反，一直努力工作。葛文遥来接图片工作就靠他完成了。我向大家表示慰问和感谢。"

刘老还到生产、排版、校对、印刷、发行等部门看望了大家，对他们一一致谢。经过大家努力，全书10卷终于在1986年8月出齐。

1986 年 9 月，不列颠公司董事长格温和吉布尼来访，祝贺《简编》全套出齐。10 日上午胡耀邦同志接见美方一行，刘老参加陪同。

刘老对《简编》的工作贯彻始终，虽然身体欠佳，仍于 9 月底参加了应邀赴美的中国大百科全书出版社的代表团，到芝加哥、华盛顿等地活动，会见了美国国务卿舒尔茨，出席了美国国会图书馆关于百科全书的报告会，圆满完成了任务。

八、各方面的反应

1980 年 8 月中国大百科出版社代表团访美，和美国不列颠百科全书公司就合作出版中文版《简编》正式签订协议，当时美国有些报纸曾作了报道。美国女记者盖耶（George Anne Geyer）在《洛杉矶时报》发表文章指出:“中国编辑们的来访——加上同样重要的承认版权法的突破性的协议——在美国的新闻媒介中只是轻描淡写地作了报道。相反地，这是一件有重要意义的事，我感到奇怪的是人们没有认识到它的重要性。……值得重视的是早在 15 世纪初，中国人就出版了一套百科全书式的大典，而《不列颠百科全书》直到 1768 年才在苏格兰出版。我们亲眼看到各个国家间各种文明和文化互相交流产生的力量。虽然我们深切了解‘知识就是力量’，但我们仍然盼望这种真正的开创性工作，它虽然在直接的权力世界之外，却在对文化影响与思想形成的最终有决定性的世界之中。令人高兴的是它在双方间架设了一座新的桥梁。”当 1986 年 9 月我们访美时，这位女记者又出席了华盛顿的招待会，她同刘老亲切交谈，祝贺《简编》终于出版。

吉布尼先生在他于 1992 年出版的新著《太平洋世纪》（*Pacific Century*）中曾写道:“我们从刘老身上看到非常引人注目的两件事。第一是他对工作的惊人热情和信心。在这方面，他是许多受过西方教育和受过专业训练的老一代人的典型，他们在平反后要去实现邓小平的现代化计划。我从来没有看见过这样一个专心致志的集体。刘的第二个品质是他虽经多年的迫害，但他的正直观和理智性一如既往。他是一个彻底的共产党人。甚至当他谈到死亡时，他还笑着说‘去见马克思’。”

九、安息吧，刘老！

刘老是伟大的爱国者和赤诚的共产党员；他为人正直，品德高尚；他学识渊博，才思敏捷；他胸襟宽广，知人善任，关心群众疾苦。我有幸在他的直接领导下工作了六年，虽然遇到了许多挫折和困难，但由于他的信任与支持，心情始终是愉快的。《简编》工作结束时，他已从《中国日报》离休，我仍每隔两三个月去看望他一次，向他报告《简编》的发行、读者的反应以及《简编》台湾版的情况等。1990 年后，他已行动困难，不爱说话，何昕同志让我多去看看他，和他聊聊，我就多去一些次数。1993 年初他住进医院后，逐渐失去反应，我虽然每次看他后就心中难受，但每隔两个月就想再去看他。最后一次是 8 月底陪同美方何得乐去，看着护士在他喉部插入吸痰管，他因难受而颤动的样子，我不禁流泪。想着他一生中受苦受难，现在还经历着最后的痛苦，他的一生是多么艰难啊；又想到他曾说过一个人一生做不了几件事，但他虽历经磨难，还是几度辉煌，特别是在垂暮多病之年，仍奋力领导完成《简编》的编译出版和创建了《中国日报》，应该说他已圆满完成了他的心愿。在追悼刘老的活动结束后，王福时和我随同家属与《中国日报》的同志一起将刘老的遗体送去火化，下午又一起将他的骨灰盒安放到第一存放室。在安放前的最后告别式上，我含泪祷念："刘老，您安息吧！您生的伟大，业绩辉煌，我们永远怀念您！"

（1994 年 1 月 15 日，原载《不朽的忠诚——刘尊棋纪念文集》，中国大百科全书出版社，1994 年。囿于篇幅，收入本书时有所删节。）

常萍社长百科纪事

吴江江

1983 年 4 月，中宣部报经中央批准，任命姜椿芳为中国大百科全书出版社总编辑，常萍为社长。1983 年 10 月，经中国大百科全书出版社党员大会选举，文化部出版局机关党委批复，由党委书记姜椿芳，副书记常萍、翟富中、阎明复等 7 人组成党委常委会，形成了“党委常委领导下的总编、社长分工负责制”的组织领导体制。姜椿芳和常萍这两位解放上海时军管会的战友为百科事业又走到了一起。

自 1978 年 11 月中央批准成立中国大百科全书出版社，在中国大百科全书总编委会领导下，总编辑姜椿芳具体负责百科全书各学科卷的立项、编撰、出版和出版社的筹建工作。至 1983 年，全国近 2 万名专家、学者参与书籍的编撰工作。大百科全书出版社和上海分社在边筹建、边组稿、边编辑、边校对、边印刷的试运行工作中，《天文卷》《外国文学》《体育》卷已经印制出版，每年有 10 多个学科卷发稿。与此同时，北京、上海的编辑业务楼、印刷厂以及职工宿舍等项目逐一开工。百科事业呈现良好的发展态势。在快速发展的过程中，加强出版社的组织领导和队伍建设，解决财力、物力和基建工程遇到的困难和问题，规范出版社管理和编辑出版业务流程成为当务之急。在此情况下，将文化部出版局副局长常萍调至大百科全书出版社任社长，体现了中宣部、文化部领导对“百科”工作的高度重视。

常萍社长到任后，全力支持姜老主持开拓百科全书的编辑业务工作。他深入实际调查研究，通过社务会形式解决编辑出版、职能部门提出的困难和问题，建立和完善了多项管理制度。常萍社长曾于 1965 年担任文化部办公厅副主任，熟悉文化部各主管部门的工作职责。他亲自协调争取文化部出版局计划财务、物资基建等职能部门对百科全书编辑经费、基建投资、物资材料供应等方面的支持。在宋木文、刘杲、卢玉忆等同志的领导下，大百科全书出版社组织人事安排和出版业务经费、基建投资项目被列入优先解决事项，得到了很好的落实。位于北京阜成门的百科编辑业务楼是 20 世纪 80 年代中央在京出版单位唯一被批准开工的重点项目。当时，在国家财政还很困难的情况下，文化部出版局以及后来成立的新闻出版署把每年的基建预算中的大部分资金用于保证百科编辑业务楼建设。位于外馆东街甲 1 号和阜成门的两处职工宿舍楼都是在常萍社长争取下，新闻出版署分配给大百科全书出版社的。

1983 年，大百科全书出版社总、分社领导班子正式任命，部分出版社筹建领导小组的同志因年事已高，未能进入领导班子。上海分社陈虞孙、汤季宏、刘火子是抗战时期参加革命，从事新闻出版工作的资深出版家，在筹建期间发挥了重要作用。常萍社长解放后长期在上海市委宣传、文化、教育部门担任干部处长，与上海分社这几位老领导相识多年。他到这些老同志家中与他们谈心，感谢他们对百科事业作出贡献。曾任上海市出版局副局长的汤季宏在筹建上海分社的过程中，为征地、基建、接收海峰印刷厂等付出大量心血，不能继续为百科工作，思想上一时难以接受。我随常萍社长到上海汤季宏家看望，他对汤季宏说："你汤季宏对大百科的贡献，特别是分社建设，说居功至伟也不过分。'小老大'（汤季宏曾是国产影片《51 号兵站》中主角小老大的原型）过去提着脑袋跟日本鬼子干，是英雄好汉。今天这事儿你能过去。"这些退居二线的老领导们怀着对百科事业的赤诚之心，一如既往地支持百科全书的出版工作。

那个时期，姜老经常外出，到各有关部委争取对学科卷立项支持，参加各学科卷会议，指导在编学科卷工作。常萍社长组织社内各职能部门全力支持、配合一线编辑业务工作。姜老每次进入办公室前都会到常萍社长办公室坐坐，及时交流沟通情况，凡重要事项都是事先交换意见，然后上会讨论决定。在他俩的领导和带动下，社领导班子成员分工明确、团结协作。全社 300 多位员工挤在外馆东街甲 1 号不到 2000 平方米的三层办公楼里，冬天暖气不热，夏天没有空调，七八个人一间办公室，楼道里放满了文件柜和书稿柜。尽管办公条件较差，同志们为加快进度，高质量完成第一版中国大百科全书出版任务紧张而有序地工作着。1984 年 9 月 21 日，在北京民族文化宫召开的出版社建社 6 周年纪念会上，姜老总结了建社以来边筹备、边出书的创业历程，要求全社同志继续努力，以每年出版 10 ～ 15 卷的速度完成中央交给我们的出版任务。常萍社长号召全社同志按照姜老的工作部署，发扬光荣传统，为迎接即将到来的发稿高峰而勤奋工作。

常萍社长到上海分社，深入生产一线了解排字、排版、校对、印刷、装订各个生产环节的情况，听取意见，现场办公，解决问题。他支持分社在排字、校对等岗位实行“计件工资”，建立激励机制，提出总社对分社印制百科全书的奖励办法，研究确定引进印刷设备方案。常萍社长在任期间，在当时印刷设备还很落后的条件下，印制了 20 卷符合质量要求的百科全书。同时，培养了一批技术骨干，建立了一条达到国际质量标准的百科全书印装生产线。《不列颠百科全书》印制用纸国内奇缺，常萍社长到中国印刷物资公司商定对百科全书出版社实行“特殊用纸专供”。为了达到美国合作方提出的质量标准，他请中国印刷技术研究所的印刷质量检测专家对 1980 年 8 月邓小平同志转送我社的新版《不列颠百科全书》进行技术检测分析，根据印刷工艺和技术参数要求制定了印装质量标准，最终《简明不列颠百科全书》（中文版）印装质量得到美方认可。1985 年 9 月，姜椿芳将《简明不列颠百科全书》（中文版）送给了邓小平同志。

我从部队转业，在中建一局三公司党委宣传部工作。后到百科社任党委办公室副主任，负责会议记录，整理“会议纪要”，编写“简报”。有一次，常萍社长手拿一份我报批的“简报”来找我，对我说：“‘文革’结束了，‘文风’还在，就连报纸上也还有不少‘四、六句’和‘假、大、空’，‘文革’中受迫害的老知识分子、老干部可不接受这些东西。”他的话对我触动很大。那时候会议比较多，社领导经常加班加点，会后我们还要留下来整理记录。有几次常萍社长回家后，让司机把他夫人焦英做好的饭菜送到我们办公室。

常萍社长性情随和，为人友善，善于和知识分子交朋友，重视对中青年干部的培养与使用。社里很多同志都愿意找他谈心、汇报思想。副总编辑金常政在过去的政治运动中受到过错误处理，当他表示入党意愿时，得到了常萍社长的支持，他敦促党委办公室尽快推进组织程序。在常萍社长的鼓励下，郜宗远、马五一向组织递交了入党申请书。新分配进社的大学生吴尚之被常萍社长认作“好苗子”，可以重点培养，便送他去参加讲师团，到基层锻炼，并告诉他：你回来后就不是“三门（家门、校门、单位门）干部”啦。社科部的领导认为龚莉在《经济学》卷的编辑工作中认真负责，又快又好地完成了任务，建议提拔她为责任编辑，同时向社领导提出希望她不要继续担任社团支部书记，以免影响编辑工作。常萍社长说：“我们不但要出好书、快出书，而且要出人才，出又红又专的人才。要给干部压担子，书要出好，团的工作也要搞好。”在他的提议下，龚莉被提拔到编辑部副主任的岗位上。刘晓东调社工作，常萍社长和他谈话后，认为他适合人事处工作并鼓励他学习有关干部管理的专业知识。

1985 年，根据中央的部署，全国开展“整党”工作，主要任务是清理“文革”期间的“人和事”，党员重新登记。大百科全书出版社是新成立的单位，短时间内调进 300 多人。这些同志来自四面八方，情况较为复杂，有些“人和事”涉及重要部门和重要领导人。在社党委常委会的领导下，出版社在“整党”工作中严格按照中央指示要求，把握政策，具体到一些人和事，坚持讲原则重事实，作结论言辞谨慎。常萍社长强调：“整党”不是整人。对“文革”中犯有一般言行错误的同志进行批评教育。他找有关同志谈话，让他们放下包袱，积极投入到百科工作中。有的同志因为工作表现突出，日后得到了提拔重用。

1986 年 6 月姜椿芳离职，任中国大百科全书出版社顾问。1987 年 3 月常萍离职，任新闻出版署特邀顾问。年末，出版社位于阜成门的中国大百科全书编辑大楼正式启用，这栋建筑成为北京市文化地标，被评为 20 世纪北京十大建筑之一。姜椿芳和常萍——中国大百科全书出版社第一任总编辑和社长最后的办公场所是北京外馆东街甲 1 号。

1987 年 6 月，我调到新闻出版署工作。10 年后，我到位于外馆东街甲 1 号（后改为安华里 504 号）的中国出版对外贸易总公司任职，回到大百科创业时期的三层小楼办公。这栋小楼孕育了中国第一部大百科全书，当年有很多中国社会科学、自然科学的泰斗和领军人物都曾到这里开过会，参与了百科全书的组织领导和编撰工作。之后，新闻出版署办公楼建成前，曾在此处办公 5 年。1997 年，我准备对旧楼进行改造。城建规划部门认为这个解放初期建造的小楼可以拆除重建。我到常萍社长家听取意见，他说：“这个楼有‘文物’价值，能保留下来最好！”最终决定按照“修旧如旧”的方案进行翻修，将楼顶换瓦，内墙因为是土砌的不能抹灰，就全部钉上石膏板，外墙面贴亚光暗红色砖头形状的瓷砖。在楼门口制作了标志牌，上面标明：1979 年 10 月—1987 年 11 月中国大百科全书出版社在此办公。

办公楼翻修后，我们请常萍社长和当年一起工作的同事回“社”聚会，回忆百科事业的初创时期我们在姜老、常萍社长身边工作的岁月。常萍社长和夫人焦英1965年进京，焦英同志是1940年和常萍同期参加革命的老干部，离休前任中国音乐学院附中校长。40多年来，他们一直住在当年文化部分配给他们的和平里一栋没有电梯的旧楼里，这套位于三层的三居室住房没有门厅，面积不大，老两口80多岁了还是每天爬上爬下。有关部门曾多次提出调整住房都被他们婉拒了。我和周小平、李敉力逢年过节都会相约去常萍社长家中看望，他始终关心着百科的工作，关心同志们的进步。

（2018年9月6日）

理往事　思东明

周志成

东明是个帮忙帮到十分彻底的人。1943 年我初次和他见面，就请他帮忙买从遵义到贵阳的汽车票。他说你急于要走，只能坐“黄鱼车”（司机私人拉的客），“黄鱼”也不好当，过检查站要下车走一大段路，得找个保险的车，还是当公路局的“黄鱼”为好。他陪我去寻“黄鱼”捎客，一路给我讲了很多乘车经验。回程他又非要我去他的临时住处吃饭，这顿饭是上大学后吃得最饱的一顿，一则当时我的牙已残缺不全，平时难吃上一顿饱饭，二则帮他做饭的一位无锡大娘，还没等我把饭吃完，从身后又给我添上满满一勺。看来他家对接待同学有个传统习惯，不饱不休。我觉得只要东明帮过你一次忙，你就会永远记得他。

东明又是个和广大群众息息相关的人。1945 年许良英和我先后从桂林步行回浙大。一起听过他介绍浙大学运情况，一次是从遵义劳军谈到《国是宣言》；另一次是从湄潭的时局辩论谈到反苏游行。每一次都像是一篇报告文学，惟妙惟肖地介绍了不同类型同学的具体表现。这证明他是长期生活在广大同学中间，时时刻刻地在关心着他们。对我来说就做不到，如果我有点时间，就愿找本书来看，或找有修养的人谈谈；和不熟悉的人扯家常，就觉得时间流逝得怪可惜。因此始终只能生活在一个小圈子里。

东明又是个为同志敢冒风险的人。50 年代，运动频频。东明交游很广，多少人、多少事都要他作出负责的证明。对一度受屈的好同志，他都挺身而出，为之辩白，毫不含糊。这又是我所不及的。对老友间的龃龉，他总是费力调解，婉言劝导。为朋友分忧解难，成了东明的本分。

和东明朝夕相处，则在 1979 年到了中国大百科全书出版社（下称“百科”）之后。东明正式借调来“百科”是在1979年7月，在此之前他已经来“百科”工作了。当时的科技编辑部承担了编纂《中国大百科全书》（下称《百科》）60%的工作量，由曾彦修、唐守愚两老负责，东明和我当他们的助手，后曾老调人民出版社，唐老主要负责社会科学编辑部的工作，科技部的重责便主要落在东明的肩上。1983年成立了基础科学、地学、生命科学和工程技术一、二部，我们分管这些部的日常工作，行政担子略有减轻，但审定稿的重荷接踵而来。直到1987年我们相继离休，工作一直处于十分紧张的阶段，尤其是东明。

东明和我都认为编纂《百科》远为我们水平和能力所不及，确保全书质量的关键是依靠学术界。因此，应把发挥学科编委会和分支编写组的作用放在工作的第一位。但是我考虑自己力量有限，稿件都审不过来，联系编委会和编写组的重责基本上都由各学科的责任编辑和编辑组承担。有些科学家如1952年就领导我做科学普及工作的袁翰青先生很理解我的困难，几次说我工作太忙，不必常去看他。因此他患了重病我都不知道，未能见最后一面，成为我的一件憾事。东明是个重感情的人，和他有工作联系的科学家得病住院，他都要去看望。1992年，东明已经步履维艰，但在得悉北大教授林超重病后，仍去探望。根据东明的工作日记，他拜访曾呈奎先生就不下十余次。东明负责的地学各学科的编委会主任半数在外地，有三个卷的主要责任编辑和编辑组常住上海，书信往来十分频繁。以《世界地理》为例，主任李春芬先生在上海，绘图靠南京师院，编写组散居各地，责任编辑张岭（原名张飞鹏）从杭州借调到上海。张对工作又特别负责，写给东明的信，保存下来的就有97页，每页写得密密麻麻，总字数在6万左右。这些都得东明一一回复，可见联系工作的繁重。作为科技部的主要负责人，东明多次拜访并非由他主管的各卷分编委会的主任，如沈鸿、陈维稷、季龙等同志；我负责的卷出现编委和编辑组较重大的矛盾时，也要他帮忙解决。一切难办的麻烦事，往往都推给东明，东明都不畏其难，不厌其烦，尽心尽力地去做。

“百科”是白手起家的。在最初几年，不得不把主要精力放在干部的调入和培养上。“百科”任务重、编制有限，东明主张重点调入有较高学术水平能担负重责的编辑干部，技术性和事务性工作，靠有高中毕业水平的临时工担任。因此，要花许多时间同愿来“百科”的人谈话，看材料，甚至考核；还要疏通社内外渠道，调不成就借。愿来者虽多，但我们所需要的正是其他单位所不愿放的，因此最后办成的不过十分之一二。由于人员来自五湖四海，大家都想尽快把工作做好，但互相不够了解，很容易因小分歧而引起轩然大波。调理的重责又落在东明身上。特别是编辑组设在上海的几个卷，既要尊重总社领导，又要尊重分社领导，由年过花甲的东明搞远距离控制，实在难为他了。东明曾经说过当时十分之七的时间花在人事问题上，确是实情。鉴于来社人员不仅没有编过词典等工具书，连编辑经验也不多，东明根据当时的工作关键，创议在部内成立框架、组稿和审稿三个组，以能者为师，主持科技部的业务研究。审稿组的成果至今仍为人所称道。东明还和我一起，根据系统工程原则，草拟了科技部的七年规划，建议招收高中毕业生成立成书小组，把成书中复杂的技术性工作全担负起来，在各学科间流动，使编辑组集中全力协助编委会提高书稿的学术质量。但限于当时的环境，未能完全实现。

《百科》是国内新创的事业，许多撰稿人不熟悉《百科》体例，撰文往往不合要求，所引用的历史资料和数据，又容易失实；加上科技方面的《百科》必须执行国家标准，对所用的量和单位都有严格要求，因此释文的文、图中需要改动和修正处很多。我认为做到帮助编辑组尽量消灭政治性和常识性以及上述的技术性错误，已经尽了我的本分，仅在所参加的审稿会上阅读重要的条目，提出一些补充修改意见供参考；大量条目的取材，主要依靠编委会、编写组和社内的编辑组。东明认为要求别人的，先得要求自己。在他的1983年12月到1986年6月的一本厚厚的读稿纪要中，多处记录了他对《百科》中的条目和《不列颠百科全书》相近条目的对照研究，抄下了后书中的定义、层次标题和重要的内容及资料。他对海洋科学中重要条目《河口》提了9页意见寄给作者，这在社内的副总编辑和责任编辑中都是很少见的。《百科》是重要出版物，社内规定，拼版后的校样必须由主管的副总编辑签字，表示遗留问题已全部解决，才能付型。但为了尽量减少差错，对部分卷东明和我从初校样一直看到付型为止。这样，要在上海干上半年，得在酷暑和严寒中奋战。1988年深秋，东明已经离休了，肺气肿也很严重了，他负责的《世界地理》和《地理学》卷相继发排，他原可以委托别人代签而不去上海，但东明严守职责，仍去上海看校样，终因入冬后上海太冷，肺气肿严重发作，无法坚持，才抱病回京。东明为了《百科》已到了不顾性命的程度。

东明主张《百科》各卷列成梯队，鱼贯分次前进；但是，在他来社前，已形成各卷齐头并进的形势。为了开好不同卷的会议，往往一会刚完，就坐车到另一地开第二个会，很少有间歇休整时间。东明说：“因为所辖学科卷数过多，又要求齐头并进，参加学科的建立开卷会议，就疲于奔命。”在如此紧张的时刻，他又承担了摘编《竺可桢日记》，审编《竺可桢传》和《纪念科学家竺可桢论文集》等任务。特别是竺老日记的一、二卷，东明和许国华两位老人，是参考编《百科》的办法来统编的，在成书时做了大量考证工作，搞了许多注解，编了《大事纪要》《中国人名检索》和《外国人名汉译检索》，尽量为读者提供方便，工作量之大，不啻一卷《百科》。当时，“百科”同人包括我在内，对东明把业余时间全花在这些工作上，很不赞成，认为《百科》的事都忙不过来，如何还能为别的事分心。但东明视竺老日记为瑰宝，他自己爱不释手，以及早公之于世为己责，下决心要赶在竺老逝世10周年前出版。现在看来，竺老日记是重要的历史文物，不仅可查到竺老所处时代的文化、科学动态，和他对东西方文化的评价，而且由于他逐日记载国内外重要事件，因此可查到一般工具书难以提供的资料。对竺老，浙大校友都有深厚感情，不少校友也为纪念竺老出过大力，但贡献超过东明的就很难找到了。同样，很多校友对遵义、湄潭和贵州人民，也有血肉相连之感，也都为《黔北风云》和《浙江大学在遵义》尽过力，但能像东明那样为遵、湄校友和人民深切怀念的，就为数极少了。为了完成以上任务，东明夜以继日，辛劳备至。他曾在1984年1月28日的日记中说：“今破天荒提早在10时半休息。”由此可见开夜车是他的常事了。

东明又是个对名利淡泊到令人吃惊的人。从下列几件事可以看出来：（1）1980年办理东明调入“百科”的手续时，社的一位领导对我说，部队和地方的待遇差别很大，“百科”又是新建单位，住房等生活福利更远不如部队。中央关于离休的政策将要下达，要我劝东明考虑离休后再来“百科”，照样可干工作。东明的回答很干脆，说：“我志愿来‘百科’，就得把全部心意放在《百科》上，不能把党和工作关系留在部队。”（2）调到“百科”后，原拟委任他为副社长兼副总编辑；但报批下来，却因年龄过线，被任命为顾问。当时我很不高兴，说东明满心为《百科》而来，怎么被任为顾问呢？答复是有实权的顾问，不是一般的顾问。东明对此却处之泰然，不以为意，该管的仍管，该说的仍说，始终挑负科技部内最重的担子。(3)《百科》编辑人员对以什么名义上书，排名的顺序如何，非常关心，认为这是贡献大小的重要尺度；东明对自己上书问题却几乎是漠不关心的。农业和中国地理两大学科，早期的组织和审稿工作都由东明主管，东明审读了不少稿件，并提出过许多宝贵意见；晚期才交给上海分社。书中却不见东明的名字。此事东明不会不知道，但从不提起。(4) 1987 年，社内第一次评职称，规定年龄过了离、退休线的编辑人员要交两个报告，一个申请职称，一个申请离、退休。也就是说要给我们画句号了。东明的报告是这样写的：

> 我志愿参加大百科工作七年多，边学边干，虽未敢有所懈怠，但究属半路出家，对编辑业务还只是初入山门，难于按编辑系列申评职称，因此拟不参加这次评职称申请。倘能保留现有名义约二年，以便对几个尚待完成的学科卷继续尽自己的一分力，争取及早完成，也就是自己的心愿。倘要安排离休，亦当自觉听从，只要工作需要，仍愿在离休后尽一臂之力。

多么宽宏的胸怀和气魄！

负责职称的副总编辑林盛然同志，看了东明报告后曾亲自动员东明申请，东明仍婉拒。东明本人是职称评委，参加评审过程，完全了解编审的具体标准。我又劝他，按你在社内外贡献完全合乎标准，而且评完就离，既不占名额，也不占经济指标，对其他申请同志并无影响，是否补一个申请。东明说："我知道了具体标准，就更不申请了。"于是东明就成了唯一的没有职称的职称评委。

东明在一生中的最后几年内，主要关心两件大事：一是国家前途，对贪污腐败及各种丑恶的复旧现象，痛心疾首；二是"百科"前途，担心拜金浪潮玷污了"百科"的金字招牌。当他处于身上插着输氧、输液管的重病时期，仍和来访的老友谈这两个问题。当时我弄不懂，他的身体已到了这一步，为什么还如此想不通呢？在整理东明的遗稿中，我想通了。尽管我一生忠于职守，努力工作，但还只是一个客串者，要我登台，我就专心进入角色，努力把任务完成好；要我休息，我就卷起铺盖走路，做我想做而未做的事。而东明，则是个下海人，是下了革命大海的人，他已把性命交付给大海，宁可葬身于波涛之中，决不上岸休息。东明把遗体也献出来了，实现了他最后的愿望，也以行动为自己画了一个完满的句号。

了解东明的人，都认为东明是难得的好人。好人难得，好人也难做。我在翻阅东明的工作日记中，感到有这么多麻烦事困扰着东明，许多事连在他身边工作的我都不知道。为什么我只埋头工作，而不能像东明关心我那样关心一下他呢？东明渐渐地走远了，东明的印象却渐渐地更深了；但愿我在东明的脚印中，领悟到一点人生的真谛，努力做一个更好的人，像东明那样的人。

（1994 年 6 月于北京方庄，原载《风雨忆故人》，
国际文化出版公司，1994 年）

师恩如歌

楼　遂

黄鸿森先生九十寿辰，我想送上一份礼物以表达对他的敬仰和感激。那天同母亲谈起，她说写篇文章吧，那才是最好的礼物呢。而我有所顾虑：一是自己水平有限，恐不能写出老师的风范之万一；二是多年来由于自己的愚钝和懒惰，并没有取得让老师满意的成绩，心存愧疚。加之这个老师是我自认的，黄先生会认我这个学生吗……但有话如鲠在喉，不吐不快！

恩师在上，受学生一拜。

我高中没读完就遭遇了“文革”，下乡插队，进厂谋生，一晃近十年。直到1978年进了中国大百科全书出版社，才感到有了可以依托的职业和真正值得奉献一生的事业。

那时，我虽然利用业余时间在北师大夜大学读书达五年，可工作需求和自身能力之间的巨大差距，还是会搞得我忐忑不安，一种渴望知识、渴望提高素养的愿望常常在心中涌动。然而，我还是幸运的。出版社的领导和同事里有一大批知名学者，这使得请益机会多多，其中翻译家、辞书编纂学家黄鸿森先生的谆谆教诲让我时时受益，我从心底认定他是我最可尊敬的老师。

黄先生1921年生于浙江瑞安。幼年丧父，小学毕业后便不得不去做学徒。抗日战争时期，任《浙江日报》等多家报社特约记者并从事抗日救亡活动。抗战胜利后，他在上海任《大众夜报》《自由论坛晚报》记者，并为《大公报》《经济周报》《财政评论》等报刊撰写通讯和有关经济问题的时评文章。

解放后黄先生从华东新闻学院结业后分发在新华社做资料工作。谁曾料到安定的日子没过多久，竟遭冤狱五年（党的十一届三中全会后得到平反，法院判决：撤销原判，宣告无罪）。在狱中他参与翻译了《苏联百科词典》《简明经济学辞典》，主持翻译了《政治辞典》。出狱后，进北京编译社任翻译，翻译校订了《世界通史》《近代史》《古巴地理》等书。以后又译校有《欧文选集》《圣西门学说释义》《神话辞典》等多种学术译著和辞书。

1979 年 6 月黄先生到中国大百科全书出版社工作。十多年里他像是根本没有休息，一桩接一桩地做了让常人难以想象的大量工作。他参加编辑的《中国大百科全书·天文学》卷是我国第一部百科全书的排头示范卷，接着又参加了《中国大百科全书》第一版的《环境科学》《矿冶》《力学》《交通》《建筑·园林·城市规划》等学科卷的编辑工作，审读了其他 20 多个学科卷的部分稿件。他还参加制定《全书》编辑体例的工作。这种创造性劳动所包含的智慧与辛劳可想而知。

第一版快要出齐时，他转事对第一版已出的一些学科卷的调研总结和我国第一部地方百科全书——《黑龙江百科全书》的编纂。如他自己所说，“编百科全书在中国还是破题第一遭，在编书过程中不免有所见，有所闻，有所思，有所议，有所记，有所述”，于是他写下了《百科全书编纂求索》《回顾和前瞻——百科全书编纂思考》两种阐述百科全书编纂学理论和实践的著作。

黄先生是出版社的编审、中国辞书学会百科全书专业委员会顾问，还是多种辞书和报刊的特约审读员、顾问或专栏撰稿人，多次担任全国性报纸编校质量评审委员。他对这些特约工作，采取的不是你问我才顾的工作态度和方式，因此又有了《报海拾误录》《报刊纠错例说》《文章病案》问世。

出版界前辈徐式谷先生读过黄先生的文章后，用了 16 个字加以褒扬，称赞先生“目光如炬，心细如发，博学宏词，编辑楷模”。先生当之无愧。2008 年黄先生荣获中国辞书事业终身成就奖——中国辞书编辑的最高奖项，可谓实至名归。

记得 1982 年我被调到《环境科学》卷编辑组做成书阶段的文字加工工作，得以与黄先生一起编书。此前我一直在《物理学》卷做部分分支学科的选条、组稿、初审的工作，还没有逐字逐句地推敲过稿子。到了环境组面对成堆的稿件，怎样删繁补缺，怎样润色文字，怎样统一术语数字，这一切对我来说无疑是个绝大的挑战。改稿时常常顾此失彼，注意了病句错字又忽略了数字的使用，注意了层次结构又忘了解决条目间的矛盾。一天工作下来，成果不多、问题不少。可能黄先生看我虽有不足但还努力，就说：“你改的稿子我来看，我改好后你再看看，好不好？”这自然是我求之不得的，哪有不同意的道理？就这样我与黄先生“合作”了相当长的一段时间。琢磨黄先生改过的稿件就像是在上编辑业务课。他好似不经意修改的一两句话，会使整篇稿子顺畅起来；对层次的调整和标题的斟酌又使条目结构更加严谨；病句错字更是统统逃不过黄先生的眼睛。不仅如此，有时他还会另附一段文字，说明修改的理由。他常对我说，编辑每改一个字都要经得起质询。他如炬的目光、缜密的思维、简约的文字，让我佩服得五体投地，也让我学到了很多东西。黄先生常常谦逊地说自己是“科盲”，可他提出的学术问题之关键，见地之高明，不仅编辑们佩服，就连学科专家也连连称道。我向他讨教个中法门，他回答的原话我已记不得了，大概意思是说，好的文章内容一定具有清晰的逻辑关系，一旦发现文中叙述得因果不清，甚至逻辑混乱，那肯定是作者表达得不准确，甚或作者自己还没完全把握住知识的精髓，对这种稿子编辑就要注意了。有时我的稿子改得还说得过去，黄先生便会帮助我分析，为什么说这次改得好，好在哪里。

在编辑彩图说明时，黄先生耐心地教我编写图题，教我在行文中把图题和图注区分开来，以备编辑彩图目录之需。他这种细致的工作作风，走一步看两步的工作方法，也给了我很大教益。

《环境科学》卷发排后，我和黄先生就分开了。我去了地学部，黄先生仍在科技部。无论在工作中遇到什么样的问题，我都会去向黄先生请教，直到20多年后的今天，仍是如此。一个字的用法，一个句子的修改，一个历史事件的来龙去脉，一个标点的用法，一段汉语拼音的分合，等等，等等。先生真是有求必应，完全不会因为问题的幼稚可笑而推脱。有时不是我得到解答后举一反三，倒是黄先生发现我还有类似问题需要注意，便刻意提醒我加以注意。为能使我从理论的高度看待这些文字问题，他不断向我推荐好书，送我好书。我手头常翻的吕叔湘先生主编的《现代汉语八百词》，林穗芳先生的《标点符号学习与应用》，以及《古籍索引概论》《新华拼写词典》《新华新词语词典》等，有的是黄先生送给我的，当然还有黄先生自己的译著和著作。他读书有了心得，想到了某个常见语法错误产生的原因，就有新文章见诸报端，碰到我时都会说给我听，询问我的看法，鼓励我写文章。我经常推说工作太忙而迟迟不动笔，先生并不责怪，下次见面又会向我谈起其他题目。

黄先生是位恂恂儒者。他对学生如我的教诲从来是缓缓道来，没有一丝一毫的骄矜之气。这使我不愿对他人讲的话，甚至不愿意对家人讲的话，会向黄先生倾诉。记得二十七年前我的好朋友、科技部化学组的焦安朝突然不幸去世，当时我正在父母家休产假，听到噩耗，难过得不知如何是好。那时黄先生的家离我父母家不远，我想都没想就跑到先生家，连说带哭地向他述说我们的往事。黄先生只是默默地听着。为安抚我，他翻出解放前《大公报》等刊登着先生的文章剪报。他讲起自己半生的坎坷经历，这让我的情绪渐渐平复，感到自己今后如能像先生那样奋进该多好啊。

黄先生不是对我一人这样，他对社里其他同事也同样关爱，特别是对后辈小生更是如此。出版社为提高青年编辑的业务水平，经常组织业务培训和讲座。先生多次就百科全书选条的原则，怎样判断条目的可用性，怎样改稿，以及虚词、引文的使用等常见问题给我们讲课。他极其负责，不光赐教还要考试。看到年轻人有了进步，他从心底里高兴；对不负责任的改稿，他绝不通融，一次竟然气晕过去。

我曾主持编辑社内刊物《探讨》多年，黄先生一直是《探讨》的主要投稿人之一。他的文章内容涉及广泛，论点清晰，论据确凿，行文简洁。我清楚地知道这得益于他在平日工作中、闲暇阅读中对正反两方面例句的留心搜集和积累，对文献的广泛查核和反复推敲。有时为配合百科全书的编纂，我们会在《探讨》的出版计划中根据工作进度特别提出某一期的主题，有时又留意征集其他编辑部门编辑的文章。对此，黄先生总是主动找到我，肯定我们的这种做法。他提醒我，《探讨》是我社唯一的编辑理论刊物，是全社的刊物，要不断提高编辑出版质量，要面向全体编辑。我始终觉得，黄先生以其谨严精细的治学敬业精神，以其广博的学识和扎实的文字功力，无形中对提升出版社编辑的整体水平起到了重要的示范作用。

这样的老师你遇到过吗？有了这样的老师，你能不敬他、不爱他吗？

人们常说“恩重如山”，对我来说，这样形容黄先生对我的恩泽一点都不过分。但我不愿意用“山”来寓意，总觉得太过沉重。我要说“如歌”，“师恩如歌”才能道出我心中的感激之情。

（2010 年 10 月）

黄鸿森先生以 90 多岁的高龄仍笔耕不辍，虽在家中却时刻关心出版社的每一分进步，这种精神始终鼓舞着我。这篇旧文是多年前的文字了，现在看来，仍能表达我对黄先生的感激敬仰之情！

（2018 年 10 月 16 日又记）

顶好卒子

——怀念我的父亲周志成

周　茵

我父亲周志成是1958年3月被划为右派的。1962年，我们全家离开北京，去了新疆。1979年初，为落实政策，父亲回到北京。原单位告知："右派"问题已经改正，但无法安排工作。那时候我们家在北京已没有了房子，父亲只能借住在朋友家。既然原单位不能安排工作，父亲就准备回新疆了（新疆喀什师范学院正积极调他去任教）。这时，刚建立不久的中国大百科全书出版社也在网罗人才，主持百科全面工作的姜椿芳、主管人事的阎明复了解了情况后，明复陪着姜老，登门邀请父亲加盟中国的百科事业。父亲被深深地感动了！我清楚地记得，当时我在北京师范学院（现首都师范大学）学习，课间休息时同学喊我："有位老先生找你，在教室门口等呢！"我一看，原来是父亲。父亲激动地告诉我：工作落实了，在中国大百科全书出版社科技部。此后，父亲便全身心地投入到百科全书的编纂事业中。

大百科全书出版社建社初期，科技部在史家胡同17号办公，父亲就吃住在办公室。只有星期天我去看父亲时我们才在外面吃点东西，也算改善一下生活。等我到百科工作的1982年，出版社已搬到了外馆东街。

父亲1943年毕业于浙江大学物理系，是核物理学家王淦昌、理论物理学家束星北的得意门生，50年代又做过几年科普工作，具有很高的科学素养。到百科后被内定为主管科技部的副总编辑。编辑出版大型百科全书在中国是首创，父亲主管的《天文学》卷又是整个《中国大百科全书》第一版的先行卷。为早日编出中国自己的百科全书，父亲深入思考，身先士卒，与众编辑群策群力、夜以继日地奋战，终于使《天文学》卷于出版社建立两年后的1980年12月正式出版发行，受到各方高度评价。出版社领导姜椿芳、阎明复亲自来到家中祝贺，姜老说："志成这个名字好啊！有志者，事竟成！"

父亲在总结《天文学》卷的工作体会时，写下《谈谈框架和条目》等文章，透彻地论述了百科全书学科卷应怎样搭建框架，怎样选条。80年代中期，《中国大百科全书》第一版各卷已全面铺开撰稿，陆续进入成书和发排。这也是编辑工作最繁重的时期。父亲撰写和参与撰写了《发排前的通读检查工作》《百科全书成书工艺学》等文章，为这个时期的编辑工作提出具体的指导性意见。《中国大百科全书》第一版的73个学科卷中，科学技术类占到36卷，各科技卷的编辑们纷纷找到父亲，请他指导编纂并审稿。那时候，我有时会和父亲一起吃午饭，即使在午休期间，他的办公室也总有人来谈工作。而父亲总是耐心地倾听和解答。他对刚刚接触百科全书编辑工作的年青同志更是多方指导帮助。他说：百科条目的撰写者都是本行业的专家，写他自己本专业的东西一般不会有错，但涉及历史，涉及边缘学科、交叉学科，出现问题的可能性就增加了，在这里，编辑一定要加强注意力。父亲主管的卷目到了发排阶段，他总是亲自带队，奔赴远在上海的印厂看校样。我所工作过的《矿冶》卷、《物理学》卷均如此。

父亲主持了大部分科技卷目的编辑工作。版权页上署有"副总编辑周志成"名字的计有：（按出版先后为序）《天文学》《环境科学》《矿冶》《力学》《固体地球物理学 · 测绘学 · 空间科学》《交通》《土木工程》《物理学》（二卷）、《化工》《建筑 · 园林 · 城市规划》《数学》《化学》（二卷）、《轻工》《生物学》（三卷）、《水利》共15个学科19卷，总字数3462万字。父亲还审阅了自己没有署名的《农业》《大气科学》《机械工程》《航空 · 航天》《纺织》等学科卷的若干条目。

在《中国大百科全书 · 物理学》卷出版以后，父亲退下来了。他很想编写一些小型的百科类读物，以满足大学生、中学生的学习需要。父亲的物理学基础知识非常扎实，他撰写了《中学物理百科 · 第一分册 · 力学》，1990年在我社出版。凡读到这本书的读者都给予了很高评价。父亲也在继续撰写"电磁学"分册。可是，在我社的出版却不顺利。后来他找到科学出版社，与老同学、人教社编审雷树人，北京大学教授陈熙谋、陈秉乾、胡望雨合著了《常用物理概念精析》（科学出版社1994年出版）一书，受到读者欢迎。

20世纪90年代中期，在单基夫社长的倡导下，我社积极酝酿出版《小学图书馆百科文库》，由当时的科技二部负责组织编纂。父亲帮忙约请了他的老同学、曾任驻英国科技参赞的应幼梅撰写了《我们的身体》一书。这套《小学图书馆百科文库》取得了很好的经济效益和社会效益。90 年代末，我社又计划给中学出一套百科文库，父亲又帮忙约请了他的老同学，曾任北京大学技术物理系主任、中国科学院院士的胡济民，胡先生和夫人钟云霄（北京大学技术物理系教授）很快写出了《原子核物理》和《混沌》两本科普小册子，把高深的物理问题讲得很浅显。父亲自己也动手写了《相对论的谜和解》。可惜这个出版计划最后未能实施。

21 世纪来到了，父亲也快 80 岁了。他心心念念，想为大百科全书出版社写点有价值的文章，写一篇论述百科全书的教育作用及其思想性和知识性的文章。他研究古代百科全书，仔细阅读狄德罗主编的法国《百科全书》和从第 1 版到第 15 版的《不列颠百科全书》（又名《大英百科全书》），查阅原文著作中有关资料，并有亲身参加编纂《中国大百科全书》第一版的体会。父亲撰写了两万多字的《从三部大百科看百科全书的思想性和知识性》一文。

2005 年 10 月，父亲被确诊患有凶险的胰腺癌。得知自己时日无多了，父亲选择了一些文章，准备出版一本自选集，总结一下自己的这辈子。在父亲选定的文章中，有一部分是怀念他已故的老师和朋友的。文章的主人公有些也算是我比较熟悉的百科人。比如吕东明（中国大百科全书出版社顾问）、庞曾漱（《不列颠百科全书》中文版外聘名词统一编辑）、胡济民（《中国大百科全书 · 物理学》卷核物理学分支副主编）等。在父亲的叙述中，能深深感受到他为人的善良和真诚。在父亲生命的最后几个月中，他写下了两万多字的文章。其中《关于机械能守恒》《关于光的粒子说和波动说的争论》是他在自选集自序中提到的“关于古典物理学中有兴趣的专题”；《同班好友之一——邹国兴》《同班好友之二——金德椿》是纪念浙江大学老同学的文章，两位老同学极具才华却命运多舛，过早离世；《束星北先生的力学思想教育》《王淦昌和核能的和平应用》是父亲再次想到两位恩师对国家的贡献；《记浙大的讲师助教会》《我在浙大地下党时的工作和生活》《遵湄道上》是父亲对自己波澜壮阔青年时代的回忆。父亲在自选集的自序中把自己比作一个卒子。父亲的这辈子真的就是一个卒子，一个过了河的卒子。他踏踏实实、兢兢业业地做着每一份工作。他把自己全部的智慧、才华和激情都献给了这个国家，献给了他所热爱的百科事业、科普事业，留给了亲人、留给了朋友。父亲真的就像他最后喊的那句：顶好！卒子！

（2018 年 9 月）

“大百科精神”的践行者徐慰曾

阿去克

当下时代充满各种机遇和诱惑，给予每个人无数的可能性，也允许每个人有不同的选择。在这样的社会环境下，能够沉下心来，专注做一件事并做好一件事的人已经是凤毛麟角。这样的人堪称人杰，值得我们尊重。韬奋奖获得者徐慰曾同志就是这样的人。在 20 多年中，他以一份执着的信念和使命感，将自己的全部身心投入于《不列颠百科全书》中文版的编译事业。《不列颠百科全书》中文版成为他生命中不可分割的一部分，同时也浓缩着他毕生的精力和心血。他被称为《不列颠百科全书》中文版的“灵魂人物”。

徐慰曾同志 1926 年生于江苏无锡，1950 年毕业于上海财经学院国际贸易系，在中国机械进出口总公司任代理科长，1958 年因所谓的历史问题被开除公职送农场劳动教养，以后就留在农场工作。在农场劳动的 21 年中，虽然白天劳动强度很大，但他始终抱着“还会有机会继续为国家作贡献”的信念，每天晚上捧着词典坚持研习英语和德语。1978 年经人介绍来到初建的中国大百科全书出版社当临时工。1979 年在外贸部改正对他的错误处理决定后，正式调入大百科全书出版社，不久出任《简明不列颠百科全书》编辑部负责人，开始了他一生中最重要的事业——《不列颠百科全书》中文版的编译工作。

徐慰曾同志和我都住在西三环附近，都骑车上下班。1985 年我俩相识后，在路上相遇就会结伴而行。他健谈爱聊，在骑车同行的路上，基本上是他说我听。在聊天中，他对自己个人遭受的不公正待遇只是一笔带过，谈得最多的是在当时改革开放的大环境下，翻译出版《简明不列颠百科全书》中文版的重大意义。他告诉我，如果当时没有邓小平同志态度鲜明的表态，肯定了这套书对于促进中国四个现代化建设和中外文化交流所起的积极作用，这一涉及诸多政治敏感问题且思想意识、价值观念在当时大碰撞的工具书是不可能译成中文出版的。此书出版后，在海内外的各界人士中产生了积极影响，在中国出版史和中外文化交流史上留下了浓墨重彩的一笔。他的话语显示出，对于这套书的出版价值，他是从一个大站位的视角来认识的。

虽然我当时和他有过一些交谈，但毕竟接触时间很短，聊得不深，他也很少谈及编译《简明不列颠百科全书》的艰辛历程和他自己为此所做的努力，因而对他本人的了解还是有限。后来到 90 年代中期有机会与他一起工作后，我才对他有了一个比较全面的认识，并由此感受到他的人格魅力。

1987 年《简明不列颠百科全书》编辑部解散，徐慰曾同志办理了退休手续。但他并没有去过悠闲自在的退休生活，而是主动向社领导请战，策划和参加我社与美国不列颠百科全书公司、台湾“中华书局”三方合作的中文繁体字版《大英百科全书》的合作项目。1995 年 2 月，鉴于《简明不列颠百科全书》出版已近十年，不少内容资料已显陈旧，社领导决定成立《不列颠百科全书》编辑部（与我所在的对外合作部两块牌子一套人马），用三年的时间对该书进行全面修订并扩充内容，字数由 2000 多万增加到 3000 多万，聘请徐慰曾同志担任主任和主编，我兼任常务副主任，刘海英兼任副主任。刚刚从千辛万苦的《简明不列颠百科全书》编辑工作中走出来的徐慰曾同志，也明知前面道路荆棘丛生，仍以近 70 岁的高龄，带领我们义无反顾地踏上了新的征程。

项目刚一上马，首先遇到的两大困难是：一、翻译和编辑人员严重不足，手下现有人员只有对外部的几个人。二、没有启动资金。当时出版社已经由全额拨款单位改为差额拨款单位，来自财政的拨款大为减少，资金极度缺乏。在当时的情况下，社里能给这个项目下拨的经费只有 2 万元。面对这些困难，徐慰曾同志一没有等，二没有靠，而是迎难而上，积极主动想办法去创造条件。在社里，他今天和这个人谈，明天和那个人聊，动之以情，晓之以理，动员他认为合适的同志参加这一工作。有的人部门不放，有的人觉得“不列颠”是个苦活自己不愿意来，但在他的精神感召之下，还是有一部分同志放弃原先相对轻松的工作岗位主动加入到不列颠编辑部，如过茜燕、何为、卢红、杨寅辉、解慧琴、孔健等年轻人。在他力邀之下，一些离退休社领导、中层干部，如原副社长张克平、原社长助理展昭、原发行部主任程懋元，以及邓茂、卢鼎霍、李小文等资深老编辑也先后加入了这一队伍。但二十来人远远不能解决大型百科全书编译工程对人力和专业的需求。因此，还需要在社外组织起一支强有力的编译队伍。徐慰曾同志通过领导、朋友和一切可以利用的关系，在社会上寻找既懂专业又有较高外语水平的译者。他亲自上门，一个一个地宣讲出版这套书的重要性。不列颠条目的翻译工作要求很高也很费时，但稿费不高，交稿时间紧，因此有些人不太愿意承担这一工作。为说服他们，徐慰曾同志表现出极大的耐心和极强的沟通能力。我曾数次陪他去拜见译者，对此有所领教。我发现他有个习惯，每次拜访译者前，他会尽一切可能事先了解对方的各种情况。在交谈中，他以心相交，以诚相待，给人一种亲切感。他有时还会从被访者的经历、专业研究、亲友等各种信息中，寻找某种关联性来进一步拉近彼此的距离，给人的感觉不像是初次上门，而是在和老朋友聊天。就这样，他用他的真情和诚恳的态度说服了一个又一个的专家学者。为了解决资金问题，他与美国不列颠百科全书公司商量，并取得国内有关部门的专项特许，以极低折扣从美方那里购进一批英文原版《不列颠百科全书》。除了通过发行渠道销售一部分以外，他自己带头并动员部内同志和社外专家学者一起，想方设法利用各种人脉关系进行直销。原版书一套三箱，重达几十公斤，年近 70 岁的他，有时不听劝阻，坚持和司机一起，扛着书爬楼梯，送到读者家里，为此还摔过两次。他这种“身先士卒”的作风感动了所有人，在大家的共同努力下，这批书很快就被销售完，从中获得的几十万利润保证了修订版早期工作所需的费用。

他做人光明磊落，是非分明，坚持原则，敢于管理，从不怕得罪人。在工作中，只要他认为做得不妥或不对的事，会影响工作进度和质量，不管对方是什么人，他都会直言不讳地提出批评。自他上任后，社领导在各个方面都尽一切可能支持他的工作，尽管如此，如果社领导答应或许诺的与工作有关的某个事项出现什么“偏差”，他会毫不客气地当面进行“指责”，不留一点情面。好在领导们了解他的性格，从不为此生气。社里有位部门主任，平时和他关系非常好，为表示支持，主动提出承担不列颠一些条目的编译加工任务，但由于本职工作实在太忙，未能按时交稿，经催稿无果后，徐慰曾同志直接告到主管社领导那里，使那位同志大为光火。当然，这位同志最后还是表示理解。在编辑部内部，他根据项目计划完成的时间要求来倒推制订进度计划，定期检查每个人的工作完成情况，包括我们这些副手承担的各项任务。只要没按期完成任务，受批评是必然的。虽然不在同一个办公室，部门中每个人的出勤情况和工作状态都逃不过他的锐利眼睛。严格的管理和要求，保证了项目的进度和质量，但同时也使下属们不免对他产生某种敬畏感。

“善禁者，先禁其身而后人”，徐慰曾同志对人要求确实严格，但他首先严于律己，对自己用“严苛”一词来形容一点也不为过。他每天一早来，处理各种事务，检查各项工作的落实情况，解决大家提出的问题，布置工作，很晚才回家。晚饭后是他审阅重点稿件的专用时间，周末则用于拜访专家学者或催稿，几乎没有休息时间。在他的老伴儿突发脑血栓住院抢救期间，为了不影响工作，他找护工照顾老伴儿，自己照常上班，晚上才去医院陪伴。他老伴儿在他被开除公职送劳动教养的21年期间，始终对他不离不弃，独自含辛茹苦地抚养孩子。对此他深深感激，许诺一定要善待老伴儿。他做人做事一向很重承诺，而这次的“失信”说明了事业和工作在他心中的分量。在1995年接手修订版任务之前，出于对中国百科事业的挚爱和不舍，他曾数次谢绝了美方和其他一些海内外出版机构的高薪聘请。当编辑部宣布成立后，我和他商量他的返聘费问题，根据领导的意见提出了一个相当于当时部门主任薪资的发放标准，没想到被他一口拒绝。他说他一分钱不要，而且说鉴于目前部门资金紧张，他可以把他的五万元存款捐献出来做启动资金。我说：“你的存款是你一辈子辛辛苦苦攒下的血汗钱，谁敢用这个钱？！而且财务制度也不允许。返聘费必须有，否则你作为工作人员的身份在法理上无法成立。”几经“讨价还价”，最后他同意领取象征性的返聘费——每月150元。部门的奖金一直由他主持分发，但他自己从来分文不取。考虑到他的辛苦付出和取得的工作成绩，社领导曾提出要单独给他一笔特殊奖励，还要给他解决住房问题，但都被他婉言谢绝了。

在名利方面，他给自己划定了严格的界限，但对于自己承担的工作职责范围，他却经常“越界”，不断给自己加码加任务。作为主编，本来他的职责只是负责完成书稿的编译和成书前的工作，但他却主动“操心”印刷资金和图书发行工作。在编译工作即将完成时，他得知社里当时拿不出六七百万元的印制费，就提出向银行贷款，由我们编辑部负责还款。经与副手们讨论达成一致意见后，他主动向社领导提出，把在年内销售首印一万套并收回书款作为部门的经营目标和任务。这样，销售和回款的重担就落在了他和编辑部的身上。1999年4月《不列颠百科全书（国际中文版）》（即修订版）正式出版。为了及时收回现金，除发行部在其渠道全力发行外，他带领全部门人员，用政策调动各种积极因素，动用社内外的所有关系，包括关系的关系，利用一切渠道、机会、方式去推广和直销。为了节省广告费，他动员钱伟长和周有光两位老先生写文章推荐，请各领域的专家学者写书评，几个月内，共有几十家报刊刊登了书评、介绍和采访文章，取得了非常好的宣传效果，有力地促进了该书的销售。在他和社内所有同志的共同努力下，当年共销售约 9 000 套书，收回 1 000 多万元书款，不但还清了银行贷款，支付了美方版税，扣除印制成本外还赢利 200 多万元。

与徐慰曾同志接触时间长了，就能感觉到，在他正言厉色的外表下，藏着一颗仁慈的心。他其实是一个宽以待人、和蔼可亲的人，很容易接近，待人有情有义。他告诉我的一件事很有意思。在邓小平同志第三次接见美国不列颠百科全书公司代表之前，部门一位烟瘾较大的编辑向他提出，在部门辛苦干好几年了，从没提过什么要求，一直想知道邓小平抽的是什么烟，希望他在陪同接见时，想办法“弄几根烟”。对于这种“离谱的”要求，徐慰曾同志不但答应而且还真的做到了。他常说“百科全书是千百人的事业，只有众志成城，才能事有所成”。他知人善任，注意发挥每个人的作用，既能根据每个人不同的特长分配工作，又能给年轻人提供在业务上锻炼提高的机会。在他严厉的批评过后，往往接着的就是他不厌其烦的热心帮教。他关心部门每一个人的学习和生活情况，经常与职工聊家常。当职工的老人和孩子生病或有特殊情况时，他会主动给假。他注重集思广益，虚心听取群众意见。在每次的部门会议上，每位与会者无一例外地都被要求发表自己的看法，不管是赞同还是反对意见，说得对路还是不对路，他都注意倾听、认真记录，轻易不打断别人的发言，从而在编辑部营造了一个宽松、和谐、愉悦的工作环境。在“好班长”身体力行的影响下，部门班子成员齐心协力，相互补台不拆台，党员们在工作中努力起到先锋模范作用。部门工作人员无论年龄大小、资历深浅，无论是在职的还是返聘的，关系非常融洽，大家任劳任怨，不计得失，勤奋工作，牺牲节假日加班成为自觉行为，部门内形成了一种正气充盈、昂扬向上的精神风尚。在徐慰曾同志率先垂范的榜样下，经过不断锤炼，编辑部成了一个高度团结协作、能打敢拼的团队，也因此连续多年被评为社级精神文明先进单位，还先后获得新闻出版署先进文明部室和先进党支部的称号。

“我决心挑起这副担子，只要我的眼睛不闭上，就要排除万难地把这套书搞出来”，这是徐慰曾同志80年代初期在接受《简明不列颠百科全书》编译工作任务时的表态。在随后的20多年中，他凭着自己坚定的理想信念和决心，用一种超乎常人想象的毅力和韧劲儿克服了各种困难和阻力，以出色的成绩实现了自己的诺言，表现出一个优秀共产党人的品德和一个优秀职业出版人的素质与使命感。这是执着奋进、无私奉献的“大百科精神”的真实写照。

徐慰曾同志离开我们已经九年了，但我们从来没有忘记他，也不会忘记那些在过去的岁月里像他一样，把自己的一切、把自己生命中最好的时光献给中国百科事业的所有老前辈们。我们今天回顾创业者们为实现“中国百科梦”不懈奋斗的拼搏历程，重要的是，让新一代的百科工作者了解百科历史，学习先辈们强烈的事业心、无私奉献的精神和勇于担当的作风，把老一辈百科人倡导和践行的“大百科精神”继续发扬光大，不断开拓进取，将中国百科事业的发展推向一个新的高度。

（2018年9月30日）

艰难而辉煌的十年

——记社长单基夫与中国大百科全书出版社

周小平

1990年8月到2000年11月，是单基夫同志担任中国大百科全书出版社社长的10年，也是“大百科”艰难而辉煌的10年。我作为那一时期的副社长和机关党委书记，对此深有体会。那年时任中国大百科全书出版社社长兼总编辑的梅益同志已年近80岁，且身体不好，同时社里还存在领导班子人员不齐、经济困难等问题，中国大百科全书总编辑委员会主任胡乔木同志考虑到这些实际情况，决定选一位能力强、有事业心的同志做社长，帮助梅益同志分担重任，梅益同志仍担任总编辑。新闻出版署从全国出版社、各省出版局中挑来挑去，选中了时任四川省新闻出版局局长的单基夫。单基夫同志那时已近60岁，即将调任省政协秘书长，当他得知这个决定，二话没说，立即放弃在成都的优越生活，只身一人来京赴任。开始，他住在社办公楼招待所里，每天在职工食堂用餐，直到新闻出版署在方庄分给他一套单元房，才算有了自己的家。有人问他，您都快到退休年龄了，干吗还要来北京工作？他想都没有想便回答：“我认为这是组织上对我的一种信任，只要党和人民需要我一天，我就要多发挥余热一天。”

单基夫同志担任社长的10年，正赶上中国大百科全书出版社从国家财政全额拨款到差额拨款再到自收自支的时期。而出版社既肩负出版代表国家最高科学文化水平的《中国大百科全书》的任务，又承担着给全社近500名在职职工和离退休职工发放工资、退休金、报销医药费和种种福利的任务，其艰难程度可想而知。在新闻出版署党组的全力支持下，单社长不仅没有被困难吓倒、压垮，相反，他团结带领全社职工从思想意识上完成了三个转变：一是在生存意识上，从单纯依靠国家财政拨款逐步转变为面向市场、自力更生；二是在出版意识上，从满足于单一性产品和求大、求全，逐步转变为载体、形式努力适应现实需要、具有时代气息，求精、求新、求多元；三是在经营意识上，从重投入轻产出，重生产轻营销，逐步转变为重市场、重竞争意识，努力把经济效益与社会效益有机结合。正是这些思想意识的变化，加上真抓实干，使我社各项事业取得了长足的发展。为此，单基夫同志获得第二届全国百佳出版工作者奖和第六届韬奋出版奖。作为领导班子中的一员，我对单社长在那 10 年的工作和贡献，体会最深的有以下六点。

一、事业发展靠干部，不拘一格降人才

单基夫社长一贯重视干部队伍建设，坚持干部队伍的“革命化、年轻化、知识化、专业化”，大胆起用中青年干部。他常说的一句话是：“百科事业要发展关键在人。”那几年，在他亲自指导、具体部署和社党组推荐下，由社机关党委严格考察，从编辑部门、职能部门和出版发行部门先后选拔出 52 名中青年干部，到各部处室担任领导职务。据 1997 年统计，他们平均年龄 42 岁，最年轻的只有 28 岁。此后一些年，新闻出版署从我社这批干部中挑选了 3 名到署里担任司局级领导职务，其中一名成为副部级领导；一名调到中国出版集团担任副总裁职务；还有 20 多人被调到其他出版社担任社级领导。有人开玩笑说，中国大百科全书出版社成了出版系统的“党校”，成了培养干部的摇篮，专出领导干部。

单社长认为，选拔人才应当从党的出版事业出发，以德才兼备为标准，不能靠领导的印象好坏来取舍，更不能搞以人画线。他曾总结了我社选拔中青年干部的几个做法：一要坚持五湖四海原则，坚持从工作需要出发，坚持干部基本条件，只要政治方向对、业务强、多数人信得过，就提拔使用，不受少数人的闲言碎语左右。二要坚持能者上的原则，不搞论资排辈，实事求是地看待被选拔对象历史上的某些缺点，重在他们现在的认识和表现。三要坚持“用人不疑，疑人不用”的原则，诚心诚意关心爱护中青年干部的成长，放手让他们工作，给他们压担子，使他们在工作中更快地成长、成熟。

二、出版资源深度挖，百科品牌誉中华

1991 年，《中国大百科全书》编纂工作进入最后冲刺阶段，社委会开始思考如何让工作中积累的大量资源得到充分利用，为编辑出版其他书籍作准备的问题。中国大百科全书总编辑委员会主任胡乔木同志也告诫我们：不能老印一种书，那样就成了印刷厂，有了百科全书的基础，可以出不同层面和各方面的书。正在这个当口，单基夫同志到中国大百科全书出版社赴任。在他的带领下，社委会经过深入研究，首先着手编辑 12 卷本的《中国大百科全书（简明版）》，该书于 1996 年出版发行。这套书以《中国大百科全书》为基础，经增补、改编、浓缩而成，它的出版，让百科全书进入了普通家庭，对我社具有划时代意义，从此确定了除编纂出版综合性百科全书外，同时编辑出版专业百科、地区百科、儿童百科，以及其他知识性普及读物，以满足多方面多层次读者需求的方针。

单社长多次强调，我社要生存发展，必须用好两种资源：一是百科全书的文化资源，二是百科全书创立的品牌资源。在社委会的领导下，我社先后推出了《简明中华百科全书》(3 卷)、《中国大百科全书（简明版）》(12 卷)、《不列颠百科全书（国际中文版）》(20 卷）等综合百科全书，《科学社会主义百科全书》《自然辩证法百科全书》《中国古代小说百科全书》《中国儒学百科全书》《中国性科学百科全书》《材料科学技术百科全书》《能源百科全书》《市场经济百科全书》等专业百科全书，《黑龙江百科全书》《广东百科全书》《福建百科全书》《大连百科全书》《广州百科全书》《澳门百科全书》等地区百科全书，还针对不同年龄段读者出版了《高科技启蒙文库》《新世纪中学生百科全书》《小学图书馆百科文库》《小学生系列工具书》等普及性知识读物。尤其值得一提的是《中国儿童百科全书》(4 卷)，这套书被称为“新中国第一套孩子自己的百科全书”。它创造了这样的理念，即给孩子出书不仅在于灌输知识，更重要的是培养寻找知识的兴趣，养成寻找知识的习惯，学会寻找知识的方法。1996 年，这本书被列入国家“九五”重点出版规划，我社组织了国内各学科专家和科普作家，用了近 5 年时间精心编辑、绘制出版。它出版后，一年之内便重印 8 次，销售了 16 万套。

为了打造和充分利用百科品牌，编辑部主任们纷纷带领本部门，积极抓各种选

题。例如，1997 年，我社推出了便于携带的英语学习系列“口袋书”，深受读者欢迎，当年即重印 7 次，引得许多出版社争相效仿，在图书市场掀起一场口袋书的风暴。我社的副牌知识出版社，最先接触网络文学，在 1999 年出版了第一部网络小说《第一次的亲密接触》，迄今重印 30 余次，总印数近百万册，取得很大的轰动效益，被称为网络文学向纸质文学转化的第一座桥梁，连续数年稳居畅销书兼常销书的榜首。社科编辑部还与中国社会科学院合作，出版了《中国国情丛书》，共计 100 种，引起社会强烈反响。

正是在单社长这种利用百科资源、打造百科品牌的思想引导下，我社图书从过去一年出版几十种，发展到 20 世纪 90 年代末每年出版 350 多种新书，几乎平均每天出一本新书。而且，仅 1993 ～ 1998 年，我社就有 160 余种图书获得了国家级大奖及其他奖项。例如，《中国大百科全书》(74 卷）获得了第一届国家图书奖荣誉奖，《简明不列颠百科全书》（10 卷）获得了第一届国家图书奖提名奖，《简明中华百科全书》（3 卷）获得了首届中国辞书奖一等奖和第九届中国图书奖，《世界市场全书》（100 种）获得了第十届中国图书奖，《中国大百科全书（简明版）》获得了第二届国家辞书奖一等奖和第三届国家图书奖荣誉奖、第十一届全国优秀畅销书奖。

此外，单社长还积极支持了《中国大百科全书》第二版的编纂出版工作，参与了二版早期的一些重要决策。通过各方努力，国务院于 1995 年 12 月底批准同意出版《中国大百科全书》第二版，确定了以国际惯例编纂第二版的出版方针，为之后中国百科事业的持续发展奠定了重要基础。

三、脚踏实地走市场，社店联合促增长

之前，中国大百科全书出版社的发行工作主要是依靠社内发行员按地区发放征订单。单社长来后，提出要从转变经营观念入手，改掉坐商习惯，走出去积极面向市场。他是这么说的，更是这么做的。他在我社 10 年，几乎每到星期五就会带着发行部门的同志到全国各地，走访各省市的新华书店，与书店干部职工举行座谈会，宣传百科图书。据当时在发行部工作的孙科长回忆，仅他们科陪同单社长去的县市新华书店就多达几十家，如山东的东营、临沂、滨州、高唐，河北的霸州、唐山、邯郸、廊坊、保定、遵化，四川的自贡、绵阳等多地。我也陪他去过位于成都的四川省新华书店，

当时的总经理龚次敏见到老领导亲自带队回老家，非常高兴，当即组织附近的市、县级新华书店经理召开座谈会，由单社长主讲百科全书的重要性，和大家商量如何搞好百科发行工作。座谈会气氛热烈，书店经理们纷纷表示要把销售百科全书摆在重要位置，努力推销。在单社长的直接领导下，我社在北京、沈阳、上海、成都等地，分别投资兴建了百科连锁书店。在北京市，他经常联系的有西单图书大厦、王府井书店、中关村图书大厦，西直门、金台路图书批发市场也是他最关注的图书发行机构。他还主动联系信誉好的私营书店，介绍发行部门和他们建立合作关系。事实证明，这些书店的潜力也很大，为我社销售了大量的图书。

在单社长的带动下，社各级领导也都纷纷加入到图书发行的行列。那些年，每当春节前夕，社委会成员都会兵分几路，带领发行部的同志到全国各省走访，慰问新华书店的职工，代表全社职工给他们拜早年。至今发行部的同志回忆起来还在说，那时是我社和书店关系最密切、最融洽的时期，社、店就像一家人，工作上互相支持，互相信任，亲如兄弟。书店发行我社图书的热情特别高，有的县级新华书店发行百科全书能达到上千套；有的市店发行学生用的辞典，一次就能售出 5 万册；《小学生必背古诗词》一书，有一个县新华书店一年发行了 13 万册。单社长还要求社办公室、党委办公室、行政处等职能部门的同志也参加到发行工作中去，那时社办负责国家机关片，党办负责大专院校片等。当时北京舞蹈学院的老师看到《澳门百科全书》，高兴地说："我们马上要去澳门参加演出，这本书来得太及时了，使我们可以先了解澳门的社会概况和风土人情。"

单社长的一系列举措，对宣传和推销百科全书起到了至关重要的作用。经过几年的努力，我社图书销售利润从 1991 年的 266.5 万元猛增至 1998 年的 1 436 万元，实现了跨越式的增长。

四、体制改革促发展，科技创新引潮流

单基夫社长勇于探索，勇于创新，思路开阔，在了解了全社的基本情况后，更是积极采取了一系列的深入改革措施。

为了更好地锻炼中青年干部，也为了深化出版社的改革，经单社长提议，社委会一致同意，扩大编辑部的自主权，把权力下放到编辑部，实行"权、责、利相一

致”的目标管理责任制和以编辑部为中心的编辑、出版、发行“一条龙”制度。实行这一改革制度，各编辑部不仅要与发行部签订发行合同，同时自己还要承担发行任务；编辑部主任既要搞编辑出版也要搞经营管理，既要抓物质文明也要抓精神文明，担子重、责任大，工作十分辛苦。但正是这一制度改革，锻炼了这批中青年干部的才干，增强了他们的责任心，提高了他们动脑筋、学管理的自觉性，使他们在任职期间得到了较快成长；同时也搞活了出版社的经营机制，使出版社较快适应了由全额拨款到自收自支的新形势。当年编辑部实行编印发“一条龙”的管理办法在新闻出版署直属出版社属首创。

单社长在出版社的信息化建设项目中也起了重要作用。1992 年，国际术语标准化技术委员会主任加林斯基（奥地利人）向时任新闻出版署副署长于永湛提出建立百科术语数据库的建议，当时中国还没有大规模术语数据库。于永湛同志与单社长沟通，希望中国大百科全书出版社能承担，单社长当即就接受了这一任务。他亲自带队，与多个技术公司进行项目论证，认真听取专家意见，最终选择了当时技术最先进的以王选先生为代表的北大方正作为合作单位。在新闻出版署的领导下，在技术发展司、计财司的大力支持下，我社术语中心全体人员经过艰苦努力，百科术语数据库一期工程于 1997 年 7 月建成，1997 年 9 月通过验收。有关专家认为，这一术语数据系统在国内处于领先地位，达到了国际先进水平。该项目 1998 年获得新闻出版署科技进步奖一等奖，1999 年获得国家科技进步奖三等奖。

单社长善于学习，非常愿意接受新科技、新信息，在开展百科术语数据中心建设的过程中，单社长提出，要在我社实现编辑工作自动化，进行编辑技术革命，每个编辑都要学会使用电脑。在他的亲自领导下，1995 年术语中心的技术人员作为电脑教学教师，用了几个月的时间，共办了十余期编辑系列、办公系列的学习电脑操作培训班，单社长亲自带头参加学习。学习结束时，对每位学员都进行了考核。之后几年，单社长又提出电脑办公区与百科数据库进行联网，实现编辑自动化、办公自动化。这一倡议的实施不仅使百科术语数据库在社内得到了推广应用，而且大大提高了编辑人员的办公效率，为全国出版社的编辑自动化作出了有益探索。

单社长还带领出版社在数字出版方面做了最早的探索。1995 年社里开始制作《中国大百科全书》图文数据光盘，将 74 卷内容集于 24 张光盘之内，并于 1999 年 10 月面市。在当时出版界还在对数字出版普遍观望的情形下，中国大百科全书出版社做出了积极、大胆的尝试，大家不得不佩服单社长的远见卓识。

建于20世纪80年代的中国大百科全书出版社编辑业务大楼在单社长任职期各项配套设施已不能满足现代化办公的需要。为此，单社长多次带队到财政部有关司局争取我社办公楼进行电力增容、设备更新等项目的资金支持。10年间，我社更新了3部电梯，完成两次电力增容、更新改造了位于报告厅和二楼会议室的中央空调，进行了大规模网络布线，改造了通信设施。单社长多次与供电部门探讨，仅电力增容这项工程就为我社节约100余万元。其间，我社曾前后两次进行基本建设改造工程，共增加建筑面积2 553平方米。这些举措为我社的后续发展奠定了坚实的基础。1993～1998年，行政处在社委会领导下，压缩办公用房，取消招待所，开展出租房屋等多种经营，收入约3 000万元。

在制度建设方面，社委会在单社长领导下1996年制定了我社出售公有住宅楼房办法，1998年制定了我社办公室管理制度及岗位责任制等规章制度，多次修订计划生育、义务献血、职工公费医疗等管理办法，使管理工作有法可依，有章可循。中国大百科全书出版社的行政管理工作也迈上一个新台阶。

五、党建工作放首位，精神文明硕果丰

单社长在抓百科人才队伍建设、打造百科品牌、图书走向市场的同时，坚持把政治思想工作放在首位，并把开展群众性精神文明创建活动作为思想政治工作的重要载体。他教育党员干部要做献身百科事业的模范，号召全社职工努力发扬“百科精神”，即执着的爱国主义精神、高尚的集体主义精神、主动开拓的创业精神、实事求是的科学精神、无私的奉献精神。在他的领导下，我社自1996年以来，每年评选文明部室和优秀文明职工，并将他们的照片和先进事迹制作成光荣榜挂在办公楼大厅进行宣传，作为全社学习的榜样。我社还连续多年荣获“新闻出版署文明单位”“中央国家机关文明单位”，之后又获得“首都文明单位”“爱国拥军模范单位”等称号。

作为社党委书记的单基夫同志，对党团工会的建设更是高度重视。他十分关心在编辑业务骨干和青年中培养和发展党员的工作。这10年，我社共发展共产党员20余人，还培养了一支要求入党的积极分子队伍。每年“七一”前夕，社党委都

要组织党日活动，带领党员和职工先后到中国人民抗日纪念馆、平津战役纪念馆、周恩来邓颖超纪念馆、西柏坡纪念馆、狼牙山五壮士纪念馆、李大钊纪念馆等地参观学习，还组织过纪念红军长征胜利60周年老红军报告会等活动。我社还是新闻出版署直属单位里第一个成立职工代表大会的出版社，而且工会工作成为新闻出版署直属出版社学习的标杆。

六、一心为公谋福利，老骥伏枥志未已

单社长一心扑在工作上，更以自己的表率作用，为全社树立了优秀共产党员的榜样。他在中国大百科全书出版社奋斗了整整10年，对百科事业倾注了全部心血。他关心每一名职工，却从不顾及自己的身体。90年代中期，行政处准备给社长的办公室安装一台空调，被他坚决回绝。但当他得知术语数据库主机房的设备对环境温度的要求后，指示行政处的同志立即为主机房安装空调，以保障设备的安全运行。百科术语数据库通过验收后，加林斯基非常高兴，多次邀请单社长到奥地利去访问，但单社长说，我不懂这些技术，让其他同志去吧。单社长曾多次将出国机会让给社里同志。

单社长对改善后勤管理、服务出版业务工作的改革同样重视。他亲自到行政服务一线与工作人员一道共同探讨行政工作如何深化改革，使行政处从过去单一的管理服务职能逐步过渡到管理服务和经营的双重职能。那时的行政房产处是一个大摊子，既有行政后勤、保卫，还有基建、房产，工作人员包括临时人员达70多人。社委会提倡大力精简行政人员，行政处辞退了临时工，将电梯改为无人操作；开水房的燃气茶炉改为无须人工值守的电开水器；清洁卫生交给社会专业公司打理；雇佣保安人员负责门卫；职工食堂改为由社会专业快餐公司送餐等。这些措施极大地提高了服务水平，改进了工作环境，有利促进了业务工作。

单社长十分关心职工生活，经常在周六周日带领有关同志在北京四处找房源，经过多处考察比较，最终决定出资420万元，在红莲小区购置了1 022.3平方米的住房。之后又出资300余万元，在大兴区同兴园小区购置了1 680平方米的住房，基本解决了我社职工的住房困难问题。与此同时，职工的年收入也从1991年人均3 500元，增长到1998年的17 000元。

单社长每天工作十几个小时，同志们都说他是在拼着命工作。有一年，他从高处摔下，导致背部压缩性骨折，医生用纱布把他的背部缠了起来，但他一天也没有休息，忍着疼痛继续上班。

退休前几年，他身体已经出现了不适，感觉身体非常疲倦，老伴说他每天回到家里，累得不吃晚饭，倒头就睡。我们多次劝他去医院检查身体，他总说没有时间。1999 年，他得了轻度脑梗，但只住了 20 天医院就回家了，没过多久就回到了工作岗位。2000 年，他再次出现脑梗，昏迷数天后虽然醒了过来，但导致半身不遂，被迫离开了他心爱的工作岗位。他曾和我说过多次，退休后要做两件事，一是要在他家附近开一家百科书店，专卖我社的图书，连地方都选好了；二是要写一本回忆录，从自己 15 岁做红小鬼开始写起……由于脑梗后遗症，这两件事并未能做成，但他凭借坚强毅力，坚持锻炼，没有使半身不遂的病症继续发展。

我在单基夫社长领导下工作了 10 年，目睹了他坚持党的出版方针，团结带领社领导班子和全社职工走改革之路的事迹，亲身感受到他对出版工作充满激情，在困难面前保持乐观主义精神的思想境界。他是 1945 年参加革命的老同志，但他始终谦虚谨慎，尊重上级领导，尊重专家学者，尊重每一位普通劳动者，从来没有高高在上的样子……我从他身上看到了一个真正老共产党员的形象，一个真正出版工作者的风采。他是我人生的楷模，是我在工作中最景仰的人。

（2018 年 8 月 31 日）

百科事业兴盛　梁木缘何摧折？

——悼念林盛然副总编辑

黄鸿森

1994 年 11 月 29 日夜晚，中国大百科全书出版社原副总编辑周志成先生打电话告诉我：林盛然先生过去了。林盛然编审是天文学家，中国大百科全书出版社副总编辑，全国术语标准化技术委员会副主任，德国柏林工业大学客座教授。他的逝世，我为中国失去一位百科全书编纂家而悲痛，为失去一位优秀的术语学家而悲痛，也为自己失去良师挚友而悲痛。

我同盛然结识于中国百科全书事业初创时期。那时，《中国大百科全书》首卷《天文学》已经上马。1979 年 6 月底，我刚向出版社报到，就被送上“战场”，参加《天文学》卷编辑工作。盛然是这卷书两位责任编辑之一，另一位是金常政先生。我在他们领导之下，一起从事分支编辑、成书定稿、排校通读工作。在北京树有利玛窦墓碑的大院楼房里，在北京外馆东街东城师范学校旧址，在上海滩头新华书店招待所局促的陋室中，在胡适故乡安徽绩溪山坳厂房里，焚膏继晷，铅丹经年，共同的事业铸就我们的友谊。

《天文学》卷是在张钰哲院士、王绶琯院士等主持下，由 200 多位专家学者撰稿纂集而成的。就出版社来说，把全部条目纳入百科全书模式还要做大量工作：条目比勘、文字修饰、符号规范、数据核实、名词统一、图文匹配、版面安排、索引编制，等等。在分支编辑阶段，出版社聘请了马星垣、任江平、杨建、宣焕灿、翁士达、阎林山、薄树人七位天文学家参加编辑工作。到了成书编辑阶段，稿中涉及天文学专业问题，主要就仗盛然把关了。

盛然是一位学业有成的天文学家，发表过《彗化流星群的轨道研究》等论文。他出身于一个木匠家庭，勉强读完中学就无力升学了。解放后，高等院校不收学费，可以申请助学金吃饭，才得以上大学。他从小爱好天文。考大学时，八个志愿栏全填“天文学”，表现出矢志天文科学的坚强决心。1955 年以优异成绩毕业于南京大学天文系，即被派往民主德国莱比锡大学，后转入席勒大学研究院攻读天体物理学。因为错案受到委屈，学业中辍，博士学位半途而废。他在以后 20 多年坎坷历程中，务农、教书、做工之余，仍然悄悄钻研天文学，指望有朝一日，舒展抱负。

改革开放的春天到来，他进入中国大百科全书出版社，接着错案得到纠正。英雄有了用武之地，积蓄已久的能量潮涌而出。他以全身心投入百科全书事业。《天文学》卷全部内容，从原稿到清样，逐字逐句，他至少看了三遍；对每一根弧线，每一个符号，都做了认真的鉴定。

盛然是一位学风非常严谨的学者，我体会甚深。我是一个“科盲”，阴错阳差，被派去参加编辑科学技术方面的学科卷。在《天文学》卷工作时期，向盛然请教的专业问题数以百计。他有时直接答复，有时要先查一下德语、英语的工具书和参考书。他的答复给人一种信任感，所以称他为良师。而遇到百科全书编纂中一般问题，我们经常切磋琢磨，从而成为挚友。他以前没有当过编辑，但因为有深厚的文化根基，很强的逻辑思维能力，对于编辑要求、百科体例、文字表达，在很短的时间内就能充分理解，完全适应，以至熟练掌握。

他谦虚地说：“我学天文，也不是天文学领域里所有的学问都懂。”《天文学》卷发排前，他肩背手提许多分支稿件到南京大学天文系、紫金山天文台请有关分支主编终审，解决遗留疑难，保证书稿质量。直到《天文学》卷清样付型前，为了解决宇宙学和相对论天体物理学有关条目间重要公式体系的协调问题，还不辞跋涉，千里迢迢，从印刷厂所在地安徽绩溪到合肥中国科技大学去商量处理。

盛然是一个品德高尚的人，表现在治学上，也表现在生活上。他舍己为公，例如 1980 年 6 月初，他和我两人带着两大皮箱《天文学》卷发排稿，从北京乘飞机到上海虹桥机场。按说满可以叫个出租汽车到上海分社，但他为节省公家开支，乘坐当时是免费的民航班车进市。他襟怀坦白，遇人遇事，出于公心，说话率直，很好商量办事，不过有时也难免得罪人。

中国大百科全书首任总编辑姜椿芳先生创建百科伟业，有起英雄于草莽之中的胆识。他任命金常政、林盛然为《天文学》卷责任编辑，堪称上选。他们两位都是学识渊博、才华出众，而在 50 年代后期开始受到委屈的人，进大百科以前，一个当车工，一个当汽车零件检验工。金常政现在是全国知名的百科全书专家。林盛然虽然在天文学研究上未能百尺竿头再进一步，但在百科全书编纂上显露才华，放射光芒。我对盛然开过玩笑：过去 20 多年对你是不幸，而对大百科则是大幸，要不然怎能请到你这位有成就的科学家当编辑。《天文学》卷出版后，英国科学家李约瑟博士在《自然》杂志发表题为 ***Astronomical, in content and in effort***（《〈天文学〉的内容和编撰功夫》）的评论，深为称许。有"计算机"之称的数理逻辑学家吴允曾教授特意读了 100 页，没有发现一处错别字，为这卷书投了信任票。这是难得的褒扬。作为学科责任编辑的林盛然也为此作出贡献。

盛然在完成《天文学》卷后，马不停蹄，接连投入《力学》《数学》《环境科学》的编辑工作以及 1988 年以后发排的科学技术方面各卷的审定工作，还有最后一卷《总索引》的规划和审定。慎终如始，他是唯一一位完成《全书》全过程的编辑人员。《天文学》卷问世后，他就承担起出版社的领导工作——基础科学编辑部主任，编委，副总编辑。他为百科全书事业付出 16 年的辛劳。

今年春天，盛然应聘前往德国工业大学讲学，动身前同我谈起，他年过花甲，准备过些时候办退休。退休后，还要为百科全书做些事：办中国百科术语数据库，参与谋划《全书》二版，翻译《美国学院百科全书》。真是壮心不已！哪里料到癌症会这样快地夺走他的生命！

百科任重道远，梁木缘何摧折？悲从中来，书不尽言。愿挚友灵魂安息！

（原载《新闻出版报》1994 年 12 月 24 日，收入本书时略有修改）

回忆梁从诫

常汝先

2010 年梁从诫去世后，他的夫人方晶老师寄给我几本梁从诫的著作，其中有《丹尼 · 狄德罗的〈百科全书〉》。这本书我以前看过，有些疑惑：从诫老师当时已离开中国大百科全书出版社，为何还要出版这样一本书呢？

我 1984 年到出版社，在文化艺术编辑部（后改为文化教育编辑部）做助编，梁从诫是编辑部的负责人，彼此是上下级；我家在东单外交部街，他住东单干面胡同，算是比邻而居。大名鼎鼎的中国社会科学院宿舍就在干面胡同。戈宝权、吴世昌、罗念生、卞之琳等一干学者都住在那儿。我常往干面胡同跑，取稿子、送稿子、要照片……一来二去，和也住在那里的梁从诫熟了起来，有事没事便去他家闲坐聊天儿。

和青年人打交道，梁从诫热情、诚恳。他谈吐风趣幽默，说理论事直言不讳，从不拐弯抹角。出身书香门第的他，中、英文功底都好，虽然经历了“十年动乱”的困顿和磨难，仍难掩一身书卷气。我每每向他请教编辑业务知识，他总是知无不言，令我受益良多。

一次，我们在他家翻看旧相册，他竟不知从哪儿找到了徐志摩《你走》一诗的手稿。手稿是用楷体写在竖格的毛边信笺上的，被遗藏在箧底几十年，又侥幸躲过了“十年动乱”的浩劫，弥足珍贵。经得他同意，我翻拍了这份手稿和他家收藏的徐志摩的照片，拿去做了《中国文学》卷的配图。

梁从诫是《百科知识》杂志的创办者和主编之一，他负责文科版，但也非常重视理科版的稿件。他不仅亲自撰写了介绍西方历史文化知识的文章，还组稿编辑了不少自然科学方面的文章。他提出理科版的稿件要让文科编辑也能读懂。无论是什么专家或权威，上刊的文章都应该做到通俗易懂。

20 世纪 80 年代初，对特异功能的研究在国内很热。于光远先生认为特异功能是伪科学，是违反唯物主义的；钱学森先生则认为特异功能是客观存在，应当进行研究。从社会舆论的宣传导向出发，上级领导要求《百科知识》发表于光远的文章，但梁从诫顶住了压力没有发表。他认为对于未知的科学领域内的一些争论应当采取慎重而宽容的态度，两方面的意见都应当发表，才能够让读者辨别科学的真相。作为社会公器的期刊要有独立的价值判断，宣传科学不要唯上，尊重专家但不迷信专家。

《百科知识》1979 年 5 月出版了第 1 辑（实际是创刊号），当年共出了 5 辑。看一看这 5 辑的作者和文章，可用 8 个字评价：群英荟萃，斐然成章。那篇后被选入中学语文课本而脍炙人口的《苏州的园林》就是摘自《百科知识》第 4 辑上的叶圣陶先生的《“拙政诸园寄深眷”——谈苏州园林》一文。

梁从诫主持文艺部工作时，中国大百科全书一版的《中国文学》《音乐舞蹈》《电影》《戏剧》《美术》等卷都在紧张的编纂之中，任务繁重。《中国文学》卷的学科概述条“中国文学”原定由中国文学编委会主任周扬来写，但周那时已重病卧床，无法执笔。编委会副主任王元化、许觉民找了梁从诫以及社科院文学所的朱寨、樊骏、钱中文、沈玉成等商量决定：“中国文学”这个概述条要从中国文学发展变化的特点着眼，体现出中国文学的民族性，不能写成断代史的提纲总汇；为写好此条要开几次座谈会，请各方面的专家和一些中青年学者参加；找一个人代替周扬执笔。许觉民让梁从诫负责座谈会的组织。1984 年 8 月 11 日，在北大勺园召开了第一次座谈会。与会者有：宗白华、吴组缃、季羡林、王瑶、王元化、季镇淮、许觉民、钱中文、沈玉成、李泽厚、刘再复、敏泽、梁从诫、杨哲（《中国文学》卷责任编辑）。我忝陪末座，司职记录。

座谈会上，从事中国文学研究的各学科的专家、学者济济一堂。大家就中国文学的发展历史、规律、特征，中国文学与美学、哲学的关系，中国文学对世界文学的影响等问题展开了研讨，气氛很是热烈。第一个讲话的是 87 岁高龄的宗白华先生。中青年学者也非常活跃，李泽厚、钱中文、刘再复都发言阐述了自己的观点。

会后，梁从诫要求尽快整理出会议记录。我借了个板砖式的录音机，到北师大找了个清静的地方，整理出会议纪要。接着，大百科文艺部在社科院文学所又找朱寨、张炯等研究当代文学的专学、学者开了座谈会。最终，由年青的文学批评家刘再复执笔的“中国文学”概述条，几经审阅、修改，终于定稿完成。

“中国文学”概述条从组织研讨到撰写完成是出版社和社外专家通力协作的成果，为一版《中国文学》卷的顺利出版奠定了基础。

1988年因种种原因，梁从诫离开了出版社。我也迁居城南。我们见面很少，但联系未断。我每期都会收到他主编的《知识分子》杂志。后来，他创办和领导的民间环保组织“自然之友”出版了内刊《自然之友》，我则调到《百科知识》杂志。两个刊物都关注中国的环保问题，每期互有交换。《百科知识》也转载过《自然之友》的文章。

人虽离开，但梁从诫对大百科全书的出版事业并未忘怀。1992年，他的译著《丹尼·狄德罗的〈百科全书〉》出版。此时，《中国大百科全书》第一版的编纂工作已近尾声。

在长达6000多字的“中译本叙译”中，梁从诫说《丹尼·狄德罗的〈百科全书〉》的出版是对在大百科全书出版社工作期间的一种怀念，也记录了他对百科全书出版工作的反思。

梁从诫说，狄德罗的《百科全书》是18世纪启蒙运动的号角。其公认的价值是它的反封建和反教会势力的主张。但它不能算是一部好的工具书，因为它没有科学的知识分类体系，也不追求条目的科学性和知识性，完全是夹叙夹议的论文集。它作为政论文集的成功之处也正体现了作为工具书的失败之处。因为它在观念形态上的倾向性和时代感鲜明而强烈，这就大大削弱了作为工具书所应具备提供数据和事实的基本功能。狄德罗的《百科全书》出版后尽管风靡一时，但却因失去了工具书的作用而几乎没有再版。而在当时的英国，被视为保守派的《不列颠百科全书》却在200多年以来不断再版，被译成各国文字，成了全球家喻户晓的百科工具书。

以史为鉴。梁从诫认为：“现代百科全书——或任何一种现代参考工具书——的一个最基本的编辑原则，就是只提供数据（data）性事实，不发议论；它要求‘客观’，强调所谓‘价值中立’，在对事实的任何陈述中，都忌带主观色彩。”

在翻译的过程中，梁从诫常为当年的那些启蒙学者执着的理性主义精神所激动。18世纪狄德罗等启蒙运动学者认为，蒙昧主义仅仅是无知的结果，一旦被理性的利剑击碎，“幸福的后代们”就永远不会再受它的禁锢。梁从诫写到“蒙昧常常也是形势的一种需要；在一定的条件下，即使人们已经开始受到启蒙，有人还是会以十分清醒的态度，精心地重新制造出个蒙昧状态来的”，所以“无论什么时代，既有蒙昧在，启蒙也就必然发生，这是不可阻挡的历史规律”。这些话，今天读之仍发人深省。

梁从诫在大百科出版社工作了 10 年，把自己多年编纂百科全书的认知和思考“贡献给‘百科界’的同好们”。这，便是他花费 4 年时间翻译并出版《丹尼·狄德罗的〈百科全书〉》的目的吧。

斯人已去，文章长存。

（2018 年 8 月 18 日）

钱伟长与中国的百科全书事业

马汝军

钱伟长先生是中国现代应用数学家和力学家。钱先生除了对科学领域作出了巨大贡献外，他还对中国的百科全书事业作出了不可磨灭的贡献。在中国第一套现代综合性百科全书——《中国大百科全书》的编纂过程中，他先后担任第一版的总编辑委员会委员和第二版的总编辑委员会副主任，并积极参与了第一版的领导、组织、编审和撰稿工作。同时，他还长期参与并支持《不列颠百科全书》中文版的编审和出版工作。

《中国大百科全书》第一版是按学科分卷出版的，钱伟长担任了《物理学》和《力学》两分卷的编委会副主任。钱先生担任这些职务绝不仅是挂名，而是凡事亲力亲为，恪尽职责。在中国大百科全书出版社的各分卷留下的档案里，他负责的《物理学》《力学》的卷宗封面上很多都签有“钱伟长先生审读并同意”的字样，可见他的确是在尽一个编委会主要负责人的职责。

钱先生除了审阅稿件外，他还对具体的出版工作考虑周到、布置缜密。在中国大百科全书出版社 1980 年 4 月 1 日题为《〈力学〉卷拟有选择地出小册子》的“简报”中记载：钱伟长同志提出，出小册子的办法很好，但不要叫“分册”，而叫“稿”，理由是：“1. 今年先出版小册子，它不是征求意见稿，而是意味着《全书 · 力学》已开始与读者见面；2. 它是‘稿’，意味着明年出版《全书 · 力学》时，还可以有所增、删、修改，也可以把难度较深的条目暂时不收入小册中，以增加销路，扩大读者面；3. 它不是‘分册’，意味着不必各编写组的条目都出分册。对于那些估计销路窄的分支，可以不出小册子，而直接在《全书 · 力学》卷中与读者见面。”钱先生还举例说：“《清史稿》就只用‘稿’字，从征求意见，直到正式出版，都沿用这个名字。”

钱伟长在主持《物理学》《力学》的编纂过程中，还为《中国大百科全书》第一版的分卷撰写条目，他亲自撰写和参与撰写的条目共 7 条。包括《力学》卷中的“力学”“理性力学”和“力”3 条,《物理学》中的“伯努利”“经典力学”和“力”3 条，以及《自动控制与系统工程》中的“技术”1 条，共计 2 万余字。

令人欣慰的是，在中国大百科全书出版社的档案里，我们找到了钱伟长先生亲笔撰写的“力”条目。这一条目的稿件共计 9 页，合计 3 600 余字，释文行楷手书，字迹苍劲有力，编写合乎体例，行文字斟句酌，叙述深入浅出，科学家严谨求实的态度，从中可窥一斑。这也体现了《中国大百科全书》“让最合适的人撰写最适合的条目”的原则。

钱伟长先生为中国百科全书事业所作的另一巨大奉献，就是他 20 多年投身于《不列颠百科全书》中文版的编审工作。

中美合作编译出版《不列颠百科全书》中文版是邓小平同志赞同并支持的一项重大文化工程。小平同志曾先后在 1979 年、1980 年和 1985 年 3 次接见美国不列颠百科全书公司的客人，赞扬说“这是个好事情”，并对编译方针等作出具体指示。为了完成《简明不列颠百科全书》中文版这一工程，中美双方成立了联合编审委员会。

钱伟长就是中方三位委员之一（另两位是刘尊棋和周有光）。从 1980 年到 1986 年，中美联合编审委员会共召开过三次全体会议、十多次工作会议。钱先生参加了全部的全体会议以及大多数的工作会议。第一次工作会议于 1980 年 12 月 8 ～ 9 日召开，当时钱先生正在重庆讲学，他专门赶回北京参加会议。尤其是钱先生 1983 年 1 月起开始担任上海工业大学校长，但他仍然坚持参加会议。

由于《简明不列颠百科全书》的条目释文后并不署名，我们已难以统计钱先生翻译了多少条目。但通过一些记载，我们还是可以窥见一些信息。在联合编审委员会第二次全体会议（1982 年 7 月 8 ～ 10 日在哈尔滨举行）上，钱伟长提出,“电力”条由他翻译，并表示自己承担审定所有数理化条目释文的责任。《简明不列颠百科全书》所有数理化条目的数量是相当可观的。

《简明不列颠百科全书》自 1986 年出版后，随着国际形势的变化和科学技术的发展，读者要求对之修订的呼声越来越高。中国大百科全书出版社与美国不列颠百科全书公司商定开始对该书进行修订，这就是1999年出版的《不列颠百科全书（国际中文版）》。经中美双方商议，原联合编审委员会的委员改为顾问，这样钱伟长又成了《不列颠百科全书（国际中文版）》的中方三位顾问之一（另两位是周有光和梅益，刘尊棋已去世）。

作为顾问的钱伟长先生对这次修订工作确实是又顾又问。在1996年1月24日召开的中方顾问会上，钱先生指出："新知识要吸收入新版，如多媒体、信息高速公路、一国两制、班禅转世灵童的金瓶掣签等。"为了保证《不列颠百科全书》中文译本一如既往的权威性和严肃性，钱先生不顾年老体弱，仍亲自动笔翻译。据徐慰曾在其《这是个好事情》（中国大百科全书出版社2004年出版）一书中回忆：

> 钱老提出科学家部分如阿基米德、达尔文、爱因斯坦等他都很熟悉，他愿意自己来动手翻译。我听了吃了一惊，心想钱老已80高龄，公务又繁忙，这部分条目多达7万多字，需要查找各种资料，是件非常烦琐的苦活，万一不慎累倒了钱老，还真担当不起。于是，我力劝他不要承担此事。但钱老倔脾气却上来了，坚持要干，说："我可以每天清早起来翻译，你什么时候要稿，我保证什么时候交稿。"我说不动他，只好将这部分稿子交给他译，后来钱老还真的提前交了稿，并幽默地说："我为老伴挣了点买菜钱了。"

谈到钱伟长对中国百科全书事业的奉献，还不得不提他对推广和使用百科全书所做的大量有效的工作。

钱伟长曾要求中国大百科全书出版社的同志："你们要努力搞好发行，利用推销员直销，善于按市场规律做工作，请人要给钱，但我什么都不要。"钱先生是这么说的，也是这么做的，他对百科全书的推广所做的所有工作，均做到分文不取，完全义务。

早在20世纪80年代初，钱先生对《力学》出版"小册子"的设想，就说明钱先生不仅考虑编好书，还在想方设法把好书推广出去。

1987年3月，中美双方筹备在香港举行《简明不列颠百科全书》发行仪式，美方认为钱伟长先生为国内外著名学者和社会活动家，所以力邀钱先生参加。

钱先生深知该书海外推广发行的重要性，于是欣然接受。但是后来他透露，3月初他原定要在香港、澳门、深圳、珠海等地有其他活动。

1999年《不列颠百科全书（国际中文版）》出版之际，正值钱伟长先生作为上海大学校长应邀参加全国教育会议。为了在教育界推广该书，他亲自给代表写信，信中说："我一直参与领导该书的对外合作和编译工作。我认为该书作为权威性参考工具书，资料新颖、内容丰富、定论翔实和功能齐全，是个人、家庭和单位的必备读物，为此，我特向您和贵校推荐该书。"

钱伟长在1999年6月28日的《不列颠百科全书（国际中文版）》出版座谈会上提出："这部书对个人、单位，特别是各类学校、图书馆等都很有用。要培养一代新人，必须从儿童抓起。这套书知识广，很便宜，今天请新闻媒体的同志来帮忙，把信息传出去，这是做了好事，是帮国家的忙。"这一席话，体现了钱先生对百科全书推广与使用工作的殷切期望。

此外，为了在各地推广和使用《不列颠百科全书（国际中文版）》，钱先生还亲笔给他所熟悉的领导同志写信推荐，请求帮助。这些推荐信均起到非常好的作用，该书出版后不到一年的时间里，能够实现销售10000套，首先应当归功于钱老的热忱帮助。

以上的点点滴滴，我们不难看出一位老科学家对待工作的认真和执着、负责与务实，以及无私与热情，其实这都是钱先生作为老一辈知识分子，对中国的百科全书事业，乃至中国文化事业的一片丹心。

（原载《科学时报》2010年8月13日）

钱伟长和《不列颠百科全书》

蒋丽君

2010 年 7 月 30 日，惊闻著名科学家钱伟长在上海逝世，悲痛之中，我不由得回想起钱老与《不列颠百科全书》的点点滴滴……

1980 年 8 月，在邓小平同志的积极推动与支持下，中国大百科全书出版社和美国不列颠百科全书公司签订了出版中文版《简明不列颠百科全书》的协议。为解决政治歧见及其他重要问题，协议成立由中美双方学者组成的中美联合编审委员会，作为编译工作的决策机构，负责通过协商，解决分歧。钱伟长同志就是这个联合编审委员会中方委员之一。

《不列颠百科全书》的引进翻译工作，一直在钱老的关心和支持下进行。百科人多次亲聆教诲、共商难题，耳闻目睹了钱老对该书工作的热情支持，对他的无私奉献的精神感受尤深。通过 20 多年的艰苦努力，《简明不列颠百科全书》（11 卷）至 1997 年为止，发行了 17 万套；1999 年，《不列颠百科全书（国际中文版）》（20 卷）出版；2005 年，《不列颠简明百科全书》（2 卷）出版；2007 年 5 月，《不列颠百科全书（国际中文版）》（修订版，20 卷）如期面市。

1980 年 10 月 4 日，中国大百科全书出版社派人专程去清华大学的照澜院，拜访钱老，向他详细介绍了不列颠百科全书公司与中国大百科全书出版社合作出版《不列颠百科全书》中文版的过程，特别是这项工程得到小平同志的积极支持等情况。钱老在了解情况之后，对如何编译出版这套书，如何组织起编译队伍，应注意哪些问题等，提出了许多宝贵的意见。钱老在听了邀请他担任联合编审委员会委员的请求后，一口答应，并说很愿意做中外文化交流，有利于普及知识和有利于四个现代化的工作。此后 20 多年，钱老对《不列颠百科全书》中文版倾注了大量的心血，领导并参与了许多工作。

编译一套包罗万象的百科全书，首要的任务是聘请各个方面的专家、学者和资深翻译。钱老对此不遗余力，积极推荐，不但自己亲自写信、打电话，还请夫人孔祥英先生骑自行车带着中国大百科全书出版社项目负责人上门拜访。

钱老推荐的许多专家、学者都参加了《不列颠百科全书》的翻译工作，为全书保质保量地完成奠定了良好的基础。

《简明不列颠百科全书》在编辑过程中遇到过大量的政治性和技术性问题，需要中美双方人员反复磋商，协商解决，因此联合编审委员会会议频繁，4 年中共开了三次全体会议、十多次工作会议。百事缠身的钱老，对此不厌其烦，除一次因病，其余都是每会必到，起到了关键作用。对于中美双方会发生争议的条目，钱老提出要根据不同的情况，用不同的处理方法，总的来说就是求同存异，协商解决。1983 年初，钱老要去上海工业大学任校长，工作更加繁忙，但他表示："我会把'简编'当作重要工作，一直干到底。"他真的是说到做到。

钱老这个编审委员，不仅名副其实，而且经常帮助解决本不在他职责范围内的琐事。如他关心该书的编译经费和销售问题，并多方予以协助。钱老对我们编辑部同志的关心，更是有口皆碑。1986 年 3 月，编辑部在上海工作，配合排印人员日夜加班。钱老听说编辑人员在上海工作已长达一年，有几个人过年也没有回北京，每天晚上要加班赶进度后，专程来到编辑部慰问同志们，和每个同志逐一握手，还拱手感谢大家，使正在鏖战的全体人员深受鼓舞。

作为德高望重的学界泰斗，钱老早已是著作等身，但为了保证《不列颠百科全书（国际中文版）》的权威性和严肃性，他不顾年老体弱，亲自动笔翻译。1992 年春，编辑部去请教钱老如何改进新版的框架结构，提出要全文翻译英文版《不列颠百科全书》中"详编"（长条目部分）内有世界性影响的全部人物，如政治家、哲学家、科学家、文学家等。钱老很赞同这个意见，并提出科学家部分如阿基米德、达尔文、爱因斯坦等他都很熟悉，他愿意自己来动手翻译。当时钱老已八十高龄，公务又繁忙，这部分条目多达 7 万多字，需要查找各种资料，是件非常烦琐的苦活。编辑部担心钱老的身体，力劝他不要承担此事。但钱老十分坚持，他说："我可以每天清早起来翻译，你什么时候要稿，我保证什么时候交稿。"后来钱老还真的提前交了稿，并幽默地说："我为老伴挣了点买菜钱了。"

钱老古道热肠，在解决我们工作中的难题、提高我们的工作实效方面，是有求必应，并且主动出谋划策。中美联合编审会议决定在1985年9月《简明不列颠百科全书》第1～3卷出版时，请求小平同志第三次接见，但对他能否接见又没有把握。我社向钱老汇报了这件难事。钱老略略思忖后说："你只要告诉我预定日期，我会提前一周回京，如报告未获批准，我可以设法请其他领导人接见。"1987年春，在香港举行《简明不列颠百科全书》发行仪式，当时钱老的活动日程已安排得很满。正在为难之际，钱老最后还是说，我推掉其他活动，同你们跑一趟香港吧。钱老在香港接受了多家媒体的访问，并在《简明不列颠百科全书》香港区发行仪式上介绍了编译过程，指出中国在开放政策下，应该进一步了解西方对事物的观点。1999年6月，钱老作为全国政协副主席（分管文教工作）、著名教育家、上海大学校长应邀参加全国教育会议。他说，小平同志曾经指出"这部百科全书是非常有用的，这是知识读物"，对于广大从事教育工作的同志，尤其有用。钱老亲自给代表写信，推荐《不列颠百科全书（国际中文版）》。信中提到："20年来，我一直参与领导该书的对外合作和编译工作。我认为该书作为权威性参考工具书，资料新颖、内容丰富、定论翔实和功能齐全，是个人、家庭和单位的必备读物，为此，我特向您及贵校推荐该书。"钱老的努力都是为了让更多的读者了解并受益于世界知名的权威参考工具书《不列颠百科全书》。这一切，体现了钱老对国家、对民族"四化"事业的一片赤诚之心。

20多年来，钱老对于《不列颠百科全书》简编和国际中文版，无论是作为联合编审委员会的中方委员，还是1995年后的顾问委员会的中方顾问，他都做出了巨大的贡献，却从未接受过任何报酬。钱老总是说："你们经费困难，不必为我破费了。"这样的高风亮节，让我们感动不已。

20多年来，《不列颠百科全书》简编、国际中文版以及修订版几大出版工程，之所以能够克服各种困难，在较短的时期内出版全书，首先应归功于小平同志的关怀和由他倡导制定的改革开放政策，而以钱伟长同志为代表的一大批知识分子，爱国敬业，为振兴中华奉献自己全部心血的无私精神，也是促成小平同志所说的这件"好事情"成功的一个不可或缺的重要条件。我们"百科人"永久怀念钱伟长先生！

（原载《光明日报》2010年8月11日）

法学家编《法学》卷[①]

张遵修

作为《中国大百科全书 · 法学》卷（以下简称《法学》卷）的责任编辑，我手边还留有许多编《法学》卷时与法学大师们的来往信件和有关文件。我已年过九十，很怕这些珍贵文件以后流失。后来社里发来通知，征集编纂百科全书过程中的有价值的文物，真是太好了，于是我把它们整理出来，将原件交给了社里。当时的社长龚莉见到，希望我能据以整理成书。

那还是在 2016 年，百岁老友于友打电话给我，问我在忙什么，我将整理档案成书的事告诉了他。于友曾于大百科成立初期在社里工作过，后随副总编辑刘尊棋离社，创建英文《中国日报》，任副总编辑。他在电话中闻听此事后非常支持，他说："《法学》卷的出版有一定的特殊性，把档案整理出书，可以作为出版史上的一点资料。"

他的话启发了我。《法学》卷的特殊性不仅在物质方面，更在学术方面。

当时编辑出版时，虽与现在只相隔三十多年，但物质情况有很大的不同。那时没有电脑排版，还靠活字印刷，不过铅字代替了古老的木质刻字。20 世纪 80 年代的北京，电话还很少，在大学里系主任才相当于处级干部，家里能有电话，若只有教授职称，即使是世界知名的学术大师，也没有电话。编书几年与几十位学者联系，全靠走访与书信。那时更见不到私家车，偌大一个北京市，只有西单等地有很少的几家出租车公司，用车要到公司去叫。而且车的质量也差，有一次陪陈体强去看王铁崖，半路上车坏了，只好下车，满心愧疚地陪着多病的体强先生步行二三百

① 编者注：张遵修老师于 2017 年 12 月完成的《法学家编〈法学〉卷》一稿，全文 5 万余字，生动记述了《法学》卷编纂过程中的 28 个感人故事。囿于篇幅，本书仅节选了其中部分章节。

米走到公共汽车站，乘公交车前往。

总编辑姜椿芳设计《中国大百科全书》（以下简称《全书》）第一版按学科分卷出版，这一决策非常符合实际需要。从 1980 年 12 月第一卷《中国大百科全书 · 天文学》卷出版，到 1993 年各卷出齐，时隔十几年，早年稿齐的学科书稿如等到 1993 年出版，就要不断更新资料数据了。按学科分卷出版，既有利于一个学科卷稿齐就先出书，也有利于读者购买。但法学能否编撰出版当时曾受到质疑。因为此前中国曾有一段法律虚无的年代，高等院校法律系大多取消，许多法学家成为“右派”，被迫离开法学教研岗位，流散四方。北京大学教授、《法学》卷编委会委员张国华到日本参加一次学术会议时，就有一个日本人问他：“中国的百科全书按学科分卷，法学卷大概是编不出来的吧？”

其实，中国有法学家在，有他们胸中造诣深厚的学术在，有他们期望国家民主法治的迫切心情在。中共十一届三中全会后，法学家们纷纷归队。参与编撰的法学家，都曾亲历帝国主义侵略和独裁统治的岁月，认为编撰《法学》卷有利于促进国家的民主法治，所以他们受到编撰约请时，都以责无旁贷的心情，在法学百业待兴的大忙情况下，不惧繁忙、不辞辛苦、不计报酬地投入编撰工作，使《法学》卷从 1979 年起步，到 1983 年编撰完成，1984 年就出版问世了。当然卷中还有当时不可避免的缺点，但也可以理直气壮地告诉那个持有怀疑态度的日本人了：中国百科全书中的《法学》卷编辑出来了。

常有年轻的法学硕士、博士来我家，问我关于大师们的往事。老前辈们仙逝了，我有幸通过编书，同长者们有过接触，听过教诲，很乐于为年轻人讲述大师们当年编书时的言行。讲述时暗笑自己像一块活化石，现在写的，就算是一本活化石的记录吧。

文中写到学者时，为读者阅读简便，常常略去尊称直写姓名，希望老前辈们在天之灵能原谅我这不得已的失礼。

一位慈祥的老人——张友渔

张友渔是中国大百科全书总编委会副主任、法学编委会主任。他是法学家、新闻学家、国际问题专家。1899 年诞生，山西灵石人。1923 年毕业于山西省立第一师范学校，继入国立法政大学法律系。1927 年加入中国共产党。1930 年赴日留学，九一八事变后，因反对日本侵略中国被驱逐。回国后在北平任《世界日报》总主笔，兼任燕京大学、中国大学、民国大学、中法大学、北平大学法商学院教授（附带说一句：张老曾笑着对我们说，去燕京大学所得报酬，只够去北平郊区燕京大学的车费）。在此期间，从事文化统战工作，创办《世界论坛》《时代文化》等杂志。七七事变后去济南、开封、香港、重庆等地，曾任《新华日报》代总编辑、社长。抗战胜利后任中共代表团顾问参加国共谈判。此前此后，还曾担任一些地区的党政领导。1949 年以后，历任中共北京市委副书记、书记处书记，北京市常务副市长等。

这样的张老怎么到出版社来的呢？缘由就出于 1966 年“文革”爆发。北京市是被批判的重点，张友渔自然难逃此劫。到 1978 年出版社成立时，张老还没有落实政策。趁此机会，总编辑姜椿芳有幸请张老到社，我们更有幸在张老的直接领导下工作。

因为还没得到政策落实，张老自己无法参加 1979 年 4 月在北京召开的中国社会科学院的法学规划会议，便安排我去，在会外与我电话联系指导。每晚 10 点半以前，我在电话机旁边等张老电话，汇报当天会议情况，敬听张老第二天的工作指示，约要谈半小时。有一天我向张老汇报，会议与出版社研究决定，会上安排姜老讲话，介绍出版百科全书的计划，希望得到法学家对编撰《法学》卷的支持，会议地点在公安部礼堂。张老说：“公安部不好进，你明天最好戴着会议代表标志，陪姜老一起进公安部；如果你不能回出版社（当时笔者驻会——编者），要同姜老联系好，你在公安部门口等；如果你来不及等，你就到会议秘书处要一张会议汽车通行证，无论如何要在开会之前送回出版社。”八旬老人，竟安排得如此细致。

规划会议之后，张老带我去访问一些老法学家，请他们参加编撰工作。十年“文革”，亲友疏离，久别重逢，宛如隔世，大家都想知道那些年张老是怎么过的。访问陈守一时，他问张老住在哪里，张老回答住在韩幽桐家，说完宾主都笑了。韩幽桐就是张老的夫人，于 1926 年加入中国共产党，也是一位法学家，当时担任中国社会科学院法学研究所副所长，宿舍就在建国门附近的永安里，是很一般的居室。不久之后，张老任中国社会科学院副院长，搬家到复兴门外木樨地老百姓称之为“部长楼”的楼里，有一套五室一厅的居室，张老在最靠门口的一个单间办公，屋里家具极其简单，还有几个纸箱子，可能里边装的是书吧。张老就在这里接待各方来访者，也在这里听取我们汇报并安排工作。有一次到张老家比预约的时间晚了几分钟，张老非常要求准时，我便说明电梯停了，我是爬上九楼的，张老笑着说："我还爬过两次呢！"

张老同我们谈话，从来都是慢声细语，还常常面带微笑，和蔼慈祥，我们在敬意中倍感亲切。有一次《中国历史》卷责任编辑杨川向张老诉苦，说自己的意见正确但是不被支持，张老缓缓地以安慰的口吻说："为了团结，我放弃过自己非原则性的正确意见。"有时碰到别人来找张老求助，张老以无奈的口吻回答："我帮不了你的忙。"每次谈完工作离开时，张老都扶着桌子站起来目送我们出房门。

张老不但从事中国社会科学院副院长的工作，还是全国人大常务委员会委员兼法律委员会副主任，宪法修改委员会副秘书长，参与 1982 年宪法起草，并参与了许多重要法律的制定工作；此外，他还是中国法学会会长、政治学会会长。由于公务繁忙，无法具体领导《法学》卷的工作，便委托老法学家潘念之担任法学编委会副主任，领导《法学》卷的编撰工作。钱端升认为这一委托极为恰当，是得其人哉。

虽然委托了潘念之，从 1980 年 5 月第一次编委筹备组会议到 1983 年 10 月全卷书稿付排前的编委会，张老都参加或主持。1984 年 9 月《法学》卷出版问世，同年 12 月 28 日《人民日报》上发表了张老的文章，向读者介绍《法学》卷出版了，它是全国法学家通力合作的可喜贡献。

至此，张老的领导任务可以告一段落了吧？还没有。1986 年，在《法学》出版一年半以后，张老要开一次编委会总结《法学》卷的工作。张老一呼，编委们纷纷热烈响应。潘念之老人由夫人陪同从上海、姚梅镇教授由博士生扶持从武汉来到北京。大家花了两天时间，认真讨论，总结成绩、优点，指出缺点、问题，为《法学》卷的修订、提高指出了方向。

我们当面向张老请示汇报的情况不多，主要是书面汇报，张老阅毕都有指示退回。《法学》卷的工作就像风筝，拴着风筝的这条线，紧紧地握在张老手里。

张老德高望重，讲话一言九鼎。学者们为编《法学》卷提出的问题，张老都作出有力的回答。1979 年在编委扩大会议上，有人问："写条目释文能用法学术语吗？法学术语当年可是'法言法语'，'法言法语'就是右派言论啊！"这次到会的法学家，大多都曾划为右派，经历了 22 年另类人的生活，如今得到"改正"，真想认真编好《法学》卷，以加强读者的法律意识，有利于促进国家法治，但有些人如提问者所问，对于怎样用法学术语的问题还掌握不住。张老说：“百科全书是知识性工具书，介绍知识要用学术术语。写法学条目当然能用法学术语，而且一定要用法学术语。”张老这样讲大家都很高兴，经过热烈讨论，认为写条目释文不但能用法学术语，而且要把“法言法语”解释得清清楚楚。

1983 年《法学》卷全卷书稿付排，张老召开了付排前最后一次编委会。会议在 11 月 13 日举行，10 月 11 日中共十二届二中全会刚刚召开，提出要清除精神污染。要发排的稿件中有没有涉及精神污染的呢？编委们又有些担心。卷中有“无罪推定”条，无罪推定当年可是“法言法语”呀，中国历史上历来是有罪推定的，发稿前要不要在这个条目文尾加一句批判，或至少说我国不采用西方这条刑事诉讼原则呢？会上有人提出这个问题，张老想了几秒钟，大概既考虑政治，更考虑学术，还考虑了百科全书述而不论吧，便说：“不必批判！这虽然是现在西方国家的刑事诉讼原则，但资产阶级革命胜利初期反对封建司法专横，是有进步意义的。”这是编委会上的最强音，于是原稿不动照发。

1996 年修正的《中华人民共和国刑事诉讼法》吸收了无罪推定原则的基本内容：第 12 条规定“未经人民法院依法判决，对任何人都不得确定有罪”；第 162 条规定“证据不足，不能认定被告人有罪的，应当作出证据不足、指控的犯罪不能成立的无罪判决”。现在“疑罪从无”是司法人员的口头术语。如果张老当年不敢拍板说不必批判，在《法学》卷这个条目后边加了批判或我国不采用这一原则的尾巴，就不符合 1996 年修正的《刑事诉讼法》了，白纸黑字印在书上，怎样能删掉呢！

在编撰《法学》卷的工作中，张老是敢于领导的领导人。

贯彻始终的长者——潘念之

潘念之是《全书》一版总编委会委员、法学编委会副主任。法学编委会主任张友渔因公务繁忙，委托潘念之具体领导《法学》卷的编撰工作。潘老是上海社科院法学所长，他接受张友渔的委托是在 1979 年，那年他老人家 77 岁。

77 岁，不是终结，是开始。

潘老一直深以为憾的是，《法学》卷编委、分支学科主编和众多作者，都有非常繁忙的本职工作，没有一个人是脱产的可以专门从事《法学》卷编撰工作的学者，大家都是挤业余时间从事编撰工作。潘老自己也是。潘老虽然忙，但一直把《法学》卷的工作抓得很紧。

在1957年“反右”以后的岁月里，许多法学家被迫离开法学教研岗位，《法学》卷工作起步时，许多法学家尚未归队。此前，中国社科院法学所已经找到一些法学家编撰《法学词典》，张友渔就安排这些法学家作为《法学》卷最初的工作班底，拟出《法学》卷各个分支学科的选条。1979年9月份，《法学词典》在杭州统稿，先用4天时间讨论《法学》卷各分支学科负责人拟出的本分支学科的选条。会议由潘老主持。4天讨论完了，参加这次会议的百科编辑贺亚麟与我向潘老辞行，没想到潘老说：“你们不能走！”我们感到很意外，而潘老是早就有备而来的。潘老告诉我们，让各分支学科负责人根据会上所提意见修改选条，在10月15日以前交给我们，让我们把各分支修改的选条整理成《法学》卷框架（征求意见稿），在法学界征求意见。在这次会上潘老还安排了写22个样条的撰写任务，供以后会上讨论。

编书几年，潘老慈祥亲切地领导着我们工作，在编撰过程中的关键时刻，他老人家都强有力地把工作向前推进一步。潘老在上海，我们在北京，除当面请示汇报外，都靠书信联系。潘老几十封指示工作的信，一封封寄到北京。杭州会后，潘老让我们积极准备将要召开的编委扩大会议，还希望出版社配备3～5名专职法学编辑（实际上法学编辑组后来共有工作人员17人）。

1980年3月，有主要撰稿人参加的编委扩大会议在北京召开，张友渔出席了8日的开幕会和14日的闭幕会，其他的会都由潘老主持。晚上潘老还要同前来会场的张友渔和出版社副总编辑开领导小组会，很是辛苦。在潘老主持下，会开得非常好。参加会议的几十位法学家，久别重逢，极为欢快，在法律虚无若干年之后，大家兴致勃勃地讨论法学问题，准备投身于《法学》卷的编撰工作。

会上对照百科条目释文的体例，解剖了潘老安排撰写的22个样条，更讨论了“法学”这个条目的撰写提纲。

潘老非常重视“法学”总论这个条目，大家经过讨论，将“法学”分为几个部分来写，潘老就安排几位编委分别写，每人写一个部分。然后由潘老总其成。潘老综合完一稿后，征求编委们的意见，根据大家提出的意见，据以修改，于是有了二稿、三稿、四稿和五稿，直到编委们对五稿都没有意见了，潘老才将“法学”这个条目交给编辑部处理付排。

在工作一步步展开过程中，潘老一向尊重张友渔的意见，但张友渔提出并已执行的关于书稿由编写组集体审定把关，潘老不予认同。潘老认为还必须由编委会全体集中三个月审稿，才能保证书稿质量。由于很多编委执教于大学，编委会不可能集中三个月，于是 1981 年底潘老来信将 3 个月改为 2 个月，从而在 1982 年炎夏的七八月份的暑假中，开了两个月的编委审稿会。审稿会先是分支学科间交叉审稿，然后集中讨论审定卷中的重点条目、疑难条目和分支学科间交叉的条目。编委们夜以继日地读稿、讨论、修改、审定，使书稿在原来水平的基础上又有了相当程度的提高，大家都认为潘老决定的这次编委集体审稿很有必要。此时潘老腿肿严重，须将腿抬高才能减轻腿部的不适，在自己的房间里潘老都是架平双腿坚持读稿的。这年潘老 80 岁。

潘老原来的设想是，这次编委集体审稿将审定全卷书稿，然后将全卷书稿整整齐齐地交给编辑部。但事实没能达到潘老的设想，还遗留了两个问题。

一个问题是中国法制史分支收入的条目范围偏窄，主要是刑法，主编认为中国古代法制史就是刑法史，编辑部认为既有中国古代法“诸法合体，刑民不分”的说法，那就还应有民法，诸法应当也不限于刑法和民法，中国法制史必须扩大内涵，增加选条。我们与主编多次商量，而主编坚持己见，问题只能提到了编委会上。感谢潘老在聆听双方激辩后，拍板决定依编辑部意见增收选条，并在会上安排编委吴建璠担此重任。《法学》卷出版时，中国法制史除刑法外，还有民法、行政法、经济法、诉讼法以及历代法规、人物、著作等八个板块，比原来完整了许多。

另一个问题是需要增收国际经济法分支。为此，潘老自己承担了任务，于 1982 年底在上海召开了国际经济法学术座谈会，这是在中国第一次召开的国际经济法的学术会议。这次会议解决了《法学》卷增收国际经济法分支的问题，到会的上海市有关部门工作人员也提出了一些当地涉外经济的实际问题。

书稿付排前，潘老亲自复核了卷中宪法分支条目引用的 1982 年《宪法》条文的每一个字及标点。1983 年 11 月全卷书稿付排，潘老来信，对书稿付排非常高兴。这种快慰是一位老人终于完成了工作任务的快慰，是接受张友渔的委托，贯彻始终地具体领导《法学》卷的编撰工作终于取得成果的快慰。

《法学》卷于 1984 年出版。1986 年，潘老来北京参加张友渔召开的编委总结会议，他认真写了发言提纲并安排我们录音，会后修改了我们写的总结会议纪要，并嘱咐我们打印后寄《全书》总编委会汇报。

除了《法学》卷，潘老于1979年还应出版社之约，组织力量编译了一套《国外法学知识译丛》，于1981年出版。为了约稿，我见到潘老全家住在两间小平房里，每间不过10平方米左右。大家跟随潘老编书，不知潘老命运之坎坷。后来潘老家搬到一套三居室的单元房，两间卧室，一间算是客厅吧。客厅门对面墙前，是一张旧方桌，两边两把木椅；左右两侧各摆一几两椅。潘老就是多次在这一桌两几六椅的房间同我们谈工作的。后来潘老家又搬到更大一些的房子，布置也极简朴。老人家关心的，不是个人生活质量，而是国家法治。

得知潘老患了膀胱癌，出版社派我赶往上海探望。老人家在病床上说："我不怕死，只是还有一些事情没有做。"从青年时代就忧国忧民、反帝反封，直到暮年不改初衷，潘老遗憾没做完的是什么事呢？总应该是有利于国家民族的有关民主法治的事吧。

1988年收到潘老于3月10日逝世的讣告，慈祥亲切的潘老，永远离开了我们！3月14日的遗体告别仪式上，潘老的儿子在家属致辞时说："听了主持人读的悼词，才知道父亲是1924年加入中国共产党的部级干部。"

为了一个条目——钱端升

政治学家、法学家钱端升是《中国大百科全书·政治学》卷顾问、《法学》卷编委。我曾奉法学编委会副主任潘念之所嘱，前往探望钱先生。这里的"先生"两字不是对男性的一般称谓，我们读书时对中学老师、大学教授，无论男女，都称先生。

钱先生看到我很高兴，问我是否去看过陈体强、余叔通，他们两位也是法学编委。陈体强是钱先生最亲密、最器重的学生，钱先生难忘当年陈体强全神贯注听讲的神情；余叔通曾担任过钱先生的秘书。钱先生问我怎样去找他们，我说乘公交车，下车再走或长或短的路。钱先生说我一定很累，我说不累，只是我胆小，怕过马路，在斑马线的人行道上也怕车。师母说："你怕车，钱先生连人都怕。对面有人走来，钱先生马上靠边紧贴墙站稳，就怕撞倒。"这是在1980年，先生80岁，走路都怕人撞倒，说明先生身体已经相当衰弱了。钱先生原来有一所包括三个院落的很好的房子，由于担任全国政协委员、常委等职，为了便于到政协开会，搬到政协前面一所四合院居住，就近可以走到政协，所以在人行道上怕人撞倒。

虽然精力已经不足，但先生听说潘念之约请自己为《法学》卷撰写“议会”这个条目时，一口答应，说很愿意为百科全书撰稿。钱先生是世界知名的国家法（包括宪法）学者，一生关心国家政治。他 24 岁取得哈佛大学博士学位回国，执教于清华大学时就说：“士愈多则世愈盛，而国愈治；反之则世愈衰而国愈乱。”所以先生积极从事教育工作，一生中培养出众多学术造诣很深的学者。他参与了 1954 年的宪法起草工作，担任过许多重要职务。他赞扬姜椿芳有创编百科全书的勇气，愿为《全书》写作。政治学家许崇德说，他在北京图书馆见到了钱先生，为写这个条目，由孙子扶持到馆查阅资料。

为写这个条目，先生给我写了好几封信。

第一封是 1980 年 5 月 9 日写的。

遵修同学：

四月二十日早信收到，代借 Parliament of the World 同时收到。我适不在家，故唐君没有见到。你热伤风谅已早愈，甚念。

“议会”一条，说费事不太费事，说不费事却是需查查一些出处，翻翻书本。我一个人难成事者，在此。汝楫搞此，恐亦嫌生疏，故尚未与谈及。过四五天后，我当有一段时期（可能过半个月）较为清静，或索性自为之。写成草稿（其草如此信）后，请你找人代抄清稿，再作最后校正，长度当在四五千字至六七千字之间。这样做，六月二十亦总可缴卷，你看如何？

所借书字小不易看，但仍需暂留我处。

此祝

日祺

端升　五月九日

从这封信看，先生兴致极高，拟在不到两个月的时间完成撰稿任务。

6 月 5 日先生来信说，已着手写作，但存在两个问题：一是字数问题；一是看了《法学》卷宪法分支学科的选条，感到有的条目内容与“议会”条有重复，要解决。

书稿一直迟迟没有寄来，我们也不忍催。直到10月15日，先生来信说要与杜汝楫合写，两人署名，但随即我们收到杜汝楫的来信，说他实在没有时间与钱先生合写这个条目。

12月12日先生来信说：“不幸目力日退，医嘱不阅不写，以致不敢动笔。老伴的负担已不轻，不能请她代笔。我看只好由你们找人代写……可面告我考虑到的，供他考虑，但我决不具名矣。”

先生一直惦记着撰写“议会”这个条目，但1981年3月4日来信，说“自春节以来，多病缠身，住院十天，病似更多更麻烦。出院后，虽有时也出去开开会，但精力眼力都难以应付写作，《百科》议会一条事，看来我是无能为力的了。”

当然，先生的身体远比《法学》卷上的一个条目重要。我们收到先生这封信时，真是百感交集。出版社刚成立的时候，总编辑姜椿芳强调，当时编百科全书要抢救老一代学者的胸中财富。钱先生虽然没能写这个条目，也足以看到老前辈对编撰百科全书的重视。先生于1990年逝世，《法学》卷上虽然没能留下先生的文章，但先生有许多巨著留世，2017年中国政法大学建立了首任校长钱端升的展览馆，展出了先生一生的言行。出版社保存了先生为写“议会”这个条目的来信。能保存世界知名学者的手迹，也弥足珍贵了。

责任重于名义——陈体强

陈体强是世界知名的国际法学大师。1948年他在牛津大学的博士论文《关于承认的国际法》，被世界公认为学习现代国际法的必读书之一。他以76票（全票为80票）通过，当选为世界国际法学会的中国籍会员。1986年他逝世三年后，联合国有关机构追赠他荣誉奖状，表彰他对国际法作出的杰出贡献。《法学》卷上“国际法上的承认”这个条目，就是陈体强写的，应当是最权威的了。

《法学》卷工作起步伊始，我们请陈体强担任国际法分支学科主编，他一再谦虚，说：“我不行，我不行，还是让铁崖来当。”王铁崖也是世界知名的国际法学者，当时执教于北京大学，兼任北大国际法研究所所长，与陈体强是好友。我们依照陈体强的意见去找王铁崖，王铁崖说：“编百科要非常认真，要花很多时间，我太忙，承担不了主编任务。”把这情况告诉陈体强，他带我去找王铁崖，劝说王铁崖担任主编，还不成。陈体强就再次带我去，仍然不成。陈体强坚持第三次带我去，真是事不过三，王铁崖答应了。对王铁崖的应允，陈体强特地写信告诉总编辑姜椿芳，这说明他对主编人选的重视。

陈体强担任法学编委会委员、国际法副主编。法学编辑委员会中有三代人，陈体强是中间一代，下面有他的学生辈，上面一代中有他最尊敬的师长钱端升。钱端升与陈体强师生间交谊深厚，老前辈曾在有陈体强在座的教室中讲课，有的课则为陈体强一人在家中讲授。直至晚年，钱老都始终难忘陈体强听课的专注神情。

法学编委会副主任潘念之认为，国际法分支学科的稿件，可以由主编审定，无须开编写组审稿会在学术上集体把关。但陈体强还要我们安排一次编写组审稿会，认为还是普遍征求一下意见为好。1981 年 11 月，审稿会开了 8 天，与会人员都是某一个方面的专家，大家对书稿还是进行了认真的讨论。陈体强说，他听了大家的意见再下笔修改，也好向作者交代。

我们编辑组收到原稿，都将原稿保存，然后出 10 份打印稿以备不同之用。国际法的打印稿，分送王铁崖、陈体强后，往往是陈体强编改后退回。他是我们的老师，有问题，提出问题随稿送去，他写了解释随稿退回；如果当面请教，他就当面答疑。他是教授，1939 年执教于西南联大，1948 年执教于清华，编《法学》卷时他执教于外交学院。他从牛津大学取得博士学位时，校方想让他留校，他不留，那是 1948 年夏；年底，国民党政权派飞机接他去台湾，他不去，他说越学国际法越不能不爱国，他要留在北京做爱国的事。的确，他在教学、撰写重要的保护国家权益的文章以及一些具体工作中，对国家作出了诸多贡献。

20 世纪 50 年代，正当他人在中年，精力充沛，能够很有作为的时候，不幸被划为“右派”。从 1957 年到 1979 年，22 年含冤忍辱的苦难生活，使他身心交瘁，满腔爱国热情、高深学术造诣都被化为虚无。他得了一身病痛。

编百科全书的时候，刚刚粉碎“四人帮”不久，人们感到国家进入了第二个春天，陈体强虽然病多体弱，但也焕发出第二次青春。他讲课、写文章，极为繁忙，在百忙中他审定、修改了《法学》卷中国际法分支将近 100 个条目，交出定稿 18 万字。这 18 万字，是他字斟句酌、精益求精、简而又简的浓缩的国际法基本知识。张友渔曾说，不是作者在百科全书上发表署名文章可以出名，而是百科全书借作者在学术界的声望体现百科全书高水平的质量。陈体强主编国际法，实现了张老的话。

编书那时候，陈体强住在外交学院里一套有两间房子的小单元里。我每次去，都在西面那间靠北墙的方桌两边谈工作。他把最后一批定稿交给我时，坐在方桌对面，停息了一下，面色凝重地说："原来我让铁崖当国际法主编，现在，还是让我当主编吧。他一直忙着编《中国国际法年刊》，百科的稿件都是我改定的，如果我改错了，应当由我负责，如果作者不同意文稿的修改，应当对我有意见。"几句话掷地有声，主编，不是名义，是责任。

1983 年 10 月 13 日，在北京大学勺园召开了全卷书稿付排前的编委会，我站在门口等待编委们光临。王铁崖迎面来了，见面劈头一句就说："体强逝世了！"猛然一听，不禁两人相拥而泣。田如萱（北大国际法研究所研究员）说，哪位学者逝世都没有陈体强先生逝世让人那么难过。怀着悲痛的心情离开会场，想着 18 万字国际法书稿中有一个数字未能定，他让我们查 1982 年《国际法组织年鉴》，竟成遗嘱。两天后意外收到体强先生的亲笔信，是他的家属清理他的病房遗物时发现并寄来的。信中所提刘深是负责名词统一的编辑，此信是对刘深的答复。信是 10 月 10 日写的。他 12 日写完了法律出版社要出的《陈体强文集》的自序，13 日就永久地离开了我们。《法学》卷出书关于国际法主编的署名问题，我们向王铁崖转达了陈体强的意见，王铁崖说"体强没跟我说过"，我们只好并列两位主编，无论如何，体强先生的责任是尽到了。

（修改于 2018 年 8 月 21 日）

深切的怀念

——纪念吕叔湘先生诞辰 100 周年

李鸿简

吕叔湘先生离开我们已经六年了。他的音容仍时常出现在我脑海中。今年是他的百岁冥寿，在这值得纪念的日子里，我不禁回想起领受吕先生的关怀、教诲与帮助的许多往事。

我第一次见到吕叔湘先生是在上个世纪的 50 年代中期。那时我在武汉大学任教，吕先生来武汉讲学，在当时的中南民族学院讲汉语语法，我和同事一起去聆听。吕先生衣着朴素、表情平和，初次见面，从他身上感觉到一种素养、一种气度、一种朴素外表掩饰不住的学者的高贵。他的演讲通俗易懂、幽默风趣，实例丰富，深深地吸引着听众。

1979 年我被调到中国大百科全书出版社，参与《中国大百科全书》（以下简称《全书》）中的《天文学》卷和《外国文学》卷的编辑工作。在《外国文学》卷的工作结束以后，总编辑姜椿芳令我筹组《语言 · 文字》卷编委会，并着手编辑工作。

吕叔湘先生是《全书》总编辑委员会的委员，又是《语言 · 文字》卷的筹备组负责人，我当即前往语言研究所拜访吕先生。当时语言所"寄居"在地质学院，只有几间简陋的办公室，吕先生热情地接待了我。他显然早已成竹在胸，具体、细致地告诉我，《语言 · 文字》卷应该设立哪些分支学科，邀请哪些语言学家担任各分支学科的主编和编委，他们既要有渊博的学识，同时又要重视这一工作，愿意踏实做事。他不无遗憾地对我说："你早两三年来找我就好了。"我明白他话中的含意：一是他年近八十，即将卸去所长的职务，不在其位，工作起来会有一些困难；二是他的身体不如以前，未免有力不从心之感。临走时，他要我搭他的车回城，并一直把我送到出版社门口。这是我第二次见到吕先生，但是是第一次上门请教，得到他的教诲和指导。他待人诚恳，又乐于助人，给我留下了深刻的印象。

我原来只是武汉大学的俄语教师，与语言学界交往不多。在建立《语言 · 文字》卷各分支学科的编写机构时，吕先生常常亲自出面邀请专家学者参与工作。他曾经多次给外地的学者写信，对于居住在北京的朋友，甚至亲自登门相求。在工作逐步开展，进入撰写条目阶段时，他又亲自写信约请撰稿人。吕先生并不认为这些琐事不应该由他来做，他总是从取得最好的结果来考虑，由编辑出面，有时不如由吕先生出面更好。在编写过程中，曾遇到不少棘手的问题，但在吕先生的帮助下，都能得到顺利解决；而看似一些无关紧要的问题，例如书中涉及的世界各国的名称，吕先生交代在发稿前应商请外交部方面予以审定，以免有误，可见吕先生考虑的周密。

编辑部工作中最困难的是审稿这一环节，特别是大百科全书有它特殊的体例，既不能把条目的内容写成论文，也不能敷衍成讲义。虽然有试写的样条，但多数撰稿人并不习惯；或者一时兴起，下笔成文，未加约束，不合要求。1985 年秋我们在烟台召开编委审稿会议，时年 81 岁的吕先生刚在上海开完一个会，立即赶到烟台，不顾劳累，便投入紧张的工作。会上发现许国璋先生撰写的“语法学”一条的写法不完全符合百科全书的体例，经过商议，吕先生恳请许先生进行修改；“汉语”一条原为王力先生执笔，却被《民族》卷先行挪用，吕先生委托朱德熙先生重写一条；类似的事例不少。吕先生本人撰写的开卷第一条“语言与语言研究”费了许多工夫，言简意赅、朴实无华、内容广泛，而字数却只有八千，成为《全书》中的典范之作。《语言 · 文字》卷的审稿会开过多次，气氛始终是良好的，大家都能互相尊重，团结合作。正因为如此，编辑工作进行得十分顺利，全卷 150 万字，从筹备到出版，只用了四年时间。吕先生在筹备之初曾经鼓励大家说：“我们这卷书不但现在有能力编，而且还要争取早日出版。”事实证明吕先生的话是正确的。

吕先生奋不顾身地为《语言 · 文字》卷披荆斩棘，却婉言辞谢了此书的主编之职。1983 年秋，在《语言 · 文字》卷的编委会成立之前，总编辑姜椿芳希望他担任主编的工作，参与筹备的语言学家们也都表示，吕先生出任主编是众望所归，但吕先生考虑到他已年过八十，精力有所不济，唯恐照顾不周，贻误工作，辞谢了大家的好意。他曾对季羡林和朱德熙二位先生说，如果由他担任主编，那么每一篇稿子他必须都看，涉及的材料也必须加以核实，但他的精力已不允许他这样做了，徒有主编之名而不能履行主编的职责，他是会睡不着觉的。他愿意充当顾问或者编辑委员，责任可以减轻一些，只要看一部分稿子就行了。

假如三年前开始编写这卷书，情况完全不一样，他的精力也许可以应付。这是吕先生的肺腑之言，大家深为感动，也就不勉强他了。

作为《全书》总编委会委员，除《语言 · 文字》卷的工作之外，吕先生对《全书》的编辑方针等问题也发表了不少精辟的见解。他提出，《全书》内容应相当于高级科普著作的水平，深入浅出，使高中文化程度以上的读者能够看懂；《全书》在文体方面应有统一的风格，写法上不是各抒己见，而要统一为一家之言；行文要去掉古味、洋味，等等。他始终关注《全书》的进展情况，即使在住院治病期间，见我去探望，也总要询问我《全书》已出了多少卷，还有哪些卷没有发稿，什么时候能出齐，以及姜老的身体好吗，等等，听我回答以后总有一种欣慰的表情。

在与吕先生相识的 16 年中，我从他身上学到的不仅是语言知识，他的高尚品格更是我做人的典范。他是一位值得敬重、爱戴和称颂的长者。

（2004 年 5 月于北京，原载《吕叔湘先生百年诞辰纪念文集》，
商务印书馆，2010 年）

把百科全书当信赖的伴侣

——学者周有光博学多识的由来

于 友

中国大百科全书出版社最近推出了《不列颠百科全书（国际中文版）》（修订版，20卷）。这是一套有用便查、帮助人们获取广博知识的参考工具书。一看到这套书，我就不由自主地想起了学者周有光。

周先生年逾整百，仍坚持终身学习，奋力阅读书报，还不断发表力作，诲人不倦。他不仅发表他精通的文字学宏论，多年来更多评论社会科学问题，每每提出崭新论见，助人感悟。20多年前，我在中国大百科全书出版社任职时初识周先生，此后在《群言》杂志社工作中又有幸得到他不少帮助，交往中对周先生的博学多识，他所写文章之所以精辟，有所了解。他是把百科全书当作毕生信赖的知识伴侣，当作学习和研究的学术智囊，才取得这么广博和丰硕的成就。

经大学老师推介

我了解到早在周先生1923年进上海圣约翰大学就读的时候，大学老师就指定《不列颠百科全书》的一些篇章作为他必须阅读的课外读物，当年他在阅读之后就觉得书中的文章都叙述得全面而扼要，令自己茅塞顿开，得益无穷，从而他跟百科全书结下了不解之缘。

他至今还清楚地记得大学老师说过："建筑知识高楼必须建筑宽广的知识基础；建筑宽广的知识基础，需要自我教育，终身教育。查看百科全书，并进一步阅读其中介绍的著述，是建筑知识基础的一条捷径。百科全书是‘没有围墙的大学’，谁都可以入学。”

20世纪20年代，周先生已经关心当时苦难中的中国和动荡中的世界，他和几位同学组成一个读报小组，常常谈论天下大事。他们觉得当时的报纸报道过于简单，为了了解世界大事的背景，常常去查看《不列颠百科全书》，每每能得到所需要的资料。他们把百科全书当成了读报的顾问。

当年周先生自己体会到，《不列颠百科全书》的文章都由世界各国的权威专家学者撰写，这书是人类知识的汇总和浓缩，而且学术观点以客观和真实为依据，并不附和一时的思潮起落，因此具有长远的学术价值。

研究学术时少不了的智囊

此后周先生在工作的年代，需要研究许多学术问题，他总是向他身边的那部《不列颠百科全书》请教。他认为，百科全书几乎有问必答，答都符合要求。先生认为这样求知是一种精神享受。百科全书内容广泛，由于它的吸引，先生的眼界和胸怀也就由此非常宽阔，知识面相应地拓展得很广。

周先生在解放前从事经济工作，对金融特别熟悉，解放初期写过《新中国的金融问题》《资本的原始积累》一类著作。由于他解放前业余研究文字学，建国后被调到政府的文字改革委员会任职，一直干到退休。他曾出版了20多种关于语文问题的著作，对汉语拼音化的改革贡献尤为巨大。21世纪以后，他开始评论社会科学问题，运用许多宝贵资料，把问题谈论得十分透彻，具有巨大的说服力，特别显示先生知识的渊博和思想的解放。可以肯定，这是由于先生博览群书，其中主要的是他信赖的《不列颠百科全书》。

写作时善用资料的例子

周先生近年写作过许多关于世界历史和地理的文章，他善于运用百科全书的资料。举例说，2000 年 12 月 24 日他写作题为《文艺复兴和启蒙运动》的长篇文章。在讲文艺复兴部分，分别阐述了“希腊学术的复兴”“民族文字的诞生和民族文学的勃兴”“艺术的创新”“宗教的改革”“科技探索”“地理大发现”等多方面的史实；讲启蒙运动时，也分别列述先后发生在英国、法国、美国的史实。全文材料的使用简练和扼要，先生显然习惯地和熟练地参考了百科全书。

在此后不到一个月的 2001 年 1 月，他又完成了一篇长文章，题为《分久必合，合久必分——二次战后世界大国的“大分大合”》。他列述“英帝国的瓦解”“苏联的瓦解”“美国的扩张”“法帝国的瓦解”“欧盟的形成”和“印度的分裂”等章节，采用了说明这些大国发生演变的大量史实。可以说，只有熟悉百科全书并且善于运用的学者，才能在短时间完成这样博大而精辟的文章。

由于周先生有百科全书那么一个知识伴侣，多年来他不断写作，经常在民盟中央的刊物《群言》上发表文章，几乎每年都出版文集。最近几年他出版的《百岁新稿》《见闻随笔》《学思集》《21 世纪的华语和华文》等文集，内容都十分丰富，论题十分广泛，对读者开拓知识、提高世界观的认识有非常大的帮助。本文作者读过这些书，就好像在“没有围墙的大学”里听课一样。我曾把《见闻随笔》一书视为“百科选编”，足供随时参阅。

追赶狄德罗的成就

周先生所写《文艺复兴和启蒙运动》一文中，曾提到法国有位创办百科全书的杰出人物狄德罗，毕生为真理和正义奋斗，对法国的启蒙运动贡献巨大。

周先生前些年也曾参与我国百科全书出版社的创建工作，他是《简明不列颠百科全书》联合编审委员会中方委员，《不列颠百科全书（国际中文版）》顾问委员会中方顾问。他近年还不断宣扬百科全书的功用，建议大学和中学都把百科全书当作首选藏书。他说过，我国要推进五四运动高瞻远瞩的德先生和赛先生的现代化进程，必须进行全面的知识更新，就要出版世界权威性的出版物，《不列颠百科全书》就是这类出版物的一种。他还说，这类书在我国出版，对青年一代的知识现代化和思维逻辑现代化，有时代转换的启迪作用。

周先生自己受益于百科全书，成为一位博学多识的大学者，多年来为推动历史，尽力传播有助于我国现代化的知识和观点。周先生的贡献使我不禁想起了狄德罗，先生不正是在追赶狄德罗那样成就的热心人吗？

（2007 年 6 月 16 日）

满目青山夕照明

——记参加《中国大百科全书·外国文学》卷的部分老专家、老学者

杨　哲

1983年夏天，在忙碌的中国大百科全书编辑部里，经常能接到这样的电话：

“请帮我买一套《外国文学》卷，可以吗？”

“现在北京市脱销了，我有个亲戚，因工作需要，能不能协助想个办法？”

“什么时候再次印刷？怎么个预订法？要不要把书款先寄给贵社？”

国外有的专家也写信来问讯。

1982年6月，《中国大百科全书·外国文学》问世后，电视台、报纸发表了消息，在读者中引起了很大的反响。参加本书撰稿的许多外国文学界的专家、学者也奔走相告，喜形于色。为什么他们这样欢欣？因为这本书渗透了他们的心血和汗水。

说起来还得回溯到1979年的初夏……

一

党的十一届三中全会以后，出版界和文学界的百花园呈现了盎然春色。编辑《中国大百科全书·外国文学》的工作也正在筹备。姜椿芳同志各处奔走，八方串联。他找了外国文学界的著名专家冯至、季羡林、叶水夫，还拜访了朱光潜、戈宝权、罗大冈、杨周翰，凡是能够找到的他都找了，方便登门拜访的他都去了，大家被姜椿芳同志鼓动起来了，成立了以冯至为首的《外国文学》卷编委会的筹备委员会。也正在这时，有一部分好心的同志提醒我们：现在编辑百科全书的《外国文学》卷，条件还不

具备，因为有一些国家的文学我们缺少研究，那个毁灭文化的“文化大革命”，又使我们与世隔绝了多年，缺少充分的资料。总之，困难重重啊！于是，是现在搞，还是等到以后再搞，甚至是留给我们的子孙后代去搞，这个问题，尖锐地摆在面前。编委会筹备组的同志们说：“这样的事情不能再拖，更不能推给子孙后代，应当由我们来做！”季羡林同志不止一次地说：“我们不要妄自尊大，也不能妄自菲薄，缺少研究不等于我们没有研究，材料不足我们想法找，没有条件我们想办法创造条件，这是祖国文化建设方面的一件大事啊！”是啊，一向有编辑类书传统的中国知识界，早就向往过《中国大百科全书》这个文化方面的万里长城了。在21世纪初叶就曾有人试出过几种小型的实用百科全书。但，这些书毕竟没能达到现代大百科全书的要求。中华人民共和国成立之初，当时的出版总署就曾考虑过出版百科全书；稍后拟定的科学文化发展12年规划[①]，也曾把编辑出版大百科全书列为重大项目之一；1958年又提出开展这项工作的计划，但都没能实现。中国的知识界多么盼望有自己的大百科全书啊！叶水夫同志说过，当他在使用外国的百科全书时，就常想，我们什么时候能有一套自己的现代型的大百科全书呢？姜椿芳同志在“十年动乱”中受到迫害，他在牢房中却冥思苦想如何兴办编写中国大百科全书的事业。有人说，姜椿芳连做梦都在想出版一部中国大百科全书，这话一点也不夸大，他的确是在朝思暮想啊！

我们搞四个现代化，多么需要知识，又多么需要这种汇集各种现代知识的大百科全书！可需要只是一种客观要求，我们这一代人的主观力量能够促成这一要求的实现吗？

冯至同志回答说：“经过许多次商量，我看我们应该搞，应该马上动手！”季羡林同志那沉稳有力的声音在大会、小会上回响，他带领一些中年专家，一起分析了可能性，并举出了一些我们的有利条件。

1979年6月，《外国文学》卷编辑委员会筹备组成立了。

但这仅仅是个开始！

二

《外国文学》卷共收条目3006个，共360多万字。它要用这么巨量的篇幅向读

① 编者注：即《1956—1967年科学技术发展远景规划》。

者介绍世界各个地区、各个国家的文学概貌，各国文学史上有影响的作家和作品，以及它们的文学在发展过程中的重要的文学思潮和流派，有代表性的文学团体、文学奖等，这确实是一个巨大的工程，而且必须和外国文学界各方面的专家通力合作才行。

那么，怎么干呢？什么时候完成呢？编委会筹备组在思考着，编写组在思考着。有两种干法：一种是悠着来，慢慢干，反正有起跑点就有终点，起跑后总有到达终点之时；一种是紧着干，认真干，既快又好。编委会认为，首先要振作精神，应该奋发图强。编大百科全书在我国是新兴的事业，我们应该有创业的精神和创业者的气魄。于是选择了后者。大家为之奋斗的计划宣布了，从制定框架、选条、撰稿、审稿一直到定稿用一年半时间，加工整理用半年时间，再用一年作为印刷时间。

要在 18 个月中拿出定稿来，可不是一件容易的事啊！

编委会、编写组、撰稿人都是利用业余时间从事这项工作，他们各自都有繁重的本职工作任务。工作实在是忙啊！可是，忙，也挡不住老专家们为我国文化建设事业拼搏的热情。著名翻译家杨宪益担任《中国文学》英文版主编，每月有那么多稿件要他终审，有那么多会议要他参加，更有许多大小事务要他表示意见，加上他交游又广，热情好客，夜晚和来访者常常同时降临。他白天黑夜都不能从容地落笔。于是有那么几天，他忽然“失踪”了，他把自己关在一个别人找不到的地方，夜以继日，不停地写起百科全书的条目来了。1980 年 8 月在杭州莫干山开第一次编委会审定稿会议时，年已七旬的冯至同志，由于连日劳累而病倒了。他发着烧，但仍坚持着一字字、一句句审阅条目。眼睛看花了，就拿起放大镜来；夜深了，一盏灯仍伴着他在工作。此情此景，不由使人想起了他的诗句：“爱我们做不完的工作，爱工作里的顺利和艰难。”（《我的感谢》，1952，6）朱光潜教授几乎鸡鸣即起，稍事活动后即坐在桌前。当太阳出来时，他已经展卷披阅许久了，我们走到他的身后，他也没有察觉。他的心扑在了那些条目释文上，只见他在有的释文旁边，批上了密密麻麻的小字。他的工作很多，但他放下了手边正在试译的意大利美学家维柯的主要著作——《新科学》，而为他人修改稿件。人们忘不掉，在编委审稿会上，他除了数次发言外，还写了不少书面意见。王朝闻同志在一篇文章里称赞朱先生是“春蚕到死丝方尽”。朱先生回答说：“只要我还在世一日，就要多‘吐丝’一日。但愿我吐的丝凑上旁人吐的丝，能替人间增加哪怕一丝丝的温暖，使春意更浓也好。”这就是朱光潜教授精神的写照！说起忙，人们还想起一个最忙的人，即季羡林同志。他任北大副校长兼东语系主任，此外还有许多社会工作和外事活动。可谁也没想到，他分工撰写的稿件，却比别人交稿早。在承德开第三次编委会审定稿会议时，因为还要赶回北京参加校庆，也还有其他一些活动在等着他，在编委会议期间，当人们还在梦中的时候，季先生就早早起身在审稿了，直到天明，季先生还在伏案工作。他提前看完了全部应审的稿件，又在大会、小会上说完了他对稿件的意见，才匆匆赶回北京。季先生曾经说：“我虽然有了一把子年纪，但在老人中还算是个年轻的。生当盛世，唯一的希望就是多活些年，多做一些事情。鲁迅先生晚年，曾急不可待地想多做点事情。我现在似乎能够更加具体地理解鲁迅当时的心情。今天中国绝大部分老年知识分子，包括我自己在内，都是越活越年轻，有信心看到‘四个现代化’的实现，也将尽力为‘四化’尽上自己一点力量。鞠躬尽瘁，老而不已。”季先生这些话，确实代表了一代老专家们的共同心情。

法国文学编写组主编罗大冈教授，已经 70 多岁了，他常说：“从寿命来说，我已经够满足的了，因为人已过七十春秋了。但对于工作来说，我还没活够，还要多做一些工作。”他患有冠心病，1980 年的酷暑，组织上安排他去北戴河休养，但他放弃了，甘愿枯坐在北京炎热的斗室中挥汗审阅、修改法国文学编写组的稿件。蝇头小楷，密密麻麻。有人对他的居住条件太差表示同情，罗先生笑着讲了个故事：法国大作家左拉的青年时代，生活贫困，常常彷徨在巴黎街头，为求职无门而发愁，他经常饿着肚子坐在卢森堡公园的一把圆椅上写作。罗先生还说：“想到蒙田那样艰苦，我住的条件再差也觉得不错了，好的东西往往不是在最舒服的环境中写出来的。”“我愿意在劳动中离开人世，而不愿意躺着等死。”1980 年下半年，全国政协开会，他因冠心病发作，不得不离开了会场而住进首都医院，但在病房中，他又偷偷地看起百科全书的稿件来了。

1981 年，王佐良先生的右手不慎摔坏了，用夹板固定着挂在胸前。而他分工撰写的条目，那些早已在构思的内容，始终在他脑海中翻腾，使他不得安宁。人们以为他在家养病，却不知他支撑着身子忍痛用那摔坏了的右手艰难地握着笔在写呀，写呀……为人们所称道的《拜伦》等条目，就是他在这样的情况下写成的。

谁都知道，编辑大百科全书很重要的一个环节是核查材料，而编写组的主编，在审阅稿件时，也不得不经常去翻阅大量资料，有时甚至要亲自核对卡片上的每一个原文字母。著名翻译家、作家戈宝权曾经翻译了许许多多外国名著，写出了许多美好的篇章，他为了完成《外国文学》卷的工作，放下了手头要写的一些东西，审阅并核对起中欧、东南欧部分数百张卡片来。而为了给条目释文配图，他还从数十载所珍藏的大量图书中搜寻名贵的插图，这占去了他许多宝贵的时间，而他从不嫌弃，反而乐此不疲。

在一定的时间完成预定数量的书稿不容易，而保证这些书稿达到预定的质量更不容易。编大百科全书虽然是新兴的事业，但要求它必须能够反映我国在这个领域现有的学术水平。编委会委员、我国著名翻译家、散文家曹靖华一开始就说："我们编的百科全书，不能成为一个垃圾箱，应该是一个百宝箱！"戈宝权同志的笔下曾经写出那么多美好的篇章，而他在接受撰写外国文学方面某些条目时，却说："一页页稿纸都是中国人民交给我的试卷，我是在接受考试。"罗大冈同志在写《法国文学》这个概述条目时，反复琢磨，写成初稿后，还分寄给 25 位老朋友征求意见，然后又反复修改，七易其稿。

为了保证质量，著名教授杨周翰先生不仅认真审阅了他负责的那一部分稿件，而且也审阅了别的部分的稿件。面对那一篇篇已经经过无数双眼睛的，布满蓝色笔迹、红色笔迹的条目释文，杨先生绝不轻易放过，有许多篇他还亲自核对了材料。300 多万字的清样看上一遍需要花费多少时间啊！编委会副主任委员叶水夫同志硬是在灯下、在清晨一字字、一句句地通读了全书的清样。在排字制版过程中，他还曾几次亲临现场。

有些人常常认为参加撰写、审改大百科全书的条目是很枯燥的事，是又头疼又乏味的事。可是，当你探索一下这些老专家的心灵，就会明白这个天地里充满了劳动的欢乐和耕耘者的希冀。他们不是为了别的什么目的，而是为了祖国的文化建设。

（原载《出版工作》1983 年第 10 期）

季羡林先生与《中国大百科全书》

李鸿简　刘　麟

季羡林先生与《中国大百科全书》（以下简称《全书》）的渊源很深。他对艰苦创业的首任总编辑姜椿芳先生十分钦佩，因而支持甚力。1978年《全书》分专业出版的筹备工作一开始，他应姜老的盛情邀请，出任其中《外国文学》卷编辑委员会的副主任委员。那时他在北京大学身兼多种要职，本身有教学和研究的任务，还在翻译巨著《罗摩衍那》，工作之繁重劳累可想而知，但季先生仍挺身而出为姜老分忧。《外国文学》卷编委会于1979年7月举行第一次会议，确定各分支学科的编写组，季先生又义不容辞兼任南亚文学编写组主编，各种繁杂的事务遂接踵而来。我们是《外国文学》卷的编辑人员，奉命与季先生联系，他从不拒绝我们的打扰；要求他办的事无不答应，甚至连一些琐碎的小事也乐于帮助解决。每当我们进入东语系大楼门口那像传达室一样狭小的季先生的办公室，就觉得异常亲切。

《外国文学》卷逐渐进入撰稿阶段，便发现有信心不足的表现。主张推迟编写的意见也时有所闻。1980年7月编委会在莫干山开会，季先生力主编写工作不能停顿或放慢，目前正是最好时机，要抓紧进行。他认为应该破除一些不切实际的观念，相信我们有条件也有能力把自己的大百科全书编写出来。事实证明季先生富有远见的主张是正确的，《外国文学》这一卷主要依靠的力量是中国社会科学院外国文学研究所和北京大学从事外国文学教学与研究的专家教授们，他们受“四人帮”的压制而不得不中止的学术活动，随着新的形势的发展，均纷纷重新启动，《外国文学》卷幸能抓住时机抢先完工，否则，它的进程必将受到影响。

1982年9月下旬，《外国文学》卷（两册）相继出版，大家兴奋的心情自不待言。这时季先生写了一篇七千多字的文章加以评价，发表在1982年第5期《世界文学》杂志上。他对当时编辑大百科全书的方针和编写方法都作了肯定，特别从外国文学研究队伍的成长方面着眼，更显出他的关心不仅局限在大百科全书上。他是这样说的："出版这样一部巨著，这件事本身就是对我国外国文学研究的一个重大贡献"，"因为这是一部连插图在内共达三百六十万字的大著作，印刷装帧都是国内第一流的。参加编辑和写作的人来自全国很多地方：大学与科研机构相结合，专业与业余相结合，老中青相结合。这真是空前的壮举，值得大书特书的。这同时又是我国外国文学研究队伍的一次大检阅，也是从来没有过的"。

然后他对这卷书的优点和缺点进行了分析，从他的论述中，可以看出季先生在那个时期对于编写大百科全书的要求，或者说他当时指导编写大百科全书时所持的观点。综合起来，大致有以下六点：①论述应当客观、全面。就《外国文学》卷来说，应以发展和联系的观点叙述各国文学在特定环境中的演变和盛衰，不以"政治态度"定优劣论取舍，纠正不注意艺术成就、忽视在历史上的影响和贡献同时又不敢为健在的作家立传的偏向。②资料必须准确、丰富。要有最新资料，反对故步自封。③东方文学和西方文学，大国文学和小国文学，要正确对待。重视第三世界文学，破除"欧洲中心论"，但不轻视西方文学。条目释文中要点明有关国家的文学在中国的影响，与中国的联系。④按照在文学上成就和贡献的大小确定是否立条及条目字数的多少。各个国家的条目和字数要保持相对的平衡。⑤文体力求一致。⑥译名务须统一。这六点丰富了姜老在此之前主持制订的中国大百科全书编辑方针和编写体例；特别是其中的前面四条，完全是实践的总结，亲身的经验，是没有哪一本现成的外国大百科全书可以借鉴和套用的。

在这篇文章中，季先生还说了这样几句话："在本书形成过程中，自1979年倡议，至1981年基本完成，每一个工作步骤我都参加了，我同大百科出版社的同志们，以及编辑与写作的同志们一起，既走过阳关大道，也走过独木小桥；既尝到顺利的快乐，也尝过挫折的痛苦；这部书的优点与缺点，我知之悉而感之切。"我们读后都深为感动。应该说，顺利是季先生他们为我们带来的，挫折则是我们编辑人员在工作中的失误所造成，他们因我们而受到牵累，我们常为此而自责。

1982年10月，季先生又应邀与吕叔湘等先生一起指导《语言·文字》卷的筹备工作，1984年初出任《语言·文字》卷编辑委员会主任，同年又受聘为中国大百科全书总编辑委员会的委员。他可能比以前更加繁忙，但对大百科的工作却热心如故。

《语言 · 文字》卷编写工作开始后，又遇到与《外国文学》卷同样的问题：目前编写这一卷书的条件是否成熟？主张推迟的意见呼之欲出，有的学者甚至拒绝接受邀请参与此事。季先生和吕先生都认为《全书》不能缺少《语言 · 文字》这一卷；就当前语言学界的条件来说，这一卷不但能编，而且还能够争取早日编成出版。季先生甚至动情地说："椿芳同志在前面冲锋陷阵，我们不能后退。"这时季先生已年逾古稀，但他的思想作风完全没有衰老之态。1985 年 12 月间，为了修改许国璋先生写的两个条目，季先生决定亲自出面商谈。那天正遇上寒冬中阴冷的天气，北风呼啸，似乎有意阻止季先生出门。季先生毫不在意，他只穿一套中山装，戴一顶鸭舌帽，既不加件风衣，也不披上大衣，临时要不到车子，便带着[①]我步行出北大西门乘公共汽车前往外国语学院。我当时也没有办法拦一辆出租汽车，怀着很大的歉意，跟随他一起去拜望许先生。在公共汽车上没有人让座，季先生一直站着。到了魏公村，和许先生谈得十分融洽。季先生告辞时，由许先生叫了一辆车子送他，我这才安心回家。这件事至今仍使我感动，又感到内疚。

《外国文学》卷（两册）从开始筹备到出版，用了三年多一点时间；《语言 · 文字》卷（一册）用了大约四年时间，在《全书》之中都算是进度比较快的。前者出版后虽听到一些批评，但总的反应，特别是一般读者的反应，两卷书都是比较好的。编写工作能顺利完成，是编委会和各编写组的专家教授们的共同努力所致，季先生的工作精神有带动作用。他为人谦和宽宏，具有远见卓识，能使人心悦诚服，自然也能团结人；不仅能把事情办成，而且能赢得友谊。《外国文学》卷全部工作结束以后，出版社分管这一卷的副总编辑王顾明同志，每年春节前必定率领我们到冯、季、叶三位先生以及其他几位老先生府上拜年，在她离休以后也未中断，决不因为大功告成就把出过大力气的有功有恩的老朋友视同陌路。后来顾明同志身体日衰，逐渐失去行动能力，我们这一活动也逐渐缩小了范围，以后就无法为继了。现在顾明同志卧病在床，姜椿芳同志不幸先我们而去，但我们与季先生之间的友谊是常青的。由于季先生的影响，北大东语系的几位教授，如刘安武、梁立基、李铮以

① 编者注：指《语言 · 文字》卷责任编辑之一李鸿简老师。

及英年早逝的邬裕池等等同志，也曾以满腔热情给我们以可贵的帮助，和我们合作得很愉快，至今仍使我们难以忘记。

以上所记仅是我们所见到的季先生与《中国大百科全书》的关系的片段。

这些片段常使我们感到温暖。今年欣逢季先生八十五华诞，我们衷心祝愿他健康长寿，老当益壮，共同开创21世纪的光明的未来。

（1996年4月于北京，原载《人格的魅力——名人学者谈季羡林》，延边大学出版社，1996年）

金山与《中国大百科全书·戏剧》卷

白　岩

当我打开刚出版的还在飘散油墨芳香的《中国大百科全书·戏剧》卷，不由得想起了金山同志。

我和金山同志相识于1979年冬，他当时是中央戏剧学院院长，我当时是《中国大百科全书·戏剧》卷的责任编辑。《戏剧》卷起步艰难。这一卷包括中外戏剧两大部分，卷帙浩繁，而这方面的理论及研究力量有限，尤其外国戏剧的研究力量薄弱，确定分支学科、制定条目框架等一系列工作请何人参加，从何入手？总编辑姜椿芳同志建议我去搬金山同志，请他参加《戏剧》卷的筹备工作。那天天空飘着雪花，我在中央戏剧学院院长办公室找到了金山同志。这位曾在舞台、银幕上见过多次的表演艺术家，虽年近古稀却不失勃勃英气。他待人和善、平易，丝毫没有大艺术家的架子。当我说明来意之后，他毫不犹豫地答应了。“这个工作难是难啊！”他针对我摆的一大堆困难说，“再难的工作也得有人去做，何况这是历史赋予我们的责任！”

在金山同志生前最后的三年里，他对《戏剧》卷注入了大量心血。是他动员了中央戏剧学院20多位教授、副教授参加《戏剧》卷的筹备工作；是这20多位教授、副教授承担了本卷10个分支学科的主编、副主编之职。金山同志本人身兼数职，说是兼职，工作却是实打实的。以电视艺委会主任这个兼职来说，从选定剧本、找导演到审片子，都得实地去做。所以他每天的日程表排得满满的。我多次见他中午在办公室里边啃面包边工作的情形。他在超负荷运转啊！尽管这样，他对《戏剧》卷的工作从不耽搁，而且抓得很紧，抓得很细。我常为金山同志时间利用率之高而感叹。记得1980年初夏的一个下午，《戏剧》卷编委会召开小型会议，与会同志知道金山同志这天下午要参加西德大使馆举办的招待会，不会来开编委会了。可是会议刚开始，他却衣冠楚楚地来参加会议了。后来他因病住院，这时我想尽量不去打扰他，可他却从医院寄信给我。

白岩同志：

您有什么事要我做的，请事先和我院副院长阮若珊同志联系。我不日去西德访问，三周回国，如需要临行前晤面，请先和刘厚生同志约好，我在医院等候通知。

金山　2月2日

如同平时一样，他见到我常问："《戏剧》卷的工作还有什么问题，有什么事要我去做？"病中依然如此。他对《戏剧》卷的热情关心、悉心指导是感人至深的。他对工作的要求很严格，一丝不苟，仅为研究上书人物就开了十几次会议，他一一比较，慎之又慎，生怕忘掉该上书的艺术家。条目框架修订到第7稿时，在北京戏剧界组织8次不同范围的座谈会，听取意见；之后又派中央戏剧学院4位教授、副教授专程赴上海征求戏剧界的意见，对行动不便的老戏剧家，如黄佐临、陈白尘、陈瘦竹等，则登门拜访，聆听意见。

在金山同志及北京、上海戏剧界专家们的共同努力下，《戏剧》卷的工作进行顺利。编委会决定于1982年7月7日开会讨论第8稿条目框架，如能顺利通过，下一步就要全面展开撰写条目了。7月6日下午3时，金山同志从我手里拿去第8稿条目框架。下午4时，他的秘书打电话告知我，金山同志明天上午准时到会参加讨论。7月7日早晨细雨蒙蒙。8点30分，《戏剧》卷的编委刘厚生、马彦祥、舒强、夏淳、吕复等同志相继来到中央戏剧学院会议室，可是一向准时到会的金山同志却迟迟未到。此时大家还不知道，金山同志已于早晨4时与世长辞了，他永远不会来了！

悲痛之余，我想起金山同志生前常说的那句语："现在是我生命的最后一程了，我要做最后的冲刺！"是啊，那些年里，他为我国艺术教育事业的发展及影视艺术的繁荣在不懈地冲刺，最后，在冲刺中倒下去了。

（原载《博览群书》1990年第8期）

百科作者——我的老师、我的朋友

程力华

中国大百科全书出版社走过了 40 年的历程，我在这里做了 30 多年的编辑。30 多年的职业生涯中，经历了许多难忘的人和事，要说最难忘的还是我们的那些百科作者们。每当我走过百科大楼的一楼大厅时，看到墙上挂的显示屏中不断闪现的我们《中国大百科全书》的作者照片，都不由自主地产生一种自豪感。

在屏幕上显示的这些作者中，我认识的第一位是沈鸿。他是《中国大百科全书》的总编委会副主任，《机械工程》卷编委会主任。那还是在 20 世纪 80 年代中期，我们百科大楼刚刚启用不久。有一天，一个老头儿走进了我们 9 楼工程一部的编辑办公室，我们部主任冯雪明老师走上前去热情地与老头儿握手，并给我们介绍说："这是沈部长！"老头儿满脸慈祥的微笑，冲我们点头，然后走到窗前瞭望着窗外当时还是比较低矮的西城区（我们的大楼当年启用时，在阜成门一带可谓是鹤立鸡群），嘴里连说着："很好！很好！"我当时有点惊讶，眼前这位 80 岁的瘦小老头儿，无论如何跟我听说的他的许多传奇故事联系不起来。据说当年抗日战争全面爆发后，他带领 7 个技工携带 11 部机床，从上海到武汉，又用一担挑挑着从武汉投奔延安，开创了中国共产党领导下的第一个机械制造厂，并任总工程师。此后抗战八年中，他与兵工厂的技术人员和工人一道，设计制造了供子弹厂、迫击炮厂、枪厂、火药厂和前方游动修理厂使用的成套机器设备数百套。为此，他三次被评为陕甘宁边区劳动模范和特等劳动模范。毛主席还亲笔给他题写"无限忠诚"四个大字。据说，改革开放初期，许多国家领导人的专车都换了进口车，沈鸿的司机也跟他说：换个进口车吧，您年龄大了坐着舒服。可沈鸿却说：我是中国机械工业部的副部长，坐进口车是我的耻辱。就是这样一位让人敬仰的"只有小学四年级文化"

的机械制造方面的大专家，以他在业界无人替代的威望和学识，为我们组建了《中国大百科全书 · 机械工程》卷的编委会，召集起中国机械行业最一流的专家，与我们一起顺利完成了《机械工程》卷的编撰工作。

还是屏幕上显示的这些作者中，我熟悉的并在一起工作过的第一位著名科学家作者是师昌绪。那是我们着手编纂《材料科学技术百科全书 》（以下简称《材料百科》）的 1992 年，他 73 岁，我 35 岁。他是此书的编委会主任，我是责任编辑。此前，他曾参与过《中国大百科全书 · 矿冶》卷的编撰工作，并担任《矿冶》卷编委会副主任。与师老在一起工作，除了学识上的差距，丝毫没有年龄上和地位上的隔阂和拘谨，感觉非常舒服和畅快。他平易近人，没有一点架子，与学科专家们的关系都非常好，包括那些个性很强的专家都特别听他的吩咐。师老不仅多次主持《材料百科》编委会会议，研究确定编撰工作中的大事，还多次参与审稿会，以他深厚的学科造诣指导学科框架条目表的制定，解决条目中存在的问题。我曾多次去他家里汇报工作，工作完后经常听他讲当年在国外留学、工作的故事。这些故事不仅感染了我，而且也潜移默化地影响了我的孩子日后的理想和志向（我女儿当时上小学二年级，因为课后家里没人带她，经常跟我去开会，也跟我多次去师老家拜访）。《材料百科》开篇的概述性文章是师老自己亲自写的。那时候没有电脑，都是一字一句写在稿纸上的。那几十页的文字，不知花费了师老多少时间和脑细胞。我按照百科体例对文稿做了文字调整和部分文字修改，然后送给师老进行终审。他看完后全部接受了我的修改，并说："改得挺好！"而且还跟我说："小程啊！你做了那么多，把你的名字也写上吧。"我听后惶恐地赶紧说："那可不行！且不说改稿子是我分内的工作，就说这篇文章吧，不是什么人都可以上名的。那得您这样的大专家才有资格的。"其实我不仅有惶恐，还有一份从心底涌出的感激，感激师老对我工作的肯定，对晚辈的提携，以及由此所展现出来的大家风范。这些都激励并鼓舞着我日后更加勤奋地工作。记得 1994 年我要参评副高职称，师老听说后对我说："小程啊，我给你写一封推荐信吧！"我当时愣了一下，因为此前不知道评职称还可以写推荐信。于是我就傻乎乎地说："我去问一下我们领导吧。"在获得领导的同意后，我回复他说："可以！"此后没几天，一封师老亲笔写的推荐我参评副高职称的推荐信就寄到了我们编辑部，信纸上还订着一张师老的名片。尽管那一年我并没有因为师老的推荐信而评上副编审，但这件事足以让我感动、感念一生。我想，一位具有中国科学院院士、中国工程院院士、中国工程院院长头衔的大科学家，主动为一个要参评副高职称的小编辑写推荐信，这在中国的职称评定历史上恐怕也是绝无仅有吧。如今这封推荐信还珍藏在我书柜抽屉的最深处，无论何时对人说起，我都会有一种莫名的激动。

由于师老的威望，加之当时科技部部长朱丽兰的重视，在《材料百科》的编撰队伍中，聚集了十几位两院院士，他们都是材料科学技术领域最著名的专家学者。就这样，在《材料百科》的编纂过程中，我还有幸成了这些院士们的“学生”。每次向这些专家们请教，他们不仅耐心地给我讲解书稿中我不懂的各种问题，还虚心地听取我这个小字辈提出的修改意见。我发现这些大专家们的学科基础理论功底非常扎实，对本领域各门学科知识造诣深厚，常常是学科内各分支的问题，只跟主编谈就什么问题都解决了，不仅提高工作效率，我也从中学到了很多以前在学校没有学到的知识，还弄明白了许多似是而非的东西。工作中，我曾有幸享受过我国著名光学材料专家、两院院士干福熹先生对我的“独自授课”；也曾与著名的硅酸盐材料专家、两院院士郭景坤先生一起探讨材料的“晶界形成问题”。记得有一次审稿会中间休息时，我与著名的航空材料专家、工程院院士颜鸣皋先生聊起了家常。他对我说，当年他在美国拿到博士学位后，曾在五角大楼谋到一个很好的职位，如果他在那里一直干下去，他的生活和事业都会一帆风顺的。新中国的成立，让他看到了祖国发展的希望，他便毅然决定回国。当美国军方知道他想回国时，对他进行监视，不许他回来。后来，他躲避了监视，偷偷地登上了一架装载货物的飞机，历经艰险回到了祖国。几十年来，他为新中国的航空事业做出了巨大的贡献。就是这样一位功勋卓著的科学家，多年来一直过着清贫的生活，“文化大革命”中还作为反动学术权威被打倒，关进牛棚。我曾问他：“您今天后悔回来吗？”他说：“我不后悔，如果再让我选择一次，我还是要回来。因为这是我的祖国，在这里我是主人。”这样的回答如今在很多场合会被认为是一种空洞的口号，但当年出自颜先生之口，却是那样的自然、朴实、真切，深深地感动了我。编《材料百科》的 5 年，是我职业生涯中最重要的 5 年，不仅我的编辑业务水平在这些年中有了很大提高，而且与这些专家作者们共事，也让我对这份工作有了新的认识，我体验到了学习和创造的快乐。

从 1998 年开始，直到 2012 年退休，我又做了 14 年的《中国儿童百科全书》

（以下简称《儿百》）系列产品的编纂工作。《儿百》的作者加起来有 100 多位。他们中既有中科院院士，又有中小学、幼儿园的老师；既有学科领域知名的专家，也有为儿童编了一辈子书的经验丰富的老编辑。贾兰坡老先生以90岁高龄参与了《儿百》的前期主题框架制定的指导工作。记得 1998 年秋天的一个下午，我们去贾老家拜访他。一听说要给中国儿童编一部百科全书，贾老像小孩儿一样非常兴奋，连说："好！好！"谈话间不时地提起当年参加编纂《中国大百科全书》时的情景。临走时，他还从自己的书架上拿出好几本书，让我们带回去作参考。他负责的"人类的起源"部分，很早就拿出了主题框架。遗憾的是，老人家没有等到《儿百》出版的那一天就永远地离开了我们。

在《儿百》的专家作者队伍中，还有自然地理部分的郑平、气象部分的林之光、航空航天部分的李龙臣、医学部分的马博华、日常生活部分的马光复、海洋部分的谭征、天文部分的卞德培、军事部分的印伯伦、植物部分的孙世洲、艺术部分的欧建平、文学部分的浦漫汀等。编了一辈子儿童图书的资深编辑贺晓兴，从始至终参与了我们这套系列书的策划、编撰和指导工作，直至今天还与我们保持着非常密切的联系。这些作者参与《儿百》工作时，谁都没有问过报酬是多少，大家都为了一个目的就是为中国儿童出一部好的百科全书，再有就是对我们大百科品牌的充分信任和尊重。郑平的夫人刘子午、林之光的夫人张辉华也分别是地理和气象方面的专家，所以他们两对夫妻一起都成了我们的作者。在编著《儿百》以及后来编著《上学就看》《中国幼儿百科全书》长达十几年的时间里，不管是严寒还是酷暑，他们总是招之即来，对工作认真负责，有时甚至连口水都不喝，做完事就走，很怕影响我们的工作。

最让我感动的是天文部分的卞德培老先生，他从 1995 年就参加了《儿百》的第一次编纂座谈会，那时他已经 70 岁了，而且因肠癌刚做完手术不久。对于为中国孩子编一套以图为主的百科全书，卞老给予了极大的热情。也许卞老已经意识到了自己的身体状况，他在和死神抢时间。就像《中国大百科全书》最先出版的是《天文学》卷一样，《儿百》的天文部分也是最先做出框架，最先写出文稿，最先做出样张。记得是 2000 年的秋天，我们做好了天文部分的文图合成后，在进行编辑加工时发现了一些问题，就我们手头现有的资料一时处理不了。于是，我把问题进行了整理，准备拿给卞老去解决，可这时我听说卞老癌症复发已经住进了复兴医院。一天下午，我揣着天文部分的样张去复兴医院看望卞老。我没有坐车，一路走着一路想：我要不要把稿子给他看，我这样做是不是太残忍了；可如果不给他看，里面的问题怎么办，不解决问题我怎么出书？就这样一直从阜成门走到复兴医院，我也没想好到底该不该让他看。最后我决定到病房根据情况再说。走进病房，看到卞老虚弱的身躯躺在病床上，旁边挂着吊瓶，我就什么都说不出来了。在病床前，我简单地向卞老介绍了一下《儿百》的进展情况，并让他安心养病、早日康复后，就赶紧走了出来，因为我再不出来眼泪就流下来了。卞老的老伴儿送我到外面，向我介绍了卞老的病情，我用笨拙的话语又安慰了老人一番，同时我又跟老人说明了我的来意，一是来看望卞老，二是书稿中还有一些问题想请教一下卞老，说着我拿出了带来的稿件袋。老人说那你交给我吧。我真的有些不忍，就对她说，您根据情况，卞老能行就给他看，如果不行也没关系。让我没有想到的是，一个星期后卞老的老伴儿就给我打来电话，说卞老看完了，问题都解决了，让我去拿稿子。

随着工作的进展，到 2001 年初的时候，《儿百》科技卷已基本完成成书加工，为了有把握起见我们还是想请各部分作者审读一下书稿。但是我遇到了一个难题，天文部分找谁呢？卞老肯定做不了了。这时中国少年儿童出版社的刘道远老师向我推荐了另一位著名的天文学家和天文科普作家李元先生，他在告诉我李元的电话号码后又补充了一句：“李元还是个社会活动家，非常忙，不知道他是否有时间给你看，你试试吧！”我怀着忐忑不安的心情拨通了李元家的电话，向他简单介绍了一下我们的书以及请他帮忙做的事情，没想到电话里马上传来了他热情爽朗的声音。他说：“我知道！我知道！再忙，别的事我可以不做，这件事我一定得做，你放心吧，保证完成任务。”1 月末的一个下午，我应约来到李元家。把书稿交给李元后，他一边翻着书稿一边对我说，前些天他去医院看老卞，老卞跟他说到了这套书的情况，说自己可能没法最后审稿了，如果需要想请他帮忙完成这件事情。所以，他说他知道这件事，并且一定完成老卞的托付。听完李老的话，一种莫名的感动在我心中翻涌：这不是一般的托付，是卞老的临终嘱托，是老一辈科学家对孩子们满满的期待和满满的爱。因为就在几天前卞老去世了。至今我都有一种遗憾，当时为了赶时间出书，我都没能到医院再去看卞老一次，也没能最后去送他。

正是这次与李元相识，我们又有了一位非常好的作者和朋友。在后来《儿百》的历次宣传活动中，李老都给了我们最及时的、最到位的、效果最好的帮助和支持。

每次他都要问一句:“我这样说，行吗?”

行，中国大百科全书的作者行！这是一个多么高大上的作者队伍啊！他们不仅用智慧和学识成就了中国百科事业的辉煌，也用他们的情怀和品格影响了我们这些编辑，激发了我们对编辑工作的勤勉和对百科事业的忠诚。

我永远感谢他们——我的老师，我的朋友。

（2018 年 9 月 4 日）

那些主编们

王　瑜

从 2014 年 6 月进入三版内容中心工作，我很幸运经历了前期多个学科编委会的组建工作。三版的学科主编都是某个学科领域最顶尖的专家学者，在与他们的交往中也发生了许多令我印象深刻的事，择其一二记之。

心理学主编张侃

心理学科的调研工作是从走访《中国大百科全书》第二版的心理学副主编高云鹏教授开始的。他与我仔细回忆了二版编纂的过程，比如他们每一篇稿件都要经过他和主编荆其诚院士三四次校改才能够定稿。对三版主编的人选，高老师并未给出直接的建议，但他给了我很好的指引，告知我可以到中国科学院心理研究所进行调研。之后，我将下一个调研目标锁定为中科院心理所所长傅小兰。傅老师直接表示，因工作事项较多，无法承担相应工作。但傅老师的一句话，让我初步锁定了一个人选。临分别时，她说："张侃老师不一定会答应做这件事，因为他现在推掉了很多事情。但是如果他愿意做，应该是最合适的人。我也会支持他做这件事。"虽然这话的否定意味更浓，但给了我无限的希望。

在一轮电话和邮件调研之后，结合心理学界专家们的意见。2014 年 10 月 30 日上午 9 时，我给张侃老师发了一封介绍百科三版并且邀请他参加相关工作的邮件；2 小时后，我就收到了张侃老师的回复："能做这个工作，是我的一份荣幸。"并且初步约定了见面的时间。

在这期间，可能是我收到邮件太过欣喜，粗心大意地闹出个乌龙，张老师给我约定时间的回复是“除了下周一下午，周二下午，周三下午，都方便”。不知为何，当时内心太过激动的我错将其看成“除了下周一下午；周二下午，周三下午都方便”。这样，我就赶紧发出邮件“周二下午见面，可否”。张老师竟然没有拒绝我，欣然回复“好，谢谢”。然后，在周二的下午，张老师约我去了他开会的会场见面，直到此时，我才猛然悟到当时误读了张老师的邮件内容，让他好生为难了一番。那个下午，他亲自到门口接我，与我谈了两个多小时。从三版的立项、项目的要求，到张老师参加二版工作时的回顾，言谈中，一代心理学人对学科的使命感和责任感，一代知识分子对国家的感激和报效之情蕴含其中。那次谈话我印象最深的一句话：“小王啊，荆老师他们那一代人可以不求名利来做这件事，我们这一代人也应该继续把这件事情做好。”这话语中既有对前辈学人无上的崇敬与缅怀，也有接过“百科”这面大旗时深沉的情感与责任。

这份情感与责任不仅仅体现在张老师毫不迟疑地承接编纂工作任务，还体现在许多方面，比如组建编纂团队。在拟定学科编委会的初步名单时，张老师拟定的心理学副主编一共有 5 人，其中还有两位年轻的 70 后学者。三版通常建议学科副主编不超过 3 位，且对于两位不到 40 岁的学者担任学科副主编也略有疑问。我就此事与张老师进行多次沟通，张老师语重心长地跟我解释：“之所以选了两位 70 后较年轻的学人担任副主编，除了业界影响力、专业能力等方面的考虑，更重要的是百科全书编纂是一个长久的事业，不仅他们这一代学者要编，第四版或者后面的第五版也要有人编，副主编在年龄上是梯队形，他们深度参与了三版的编纂，那么十多年后再编百科全书时，他们既有业界影响，又有专业能力，还有编纂经验，能比我们这一代人做得更好啊。”

2015 年 8 月，我将心理学科交接给有专业背景的学科编辑，与张老师见面、交谈的机会日渐少了。但他对百科全书事业的拳拳之心却一直感动并影响着我。到 2018 年底，心理学科将全部上线试运行，至此，对自己曾经邀请的这位希望“承上启下”的主编也总算有一个初步交代。

统计学主编袁卫

统计学学科是我 2016 年 6 月接手的学科，因为对这一领域完全不熟悉，加之接手也是因为前后有三个学科编辑离职造成的“不得不为”。所以，最初对统计学我并未投入太多的精力和情感。直到 2018 年 9 月，在与这个学科两年多的交往中，才更加认识和了解了统计学科的主编——中国人民大学袁卫教授。

“统计学是新学科，《中国大百科全书》第一版和第二版从未有过独立设卷，所以，不仅对《中国大百科全书》，对统计学科而言也意义重大，请大家务必重视。”每一次统计学开会之时，袁卫老师都会讲这句话。刚开始听的时候，我并未在意，但当听过他讲了十几遍的时候，我就开始探寻其中的原因。统计学是一个很特殊的学科，虽然在教育部的学科分类中它是一个一级学科，但一直处于一个挺尴尬的位置。统计学的一部分核心内容在数学里，比如在中科院，统计学的研究室就设在数学与系统科学研究院，还有很多高校也将统计学设在数学学院中。还有另外一部分统计学应用的部分则分散设在经济学、社会学、管理学中。这就造成学科资源无法进行强有力的整合，学界专家们无法形成合力。以袁卫老师为代表的一批统计学者，最大的心愿就是整合整个统计学界的力量，共谋学科的发展。所以，他们对《中国大百科全书》第三版将统计学科作为独立的执行学科尤为重视，某种程度上他们认为，这一次，为学科的建设和发展提供了新的机遇。

袁老师总是笑呵呵的，对谁都很礼貌、客气、周到，每次到中国人民大学拜访或开会，他总是将自己私人收藏的茶叶或咖啡拿出来与我们分享。他爱摄影，每次开会他都拿着私人相机担任我们的会议摄影师。两年多的接触中，我只见过他一次很严肃的样子，2017 年 12 月在中科院数学与系统科学研究院召开了一次学科编委会会议，几位分支主编因故不能参加，在微信群中发了跟袁老师请假的消息。袁老师这个时候毫不留情地回复：“编纂百科全书是一件非常严肃和重要的事情，希望大家能够克服困难来参会。我们之前曾有约定，凡是两次以上不参加会议的，请自动退出。”虽然隔着手机屏幕，我似乎看到了袁老师板起面孔的样子。自统计学编委会组建至今，每次会议的到会分支主编总是非常齐整；在任务提交时也都基本能够按照约定的时间及时提交。

袁老师不遗余力地推动学科编纂工作，不仅仅是为了编一部书，而是将整个统计学科进行一次系统化的梳理，更重要的是，让曾经不得不蜗居在其他学科之下的“统计学”能够成为一个有骨、有血、有肉的真实存在。

此外，我接触的还有情报学主编马费成、图书馆学主编陈传夫、档案学主编冯慧玲、传播学主编胡正荣、新闻学主编唐绪军等，以及出版学的副主编魏玉山、刘建生，图书馆学的副主编肖希明、陈力等。与他们每一位的交往，都让我受益颇多，他们为人谦和有礼、通透豁达，对工作精益求精、科学务实，对学科满腔挚爱、无限期许，对百科全书的编纂更是倾注了自己的全部心力与热情。在编纂百科全书的这条漫漫长路上前行，当我因某些暂时的困难而纠结于“为什么”或“怎么办”的时候，他们更是给予我莫大的勇气和力量，如一盏盏明灯，照亮黑夜，指引我前行。

（2018 年 9 月 10 日）

百科的人，百科的事

董淑芳

作家迟子建在2009年法兰克福书展上有一段精妙的发言：“真正的风景，最终是留在心底的风景，而能留在心底的风景，注定是我们收回目光、低下头来的一瞬，从心海里渐渐浮现的风景……”自我进入中国大百科全书出版社已近五年，这是忙碌、充实、浓度极高的五年，烙在我心底的风景是这样一些人和事。

我的一位学科主编是北京大学的叶朗先生。在艺术学理论学科编委会会议上讲起这个学科，他红着眼圈说，这个一级学科来之不易。他为了这个学科的建立，东奔西走，废寝忘食，甚至与校领导多次发生冲突。他热爱这个学科，他的热爱犹如一笼真火，几十年不灭地在燃烧。它为什么不灭呢？他是将自己的心血脑汁作为燃料添加进去，才使这笼真火不灭。那次学科会后我们领导说了一句话，一定要把艺术学理论学科打造成《中国大百科全书》第三版的名牌学科。我问为什么，领导说因为主编的这笼真火。

我拜访过一位舞蹈学科二版的老专家刘恩伯。我事先电话沟通，当得知我是大百科的编辑时，这位耄耋老人的语气立刻由客气转为亲切。当他听到我要去拜访，甚至有些激动和语无伦次，他说我记得你们的大楼在阜成门，做二版的时候我去过，你从阜成门出发，有一辆公交车能直接到我家……我如约拜访的时候，刘老抱出两个大箱子，他从年轻时就开始做田野调查，30余年走了将近16万千米，积累了700余页手稿和1 500张照片。他说三版是网络版，可以增加一些图集，这些舞姿画像、古代舞蹈纹样正好能派上用场……我抱着沉甸甸的样稿回出版社，突然想起自始至终，老人只字未问我们的稿费标准。

我的一位作者，中央戏剧学院的李益男老师，负责德国戏剧的条目组稿工作。有一次，她拖着行李箱出现在我的办公室。她刚刚参加完德国的学术会议，匆匆从法兰克福飞回就直接来找我。她从行李箱里拿出厚厚一摞纸稿和一沓照片，她说，这次借会议之便，她核实了德国条目的几个数据，网络上关于这几个人物的生卒年、生卒地的信息是不准确的，为了核实其中一个人物的卒年卒地信息，她开了两个小时的车去拜访这个人的后人进行核实。她还根据条目内容，拍了照片、录了视频，作为这些条目的多媒体资源。这位老师走后，我从微信上看到她发的朋友圈——将书稿亲手交给编辑，终于踏实了。

前段时间我们部门新进一位同事，领导安排我带她一起出去做学科调研，一路上她给我讲新员工培训上的体会和感动。我问她为什么选择出版、选择百科。她瞬间红了脸，很不好意思地说为了梦想。是的，所谓梦想真的很可笑吗？在这个被商业浸泡的时代，多少人的梦想已经失落在呼啸而过的路上，被束之高阁永远尘封。再也没有编辑会在大雪纷飞的时候去叩击作者的家门，再也不会有深鞠一躬的虔诚和恭敬。而我们的领导仍然在新员工培训上告诫我们：理想永远不能丢掉，这是我们做书人的灵魂；百科全书永远需要工匠精神……后来这个姑娘代表新员工在全社大会上发言：我眼中的大百科是严谨的，包容的，开放的，博大的，是这个喧嚣时代为数不多的有静气和传承精神的一家出版社，我们是一群做着好梦的青年，我们愿意在大百科的舞台上挥洒自己的光和热……

百科社的一位老领导，曾给我们讲过一个关于大雁的故事：大雁有一种合作的本能，它们飞行时都呈 V 形。这些大雁飞行时会不时地变化队列，让每一只大雁都能在不同位置发挥更大更充分的作用，因为为首的大雁在前面开路，能帮助它两边的雁阵形成局部的真空，可使每只在雁阵中飞行的大雁，速度比单飞高出百分之七十。雁群飞行一段时间后，承担大部分气流阻力的领头大雁会换到后面，由另一只大雁接替它领飞。这样，大雁们通过交替领飞来节省体力，共同飞向目的地。这个故事形象地告诉我们什么是团队，什么是团队精神——那就是精诚合作，就是齐心协力，就是不抛弃不放弃。这种精神已经融入百科的企业文化。百科全书这个雁阵，甘于在这座“没有围墙的大学”里默默耕耘，皓首穷经，他们把才华挥洒在百科全书的字里行间……

我经常想，百科的精神是什么，百科的气质是什么。学术分社的一位老编辑说，每一个条目都是有生命的，审读中能感受到它的呼吸和情感；每天从阜成门地铁口走出，第一眼看到百科大楼如一座高耸的书山屹立在天空下，不管风雨，无问西东；打开邮箱，看到来自世界各地的回稿邮件，看到“顺颂编祺”的结语，莫名的感动油然而生；库房的角落里，整齐地放着刚刚从印厂运送到的样书；数不清的编辑室里，键盘声此起彼伏，像是在诉说一个个故事……百科的精神，百科的灵魂，就蕴含在这百科事业的点点滴滴中。在这里，理想、价值、担当、专业、耐心……这些被市场逐渐抛弃的出版情怀附带着百科的精神有如蚕丝般坚韧，传承在一代代的百科人身上。

这些是流淌在我身边的人和事。一项事业是由一个个具体的人构成的，它由这些人创造并且决定。只有拥有那些能够尊重知识的人，能够齐心协力的人，能够独立思考的人，怀揣理想依然做着好梦的人，百折不挠捍卫出版尊严和敬畏科学知识的人，我们的百科事业才能走得更远！

（2018 年 9 月 20 日）

求真、奉献、敬业

——记心理学专家二三事

周　宁

自 2015 年进入大百科从事《中国大百科全书》第三版工作以来，接触到很多心理学专家，他们利用业余时间躬耕修典、无私奉献，用实际行动诠释了学者风范，彰显了百科全书的权威性与科学性。他们是这个时代的精英，代表着求真、奉献和敬业。

梦中核对资料，满世界寻找图片

在这个浮躁且急功近利的时代，严谨的治学精神似乎不再是社会主流。然而，任何时代和领域都有不忘初心者。河北师范大学的阎书昌老师就是其中之一。阎老师从事中国心理学史研究，在审阅“吉布森”这个人物条目时，有专家对条目内容提出疑问，于是我发邮件请阎老师指导。为了便于联系，阎老师加了我的微信。第二天早上 5 点多，收到阎老师的信息，他说：“我终于核对清楚了，一晚上都在做梦查找文献。终于就在刚才，我找到了原始文献，证实了我的观点是正确的。”我看到这条微信的时候，敬佩之感油然而生，仅仅隔了一个晚上，阎老师就把问题证实清楚了，而且做梦还在寻找答案。

为了给设条的心理学家配人物头像，阎老师开玩笑说，他在满世界寻找心理学家的后人，例如戴秉衡的肖像就是他在美国的女儿提供的。有时去参加学术会议，遇到某个心理学家的后人，他也要抓住这难得的机会，请他们签署图片著作权确认书。

阎老师就是这样，将他的一颗赤诚之心全部用在学术上，不仅用求真的态度撰写每一个百科全书的条目，还经常帮我解答审稿中遇到的困难。例如某个人物的生卒年拿不定了，并且不知道从何入手求证时，我就会请教阎老师，每次他都能给予指导。

来自凌晨 1 点钟的邮件

2016 年，心理学面临的首要任务就是回稿。为了提高工作效率并减轻学科秘书的联络工作，我开始与各分支积极联系。当我给发展心理学分支主编邹泓老师发信息后，邹老师正在长白山讲学，她回复说会尽快完成回稿。后来得知，为了分支的编纂工作，邹老师已组织过两次会议，分别讨论条目表和布置撰稿工作。为了完成全面回稿工作，又于 2016 年 11 月组织了为期两天的条目终审会议。十余位心理学专家甘愿牺牲周末的时间投入到百科全书的编纂工作中，无疑是受到邹老师人格魅力的感召。

发展心理学分支全面回稿后，我开始集中审阅条目，遇到不清楚的问题总免不了要请教邹老师。尽管邹老师事务繁忙，但无论多晚，她都要挤时间回复邮件。每次收到邹老师凌晨 1 点多发来的邮件，我都心生感激。在她母亲生病住院及学生答辩期间，为了不影响编纂进度，邹老师依然抽空解决条目编写过程中的问题。甚至在春节期间，我还收到邹老师的邮件："周宁，春节好！利用假期审阅了部分回稿，现在虽然仍在春节假期中，还是想早些发给你，也算了件心事。"

发展心理学分支总共 200 多个条目，但在过去的两年中，我与邹老师的邮件往来多达 200 余封，有时为了一个条目释文，要来回沟通几次。邹老师从未嫌我麻烦，每一封都做了认真回复。当其他分支作者的稿件内容与发展心理学分支中的有关内容有差异时，为了全书统一，我也总是冒昧打扰。尽管这属于编辑应做的工作，但邹老师每次都以学者应有的严谨态度认真对待。

邹老师就是这样，为了保证百科全书的权威性，她甘愿牺牲自己的个人时间，并且不求回报，她多次表示要将分支的审稿费全部发给两位副主编。这种无私奉献的精神，正是我们这个时代所需要的。

带病坚持推进百科全书的编纂

法律心理学分支是进展较快的分支之一，早在 2016 年上半年就已完成全部回稿。分支主编马皑老师却还经常自责："法律心理学进展慢，责任完全在我。没能及时督促、审稿及发挥带头作用是主因，特此检讨。全部工作都因我的生病而停滞不前。这一年因长期超负荷，病情较重，血压长期处在 170 左右，到 3 月才开始吃药，4 月又视网膜穿孔，5 月疑似脑梗。现在这 54 条，上交也凑合，只是心有不甘。我每天上电脑只能 8 小时，太长只能用一只眼，实在看不清，所以进度慢。"我仍记得看到这封邮件时的触动。尽管法律心理学是新增分支，没有一二版基础，条目在编写过程中遇到了很多问题，但是马老师亲力亲为，对每一个条目进行严格把关。2018 年 3 月，为做好社科词条库的上线准备，马老师又再次组织专家进行集中审稿，专门解决释文中的"不专业"之处，以保证条目的权威性和准确性。正是这种执着敬业的态度，保证了法律心理学分支的进度和质量。

为编纂百科全书夜不能寐

理论心理学分支尽管有一版、二版的基础，但三版新增条目占 82%，加上理论本身的抽象特点，要将释文写得适合于非专业读者阅读，着实不容易，这也使得分支进度缓慢。2017 年 11 月，心理学编委会准备召开第四次会议，其他分支都陆续分批次提交了回稿，理论心理学分支却还是零回稿。会议休息期间，分支主编彭运石老师找到我，希望出版社再多给他一些时间。他说，尽管最近的时间全部用在了百科全书上，但还是没有完成，深感抱歉。今年 7 月份，为了便于我核对作者的稿件，彭老师将之前发给副主编的邮件转发给我，邮件中这样写道："连着几日都睡不着了。理论心理学分支成了心理学卷进度最落后的一个。原计划少叨扰二位，但现在看来，我一人无论如何都难以按进度完成全部统稿工作。因此，只好劳烦二位承担一些统稿任务了。"打开邮件的附件，看到彭老师将两位副主编负责的稿件，全部按作者以单独的文档编排好，而且每条都附加了心理学编委会要求作者填写的"条目编写提纲自查表"。单是这些琐碎的整理工作，就足以证明彭老师在推动分支编纂工作上付出的时间和精力。

为庆祝中国大百科全书出版社成立40周年，《中国大百科全书》第三版心理学正在为学科条目全部上线做最后的努力。学科主编张侃先生多次向各分支强调进度和质量，各分支编委会及作者也在积极为百科全书贡献力量。尽管这一路走来，遇到了诸多困难，但与心理学专家的上千封邮件往来，足以证明每一位专家都倾注了自己的心血。我想，在任何时代，我们唯有以大师们严谨的科学态度、精益求精的治学精神为榜样，才能推动社会的真正进步。

（2018年9月12日）

展望篇

追求·创新·超越

——庆祝中国大百科全书出版社成立40周年

杨牧之

中国大百科全书出版社自1978年成立至今40周年了。它是为《中国大百科全书》而生，40年来，也是围绕着《中国大百科全书》而发展，而繁荣。2011年，国务院立项，实施《中国大百科全书》第三版工程，中国大百科全书出版社又开始了新的征程。

回忆《中国大百科全书》发展的历史，我还是缘分不浅。二版立项前，我作为新闻出版署分管出版的图书司司长，曾和百科社的同志一起去国务院秘书局说明工程的意义和我们的要求；工程进行中，我又以副署长的身份，和百科社的领导去当时国务院主管副总理李岚清同志处汇报；二版完成时，在人民大会堂召开表彰大会，虽然因为偶然原因我没能与会，但因为我是总编委会副主任之一，所以，出席会议的名单中仍然有我的名字。真是机缘巧合，表彰会后一个月，我又被任命为《中国大百科全书》的总主编。我和大家一起接过胡乔木、姜椿芳、梅益、周光召和徐惟诚等前辈的大旗，继续前进。

我们从事的事业是光荣的，光荣的事业常常是十分艰巨的。我们谨慎、周密地策划，我们放眼四方去调研，从投入这项工作开始，到现在有七年了。这七年，我深深体会到，做好这项工程，要牢牢把握六个字：追求、创新、超越。

《中国大百科全书》第三版的工作是在党中央、国务院的支持和关心下进行的。二版完成后筹划进行三版的时候，中央领导明确指出要不断前进，不断创新，特别提出“传播力决定影响力”的观点，要求我们改进传播方式，不但要搞纸版，还要数字化，搞网络版，要跟上世界的潮流。特别要提出的是，在文化出版领域，《中国大百科全书》第三版这样的项目，可以说是近 10 年仅有的一个由国务院立项的工程。这个工程是中办和国办印发的《国家“十三五”时期文化发展改革规划纲要》中仅有的三个“国家重大出版工程”之一，而且是名列第一位的工程。可见，党中央、国务院对这项工程的重视和期待。

2017 年，第一次在科学院的科学网上披露三版工作情况时，引起海内外媒体的广泛关注，国内的《参考消息》《中国新闻出版报》《中华读书报》《环球时报》和香港的《南华早报》，国外的美联社北京分社、新加坡的《联合早报》及《新西兰先驱报》、英国的 BBC 等纷纷发表消息和评论，可见世界对中国编制新一版《中国大百科全书》的特别关注。

今天，借庆贺中国大百科全书出版社成立 40 周年这个机会，我谈谈在从事《中国大百科全书》三版工作中我的一些认识和体会。

2011 年 11 月 5 日国务院批复《中国大百科全书》第三版立项。2013 年 11 月，资金到位。应该说真正开展《中国大百科全书》第三版的工作，是从 2014 年起，至今已近五年，如果加上前期一年半左右的调研工作，到现在有七年之久了。三版设有总编委会，其中有大科学家、著名学者，包括院士、教授、研究员和各部委领导共 25 位，主任是第十二届全国政协副主席、中国社科院原院长陈奎元。

我是做编辑工作出身，先后在中华书局、新闻出版总署、中国出版集团任职，后来又做《中国大百科全书》第三版的工作，前后 50 余年，总的来说都是做编辑出版工作。但是，在这之前，我没有编过百科全书，所以编辑百科全书我是初学。这几年下来，我感到这项工作、这一部书，意义非比寻常。几亿字的大书我编过，三五万字的小书我也编过，我还编过一篇文章几千字的杂志、“活页文选”。但是《中国大百科全书》不是简单的一部书，它是文化的万里长城，所以，我觉得《中国大百科全书》这项工程意义非比寻常。我有幸参与其中，受益良多。

第一点，这项工程是光荣而艰巨的

为什么说光荣呢？它是一项重大的文化工程、重大的学术工程，代表着国家的形象和科技文化水平，体现着每一位撰写条目的学者的学术价值。它是国务院立项的一个国家重大项目，能投身到这样的事业中还不光荣吗？为什么说是艰巨呢？

因为它承担着准确、权威地传播和宣示各种学科科学知识的任务。它是标准，要传播得好，还要准确、权威，不辜负广大读者的信任，那还能不艰巨吗?

我投身到《中国大百科全书》的事业中之后，学习百科全书的编纂出版历史，对一部优秀的百科全书的价值深为震撼。

1772 年，以法国哲学家狄德罗为代表的法国启蒙运动的倡导者们用了 20 年的时间，编写了世界上公认为第一部现代意义上的百科全书——《百科全书，或科学、艺术和手工艺大词典》，即《百科全书》。书一问世，恩格斯立即予以高度的评价。他说，《百科全书》成了一切有教养青年的信条，它的影响是如此的巨大，给了法国革命党人一面理论的旗帜。主编狄德罗说，这个巨著是改变人们思想方法的辞典，是一部以解放思想为目的的百科全书。另外他又说，用革新的态度介绍现代知识，特别要重视先进技术的工业应用，即促进知识向现实生产力的转化。他不但讲了政治上的巨大意义，还讲到科技的发展对现实生产力的作用和价值。

恩格斯、狄德罗及经典作家们对一部百科全书的评价是如此之高（是革命党人一面理论旗帜，是改变人们思想方法的辞典），让我震惊。今天，当我有幸投身到《中国大百科全书》的编辑出版工程中来，顿感使命的庄严和神圣。

第二点，项目重大又十分具体

说重大，大家常说百科全书是没有围墙的大学。说它具体，因为需要一个条目一个条目地写。这好比万里长城，要一块砖一块砖地砌起来，哪一块砖都得严丝合缝，否则就会影响整体工程的稳固。

辞书编纂专家们说：辞书编写是个系统工程，是个完整细密的整体，工作流程环环相扣，各个步骤间紧密衔接，不认真考虑，事先安排好，到头来还得补课。这就必须要有一种“水磨工夫”，反复打磨，细之又细。

第三点，反映最新的科研成果，又要深入浅出、雅俗共赏地表达出来

不反映最新的科研成果就不可能权威。国际的水平已经达到一个新的层次、新的境界，你还说一二十年前的老话，怎么行呢？另外，还必须做到，反映最新的科研成果还要表达得深入浅出、雅俗共赏。举例来说，你是力学家或物理学家，你讲的道理你认为很基本，很普通，但大百科全书的读者并不都是学力学、物理学的，他们就会认为太高深。力学家、物理学家读其他学科的条目也会有这样的问题。编纂大百科全书的原则之一，就是它编写的条目是给非本专业的读者使用的，所以，为了让这些非本专业的人能读懂最新的科研成果，就要深入浅出、雅俗共赏。

第四点，这部书既影响深远，又是读者的日常工具

说到影响深远，就想到万里长城、想到金字塔，应该说《中国大百科全书》以及世界上很多著名的百科全书，都是文化上的万里长城和金字塔，耸入云天，万人瞻仰，成为人类引为骄傲的共同的文化遗产。现在有了网络、各种资料库，甚或“大数据”，查阅资料十分方便，但大家还是要使用纸版的或网络版的百科全书，更信任百科全书，百科全书成为每个人、每个读者日常的学习工具和读书的可靠宝典。

第五点，完成这样重大的工程，既需要作者的精湛学识，又要有无私的奉献精神

从作者方面说，一个条目千百字、几千字，谈不上是学术著作，可是如果没有专门的研究，没有高深的专业水平，这几千字是写不出来的。这几千字的条目可能是他们一生研究的结晶，没有研究无从落笔。超长、特长的条目字数会比较多，但这样的条目并不是很多。各位专家学者和院士都肩负重任，身上都有不少重大的科研项目，还要挤出时间来写这几千字的条目，这就需要一个很高的境界，需要有高尚的精神。这种精神就是奉献精神。

这使我想到科技创新和科学普及的问题。编写百科全书条目的各位学者都是搞科技创新的专家，同样是优秀的科学普及的教师，因为大家都知道没有科技常识的普及，没有科普打造起来的基础，科技的金字塔就构筑不起来。百科全书的重要性是由它的性质、价值决定的，它既是科技创新成果的体现，又是把创新的科技成果普及大众的一个平台。没有对大众的普及和素养的提高，科技创新的基础就不会雄厚，成果就不会源源不断。所以一个条目千百字、几千字，就这样与一个伟大的事业联系在一起了。

编纂百科全书的意义非比寻常，编纂《中国大百科全书》选题的运作，顶层的构建，页面的设计，同样非比寻常，要求精心设计，精心施工。

我们要怎样打造一个“充满活力”的百科全书呢？

第一，要努力追赶世界先进水平

目前，在时代的压力和形势的压力下，三版工作正在十万火急、日夜兼程地努力进行着。国际上的百科全书创新不断，特别是网络百科发展迅速。

比如说《不列颠百科全书》，2012 年 3 月突然宣布停止发行纸质版，要搞网络版，而且一上手就发展得很快，短短几年已经有 15 万个条目，可检索的条目达到 9.8 万个，照片 9 800 幅，地图 377 幅，动画影像 204 幅，还可以链接《纽约时报》、英国广播公司等机构的新的文章，发展之迅速令人目瞪口呆。不列颠百科全书公司总裁豪尔赫 · 考斯十分豪迈地说：这个决定对百科全书意义重大，不是为了我们辉煌的过去，而是为了我们充满活力的现在和未来。

“维基百科”自 2001 年英文版成立以来，现在已经成为世界上最大的资料来源网站之一。280 种以上的语言版本，近 10 亿的访客，号称“人人可以编辑的自由百科全书”，免费提供完整的内容。当然，它不同于《不列颠百科全书》《中国大百科全书》这样的高端百科全书，但维基百科的发展有这样三点特别值得重视：其一，条目量大，访客量大，必定影响大，截至目前已有数亿访客。其二，读者认为它权威、有用，号称是“人人可以编辑的自由百科全书”，那就另有魅力。读者愿意使用它，它的影响当然就大。其三，到目前为止已有 30 多万个中文条目，这就加强了它在中国的影响，也加大了对三版工作的压力。

《俄罗斯大百科全书》于 2002 年 10 月开工，它是《苏联大百科全书》的一种延续，普京总统亲自签署总统令，任命科学院院长为编委会主席。现在它的纸版已经完成了，正在筹划数字版。

形势的压力、时代的压力、科技现代化发展的压力，就要求我们必须加快速度，共同努力，推进三版的工作进程，争取早日完成《中国大百科全书》的网络版，适时推进纸版。

第二，靠质量打造品牌

形势、时间的压力如此之大，我们该怎么办？我们是后来者。后来者要赶上去，超过去，后来居上，靠什么？靠的是质量，是权威和准确。所以，加速的关键是要把质量搞上去，靠质量打造品牌。质量是最大的政治。质量是百科全书的生命。国际上对于百科全书的质量有个评判的机制，它以百科全书被图书馆、评论刊物、专家、重要报刊引用的次数，图书要目、工具书收录的数据，作为比较的标准。这个标准最高分是 15 分，现在《不列颠百科全书》《康普顿百科全书》《美国百科全书》都得到了最高的 15 分。我们必须赶上去，要形成我们的质量品牌。质量的关键，一个是准确、权威，另外一点，更为重要的是要达到准确、权威，必须导向正确、导向科学。我们能不能做到恩格斯、狄德罗对《百科全书》的评价：“一切有教养青年的信条”“促进知识向生产力转化”？

应该说，我们并非无根据的盲目自信。我们具备保证质量的条件。我们有国家和各方面的坚强支持，我们现在已有两万五千多名专家学者投入到编写工作中来，有百科社在岗和退休的几百位编辑精益求精的工作。他们兢兢业业，不计报酬，攻坚克难，团结奋战，这些都是我们后来居上的有利条件和可靠保证。

第三，创新才能超越

要想超越，必须得有新思想、新思路、新设计，不迷信旧有的、现成的秩序。

毛泽东同志早年和王任重同志谈话时说：不如马克思不是马克思主义者，等于马克思也不是马克思主义者，只有超过马克思才是马克思主义者。这就是讲的创新与超越的关系，变化、发展、创新是马克思主义的灵魂，只有创新才能超越。

我们现在也有一些改革的考虑，也可以说是新思路，但仅仅是初步的，还要请大家出谋划策。

（一）关于网络版

网络版要有鲜明的中国特色和风格，重视对中国各民族的历史文化遗产、科学技术成就和各方面情况的介绍。在注意稳定性的条件下，充分阐述建设有中国特色社会主义理论和实践的成果。

网络版进行多媒体配置，运用文本、图片、音频、视频和交互产品，体现科学性、知识性、文献性、艺术性、趣味性，努力运用现代科技生动活泼地展示人类创造的科学知识。

网络版分为专业版、专题版、大众版三个板块。

专业板块是网络版的核心、主体。它的框架以科学分类为基础，既要有稳定性，又要具有时代性、开放性。专业板块按学科分工编撰。其中人文科学、社会科学内容的比重略大于自然科学和工程技术科学，经加工、整合为一体。以大学及其以上文化程度的非本专业读者为对象。介绍知识既要坚持学术性、准确性，又要深入浅出，具有可读性。

专题板块以各种特定课题为中心，以多作者、多视角、多条目汇集的形式编撰。这种专题汇集，可以方便读者阅读，深入探讨。对专题研究者会有裨益。

大众板块以满足人们对现实的经济、政治、文化、教育、医药、文艺、体育现象及日常生活知识的关注为重点，注意雅俗共赏。采用“开放集稿、封闭发布”的运作方式。以中等以上文化程度的读者为对象。

（二）关于纸版

“纸网互动”。现在国家给我们提供了条件，网络版、纸版都要做。我们先做网络版，在网络版的基础上，再做纸版。网络版与纸版先后成型，这就给两个版本的结合或互动创造了条件。

因为网络上的东西肯定更丰富、更多彩，不但有文字还有图像，有声音、动漫，是多媒体的。纸版上的东西是从网络版几十万上百万条目中筛选出来的，更精粹。但是为了扩充纸版的内容，增强它的表现力，在重要的条目下面增加二维码链接。比如“郭沫若”一条，不可能写得很长，后面加二维码，郭沫若科学方面的文章、郭沫若的诗歌、郭沫若的小说等，只要是网络上有的，用二维码都能链接起来，这就形成纸网结合和互动。

另外，我们在设计纸版如何分卷的时候，根据读者的意见，计划最终要采用“大类集成”的办法来分卷，相关相近的学科结合在一起，成为一个“学科群”。用“大类综合”的办法来编纂，在一个大门类中，尽量减少、避免重复。比如，你是学历史的，那么你需要看中国文学、外国文学、中国历史、世界历史、中国哲学、世界哲学，如果把文史哲编成一个大类，综合在一起，成为一个学科群，一大卷，使用起来就会很方便。又比如地球科学学科群，包括地球科学、地理学、大气科学、海洋科学、地球物理学、地质学、生态学、环境科学、中国地理、世界地理等，汇编成为一个学科群，研究地理的人，一卷在手，左右逢源。同样一个人物又可以集中一起来写。不必分散在不同学科的各卷中去。当然，做起来有难度，但会给读者带来很大的方便，就值得一试。

我们还想每个学科前面有一个“超长条目”，这个超长条目可以是一两万字、两三万字，读者通过阅读这个超长条目，可以了解这一学科发展的历史、现状，了解学科的发展规律，进而展望学科未来的发展趋势。其实，超长条目等于是把这个学科的从前、现在和未来做了一个总结概括。所有的（103 个学科）超长条目，结合在一起，又是一部了不起的学术巨著。

考虑到我们已有网络版，纸版不可能像过去只有纸版时需要那么多，但是中国又有中国的特点，一些读书人特别是年长的学者，以及图书馆、学校、研究单位还是需要纸版的，我们将采取按需印刷的办法，做到按需供应。

第四，对百科全书编纂的艰巨性和复杂性一定要有充分认识，对它所要求的科学性也要有足够的理解

质量问题关系重大，一个是国家的文化形象，一个是学者的个人形象。须知整部大百科全书，前面置有“中国”二字，每个条目后面都署着作者的名字。所以，我们对编纂《中国大百科全书》的艰巨性、复杂性、科学性要有足够的认识。我们下笔时要想到《中国大百科全书》光荣的传统。

在第一版出齐之后，当时主持工作的梅益先生写文章总结第一版的得失。他说第一版有很多长处，总的来说是好的，有些卷达到了国际水平，是世界一流的。但他还是不无遗憾地说，整体来看编辑工作还有两点不足，或者说两个缺陷：一个缺陷是，编纂工作前期，缺乏一个完整的以学科分类为核心的总体设计，导致全书列卷参差不齐，综合百科和专科百科混淆，后来调整起来费事不小，也未必如意。另外一个缺陷是，有的卷未能贯彻执行编辑体例，编辑把关不严，而且缺乏统一标准，影响了全书应有的统一性、规范性。这就是一版出版之后，作为具体主持工作的梅益先生的遗憾之处。他希望今后修订时能不断地改正。《中国大百科全书》一版是几万名高明的专家、学者打磨了 15 年之久，耗尽心血之作，主编者尚有如此多的不满意之处，岂不令人感慨。一方面确实体现了他们对自己要求之严、之高，精益求精的精神，另一方面警诫我们这些后生，对事业要心存敬畏，加倍努力，慎之又慎！

从事这项工作的，一个是编者，一个是作者，从百科全书这个角度来说，它的特点整体来说应该是编写合一的，它不像其他的书那样编辑是编辑，作者是作者。这样对科学性的认识，对最新研究成果的汇聚，必然带来艰巨性。而且，要统一格式、吃透体例也是一个很复杂的、很重要的问题。

编纂百科全书是标准化工程，是规范化的工程，一般来说它不是个性化写作。有的学者谈体会说：“从内容到形式，都要求有标准化的书写，必须依照统一的体例、格式来撰写，不能自己想写什么就写什么，爱怎样写就怎样写。”所以，既然是标准化的工程，标准是科学的、实践的总结，首先就得吃透标准，严格遵照标准的要求去做，做到从严把关、从严审稿、集体讨论、共同商量。

写到这里，我想起狄德罗在《百科全书》“百科全书”条目中的表述。他说：

“我们深知编写这样一部百科全书，这样的事业只能产生于一个富有哲学精神的时代。”“我们感到自己心里正酝酿一种行为的愿望，它使我们为达到目的而不惜做出牺牲。”这里，借用前辈的这些话结束我的感言。我坚信，在诸位专家学者的齐心努力、鼎力支持之下，经过中国大百科全书出版社全体编辑、出版同志的共同奋斗，一部崭新的包括网络版、纸版的《中国大百科全书》第三版，一定能够完美问世。

愿借社庆东风与大家共勉。

（2018 年 8 月大雨）

学科主编寄语

（以题写时间先后为序）

政治是经济的集中表现；正确的政治观点是文化上层建筑的灵魂。

政治学主编　李慎明

2015 年 7 月

望百科侧重于渔业自然和产业两方面特征的描述，它将在传播渔业知识体系和引领发展中发挥作用。

渔业主编　唐启升

2015 年 7 月

知识就是力量，百科全书是人类的知识宝库，百科全书的参编者应竭尽全力，以严谨科学的态度，保证其权威性与科学性。

渔业副主编　麦康森

2015 年 7 月

大气科学是地球奥秘的一个最活跃的领域，又是人类生存发展的基础环境条件，编好百科全书，传承人类文明。

大气科学主编　吕达仁

2015 年 7 月 31 日

普及科学知识，提高公民素质，促进全民创新，《中国大百科全书》大有作为。

测绘学副主编　李德仁

2015 年 8 月 6 日

未来社会将是高度信息化的社会，信息科学必将推动人类社会的进步。

信息与通信工程主编　李衍达

2015 年 8 月 6 日

民以食为天，食品是保障人类营养与健康之必需品，没有食品就没有未来。发展食品学科，造福子孙后代。

食品科学与工程主编　孙宝国

2015 年 8 月 12 日

考古学对于回答“我是谁？我从哪里来？将到哪里去？”这一人类最关心的问题具有得天独厚的优势。

考古学主编　王巍

2015 年 8 月 18 日

这次增加《动力工程与工程热物理》卷，很有意义，与国家的重大需求吻合，也与学科的发展相适应，希望通过我们的工作，圆满地完成任务，为后人留下一笔历史的记录。

工程热物理及动力工程主编　徐建中

2015 年 8 月 31 日

农业是社会发展的基础，农业资源是农业的基础，农业资源与环境应该引起全社会的高度关注。

农业资源与环境主编　周健民

2015 年 9 月

探索生命奥秘，普及生命科学知识，提高全民科学素质。

生物学主编　许智宏

2015 年 9 月 12 日

现代医学发展需要科学技术，也有赖于社会进步，更须臾不能离开人文关怀。

现代医学主编　韩启德

2015 年 9 月 18 日

我国电气工业已取得巨大进展，为智能化、信息化奠定了能源基础，未来新型城镇化发展，期望在创新驱动方针下，产生更多的自主创新技术，做大做强！

电气工程主编　顾国彪

2015 年 9 月 22 日

植物病虫害防治事关国家粮食安全和生态安全，植物保护百科全书传承农业科技文明意义重大。

植物保护学主编　吴孔明

2015 年 9 月 23 日

编好生态百科，为促进生态学科发展，提高公众生态意识作出贡献。

生态学主编　方精云

2015 年 9 月 28 日

人类要想科学地预测这个世界的未来，首先要了解世界历史。

外国历史主编　武寅

2015 年 9 月 29 日

人类生存在地球上，没有比普及地球科学知识更重要的事情。

地质学、地质资源与地质工程主编　翟明国

2015 年 10 月 9 日

管理科学如同文学艺术。一部好的文艺作品一定是源于生活，高于生活；同样，具有重要科学价值的管理理论应该是源于实践，高于实践。

管理科学与工程主编　杨善林

2015 年 10 月 10 日

人类知识宝库，科学发展基石。

力学主编　李家春

2015 年 10 月 14 日

弘扬中华文化，宣传马列主义，为建设中国特色社会主义服务。

哲学主编　汝信

2015 年 10 月 17 日

中国大百科教育分册既要全面深刻关注反映教育学科的本体知识，同时要将社会大众关心的教育问题纳入视野，将理论与实践结合起来，编写好教育分册。

教育学主编　王英杰

2015 年 11 月 1 日

良好的环境质量，是幸福生活的重要基础，是广大百姓的热切期盼，也是政府提供重要的公共服务产品。科学普及环境科学的知识，新版百科全书环境卷负有重要责任，是一项重要的国家科学文化基础建设，需要环境界专家学者在大百科全书编辑部指导下共同努力来完成。

预祝环境卷新版早日问世。

环境科学主编　王玉庆

2015 年 11 月 10 日

管理科学　兴国之道

工商管理　企业基石

工商管理主编　李维安

2015 年 11 月 12 日

让大百科全书成为人类最好的良师益友。

农业工程主编　罗锡文

2015 年 11 月 16 日

设计创新

强国利民

设计学主编　鲁晓波

2015 年 11 月 23 日

随着人类社会的发展，科学技术的进步，大百科全书一定会越来越好，成为大家的良师益友。

控制科学与工程主编　陈翰馥

2015 年 11 月 30 日

中国特色　世界视野

——写在艺术学理论学科立卷之际

艺术学执行主编　王一川

2015 年 12 月 16 日

愿大百科全书成为时代总结和前进阶梯！

土木工程主编　钱七虎

2015 年 12 月 23 日

《中国大百科全书》光学工程学科的立卷是我们全体业界同人的骄傲，更是我们的使命和责任。

让我们共同把它做成代表中国水平和能力的精品。

光学工程主编　曹健林

2015 年 12 月 29 日

乘大百科这艘人类知识的航空母舰，将舞蹈学科建设得更加完善！

舞蹈主编　欧建平

2016 年 1 月 3 日

盛世修典，彰显中华民族伟大复兴的中国梦。

矿冶工程主编　徐匡迪

2016 年 1 月 11 日

动物疫病防控，事关动物健康和公共卫生，编好《中国大百科全书》兽医学卷，传承科学文明，意义重大。

兽医学主编　刘秀梵

2016 年 1 月 29 日

了解森林，保护人类赖以生存发展的资源库；

认识林业，建设生态文明的重要基础。

希望《中国大百科全书》林业卷能为提高全民生态意识发挥应有的作用。

林业主编　张守攻

2016 年 3 月 11 日

仪器仪表是信息感知、信息传输及信息处理的重要手段之一。仪器科学作为大百科全书的撰写内容之一，必将对科技进步和普及作出重要贡献。

仪器科学与技术主编　庄松林

2016 年 3 月 20 日

尊重知识　尊重科学

尊重专家　尊重专业

提高全民科学文化素质

安全科学与工程主编　冯长根

2016 年 4 月 9 日

传播知识，传播科学方法，传播科学思想，助力创新实践与民族复兴。

科学技术史主编　张柏春

2016 年 4 月 22 日

心理百科为了生活更加幸福。

心理学主编　张侃

2016 年 5 月 3 日

传播纺织学科知识，助推纺织科技创新，编撰大百科纺织科学与工程学科卷意义重大。

纺织科学与工程主编　俞建勇

2016 年 7 月 20 日

以当代最高的学术水平和文化境界，编好《中国大百科全书》戏曲卷，传播知识，服务读者。

戏曲主编　王文章

2016 年 7 月 26 日

《大百科全书》中把出版单列为一个学科，并将以专卷形式出版，这是一个重要的探索与创新。人类社会无论怎样发展，发生什么样的曲折，“阅读”都永远是不可中断的。“出版”以独立学科面貌出现于《百科》，既显示了中国对这一事业的重视与传统，也预示着这个人口最多的国家，终将成为地球上出版事业最为发达、先进，人均阅读量最多的国家。

出版学主编　许嘉璐

2016 年 12 月 3 日

《大百科中医卷》中期推进会

大百科，修三版，
国医学，中医卷。
五千条，长中短，
标准事，精准阐。
重在用，普及言，
聚精英，努力干！

中医药主编　张伯礼

丁酉年 春月

编后记

经过数月的准备和一个月的编加工鏖战，《百科书 百科事 百科人——中国大百科全书出版社四十周年纪念集》终于逐渐成型。在以忐忑的心情等待读者评判之余，我们又心存感激，如果没有参与此项工作，终日埋头于编辑部书稿中的我们恐也难得有机会了解百科社方方面面鲜活的历史和感人至深的奋斗故事。正是从纪念集中每位作者朴实而真诚的回忆中，编者仿佛经历了一次精神的洗礼，通过一个个具体的事例，切切实实感受到百科精神之所在，充分领悟了百科全书编辑工作的艰巨性、专业性及其厚重的使命感，亦为我们的百科事业始终沐浴在党中央和各级政府领导的关怀之下，且得到广大专家学者的鼎力支持而感到自豪，并对那些为中国的百科全书事业和我社的发展鞠躬尽瘁的楷模充满敬意。

本书的编纂出版是中国大百科全书出版社成立四十周年社庆活动的一个组成部分，社委会为此曾召开专题会议，研究并确立了本书的编纂方向，文章的编选和编排原则，以及书名等。以社长刘国辉、党委书记刘晓东为组长的社庆领导小组，多次召集会议，落实纪念集文稿的搜集整理、新稿件的征集及各相关部门有关事宜的协调工作等，并时刻把握方向，有力地推动了本书的编辑和出版工作，是本书编纂工作得以顺利实施的坚强后盾。在编纂过程中，总编室、社办、党办、人事老干部办等多个部门及众多领导和同事们，都给予了热情支持和无私奉献。在百科四十年的风雨征程中，我们都是后来者。因此，就如何编好这样一本纪念集，编者首先征求了金常政、黄鸿森、张遵修、孙关龙、王德有、龚莉等百科前辈的建议，事实上他们在整个编纂过程中也一直担当着顾问的身份，帮助编者廓清了许多史实上的模糊认识。

本书所选文章大部分来自已公开出版的报刊和图书，或社内的资料汇编，新征集稿件亦有三十余篇。囿于篇幅，社委会决定，每位作者只选入一篇文章（合著除外），主要围绕《中国大百科全书》一版、二版、三版及其他百科全书和品牌图书产品的编纂出版，尽可能多维度地展现我社百科全书事业的风采。入选文章主要分为纪事篇、怀人篇和展望篇。由于文章内容和作者的多样化，难以用唯一的标准进行编排，所以在篇目安排上从便于读者了解百科社发展脉络和特色出发，兼顾理性与情感。纪事篇首先以大百科一版、二版为主线，先宏观后微观，其次是其他百科全书和我社的品牌产品，再次是有关我社各项事业的回忆。怀人部分，为表达百科人对支持大百科开创事业的邓小平同志和胡乔木同志的崇敬与怀念，特将其怀念文章放在前列，其次是有关我社老领导、老编辑等的纪念文章，之后是怀念为百科全书事业作出贡献的社外领导和专家学者的文章，大致以传主的生年为序。上述同一板块同一时期的文章则以作者生年先后为序。《中国大百科全书》第三版是我社正在进行中的数字化时代的新型百科全书，所以特将《中国大百科全书》第三版总主编杨牧之的《追求·创新·超越——庆祝中国大百科全书出版社成立40周年》和三版部分学科主编的寄语收入展望篇。

本书内容在编辑加工过程中，对已经发表过的文章，采取尊重原文的原则，只作正误校订，不强求全书诸篇语词等形式的统一，保留原作的语言表达风格。由于篇幅所限，对部分长篇稿件作了适当的内容压缩，对于新征稿件的体例格式作了一定的统一和调整。列选的文章涉及的史实、时间、数字、人名、机构名、职务等较多，选文原出处亦有排版错误或作者笔误，且内容承载量大，出版时间紧迫，虽然编者尽可能进行核实，但难免仍有疏漏、错讹之处，对于不周之处，亦恳请读者谅解，并不吝指正。

本书在编辑过程中，于淑敏同志在繁忙的部门审稿任务之余，加班加点，快速及时地完成了二审工作；阿去克同志，在稿件尚未完全成熟的情况下，逐字逐句通读了稿件，对内容进行了严格把关，并提出了许多建设性意见。还有三版内容中心主任徐世新以及傅祚华、王丽等，三版综合办公室主任张若楷，少儿百科分社社长刘金双，总编室主任胡春玲及其团队，百科·视觉分社社长杨振和付立新，出版部主任李鹏，社办主任程应钧和颜英，党办主任宋梅娟和刘敬微等，尤其是为此次活动撰稿的百科同人，为了这本纪念集的出版，都贡献了自己的智慧和热情，且责无旁贷，不计名利，毫无怨言，这又何尝不是百科精神的又一体现呢！

当然亦有遗憾之处。尚有一些新的纪念文章因篇幅和发稿时间等因素所限，未能收入本书；也因时间和视野所限，尚有散诸其他书籍报刊的回忆文章未能选入。在此我们深表歉意，相信未来百科的故事会更加丰满，每一份真诚的回忆，都将成为构建百科文化的宝贵财富。

赵　焱

2018 年 11 月 8 日